Ungarische Jahrbücher

Herausgegeben von **ROBERT GRAGGER**

Inhalt des ersten Bandes.

I. Aufsätze und Berichte:

BAJZA, J. v., Die kroatische Publizistik während des Weltkrieges. / BONKÁLÓ, A., Die ungarländischen Ruthenen. I. Die Ansiedlung der ungarländischen Ruthenen. — II. Ursachen der geistigen und wirtschaftlichen Rückständigkeit der Ugro-Russen. III. Hungarismen in der ugro-russischen Kultur. / BUDAY, L. v., Die Bevölkerungsbewegung in Ungarn und der Krieg. — Landwirtschaftliche Produktion in Ungarn. / FUCHS, A. v., Skizze des ungarischen Bankwesens. / GOMBOCZ, Z., Die bulgarische Frage und die ungarische Hunnensage. / GRAGGER, R., Unser Arbeitsplan. / HORVÁTH, J. v., Das Genossenschaftswesen in Ungarn. / KVASSAY, E. v., Die Donau vom Standpunkt der Schiffahrt. / MÁLYUSZ, E. v., Die Entstehung des Komitates Turóc. / MOÓR, E., Die deutschen Spielleute in Ungarn. / RÉZ, M. v., Gedanken über Stephan Tisza. / SEBESS, D. v., Die Agrarreform in Ungarn. / TAGÁNYI, K., Alte Grenzschutzvorrichtungen und Grenzödland: *gyepü* und *gyepüelve*. / TAKÁTS, A., Ungarische und türkische Berufsschreiber im 16. und 17. Jahrhundert. / THIM, J R., Die Gründungsversuche Jugoslawiens 1848/49. / VICZIÁN, E. v., Die Wasserkraft der Donau. / ZOLNAI, B., Ungarische Literatur 1906—1921.

II. Kleine Mitteilungen und Anzeigen:

ANGYAL, D., Neuere Literatur über den ungarischen Freiheitskampf 1848/49. / CONCHA, V., Die ungarische Publizistik 1918/1920. / GRAGGER, R., Die turanische Bewegung in Ungarn. / — Über Emil Jacobs: Untersuchungen zur Geschichte der Bibliothek im Serail zu Konstantinopel. — Alte ungarische Legenden, Sagen, Schwänke und Fabeln. / KIRALY, G., Deutsche Sagen und Schwänke in einem ungarischen Teufelsbuche. / PEKÁR, D., Roland v. Eötvös. / TOLNAI, W., Das große Wörterbuch der ungarischen Sprache. Über Sp. GOPČEVIĆ: Österreichs Untergang — die Folge von Franz Josefs Mißregierung. / Das Ungarische Institut an der Universität Berlin. — Die Gesellschaft der Freunde des Ungarischen Instituts. / Die ungarische Übersetzungsliteratur 1918—1920. / Bibliographie.

III. Besprochene Werke:

FRIEDJUNG, H., Historische Aufsätze. / GEIST-LANYI, P., Das Nationalitäten-Problem auf dem Reichstag zu Kremsier 1848/49 / GOPČEVIĆ, Sp., Österreichs Untergang — die Folge von Franz Josefs Mißregierung. / HORVAT, R., Izborna reforma u Hrvatskoj. / JACOBS, E., Untersuchungen zur Geschichte der Bibliothek im Serail zu Konstantinopel I. / JASZI, O., Mult és jövö határán. / IVANOV, Juznoslavensko pitanje. / JURIČIĆ, Svjetski rat i Hrvati. / KAINDL, R. F., 1848/49—1866—1918/19. Des deutschen Volkes Weg zur Katastrophe und seine Rettung. / KALMÁR, A., A délszláv kérdés. / KIRÁLY, G., Az Miasszonyunk szüz Mária csodáiról való hét Legenda. — Egy özvegy asszonyról való história. — Egy nemes emberről és az ördögről való história Heltai Gáspár irásiból. / Kőrösi Csoma-Archivum. / KOVAČEVIĆ, M., Die Kroaten kommen. / LIPPAY, Z., A magyar birtokos középosztály és a közélet. / MARGITAI, J., A horvát- és a szlavonországi magyarok sorsa, nemzeti védelme és a magyar-horvát testveriség. / MILCINOVIĆ, A., und KREK, J., Kroaten und Slowenen. / ORCZY, A., Demokratizmus és fogalomködösités. / PROHÁSZKA, O., Kultura és Terror. / RÉZ, M., Külpolitikai tanulmányok. / SCHLIEMANN, Th., Geschichte Rußlands unter Kaiser Nikolaus I. / SPROXTON, Ch., Palmerston and the Hungarian Revolution. / SÜDLAND, L. v, Die südslawische Frage und der Weltkrieg. / SZÉKELY, St., A forradalmak útja és a keresztény politika. / SZŰCSI, J., A horvát kérdésről. — Horvát választójog. / TROCSÁNYI, Z., Az ördög meg az leányzó. / VADNAY, T., A magyar jövő. / W.(ILDER). V., Dva smjera u hrvatskoj politici. / WITTMANN, E., A nemzetiségek önrendelkezési jogának multja és jelene.

UNGARISCHE BIBLIOTHEK
Für das Ungarische Institut an der Universität Berlin
herausgegeben von ROBERT GRAGGER
Zweite Reihe

3.

Ungarisches Privatrecht

Von

Anton Almási

II. Band

1923

Walter de Gruyter & Co.

vormals G. J. Göschen'sche Verlagshandlung — J. Guttentag, Verlagsbuchhandlung — Georg Reimer — Karl J. Trübner — Veit & Comp.

Berlin und Leipzig

Vorwort.

Der vorliegende zweite Band des Ungarischen Privatrechts beschränkt sich auf das Sachenrecht und Schuldrecht. Die Sonderrechte, wie das Urbarialrecht, das Autorrecht, das Wasserrecht, Luftrecht, Bahnrecht, Bergwerksrecht usw. mußten — wie ja auch das Persönlichkeitsrecht im ersten Bande — beiseite gelassen werden.

Der Grund liegt einmal in der erheblichen Verteuerung, die der sonst unabwendbare größere Umfang des Buches nach sich gezogen hätte, und die auch eine eingehende Anrufung der zahlreichen und wertvollen ungarischen Monographien und Fachzeitschriften unmöglich machte, sodann aber auch in dem Umstand, daß eine ausführliche Bearbeitung dieser Rechtsmaterien bei der pragmatischen und kritischen Arbeitsmethode dieses Werkes und meiner sonstigen großen Inanspruchnahme, die mich leider hindert, für die nächste Zukunft so viel Zeit zu erübrigen, Jahre beansprucht hätte, das Erscheinen des zweiten Bandes aber nicht auf die lange Bank geschoben werden sollte.

Der Plan der Bearbeitung der Sonderrechte soll aber dennoch nicht fallen gelassen werden.

Budapest, Ende Februar 1923.

Der Verfasser.

Die Abkürzungen des ersten Bandes gelten auch für den zweiten.

Sinnstörende Fehler in dem I. Bande.

Bei den Abkürzungen soll es heißen:

HG = GA XXXVII, 1875.
PG = GA I, 1911.

S. 5, Anmerkung 1 soll heißen:

... Vergl. die nicht in lateinischer ...

S. 175, Abschnitt 2 soll heißen:

... Standesbeamten und zwei Zeugen gleichzeitig ...

Inhaltsverzeichnis des zweiten Bandes.

Seite

Vorwort III

Sachenrecht . . . . 1—100

Einleitung . . . . 1—4
§ 1. Sachenrecht u. Sachenrechte 1
§ 2. Dingliche Handlungen . . 2
§ 3. Dingliches Rechtsverhältnis 4

Besitz . . . . 4—17
§ 1. Begriff und Arten 4
§ 2. Erwerb und Verlust des Besitzes 7
§ 3. Folgen des Besitzes . . . 10
§ 4. Selbsthilferecht des Besitzers 12
§ 5. Summarischer Repositionsanspruch 13
§ 6. Sonstige Ansprüche aus dem Besitze 15
§ 7. Rechtsbesitz 16

Materielles Grundbuchrecht 17—29
§ 1. Form und Inhalt des Grundbuches 17
§ 2. Öffentlicher Glaube des Grundbuches 18
§ 3. Schutz des Materiellberechtigten 19
§ 4. Der Rang der Buchrechte. 21
§ 5. Buchgeschäft 22
§ 6. Einseitige Buchgeschäfte . 24
§ 7. Buchvertrag 25
§ 8. Fehler der Buchgeschäfte . 28

Eigentum . . . . 29—58
§ 1. Begriff und Inhalt 29
§ 2. Gesetzliche Inhaltsbeschränkungen des Eigentums . . 31
§ 3. Inhaltsbeschränkungen des Grundeigentums 34

Erwerb des Eigentums . . 36—47
§ 1. Übersicht 36

Erwerb des Fahrniseigentums . . . . 37—43
§ 2. Erwerbsgeschäfte des Fahrniseigentums 37
§ 3. Rechtshandlungen im engeren Sinne 40
§ 4. Ereignisse 41

Seite

Erwerb des Grundeigentums 43—47
§ 5. Erwerbsgeschäfte des Grundeigentums 43
§ 6. Handlungen im engeren Sinne 45
§ 7. Ereignisse 46

Verlust des Eigentums. . . 47—48

Schutz des Eigentums . . . 48—50
§ 1. Ansprüche aus dem Eigentum 48

Abarten des Eigentums . . 51—58
§ 1. Miteigentum 51
§ 2. Geteiltes Eigentum . . . 52
§ 3. Eigentum an Heldengrundstücken 55

Dienstbarkeiten . . . . . . 58—72
§ 1. Begriff. Allgemeines . . . 58
§ 2. Grunddienstbarkeiten . . 60

Persönliche Dienstbarkeiten 64—72
§ 1. Nießbrauch an Sachen . . 64
§ 2. Rechtsnießbrauch 69
§ 3. Vermögensnießbrauch . . 69
§ 4. Dienstbarkeit d. Gebrauches 70

Pfandrecht . . . . 72—93
§ 1. Allgemeines 72
§ 2. Das Fahrnispfandrecht . . 73
§ 3. Pfandrechte an Rechten . . 79
§ 4. Begriff und Arten der Hypothek 81
§ 5. Verkehrshypothek . . . 82
§ 6. Sicherungshypothek . . . 89
§ 7. Gesamthypothek 90

Reallasten . . . . 93—100
§ 1. Allgemeines 93
§ 2. Die Reallast der Rentengrundschuld 97

Schuldrecht . . . . 101—235

Einleitung . . . . 101—104
§ 1. Schuldrecht u. Forderungsrechte 101
§ 2. Übersicht des Schuldrechtes 103

Seite

Leistungslehre . . . . . . 104—150
§ 1. Erfordernisse und Eigenschaften der Leistungen . . 104
§ 2. Gattungsschuld 109
§ 3. Wahlschuld 111
§ 4. Unbestimmtheit der Forderungsverpflichteten u. Forderungsberechtigten . . . 113
§ 5. Zinsschuld 116
§ 6. Geldschuld 119
§ 7. Leistung von Schadensersatz 120
§ 8. Sicherungen der Leistung . 123
§ 9. Das Zurückhaltungsrecht . 124
§ 10. Die Draufgabe 125
§ 11. Die Vertragsstrafe 127
§ 12. Reugeld 128
§ 13. Kaution 130
§ 14. Erfüllung der Leistung. . . 131
§ 15. Gerichtliche Hinterlegung . 136
§ 16. Leistung an Erfüllungsstatt 139
§ 17. Wegfall der Leistung . . . 140
§ 18. Schuldnerverzug 140
§ 19. Gläubigerverzug 143
§ 20. Unmöglichkeit der Leistung 145
§ 21. Positive Forderungsverletzungen 149

Bewegungstatsachen der Forderungen . . . . 150—165
§ 1. Allgemeines 150
§ 2. Die Zession 151
§ 3. Schuldübernahme 154
§ 4. Verjährung 156
§ 5. Die Kündigung 159
§ 6. Die Konfusion 160
§ 7. Die Aufrechnung 161
§ 8. Aufhebungsgeschäfte . . . 162

Einzelne Forderungen . . 165—235
§ 1. Allgemeines 165

I. Auf einseitigen Rechtsgeschäften beruhende Forderungsarten . . 166—173
§ 2. Das Schuldanerkenntnis . . 166
§ 3. Die Ausstellung von Wertpapieren 167
§ 4. Die Auslobung 168
§ 5. Die Anweisung 171

II. Forderungen aus Verträgen . . . . 173—227
§ 6. Die Vorverträge 173
§ 7. Verträge zugunsten Dritter 175
§ 8. Der Kauf 178
§ 9. Der Tausch 191
§ 10. Die Schenkung 192
§ 11. Das Darlehn 195
§ 12. Die Leihe 196
§ 13. Die Miete 197
§ 14. Die Pacht 204
§ 15. Der Dienstvertrag 208
§ 16. Der Werkvertrag 212
§ 17. Der Maklervertrag 215
§ 18. Der Auftrag 217
§ 19. Der Verwahrungsvertrag . 219
§ 20. Der Leibrentenvertrag . . 221
§ 21. Spiel- und Wettverträge . . 223
§ 22. Die Bürgschaft 224
§ 23. Der Vergleich 225
§ 24. Die Gesellschaft 226

III. Forderungen aus Rechtshandlungen i. e. S. . . 227—230
§ 25. Die Geschäftsführung ohne Auftrag 227
§ 26. Einbringung von Sachen bei Gastwirten 229

IV. Forderungen aus verbotenen Handlungen . 230—231

V. Forderungen aus Ereignissen . . . . 231—235
§ 1. Die Gemeinschaft 231
§ 2. Vorlegung von Sachen . . 232
§ 3. Ungerechtfertigte Bereicherung 233
§ 4. Schadenseintritt 234

Sachregister 236

Sachenrecht.

Einleitung.

§ 1. Sachenrecht und Sachenrechte.

1. Das Sachenrecht behandelt die Rechtsinstitute, die sich aus der unmittelbaren, absoluten Sachherrschaft ergeben[1].

Es ist derjenige Teil des Privatrechts, den man als einen „asozialen“ betrachten kann, er enthält einerseits den krassen Individualismus der älteren Rechtssysteme (sozusagen) noch in ungeschwächter Kraft[2], andererseits gehen seine Vorschriften beinahe ausnahmslos nur von der Person des Berechtigten aus. Während nämlich das Schuldrecht, das Familienrecht und vielfach auch das Erbrecht dem Berechtigten den Verpflichteten entgegensetzen, erscheint das subjektive Sachenrecht mit dem Berechtigten und dem Gegenstande des Rechtes: der ihm unterworfenen Sache oder Naturkraft abgeschlossen.

Die Wirkung des dinglichen Rechtskreises in bezug auf die Rechtsgenossen zeigt sich darin, daß sie von dem Gegenstande des Sachenrechtes entfernt werden. Der dinglich Verpflichtete ist demzufolge kein Gleichberechtigter am dinglichen Rechtsverhältnisse, sondern dem Berechtigten durchaus untergeordnet. Der Grundgedanke jeder schuldrechtlichen Verpflichtung dagegen ist die Gleichheit des Berechtigten und des Verpflichteten, wenn auch der letztere infolge des subjektiven Schuldrechtes sich im Nachteil befindet. Der dingliche Anspruch hingegen trägt die moderne Gestaltung des vermögensrechtlichen Herrschaftsprinzips in sich. Daher auch die Erscheinung, daß die schuldrechtlichen erlaubten Handlungen der Rechtsgenossen eine rechtsschöpfende Mitwirkung, die sachenrechtlichen hingegen ein passives Verhalten bezwecken, es sei denn, daß die Wiederherstellung einer gestörten Sachherrschaft in Betracht kommt.

2. Das Sachenrecht weist den handelnden Personen und ihren Handlungen eine Rolle zu, deren Umfang und Inhalt in letzter Linie aus den scharf abgegrenzten Gegenständen des Sachenrechts, aus den Eigenschaften der körperlichen Sachen, und der der Rechtsherrschaft unterworfenen Naturkräfte[3] erklärt werden kann.

Die Zahl der körperlichen Sachen und der Naturkräfte, welche zu einer gegebenen Zeit und an einem gegebenen Orte der Rechtsherrschaft unterworfen sind, ist ebenso beschränkt wie die der an denselben möglichen unmittelbaren Sachherrschaften. Die modernen Rechtsordnungen

---

Vgl. meinen „Sachenrechtlichen Verkehr“ 68ff.

²) sonders auffällig war dies während des Krieges. Vgl. dazu meine „Wirkung des Krieges auf das Privatrecht (ungar. 1917, 188 S.), S. 93ff.

³) GA. III: 1907 § 2.

— unter ihnen das BGB. und das ungarische Recht — betrachten die sachenrechtlichen Vorschriften als gesetzliche Aufzählungen, hingegen die Sätze des Schuldrechtes[1]) lediglich als beispielsweise gegebene Anweisungen an die handelnden Rechtsgenossen. Folglich sind in den Quellen nicht erwähnte Sachenrechte ebenso wenig anerkannt als die sie betreffenden rechtlichen Tatsachen[2]).

3. Die Sachenrechte des ungarischen Privatrechts sind: das Eigentum, das Erbbaurecht, das Fahrnispfandrecht, die Hypothek, die Dienstbarkeiten und die Reallasten[3]).

Der Besitz muß zwar, des Zusammenhanges halber, im Sachenrechte behandelt werden, ist jedoch — sofern er überhaupt als subjektives Recht betrachtet werden muß — ein relatives Recht.

Dem Eigentum ähnlich ist das in einem besonderen Gesetze behandelte und außerhalb des Rahmens des allgemeinen bürgerlichen Rechts fallende subjektive Bergwerksrecht[4]).

Dingliche Aneignungsrechte sind: das Jagdrecht[5]), das Fischereirecht[6]) sowie das Expropriationsrecht[7]), welche ebenfalls als Sonderrechte zu betrachten sind und hier bloß erwähnt werden können.

4. Die Sachenrechte sind Vollrechte oder beschränkte Rechte. Vollrecht ist das Eigentum, welches die, gesetzlich am wenigsten beschränkte, allgemeine Sachherrschaft verleiht. Die beschränkten Sachenrechte beziehen sich bloß auf eine qualifizierte und ihrem Inhalte nach in allen Richtungen begrenzte Sachherrschaft[8]).

§ 2. Dingliche Handlungen.

1. Die rechtlichen Handlungen unterscheiden sich u. a. auch nach dem Inhalte der durch sie bewegten subjektiven Rechte. Dies ist der Hauptgrund dessen, daß die die subjektiven Rechte gleichen oder ähnlichen Inhaltes betreffenden Handlungen gemeinsamen Regeln unterworfen sind.

Dingliche Handlung ist ein mit sachenrechtlichen Folgen versehenes bewußtes menschliches Verhalten: sowohl das dingliche Rechtsgeschäft als auch die zu sachenrechtlichen Weiterungen führende verbotene, ferner jede mit derartigen Folgen versehene andere Handlung.

---

[1]) Namentlich die der schuldrechtlichen Rechtsgeschäfte und besonders der Verträge.

[2]) Es gibt ebensowenig „innominate" Sachenrechte, als innominate sachenrechtliche Tatsachen.

[3]) Jetzt besonders die Rentenschuld GA. XXXVI: 1920 §§ 61—69.

[4]) Das während der absoluten Ära geschaffene österreichische Bergwerksgesetz vom 23. V. 1854, vgl. besonders § 109; die Steinkohle ist jedoch in dem Bergwerksrechte nicht enthalten und fällt dem Eigentümer des Grundstückes zu. JKK. VII, § 1.

[5]) GA. XX: 1883 erklärt dasselbe als unabtrennbares Zubehör (gemeint ist Bestandteil) des Grundeigentums.

[6]) GA. XIX: 1888. § 1 enthält dieselbe Vorschrift betreffs des Fischereirechts.

[7]) GA. XLI. §§ 9 folgende.

[8]) Andere Einteilungen der Sachenrechte wie Nutzungsrechte, Wertrechte und Erwerbsrechte dienen nicht ausschließlich sachenrechtlichen Zwecken, müssen daher hier außer Acht gelassen werden.

Die sachenrechtlichen Folgen einer Handlung treten gewöhnlich nur dann ein, wenn der sie bewegende Wille auch verwirklicht wurde: die sachenrechtliche Handlung ist grundsätzlich Realhandlung. Ausnahmen kommen vor, sind jedoch verhältnismäßig selten.

Der soeben entwickelte Grundsatz gibt den Schlüssel der dinglichen Rechtsgeschäfte, sind doch die wichtigsten dinglichen einseitigen und zweiseitigen Rechtsgeschäfte Realhandlungen.

2. Hinsichtlich der einseitigen Rechtsgeschäfte des Fahrnissachenrechts ist dies klar[1]). Es gilt aber auch für dessen Verträge[2]).

Der regelmäßige, sich auf bewegliche Sachen beziehende, dingliche Vertrag ist nämlich eine Zusammenfassung zweier Realhandlungen: die eine ist die in der Übergabe verwirklichte Einräumung der bisherigen Sachherrschaft, die andere die in der Übernahme zum Ausdruck gelangende Ergreifung der neuen Sachherrschaft.

Die dinglichen Rechtsgeschäfte an Grundstücken unterscheiden sich von denen an beweglichen Sachen nur darin, daß die verwirklichte Sachherrschaft gewöhnlich in dem Grundbuche enthalten und öffentlich registriert ist. Die einseitigen Rechtsgeschäfte an Grundstücken sind demnach Ergreifungen der im Grundbuche auch staatlich kontrollierten, verkehrsfähigen Sachherrschaft. So entspricht die Vormerkung[3]) eigentlich einer ihrem Umfange und ihrer Wirkung nach beschränkten Okkupation. So fügt sich der Buchvertrag[4]) ebenfalls aus der verwirklichten Auflassungshandlung des Veräußerers und aus der in dem Antrage auf Eintragung ins Grundbuch verhüllten Ergreifungshandlung des Erwerbers zusammen. Etwas vergeistigt zwar, doch immerhin noch ganz scharf umrissen, sind die Realhandlungen auch bei sämtlichen Buchgeschäften zu erkennen.

3. Die Struktur des dinglichen Rechtsgeschäftes und besonders das auffällige Fehlen des mit eigenartigen dinglichen Wirkungen versehenen Antrages kann nur aus den Eigentümlichkeiten der auf die erlaubten Rechte bezüglichen rechtlichen Handlungen und aus der hierauf beruhenden Realität der dinglichen Handlungen erklärt werden.

---

[1]) Einseitige rechtsbegründende dingliche Realgeschäfte sind: das Besitzgeschäft, die Okkupation, die Begründung des Nießbrauches oder des Pfandrechtes; rechtsändernde sind z. B. die bewußte Auflassung des Besitzes, des Eigentums, des Pfandrechtes und Nießbrauches an Fahrnissen.

[2]) Dies ist weiter unten ausgeführt.

[3]) GO. § 87, JKK. I, §§ 21, 156, OEBGB. § 438. Der Vormerkungsantrag ist laut §§ 87 und 94 der GO. eine einseitige Ergreifung der grundbücherlichen Rechtslage und zwar in einem Zeitpunkte, in welchem dem Berechtigten blos ein schuldrechtlicher Anspruch zukommt, er ist daher ein bedingtes, in seiner Wirkung von der späteren Rechtfertigung abhängiges Rechtsgeschäft des Vormerkenden, welchem eigentlich dieselbe Rolle zukommt, die bei dem dinglichen Buchvertrage der Einbücherungsantrag inne hat. Da aber hier die dinglichen Voraussetzungen der Ergreifung der bücherlichen Rechtslage nicht, oder doch wenigstens noch nicht vorhanden sind, kann und muß wohl die Vormerkung bzw. der erfolgreiche Vormerkungsantrag, als ein bedingtes, doch im übrigen der Okkupation entsprechendes Buchgeschäft angesprochen werden. Vgl. mein (ungarisch erschienenes) Werk: Der sachenrechtliche Verkehr (Budapest 1910, 414 S.), S. 215ff. und Bd. I, S. 126ff., wo der innere Zusammenhang zwischen der materiellen Seite des Einbücherungs- und des Vormerkungsantrages hervorgehoben wurde.

[4]) OEBGB. § 431 (alter Fassung) folgende GO. § 81.

Spuren der letzteren sind auch bei den die Ausübung der erlaubten Rechte beeinträchtigenden verbotenen Handlungen anzutreffen, so tritt z. B. bei den gegen das Entstehen, Bestehen oder die Änderung der subjektiven Sachenrechte gerichteten verbotenen Handlungen die reale Hinderung der Sachherrschaft klar zutage. In dieser Beziehung gleicht der Tatbestand der summarischen Reposition den Machtüberschreitungen des Eigentümers, sowie jeder anderen Störung oder Entziehung eines Sachenrechtes [1]).

Dasselbe gilt auch für jene Handlungen, die weder Rechtsgeschäfte noch verbotene Handlungen sind. Sie erzielen sachenrechtliche Folgen ebenfalls nur dann, wenn sie Realhandlungen sind.

§ 3. Dingliches Rechtsverhältnis.

Die dem subjektiven Sachenrechte unterworfene Sache muß dem Berechtigten zu dem Zwecke und innerhalb der Grenzen der ihm gesetzlich gewährleisteten Befugnisse zur Verfügung stehen. Der Berechtigte kann dies jedermann gegenüber fordern. Der Inhalt dieser Forderung ist zugleich der des dinglichen Rechtsverhältnisses.

Dasselbe hat zwei Seiten. Einmal geht es auf Fernhaltung aller Nichtberechtigten von dem Gegenstande des Sachenrechts, sodann auf die Herstellung eines dem letzteren entsprechenden Zustandes von seiten des dinglich Verpflichteten. Der Grund der dinglichen Verpflichtung letzterer Art ist immer ein spezieller: etwa ein dingliches Rechtsgeschäft oder eine verbotene Handlung, wogegen die erwähnte Fernhaltungspflicht von dem Gegenstande des Sachenrechts ohne weitere rechtliche Tatsache dem subjektiven Rechte selbst entströmt.

Die Verpflichtung der Wiederherstellung oder der Herstellung eines dem Sachenrechte entsprechenden tatsächlichen Zustandes ist der dingliche Anspruch im technischen Sinne. Die erwähnte Fernhaltungspflicht hingegen, welche übrigens keine ausschließliche Eigentümlichkeit des dinglichen Rechtsverhältnisses darstellt [2]), konnte sich bisher weder einen besonderen Namen noch eine begriffliche Selbständigkeit erobern, wird daher auch vielfach übersehen.

Besitz.

§ 1. Begriff und Arten.

1. Der Besitz ist ein beschränktes relatives Recht auf Sachherrschaft [3]).

---

[1]) Dies ist besonders bei der Abgrenzung der Folgen der verbotenen Handlung wichtig.

[2]) Jedes, auch das einem relativen Rechte entstammende, Rechtsverhältnis wird vor unbegründeter Einwirkung Dritter geschützt, z. B. das der Ehe entstammende subjektive Familienrecht durch das Verbot des Ehebruches § 76 EHG.

[3]) Argumentum Trip. I, 24, § 1: nomine autem juris possessionarii generaliter intellige .... § 2: „ubi sciendum quod possessio dupliciter accipiatur, primo quidem pro dominio usuque de gubernatione". Im Texte wird der Versuch gemacht, die Folgen des Besitzes zu systematisieren. So weit ich es überblicken kann, widerspricht keine einzige derselben der Annahme, daß der Besitz ein subjektives Recht sei, und kann keine einzige derselben auf anderer Grundlage erklärt werden.

Beschränkt und relativ ist der Besitz einmal inbezug auf die Person des Berechtigten, sodann hinsichtlich seiner Wirkungen.

Die Person des berechtigten Besitzers ist keine endgültig bestimmte. Es gibt mannigfaltige Abstufungen des Besitzrechts, und man kann sehr wohl Berechtigter der einen und zugleich Verpflichteter der anderen Stufe sein[1]).

Die Folgen des Besitzrechtes sind aber auch objektiv keine Vollwirkungen, sie dauern größtenteils nur bis zur Klarstellung der dinglichen Rechtslage[2]) an. Nachher kommen sie mehr oder minder dem dinglich Berechtigten zu[3]).

2. Der Besitz ist ursprünglich, wenn seine Erwerbstatsache nicht über den Rechtskreis des Erwerbers hinaus auf einen fremden zurückgeht, er ist abgeleitet, wenn sie das letzte Glied einer Kette der ihr vorgehenden Erwerbstatsachen früherer Besitzer bildet.

Der abgeleitete Besitz kann sowohl auf einem gesetzlichen Rechtsübergange als auch auf einem Übertragungsgeschäfte beruhen. Gesetzlichen Rechtsübergang des Besitzes bewirkt z. B. der Tod des Berechtigten, welcher den abgeleiteten Besitz des Erben zur Geltung kommen läßt[4]).

Die ausführliche Behandlung der Besitzgeschäfte kann hier noch umso eher übergangen werden, als ja das Besitzgeschäft zugleich das Mittel der Übertragung des Eigentums, sowie der übrigen Sachenrechte an beweglichen Sachen ist[5]), und sich somit hierzu noch reichlich Gelegenheit bieten wird.

3. Gelangt durch die Erwerbstatsache das ganze Besitzrecht in den Machtkreis des Berechtigten, so kommt ihm Vollbesitz, sonst aber nur beschränkter Besitz zu.

Beide Arten sind sowohl beim ursprünglichen, als auch beim abgeleiteten Besitze zu finden[6]).

Die Beschränkung betrifft entweder den Umfang oder den Inhalt des Besitzrechtes. Im ersteren Falle besteht Mitbesitz, in dem letzteren inhaltlich geteilter Besitz. Der Mitbesitz verleiht den gemeinschaftlich Besitzenden ein einheitliches Recht, wobei es ganz gleich-

---

[1]) Z. B. Der Vermieter oder der Verpächter eines Grundstückes ist Berechtigter gegenüber Dritten. Grill Dt. I, 94, K. 8112/1890, demzufolge Abweisung der summarischen Reposition des Mieters daselbst K. 5110/1884 und Verpflichteter gegenüber dem Mieter GA. XXII: 1802 § 4.

[2]) Vgl. das im Prozeßgesetz über die dort scharf unterschiedenen und als besondere Kategorien behandelten Urteile des possessorischen und des petitorischen Prozesses Gesagte. §§ 579, Abs. 1 und 587, Abs. 2. Das petitorische Urteil enthält die endgültigen Folgen des dinglichen Rechts, das possessorische hingegen die vorläufigen Folgen des Besitzrechts, Grosschmid nennt daher das letztere treffend die lex minus plena. Der Unterschied ist auch dem GA. XIII, 1807, § 5, zu entnehmen, welcher die quaestio juris aus dem possessorischen Prozeß ausschließt.

[3]) Grill Dt. I, 342, K. 5277/1888. Mj. Dt. V, 309. Bpester T. G. 147/1911.

[4]) Grill Dt. I, 103, K. 11513/1892.

[5]) Grill Dt. I, 299, K. 1433/1885. Das 307, K. I, G. 118/1901 usw.

[6]) Ursprünglichen Vollbesitz erlangt der Okkupant, ursprünglichen beschränkten Besitz der Finder, abgeleiteten Vollbesitz der schlichte Besitznachfolger des Eigentümers, abgeleiteten beschränkten Besitz die Gesamtnachfolge kraft Witwenrechts usw.

gültig bleibt, ob die Mitbesitzer nach Bruchteilen oder in der Art eines Gesamthandsverhältnisses verminderte Machtbefugnisse erlangen[1]).

Praktisch viel wichtiger sind die inhaltlichen Beschränkungen des Besitzes und zwar besonders die des abgeleiteten Besitzes.

Die Inhaltsbeschränkungen des abgeleiteten Besitzes erfolgen durch konstitutiven Rechtsübergang. Ein solcher ist anerkannt in GA. XXII: 1802 § 4 durch Ableitung des Pacht- und Mietbesitzes von dem des Grundeigentümers. Der erwähnte Besitzübergang stellt einen Fall der Inhaltsbeschränkung durch Entstehen des Hauptbesitzes dar. Hauptbesitz ist der bei dem erlaubten konstitutiven Besitzübergange dem Vorgänger verbliebene Teil des Besitzrechts. Erlaubt scheint ein solcher Besitzübergang, wenn er eine zeitlich begrenzte Sachherrschaft des Nachfolgers bezweckt, d. h., wenn er die Sachherrschaft des Vorgängers lockert, aber doch nicht aufhebt[2]).

Der den konstitutiven Besitzübergang[3]) erleidende oder ihn herbeiführende Besitzvorgänger bleibt Hauptbesitzer. Ist eine ganze Reihe solcher Vorgänger vorhanden, so kommt die Rechtslage des Hauptbesitzers jedem einzelnen zu, nur der letzte Nachfolger bleibt unmittelbarer Besitzer.

Der unmittelbare Besitz ist gewöhnlich mit tatsächlicher Sachherrschaft verbunden, muß es aber nicht sein. Der Hauptbesitz ergibt sich zumeist auf Grund eines Rechtsgeschäftes, manchmal aber auch unmittelbar auf Grund des Gesetzes[4]).

Trotzdem sich die moderne Lehre über den Unterschied zwischen Besitz und Gewahrsam schon hinweggesetzt hat, kann derselbe im ungarischen Rechte einesteils wegen der dort ganz allgemein gebräuchlichen Ausdrucksweise[5]), anderenteils wegen einzelner[6]) Quellenstellen, welche ihn bis zur neuesten Zeit als geltendes Recht behandeln, nicht ganz außer acht gelassen werden.

Der Gewahrsam ist ebenfalls auf eine dem konstitutiven Rechtsübergange ähnliche Art zu erklären. Überträgt nämlich der Besitzer ausschließlich die tatsächliche Gewalt, ohne daß er sich zugleich der Sachherrschaft entäußern würde, so erlangt der die tatsächliche Gewalt Ausübende nur Gewahrsam, während der Besitz und zwar der unmittelbare Besitz bei dem früheren Berechtigten weiter verbleibt.

---

[1]) Mitbesitz ist auch an Bestandteilen und am Zubehör möglich. Vgl. PG. § 6, Punkt 1.

[2]) Vergleiche EUG. § 352, Absatz 1, den dort angeführten Beispielen: Pacht, Miete, Hinterlegung, sind wohl auch Abzahlungskauf, fiduziarische Übereignung, Werkvertrag, Frachtvertrag und dergleichen anzureihen.

[3]) So ist die Witwe kraft Gesetzes unmittelbare Besitzerin der Sachen, deren Hauptbesitz mit dem Tode des Erblassers dem Erben des Stammvermögens zufällt.

[4]) Wohl auch auf gerichtlicher Verfügung, z. B. Einsetzung eines Pflegers während des Exekutionsverfahrens, Hauptbesitzer bleibt der der z. Z. Gepfändete, dem auch die summarische Repositionsklage zukommt (K. 1920, P. 3964, MT. II, S. 93, F. 64). Die angeführte Entscheidung ist von besonderer Wichtigkeit, da sie meines Wissens zum ersten Male den mittelbaren Besitz ausdrücklich anerkennt.

[5]) Großen Einfluß hatte diesbezüglich das ÖABGB. Nach K. 1920, P.V./2816 kann Innehabung nicht zur Ersitzung führen (MT. II, S. 42, F. 26).

[6]) Z. B. PG. § 93.

Die im Namen und im Interesse eines anderen gehandhabte tatsächliche Gewalt, die durch eine sich auf die Sache beziehende unbedingte Folgepflicht — auf Grund der übergeordneten Stellung des unmittelbaren Besitzers — vermindert ist, verleiht daher kein Besitzrecht[1]), sondern bloßen Gewahrsam oder die Stellung eines Besitzdieners[2]).

4. Je nach dem, ob der Besitz durch eine erlaubte oder verbotene Tatsache erworben wurde, ist er rechtmäßig oder nicht.

5. Doch nicht bloß der objektive Tatbestand der Erwerbstatsache, sondern auch deren subjektive Begleiterscheinungen beeinflussen die Stellung des Besitzers. Die Gut- oder Bösgläubigkeit des Besitzers wird durch seine Meinung über die Rechtmäßigkeit der Erwerbstatsache bestimmt. Der Besitz, dessen Erwerbstatsache der Berechtigte bei dem Erwerbe ohne Außerachtlassung der in dem Verkehre erforderlichen Sorgfalt für wirksam ansehen durfte, ist gutgläubig, der dieses Erfordernisses ermangelnde Besitz hingegen bösgläubig.

6. Der Zweck des Besitzes ist die durch das objektive Recht gesicherte Sachherrschaft zu erlangen, deren Abstufungen und Grenzen so mannigfaltig sind wie die gesetzlich erlaubten Sachenrechte selbst. Ist das Besitzrecht dem Berechtigten bewußt, so vermag man Eigen- und Fremdbesitz auch nach subjektiven Elementen zu unterscheiden, d. h. danach, ob die rechtlich geschützte Sachherrschaft die Benutzung der Sache in der nahezu unbeschränkten Art des Eigentümers oder (vielmehr) in der engbegrenzten Weise des beschränkt Berechtigten (der Rechte an Sachen) bezweckt. Nun ist aber das Besitzrecht oft ein unbewußtes; Eigen- und Fremdbesitz müssen daher auch nach objektiven Merkmalen gesondert werden.

Eigenbesitz ist von diesem Standpunkte aus: der als unbeschränkt, Fremdbesitz hingegen: der als inhaltlich geteilt auftretende Besitz.

7. Wichtige Abstufungen des Besitzrechts ergeben sich auch aus dem Vorhandensein und der Stärke der tatsächlichen Gewalt, kraft welcher die Sachherrschaft ausgeübt wird.

Von diesem Standpunkte aus kann man den mit der tatsächlichen Gewalt verbundenen Besitz als festen, den zu jeder Zeit mit der tatsächlichen Gewalt verstärkbaren als minder festen, endlich den weder mit der verwirklichten, noch mit der sofort verwirklichbaren tatsächlichen Gewalt verstärkten als lockeren Besitz bezeichnen.

8. War die Erwerbstatsache des Besitzes ein Rechtsgeschäft, so übt die Entgeltlichkeit oder Unentgeltlichkeit auf die Lage des Besitzberechtigten ebenfalls einen gewissen Einfluß aus. Demnach muß je nach der Art seiner rechtsgeschäftlichen Grundlage entgeltlicher und unentgeltlicher Besitz geschieden werden.

§ 2. Erwerb und Verlust des Besitzes.

1. Ist der Besitz ein subjektives Recht, so müssen die Grundsätze des Rechtserwerbes, Rechtsüberganges und -unterganges bei ihm ebenfalls

---

[1]) Es fehlt die dominio Werböczys. Innehaber oder Besitzdiener sind: gesetzliche oder rechtsgeschäftliche Vertreter des Besitzers, Hausgenossen, Angestellte, Beamte, Militärpersonen hinsichtlich der ihnen zum Gebrauche überlassenen Waffen oder sonstigen Gebrauchsgegenstände usw.

[2]) Siehe vorige Anmerkung.

anwendbar sein. [Tatsächlich kann dem noch immer vorhandenen Chaos der Besitzlehre nur durch die Anwendung der erwähnten Grundsätze einigermaßen gesteuert werden.]

Besitzerwerbs- und Übergangstatsachen sind alle Arten der rechtlichen Tatsachen.

Erfolgt die Besitzänderung durch eine Handlung, so gelten die allgemeinen Grundsätze der Stellvertretung. Der Hauptbesitzer, der Inhaber und Besitzdiener können hierbei auch als Stellvertreter des unmittelbaren Besitzers[1]), der letztere hingegen als der des Hauptbesitzers[2]), mitwirken.

Hierher gehörende Handlungen sind: Rechtsgeschäfte und zwar sowohl einseitige [Okkupation], als auch Vereinbarungen, dann Rechtshandlungen im engeren Sinne [Abtrennung von Früchten], Delikte[3]) usw.

Sonstige juristische Tatsachen, welche zum Besitzerwerbe führen, sind: Ereignisse z. B. das unbewußte Erlangen der tatsächlichen Gewalt[4]), der Tod des früheren Besitzers, gerichtliche Verfügung[5]) usw.

2. Für den festen Besitz gilt der Grundsatz, daß tatsächliche Sachherrschaft zum Besitzrechte führt. Gleichgültig ist, ob das Erlangen der Sachherrschaft gewollt und bewußt war. Darüber, ob die Sachherrschaft erlangt wurde, entscheidet in Anbetracht des räumlichen, zeitlichen und rechtlichen Zusammenhanges zwischen der Sache und dem Besitzer die allgemeine Auffassung[6]).

3. Trotz des Unterschiedes zwischen Besitz und Gewahrsam sind Besitzrecht und Besitzwille im ungarischen Rechte keineswegs identisch. Das erstere kann sehr wohl ohne den letzteren, ja selbst ohne das Bewußtsein der tatsächlichen Sachherrschaft bestehen. Dennoch darf die wichtige Rolle des Besitzwillens bei der Abgrenzung der tatsächlichen Gewalt nicht geleugnet werden. Der Besitzwille, d. i. der Wille, die Sache zu beherrschen, kann fehlen, eine ihn geradezu ausschließende Absicht darf jedoch nicht vorliegen, eine solche zerstört infolgedessen auch das Besitzrecht[7]) und führt im allergünstigsten Falle bloß zur Innehabung der Sache[8]).

4. Das Erlangen der festen Sachherrschaft muß als die höchste Stufe der zum Erwerbe des Besitzes erforderlichen rechtlichen Tatsachen betrachtet werden. Es erfolgt gewöhnlich, doch nicht immer, durch Rechtsgeschäft[9]) oder durch eine sonstige Handlung, es kann auch das Ergebnis eines Ereignisses sein[10]). Entscheidend ist ausschließlich der Erfolg, d. h.

---

1) Verpächter Grill Dt. I, 94, K. 5110/1884.

2) Sogar im Prozesse PG. § 93, dann nämlich, wenn er die nominatio auctoris verschmäht, auch kraft Gesetzes, z. B.: der gerichtlich bestellte Pfleger als der gesetzliche Vertreter des gepfändeten unmittelbaren Besitzers K. 1920, PV. 3964, MT. II, S. 93, F. 64.

3) Diebstahl StGB. § 333, Trip. I, 68 usw.

4) Z. B. Abfallen von Früchten in das Nachbargrundstück.

5) Einsetzung eines gerichtlich bestellten Pflegers im Exekutionsverfahren K. 1920, PV. 3964, MT. II, S. 93, F. 64.

6) So betrachtet die Praxis die Gewalt des Kurators als festen Besitz. Grill Dt. I. 97, K. 10397/1888.

7) Arg. PG. § 93.

8) Vgl. Grill Dt. I. 41, K. 1812/1888.

9) So Grill Dt. I. 107, K. 9430/1893. Neuestens auch K. 1918, P. 1816, MT. I, F. 25.

10) Abtrennung der Früchte.

ob die zwischen dem Besitzer und der Sache entstandene Beziehung der allgemeinen Auffassung nach als tatsächliche Sachherrschaft angesehen werden kann.

Ist die Sachherrschaft das Ergebnis einer gewollten und bewußten erlaubten Handlung, so können wir es mit einem einseitigen oder zweiseitigen Besitzgeschäfte zu tun haben[1]). Die Tatbestandsfehler eines solchen vereiteln aber bloß den Besitzübergang durch das Rechtsgeschäft, ohne es jedoch zu verhindern, daß eine tatsächliche Sachherrschaft zum Entstehen gelangt, z. B. ein infolge eines Ereignisses eingetretener, ursprünglicher Besitz.

5. Der Erwerb und der Übergang des Hauptbesitzes folgen anderen Grundsätzen. Zwar ist der letzte Rechtsnachfolger: der unmittelbare Besitzer bezüglich des Erwerbes und des Überganges des festen Besitzes den vorhin entwickelten Grundsätzen unterworfen. Hauptbesitzer wird man jedoch nicht durch die Begründung, sondern zumeist durch die Beendigung des festen Besitzes.

Notwendig ist dies zwar keineswegs. Der Hauptbesitz kann auch bei unveränderter Herrschaftslage mit dem Rechtsverhältnisse entstehen, welches den konstitutiven Besitzübergang erzeugt. Hauptbesitz begründet die Entstehung eines Rechtsverhältnisses welches einem Dritten unmittelbaren Besitz verleiht. Hauptbesitz überträgt jeder Übergang des Herausgabeanspruches an der Sache, wobei es nebensächlich bleibt, ob der nunmehrige Hauptbesitzer bisher unmittelbarer Besitzer war oder nicht.

6. All dies gilt für den Erwerb und den Übergang des festen, minder festen und lockeren Besitzes, ferner des Hauptbesitzes durch Sondernachfolge. Die Gesamtnachfolge in den Besitz des Vorgängers hingegen erfordert außer der Begründungstatsache der Gesamtnachfolge keine weitere Tatsache[2]).

Gesamtnachfolge überträgt sowohl den festen, unmittelbaren, als auch den Hauptbesitz des Vorgängers. Die Qualität des Besitzes erleidet, von gegenteiligen Quellenstellen abgesehen, durch die Gesamtnachfolge keine Änderung. Wohl zu beachten ist jedoch, daß das ungarische Recht auch mit der Gesamtnachfolge verbundene, gesetzliche, konstitutive Rechtsübergänge anerkennt, bei welchen die Begründungstatsache der Gesamtnachfolge zugleich eine Besitzänderung verursacht. Die letztere bringt den einen Nachfolger in die Lage des Hauptbesitzers, den anderen in die des unmittelbaren Besitzers. Hier wird eben kraft Gesetzes ein Hauptbesitz begründendes Rechtsverhältnis zum Entstehen gebracht und dementsprechend teilt sich der Besitz des Vorgängers ebenfalls kraft Gesetzes in einen Haupt- und einen unmittelbaren Besitz[3]).

7. Die Beendigung des Besitzes untersteht ähnlichen Grundsätzen wie dessen Begründung.

Beendigungstatsachen sind demnach ebenfalls die verschiedensten

---

[1]) Die häufigsten sind Besitzübergabe und Übernahme.

[2]) Argumentum K. 11513/1892, Grill Dt. I, 103.

[3]) Andernfalls wäre der Gesamtnachfolger des Mannes darin behindert, Dritten gegenüber besitzrechtlich Schutz zu suchen, wenn die Witwe trotz ihres Witwenrechtes hierzu nicht fähig oder nicht willig ist.

juristischen Tatbestände: Rechtsgeschäfte[1]), erlaubte Handlungen[2]), Delikte[3]).

Wird der Besitz durch eine Handlung beendigt, so gelten hinsichtlich der Zulassung von Stellvertretung die allgemeinen Grundsätze.

Für den testen Besitz gilt, daß der endgültige Verlust der tatsächlichen Sachherrschaft auch den rechtlichen Verlust des Besitzes herbeiführt.

Fehlt eine Quellenäußerung, so entscheidet darüber, ob die Sachherrschaft wirklich und endgültig verloren ging, die allgemeine Auffassung. Der endgültige Verlust kommt jedoch innerhalb eines Jahres nicht in Betracht, wenn er durch verbotene Handlung verursacht wurde[4]).

Hinsichtlich des Hauptbesitzes ist anzunehmen, daß nur derjenige Verlust des unmittelbaren Besitzes auch den des Hauptbesitzes zur Folge hat, welcher die Ausübung des Rechtes verhindert, das den Hauptbesitz vermittelt[5]).

Der minder feste Besitz wird beendigt, wenn die Möglichkeit, die tatsächliche Sachherrschaft ohne weiteres sofort herbeizuführen, endgültig wegfällt. Dies gilt entsprechend auch für alle eigenmächtigen Handlungen des unmittelbaren Besitzers. Führen diese die Unmöglichkeit herbei, das vermittelnde Recht geltend zu machen, so geht der Hauptbesitz verloren, andernfalls bleibt er bestehen[6]).

§ 3. Folgen des Besitzes.

1. Die Wirkungen des Besitzrechtes bestehen in den mit der rechtlich geschützten Sachherrschaft verbundenen Vorteilen. Es sind vor allem legitimierende und rechtsmehrende Folgen des Besitzrechtes, sodann die besonders gesetzlich geregelten Formen des Besitzschutzes.

a) Legitimierende Wirkungen des Besitzes.

1. Der Fahrnisbesitzer wird durch die Vermutung geschützt, daß er den Besitz auf dem Wege einer wirksamen rechtlichen Tatsache erworben[7])

---

[1]) Z. B. Dereliktion.

[2]) Z. B. Selbsthilfe (Argumentum Grill Dt. I, 90, K. 4913/1884, ob zwar in dem angeführten Falle die Eigenmacht verboten war).

[3]) Z. B. Zerstörung der Sache, Abdeckung eines Hauses, Grill Dt. I, 87, K. 3367/1887.

[4]) Erlaubte Eigenmacht Trip. I, 68, Einleitung, GA. XXII: 1802, § 1.

[5]) Andernfalls bliebe der Hauptbesitzer trotz Beendigung des unmittelbaren Besitzes berechtigt. So der gepfändete Hauptbesitzer hinsichtlich der Erhebung der summarischen Repositionsklage K. 1920, P. 3964, MT. II, S. 93, F. 64.

[6]) Hat z. B. der Mieter des Hauses widerrechtlich einen Aftermieter genommen, so verbleibt der Hauptbesitz dennoch dem Eigentümer. Wird jedoch ein gemietetes Klavier einem gutgläubigen Dritten verkauft und übergeben, so wird hierdurch zugleich der mittelbare Hauptbesitz des gerichtlich pfändenden Gläubigers auch beendigt. Daß die Praxis den mittelbaren Besitz des Hauseigentümers anerkennt, ist schon Grill Dt. I, 78, K. 6786/1891 zu entnehmen. Die Entscheidung nimmt eine Besitzstörung des Hauseigentümers an, wenn der Mieter die Außenwände der von ihm gemieteten Räumlichkeiten zu Reklamezwecken ausbeutet.

[7]) K. 1898, G. 414, Grill Dt. I, 54, K. 1896, G. 76 daselbst.

hat, ferner, daß er hinsichtlich derselben während der ganzen Dauer seines Besitzes gutgläubig war[1]).

2. Sowohl der gegenwärtige, als auch der vorherige Fahrnisbesitz schafft zugunsten des jeweiligen Besitzers, und zwar nur zu seinem Gunsten, die Vermutung, daß er bzw. seine Vorgänger während der Zeit ihres Besitzes Eigentümer der betr. Sache waren[2]).

Ist der Besitz in Haupt- und unmittelbaren Besitz gestuft, so kommt die legitimierende Wirkung des Besitzes dem Hauptbesitzer zu[3]).

Die hier behandelte Legitimationsvermutung enthält eigentlich zweierlei. Einmal läßt sie auf Eigenbesitz schließen, sodann von diesem auf Eigentum. Die Widerlegung der Eigentumsvermutung schwächt die legitimierende Kraft des Besitzes zwar ab, vernichtet sie jedoch nicht ganz. Stellt sich daher der von dem Gegner widerlegte Eigenbesitz zwar nicht als solcher, doch immerhin noch als dinglicher Besitz dar[4]), so ist damit zugleich Raum für eine der letzteren entsprechende Rechtsvermutung geschaffen[5]). Kurz: die Eigentumsvermutung birgt zugleich den Grundsatz, daß gegenwärtiger oder vergangener dinglicher Fremdbesitz an Fahrnissachen während seiner Dauer dem betreffenden Rechte an Sachen des Besitzers entspreche.

3. Nicht so unbeschränkt, doch immerhin noch scharf genug ist die legitimierende Wirkung des Grundbesitzes.

Sie weicht von der Legitimationsvermutung des Fahrnisbesitzes darin ab, daß ihre Wirkungen gegenwärtigen und zwar eine gewisse Zeit lang andauernden[6]) und auf gewisse Art[7]) erworbenen oder bestärkten Eigenbesitz erfordern.

Anderesteils ist die legitimierende Wirkung des eben umschriebenen Grundbesitzes so stark, daß sie sogar zur Eintragung des Grundeigentums ins Grundbuch führt[8]), mithin den Grundbesitz unter Umständen noch vor Ablauf der Ersitzungszeit sogar zu einem grundbuchmäßigen Eigentum entwickelt. Mit anderen Worten: die in ihren Erfordernissen eingeschränkte legitimierende Wirkung des Grundbesitzes wächst sich in ihren Folgen zu einer Rechtsmehrung des Besitzers aus.

---

[1]) Grill Dt. I, 56, Nr. 134 und der dort angegebene Fall, K. 5298/1894.

[2]) Grill Dt. I, 45, K. 22164/1883. Vgl. hinsichtlich der in einem Kornspeicher befindlichen Sachen, daselbst K. 7181/1895, der in einem Geschäftsraum befindlichen, daselbst 46, K. 9749/1894, daselbst 47, K. 1896, IG. 243, der Inhaberpapiere, daselbst I, 49, K. 3222/1900, (anders EUG. § 497, betreffs dieser und des Geldes hinsichtlich der legitimierenden Wirkung des vorherigen Besitzes), nicht aber hinsichtlich des auf Namen lautenden Einlagebuches, Grill Dt. I, 49, K. 4440/1881.

[3]) Argumentum Grill Dt. I, 94, K. 5110/1894, daselbst I, 97, K. 10397/1888 und GA. XXII: 1802, § 4.

[4]) Beweist also der Beklagte z. B., daß der Kläger als Nießbraucher besitzt, so ist damit zugleich die Vermutung gegeben, daß während seines Besitzes sein Nießbrauchrecht auch tatsächlich bestanden hat.

[5]) Siehe vorherige Anmerkung.

[6]) Drei Jahre GA. XXXVIII: 1889, § 6, XXIX: 1886 § 16, Zehn Jahre daselbst § 18 usw.

[7]) Auf dem Wege eines entgeltlichen Rechtsgeschäftes GA. XXIX: 1886, § 15, Punkt a, einer Erbschaft GA. XVI: 1891, § 15, eines Urteiles GA. XXIX: 1886, § 15, Punkt b usw.

[8]) Siehe die angeführten Gesetzesstellen.

b) Rechtsmehrende Wirkungen des Besitzes.

1. Andauernder Eigenbesitz führt zu dem Eigentum der beherrschten Sachen[1]).

2. Der Besitz kann unter Umständen zu Aneignungsrechten[2]), zu Absonderungsrechten[3]), Erstattungsrechten[4]) und Zurückbehaltungsrechten[5]) führen, welche ausführlicher in der Lehre des Eigentums zu behandeln sind.

c) Besondere Formen des Besitzschutzes.

Diese sind 1. das Selbsthilferecht des Besitzers und 2. der summarische Repositionsanspruch. Beide müssen etwas ausführlicher behandelt werden.

§ 4. Selbsthilferecht des Besitzers.

1. Notwehr. Wird die Sachherrschaft des Besitzers durch einen unbefugten Dritten angegriffen, so steht ihm vor allem das allgemeine Notwehrrecht zu[6]). Es kann sowohl von dem Besitzer selbst als auch zu seinem Gunsten von jedem Dritten, z. B. dem Inhaber und dem Besitzdiener, ausgeübt werden, wenn eine Besitzentziehung oder Besitzstörung vorliegt.

2. Gewaltrecht. Der Besitzer hat ein Selbsthilferecht, wenn ihm durch verbotene Eigenmacht Sachen entzogen werden, es verleiht ihm die Macht, die eigenmächtig entzogenen beweglichen Sachen dem auf frischer Tat betroffenen sofort, das eigenmächtig entzogene Grundstück hingegen dem Täter oder seinem Gesamtnachfolger[7]), auch später innerhalb eines Jahres, mit Anwendung von Gewalt wieder abzunehmen[8]).

Das Selbsthilferecht steht dem unmittelbaren[9]), ferner dem Hauptbesitzer[10]) zu. Es kann aber unter Umständen auch beiden, sowie dem

---

[1]) Ersitzung, ferner hat der unmittelbare Besitzer der Grundstücke ein Recht auf Eintragung derselben ins Grundbuch. Siehe die vorhergehenden Anmerkungen. Hierzu ist aber Besitz notwendig, Innehabung genügt nicht, K. 1920, P. 4403, MT. II, S. 126, F. 84.

[2]) Der Früchte, K. 1917, PV. 1482, Mj. Dt. XI, 281.

[3]) Grill Dt. I 59, K. 3217/1889.

[4]) Der nützlichen Aufwendungen Grill Dt. I, 58, K. 3851/1884 usw.

[5]) Z. B. HG. § 309, WG. § 108 usw. Daß es sich hier ebenfalls um Folgen des Besitzrechts handelt, folgt daraus, daß die Praxis das Zurückbehaltungsrecht nicht anerkennt, wenn der Besitz fehlerhaft erworben wurde. Hinsichtlich des bösgläubigen Besitzers äußerte sich Kurie in einem überaus interessanten und lehrreichen Falle meiner Praxis letzthin folgendermaßen: „. . . . in dem Falle solcher Aufwendungen kann der bösgläubige Besitzer die auf diese Sache bezüglichen nützlichen Aufwendungen überhaupt nicht fordern, die notwendigen kann er zwar fordern, doch nicht als Besitzer, sondern bloß als Geschäftsführer ohne Auftrag, daher nicht infolge einer mit Besitz verbundenen, sondern einer davon unabhängigen Grundlage . . .“ K. 1921, PV. 3465/51 (bisher in keiner Sammlung veröffentlicht).

[6]) StrGB. § 79. Es liegt ein Angriff gegen das Vermögen vor.

[7]) Argumentum Trip. I, 68: Einleitung.

[8]) Daselbst und I 68, § 2, Argumentum auch, GA. XXII: 1802 § 1.

[9]) Trip. I 68, § 2. Der Inhaber muß als dessen Stellvertreter gelten, Argumentum PG. § 93.

[10]) Erbe, Trip. I, 68: Einleitung.

Mitbesitzer[1]) gegenüber ausgeübt werden, wenn sie die Schranken ihres Besitzrechtes überschreiten[2]).

§ 5. Summarischer Repositionsanspruch.

1. Das erste Erfordernis des summarischen Repositionsanspruches ist die verbotene Eigenmacht, d. h. der gegen oder wenigstens ohne den Willen des Besitzers erfolgte, unerlaubte Eingriff Dritter in das Besitzrecht[3])

Die Verübungsarten der verbotenen Eigenmacht sind mannigfaltig, bestehen aber sämtlich entweder in einer vorübergehenden Störung[4]) oder in einer endgültigen Entziehung[5]) der das Besitzrecht verkörpernden Sachherrschaft.

Die Verübung der verbotenen Eigenmacht kann eine verbotene Handlung in technischem Sinne darstellen, braucht es aber nicht. Ihre Folgen treten demnach ohne Rücksicht auf die Verantwortungsfähigkeit und die Absicht des sie Verübenden ein. Erforderlich ist bloß der umschriebene Erfolg der Eingriffshandlung.

2. Das zweite Erfordernis des Repositionsanspruches ist, daß die Eingriffshandlung ein Besitzrecht[6]) beeinträchtigt, welches bis dahin wenigstens ein Jahr hindurch ungestört und ununterbrochen ausgeübt wurde[7]) oder dessen Rechtmäßigkeit sonst erwiesen ist[8]).

3. Das dritte Erfordernis besteht darin, daß der Anspruch von der Eingriffshandlung an innerhalb eines Jahres gerichtlich geltend gemacht wird[9]). Gleichgültig ist hierbei, ob und wann der Besitzer von der Eingriffshandlung Kenntnis nahm[10]).

---

[1]) Grill Dt. I, 91, K. 1857/1886.

[2]) Argumentum eadem ratione, GA. XXII: 1802, § 4.

[3]) Argumentum Trip. I, 68 und GA. XXII: 1802.

[4]) Einfriedung, Grill Dt. I 75, K. 8227/1887, Entfernung einer solchen, daselbst 77, K. 9602/1893, Ausbeutung der Wand zu Reklamezwecken, daselbst 78, K. 6786/1891, Durchlassen Reisender über das der Bahn naheliegende Grundstück des Besitzers, K. 1917, P. II, 1029, Mj. Dt. XI 273, Entfernung oder Umänderung des Schlosses einer Wegeschranke, Grill Dt. I 74, K. 11435/1892, nicht aber: bloßer Protest, Grill Dt. 67, K. 6194/1884, daselbst K. 12195/1893 usw.

[5]) Trip. I, 68, § 2, Abgrenzung einer Wiese, Grill Dt. I 83, K. 8333/1888, Abdeckung eines Gebäudes, daselbst 87, K. 3367/1887, unerlaubte Selbsthilfe, daselbst 90, K. 4913/1884, Aneignung der Früchte, daselbst 76, K. 3729/1892, daselbst 84, K. 4680/1890, Absonderung der Früchte GA. XIII: 1807, § 3, nicht aber: behördliche Verfügungen, etwa behördliche Einweisung des Käufers auf Grund der Zwangsversteigerung. Grill Dt. I 66, K. 6022/1893, Besitzergreifung infolge eines gerichtlichen Urteiles, daselbst, K. 4485/1883 usw.

[6]) GA. XIII: 1807, § 5. Als Besitzer erkennt die Praxis hier auch den Pfleger an, welcher das Grundstück infolge einer gerichtlichen Sperre verwaltet. Grill Dt. I 97, K. 10397/1888: Der Pächter und Mieter hingegen gilt bloß dem Verpächter und Vermieter gegenüber als Besitzer, daselbst I 94, K. 8112/1890, Dritten gegenüber muß der Verpächter oder Vermieter selbst vorgehen, daselbst K. 5110/1884. Dem auf Grund eines partiarischen Geschäftes Berechtigten kommt der Anspruch überhaupt nicht zu, Grill Dt. I 109, K. 633/1892.

[7]) Grill Dt. I 111, K. 2264/1893.

[8]) Daselbst und S. 117, K. 1093/1884.

[9]) GA. XXII: 1802, § 1; Grill Dt. I 111, .K 8268/1886.

[10]) Ebendaselbst 114, K. 1251/1890.

Zur Geltendmachung ist sowohl der Besitzer selbst als auch sein Gesamtnachfolger berechtigt[1]).

4. Der Inhalt des summarischen Repositionsanspruches ist die gerichtliche Beseitigung der unrechtmäßigen Folgen der Eingriffshandlung. Demgemäß: die Beendigung der Störung oder der Entziehung des Besitzes auf dem Wege der Wiederherstellung des früheren Zustandes, sowie der Verhinderung einer künftigen Störung[2]) und des Ersatzes des durch die Eingriffshandlung verursachten Schadens[3]).

Anspruchsverpflichteter ist: der Täter[4]), sein Gesamtnachfolger und wohl auch der bei dem Erwerbe seines Besitzes bösgläubige Sondernachfolger[5]), obzwar sich die Praxis in dieser Frage bisher nicht geäußert hat. [Die Verpflichtung setzt weder Fahrlässigkeit noch Vorsatz, noch Geschäftsfähigkeit des Verpflichteten voraus.]

5. Der summarische Repositionsanspruch verleiht einen vorläufigen (possessorischen) Schutz, welcher auf Grund der endgültigen Rechtslage, die dem Verpflichteten ein auf die Sache bezügliches und das Besitzrecht ausschließendes Recht zusichert, nur auf dem Wege petitorischer Klagen umgestoßen werden kann[6]). Dem summarischen Repositionsanspruche selbst darf diese endgültige Rechtslage nur dann entgegen gehalten werden, wenn ein anderslautendes Urteil sonst eine rechtlich verbotene Sachlage hervorrufen würde[7]).

6. Was nun die einzelnen Fälle des Repositionsanspruches betrifft, so entspringt ihm ein Anspruch auf Herstellung des früheren Zustandes. Der Störer ist daher kraft des [dem summarischen Repositionsanspruch innewohnenden] Anspruches verpflichtet, die Störung zu beseitigen[8]), nicht aber auch die etwa aufgebauten Gebäude niederzureißen[9]). Läßt die Art der Verübung die begründete Schlußfolgerung zu, daß eine Wiederholung derselben zu befürchten ist, so wäre mit der einmaligen Beseitigung nur ein unvollkommener Schutz gewährt. Daher gewährt die Praxis[10]) dem Besitzer die Möglichkeit, mit der Beseitigung gleichzeitig und wohl auch unabhängig von ihr auf Unterlassung weiterer Beeinträchtigungen zu klagen [und ein gerichtliches Verbot der Wiederholung der Störung zu erlangen].

7. Bestand die verbotene Eigenmacht in der gänzlichen Entziehung der Sachherrschaft, so muß dieselbe ebenfalls wieder hergestellt werden. Demzufolge kann der feste Besitzer [kraft des summarischen Repositionsanspruches] die Wiedereinsetzung in die tatsächliche Gewalt, der minder feste die Ermöglichung der sofortigen Herbeiführung einer solchen fordern.

---

[1]) Grill Dt. I 103, K. 11513/1892, nicht aber der Einzelnachfolger, der die tatsächliche Sachherrschaft noch nicht erlangt hat, daselbst 106, K. 523/1900.
[2]) PG. § 579.
[3]) GA. XIII: 1807, § 1.
[4]) Eadem ratione Grill Dt. I 103, K. 11513/1892.
[5]) Vgl. EUG. 360.
[6]) Argumentum PG. §§ 579, 587, Absatz 2, GA. XIII: 1807, die „Rechtsfrage“ darf im Besitzprozesse nicht angeschnitten werden.
[7]) Mj. Dt. XI 276, K. 1917, P. 3750.
[8]) PG. § 579.
[9]) PG. § 576.
[10]) Grill Dt. I 84, K. 4680/1890.

Der Hauptbesitzer muß sich damit begnügen, daß die vor der Entziehung zwischen dem unmittelbaren Besitzer und der Sache früher vorhandene Lage wieder auflebe[1]). Ist dies unmöglich oder untunlich, so muß wohl die unmittelbare Sachherrschaft des Hauptbesitzers wiederhergestellt werden, wobei jedoch, in Anbetracht der objektiven Grundlagen der verbotenen Eigenmacht, die entzogene Sachherrschaft des unmittelbaren Besitzers als Richtschnur zu dienen hat[2]). Mehrfache Abstufung des Besitzes dürfte den Anspruch allen Hauptbesitzern verleihen[3]).

8. Der [durch den summarischen Repositionsanspruch] zu erlangende Ersatz erstreckt sich auf die durch die Eingriffshandlung verursachten Kosten und auf den tatsächlichen Schaden[4]).

9. Mit wenigen Abweichungen[5]) gelten die Grundsätze des summarischen Repositionsanspruches auch für einen Anspruch auf Berichtigung der Grenzen des Grundstückes[6]), der in dem Prozeßrechte, sowie der Auffassung der Praxis nach, auch in dem materiellen Rechte zu Unrecht als ein besonderer Anspruch aufgefaßt wird.

§ 6. Sonstige Ansprüche aus dem Besitze.

Will oder kann der Besitzer den summarischen Repositionsanspruch nicht geltend machen, so steht ihm zu dem Zwecke der Wiedererlangung des vorigen Zustandes, d. h. zur Beseitigung der Störung oder der Entziehung des Besitzes, auch der Weg einer ordentlichen Besitzklage offen[7]). Diese erfordert zwar nicht die Voraussetzungen des summarischen Repositionsanspruches, andererseits kommen ihr aber auch nicht seine außerordentlichen prozessualen Begünstigungen[8]) zugute. Dasselbe gilt auch entsprechend hinsichtlich der Beschränkung der Folgen der verbotenen Eigenmacht[9]), welche in dem vorigen Abschnitte ausgeführt wurden. Die ordentliche Besitzklage kann innerhalb der Verjährungsfrist wann immer geltend gemacht werden, natürlich muß sie auch dem Berechtigten des dinglichen Rechtes gegenüber gewöhnlich weichen[10]).

---

[1]) Arg. K. 1920, P. 3464, MT. II, S. 93, F. 64.

[2]) Der Verpflichtete hat den Hauptbesitzer bloß in die Lage zu versetzen, welche der unmittelbare Besitzer inne hatte.

[3]) Die der vorigen Anmerkung entsprechende tatsächliche Gewalt kommt dem letzten konstitutiven Vorgänger des unmittelbaren Besitzers zu.

[4]) Grill Dt. I 100, K. 5779/1886. . anders, doch unrichtig das. 123, K. 3405/1889. Vgl. PG. § 579. XIII: 1807. § 1, der entgangene Gewinn kann nur auf dem Wege einer ordentlichen Besitzklage, oder einer petitorischen Klage geltend gemacht werden. GA. XIII: 1807, § 1.

[5]) Wie z. B. vorherige Geltendmachung vor der Verwaltungsbehörde GA. XII; 1894, § 32ff., Wegfall der einjährigen Zeitgrenze des Geltendmachens. Grill Dt. I, 121, K. 7130/1894 usw.

[6]) Arg. PG. § 582, GA. XXIII: 1802, XII: 1894, § 32ff.

[7]) Arg. PG. § 1 d und § 1, Punkt 1. Z. B. Grill Dt. I 397, K. 6530/1893 usw.

[8]) Verhandlungen am Tatorte § 577, keine Unterbrechung des Prozesses wegen Strafverfahrens § 578, Teilurteil in der Frage der Reposition, Ausschluß der Rechtsfrage GA. XIII: 1807, § 5, zeitweilige Verfügung behufs der Wiederherstellung des vorigen Zustandes PG. § 580, sofortige Zwangsvollstreckung und Ausschluß der Erneuerung des Prozesses § 581 usw.

[9]) Beschränkung des Schadenersatzes siehe oben.

[10]) Z. B. K. 9062/1890, Grill Dt. I, 394 usw. Ausnahmen bilden nur die Fälle, wo der Besitz dem Besitzer kraft eines Rechtes an Sachen oder infolge eines dem ding-

§ 7. Rechtsbesitz.

1. Rechtsbesitz ist die tatsächliche Ausübung eines absoluten Vermögensrechtes, welche den Schein erweckt, daß das betreffende Recht dem Ausübenden zukommt.

In Betracht kommt vor allem die Ausübung der Rechte an Sachen[1]), die der sog. kleineren Regalienrechte[2]), der absoluten Immaterialrechte[3]), niemals aber die der Schuldrechte.

2. Über den Rechtsbesitz an Sachenrechten ist zu sagen, daß der, sofern die Ausübung mit dem Besitze der Sache zusammenfällt, eigentlich eine Art der Sachherrschaft bedeutet, welche der Ausübung eines bestimmten Rechtes an Sachen entspricht. In diesem Sinne ist beinahe jeder Sachbesitz auch Rechtsbesitz, da ja der Besitzer die Sachherrschaft gewöhnlich in einer Weise ausübt, die dem Verhalten des Sachberechtigten entspricht. Daher die Erscheinung, daß Eigenbesitz, Nießbrauch- und Pfandbesitz usw., wohl auch infolge ihrer Häufigkeit, die Eigentümlichkeiten des Rechtsbesitzes verloren und sich in Sachbesitz verwandelt haben.

3. So verblieben für das Gebiet des Rechtsbesitzes bloß jene Tatbestände, welche die Rechtsausübung auch ohne den Besitz der beherrschten Sache zulassen. Hierher gehört vor allem der Rechtsbesitz an der Grunddienstbarkeit.

Besitzer einer Grunddienstbarkeit kann nur der jeweilige Besitzer des herrschenden Grundstückes sein[4]). Gleichgültig bleibt, ob die Grunddienstbarkeit ins Grundbuch eingetragen wurde oder nicht. Die Besitzarten der Grunddienstbarkeit entsprechen jenen des Sachbesitzes. Der Besitz der Grunddienstbarkeit wird durch Handlungen erworben, welche einen ihr entsprechenden tatsächlichen Zustand herbeiführen. Hierzu ist ein der Grunddienstbarkeit entsprechender Gebrauch des herrschenden Grundstückes notwendig[5]).

Der Übergang des Besitzes einer Grunddienstbarkeit ist von dem Übergange des Besitzes des herrschenden Grundstückes unzertrennlich, erheischt daher keine besondere Behandlung. Der Verlust des Besitzes einer affirmativen Grunddienstbarkeit tritt mit der Beendigung ihrer Ausübung, der einer negativen mit dem bewußten Zuwiderhandeln des Verpflichteten ein.

4. Die Folgen des Rechtsbesitzes sind denen des Sachbesitzes ähnlich.

---

lich Berechtigten gegenüber bestehenden Schuldrechtes zukommt. Mj. Dt. V, 309, Bpester T. 1911, G. 147.

[1]) Wegedienstbarkeit Grill Dt. I 74, K. 11435/1882, Mj. Dt. XI 273, K. 1917, P. II, 1029, die Dienstbarkeit der Mistabfuhr Grill Dt. I 80, K. 11332/1884, des Gebrauches oder des Nießbrauches daselbst I 72, K. 1719/1891, des tignum junctum daselbst I 87, K. 3367/1887, des Ausbeutungsrechtes einer Lehmgrube Grill Dt. I 100, K. 5779/1889, eines Bergwerksrechtes PG. § 587, Absatz 2 usw.

[2]) Dieselben sind dem Eigentümer des Grundstückes zukommende Ausbeutungsrechte, z. B. das Recht des Ausschankes, Grill Dt. I 90, K. 4913/1884, ähnlicher Besitz ist an Fährerechten, Wegerechten, Mautrechten und Marktrechten möglich.

[3]) Patentrecht GA. XXXVII: 1895, § 12, Autorenrecht GA. LIV, 1921, §§ 5, 6 usw.

[4]) Argumentum Mj. Dt. IX 236, K. 1915/RP. I 703, ob zwar diese Entscheidung von dem Eigentümer des herrschenden Grundstückes spricht.

[5]) Mj. Dt. IX 199, K. 3236/1914.

Dies gilt sowohl für die legitimierenden als auch für die rechtsmehrenden Wirkungen und die besonderen Formen des Besitzschutzes. Die ersteren bestehen in der durch 32 jährigen Besitz bewirkten Ersitzung des Rechtes, sofern dies überhaupt ersitzbar ist[1]), die letzteren sind hier ebenfalls Selbsthilferecht und summarischer Repositionsanspruch des Besitzers.

Materielles Grundbuchrecht[2]).

§ 1. Form und Inhalt des Grundbuches.

1. Der sachenrechtliche Verkehr an Grundstücken vollzieht sich größtenteils in dem Grundbuche. Dieses ist Schauplatz und Hilfsmittel des sachenrechtlichen Verkehrs und erlangt hierdurch hinsichtlich der Sachenrechte an Grundstücken eine ebenso wichtige Rolle wie der Besitz in bezug auf das Mobiliarsachenrecht.

Die ungarischen Grundbücher sind seit 1886[3]), Grundbucheinlagen. Vor diesem Zeitpunkte waren sie[4]) Grundbuchprotokolle.

Sie werden von den Grundbuchbehörden[5]) in der Weise geführt, daß jede politische Gemeinde ein Grundbuch und innerhalb dessen jedes Grundstück eine mit fortlaufender Zahl versehene Grundbucheinlage erhält[6]). Die Grundbucheinlage besteht aus drei Blättern: das A- oder Besitzblatt, das B- oder Eigentumsblatt und das C- oder Lastenblatt.

Das A-Blatt erstreckt sich auf die rechtliche Natur[7]) und die Beschreibung des Grundstückes, ferner auf manche privilegierten Lasten. Das B-Blatt umfaßt den Namen des Eigentümers, den Erwerbsgrund, die Erwerbssumme, die persönlichen und sachlichen Beschränkungen des Eigentums, die Zuschreibungen und Abschreibungen der einzelnen Teile der Parzellen[8]), sowie alle hinsichtlich der aufgezählten Umstände eingetretenen Veränderungen[9]). Das C-Blatt weist alle Hypotheken, Dienstbarkeiten und sonstige Rechte an dem Grundstücke, samt allen bei ihnen eintretenden Veränderungen[10]) auf.

---

[1]) Siehe den in der vorigen Anmerkung angeführten Fall.

[2]) Die Quellen desselben sind: kraft JKK. I §§ 21, 146, 156, die österreichische Grundbuchordnung vom 15. XII. 1855, das ÖBGB. (alte Fassung) und die hier allerdings sehr bedeutende Neuerungen einführende — Praxis, endlich die weiter unten angeführten und sich auf das Grundbuchrecht beziehenden ungarischen Einzelgesetze.

[3]) GA. XXIX: 1886, § 1.

[4]) GO. § 1.

[5]) Jetzt die mit diesen Aufgaben versehenen Bezirksgerichte GA. LIV: 1912, § 11, Absatz 2.

[6]) GA. XXIX, 1886, § 2.

[7]) Hauptsächlich die Bestimmung dessen, ob das Grundstück ein adliges oder ein Hörigengrundstück war, was hinsichtlich der Urbarialvorschriften bezw. der Nachklänge derselben noch immer nicht ganz ohne Wichtigkeit ist. Wohl auch die Eigenschaft des geteilten Eigentums, Grill Dt. I 132, K. 8258/1889 usw. Jetzt auch die Eigenschaft des Heldengrundstückes (VO. 6650/1920, MER. § 1), die der Familienheimstätte (GA. XXXVI: 1920, § 70, Abs. 3) usw.

[8]) Dieselben sind rechtlich selbständige Teile des Grundstückes, GO. § 52, Punkt f. und § 55.

[9]) GO. § 52, GA. XXIX: 1886, § 3.

[10]) Daselbst und GO. § 54.

2. Die Grundbuchbehörde kann rechtlich bedeutsame Eintragungen nur auf behördliches Ersuchen oder auf Antrag der Parteien vornehmen[1]).

Der Antrag der Parteien ist an die Schriftform gebunden. Form und Inhalt dieses schriftlichen Antrages und seiner materiellen Grundlagen[2]) sind in der Grundbuchordnung vorgeschrieben.

Die Eintragungen sind endgültige: Einbuchung[3]) und Löschungen[4]), oder vorläufige: Vormerkungen[5]) und Anmerkungen[6]).

3. Die Reihenfolge der Eintragungen ins Grundbuch bestimmt sich nach dem Eingang des Antrages oder des behördlichen Ersuchens. Sie verleiht der Eintragung den grundbuchmäßigen Rang[7]).

§ 2. Öffentlicher Glaube des Grundbuches.

1. Das Grundbuch ist ein allen zugängliches, seinem wesentlichen Inhalte nach mit öffentlichem Glauben versehenes Rechtsinstitut.

Der öffentliche Glaube des Grundbuches führt zu dem Bestreben, die dinglichen Rechtsverhältnisse des Grundstückes und der gebuchten Rechte in demselben möglichst vollständig und richtig darzustellen.

Form gewinnt dieses Bestreben in der den rechtlichen Inhalt des Grundbuches betreffenden Richtigkeitsvermutung[8]) und der enger gefaßten, zugunsten der gutgläubigen, entgeltlichen Rechtserwerber aufgestellten Richtigkeitsfiktion, endlich in der Ausschließung der sich außerhalb des Grundbuches vollziehenden Konsolidation der Rechte an Grundstücken.

2. Richtigkeitsvermutung. Sowohl zugunsten als auch zuungunsten des eingetragenen Berechtigten gilt, abgesehen von einzelnen Ausnahmen[9]), die einfache, widerlegbare Vermutung des Bestehens des eingetragenen und des Nichtbestehens des gelöschten Buchrechtes, also der Richtigkeit und Vollständigkeit[10]) des rechtlich bedeutsamen Inhaltes des Grundbuches.

3. Richtigkeitsfiktion. Zugunsten des dritten, entgeltlichen, rechtsgeschäftlichen Erwerbers gilt, nach Ablauf der Präklusivfrist des Löschungsanspruchs[11]), auch der unrichtige oder unvollständige rechtlich bedeutsame Inhalt des Grundbuches als richtig[12]).

---

1) GO. § 60.

2) Besonders der Rechtsgeschäfte, diesbezüglich erfordern GO. §§ 67ff, 87ff. Schriftlichkeit. Die angeführten Vorschriften wurden durch § 77 GA. XXXVI 1920 noch verstärkt. Demnach wird für die Übereignungsgeschäfte der Liegenschaften Schriftform erfordert.

3) GO. § 59, 63.

4) GO. § 77.

5) GO. § 59a.

6) GO. §§ 59, 104, Anmerkung eines dinglichen Prozesses, der Minderjährigkeit, der Verlängerung der Minderjährigkeit, der Entmündigung des Eigentümers, des Konkurses des Eigentümers usw.

7) GO. § 61. S. weiter unten.

8) Siehe weiter unten.

9) Z. B. der Sicherungshypothek Mj. Dt. XI 140, K. 1916, RP. V 5564.

10) Mj. Dt. XI 226, K. 1917, PV 241.

11) GO. §§ 148ff. siehe weiter unten.

12) Nicht aber zugunsten des auf Grund einer Zwangsvollstreckung oder einer Vormerkung vorgehenden Hypothekarberechtigten, Mj. Dt. XI 225, K. 1917, PV 241.

Gutgläubig[1]) ist der Erwerber, welcher von der Unrichtigkeit oder Unvollständigkeit des Grundbuches ohne eine ihm zur Last fallende Sorglosigkeit keine Kenntnis hat[2]). Die Anmerkung eines Prozesses[3]), sowie die auffallende Außerachtlassung der Besitzverhältnisse, wenn die Umstände sonst zur Vorsicht[4]) mahnen, schließen die Gutgläubigkeit des Bucherwerbers aus.

Die Richtigkeitsfiktion verleiht den Buchberechtigten eine der formellen Buchlage entsprechende Rechtslage, welche die Quellen hartnäckig, doch wohl ohne Grund grundbücherliche Ersitzung nennen[5]).

4. Ausschließung der Konsolidation an Buchrechten. Rechte an Sachen erlöschen gewöhnlich durch Konsolidation, d. i. dadurch, daß das Belastungsrecht und die daraus entstammende Verpflichtung in den Rechtskreis einer Person gelangen. Der öffentliche Glaube des Grundbuches führt hinsichtlich der Rechte an Grundstücken und an Buchrechten zu einer Ausnahme von dieser Regel, welche eigentlich eine Erweiterung der oben erwähnten Richtigkeitsfiktion bedeutet[6]). Sie besagt nämlich, daß Buchrechte an Grundstücken und an Buchrechten zugunsten entgeltlicher, gutgläubiger Bucherwerber bis zu ihrer Löschung bestehen.

§ 3. Schutz der Materiellberechtigten.

1. Fehlt die Übereinstimmung der Buchlage und der materiellen Rechtslage, so bedarf sowohl der Buchberechtigte als auch der materiell Berechtigte des Schutzes.

Zugunsten des ersteren besteht unter Umständen die schon erwähnte Richtigkeitsvermutung und Richtigkeitsfiktion, der materiell Berechtigte hingegen hat den Berichtigungs-[7]) und den Löschungsanspruch[8]).

2. Der Berichtigungsanspruch geht auf eine der materiellen Rechtslage entsprechende Verbesserung der fehlerhaften Buchlage[9]). Er kommt dem Berechtigten zu, dessen Recht das Grundbuch überhaupt nicht, unrichtig[10]) oder unvollständig enthält.

Er wird durch Klage geltend gemacht[11]), welche kraft der von Amts wegen zu erfolgenden Anmerkung im Grundbuche auch gegenüber den späteren Buchnachfolgern des Verpflichteten wirkt[12]).

---

[1]) Argumentum Mj. Dt. IX 339, K. 1915 RP. V 6843.

[2]) Verwandtschaft der Parteien, dem Erwerber bekannte Verschlechterung der Vermögensverhältnisse des Vorgängers Mj. Dt. IX 50, K. 802/1914, auffallende Billigkeit der Kaufsumme, daselbst IX 344, K. 1915 RP. VII 5646, Kenntnis eines auf das Grundstück bezüglichen, wenn auch nicht angemerkten Prozesses, daselbst usw. begründeten Sorglosigkeit des Erwerbers.

[3]) GO. § 104.

[4]) Siehe Anmerkung 2.

[5]) Ausschlaggebend hierfür war § 1467 ÖBGB. Vergleiche auch Grill Dt. I 386, K. 8915/1875, daselbst 387, K. 525/1896.

[6]) Arg. eadem ratione ÖBGB. § 469 (alte Fassung), welchen die Praxis auf Grund JKK. I §§ 21, 145, 156 als zu Recht bestehend anerkannt, vgl. Grill Dt. I 622—623, K. 7454/1889, 4144/1893 usw.

[7]) EPG. § 12.

[8]) GO. §§ 148ff.

[9]) Argumentum GO. §§ 21, 27b, 168, GA. XXIX: 1886; § 50, XXXVIII: 1889; § 23, XVI: 1891 § 11.

[10]) Sei es auch nur an falscher Stelle, GA. XXXVIII: 1889 § 23.

[11]) EPG. § 12.

[12]) Daselbst Absatz 3.

Hinsichtlich der Zeit, des Geltendmachens und der Personen, gegenüber denen er wirksam wird, gilt für den Berichtigungsanspruch das weiter unten betreffs des Löschungsanspruches Gesagte.

3. Der Löschungsanspruch geht auf die Beseitigung der der materiellen Rechtslage widersprechenden augenblicklichen und auf die Wiederherstellung einer der materiellen Rechtslage entsprechenden, früheren Buchlage [1]).

Er steht dem gegenwärtigen oder dem früheren Buchberechtigten [2]) und seinen Rechtsnachfolgern zu. Er kann geltend gemacht werden: unmittelbaren sowie bösgläubigen und [3]) unentgeltlichen Buchnachfolgern gegenüber innerhalb der ganzen Verjährungszeit [4]), gutgläubigen dritten Buchnachfolgern gegenüber aber, falls der die materielle Rechtslage beeinträchtigende Grundbuchbescheid gehörig ausgehändigt wurde, nur innerhalb der von diesem Zeitpunkte an zu rechnenden sechs Monate [5]) und höchstens in sechzig Tagen nach Anmeldung der im Grundbuche anzumerkenden Absicht, den Anspruch geltend zu machen [6]). Fehlt eine regelrechte Aushändigung des beeinträchtigenden Beschlusses, so kann der materiell Berechtigte auch gegenüber gutgläubigen, dritten Buchnachfolgern innerhalb von drei Jahren vorgehen [7]).

Verpflichteter ist der Buchberechtigte, zu dessen Gunsten die Buchlage grundlos verschoben wurde.

Der Löschungsanspruch wird ebenfalls durch eine von Amts wegen im Grundbuche anzumerkende [8]) Klage geltend gemacht und ist kraft der Anmerkung auch den späteren Buchnachfolgern des Verpflichteten gegenüber wirksam [9]).

4. Sowohl der Berichtigungs- wie auch der Löschungsanspruch sind eigentlich actiones negatoriae des durch die formelle Buchlage beeinträchtigten materiell Berechtigten. Denselben Zweck verfolgt eine eigenartige Abart des Berichtigungsanspruches: der besonderen Grundsätzen unterstehende Anspruch auf Beseitigung einer ohne rechtlichen Grund vorgenommenen Zwangsvollstreckung in Grundstücke und Buchrechte [10]), durch die die dingliche Rechtslage unrichtig wurde.

Er kommt dem Berechtigten gegenüber dem Pfandgläubiger zu, welcher die Zwangsvollstreckung erwirkte [demnach auf Grundlage des Rechtes des Zwangsvollstreckten steht]. Und zwar unter denselben Voraussetzungen, welche gegenüber den Buchberechtigten [11]) gelten, also ganz ohne Rücksicht auf die Gutgläubigkeit oder Bösgläubigkeit des pfändenden Gläubigers. Diese hat aber insoweit Einfluß, als nur der bösgläubige

1) GO. §§ 148ff.
2) Daselbst.
3) Eadem ratione.
4) 32 Jahre, vgl. Mj. Dt. VI 57, K. 1027/1911, GO. §§ 149, 150.
5) VJM. 947/1888, § 8 III.
6) Daselbst. Die 60 Tage zählen von der Aushändigung an.
7) GO. § 150.
8) EPG. § 12.
9) VJM. 947/1888, § 8 III.
10) GA. LX: 1881, § 168, 55. VE. der K.
11) Beruht aber die Hypothek auf einem Rechtsgeschäfte und wurde bloß das Zwangsvollstreckungsrecht angemerkt, so gelten die Grundsätze des rechtsgeschäftlichen Bucherwerbs.

die Zwangsvollstreckung betreibende Gläubiger ihm selbst dann noch weichen muß, wenn er bei der Zwangsversteigerung das Grundstück käuflich erworben hatte[1]).

§ 4. Der Rang der Buchrechte.

1. Das Grundbuch enthält größtenteils dingliche Rechte[2]). Der Inhalt der letzteren sowie der anderen im Grundbuche eingetragenen Rechte macht es überaus wünschenswert, das Verhältnis der gesamten Buchrechte zueinander klarzustellen.

Das Verhältnis eines Buchrechtes zu den übrigen ist sein Rang im Grundbuche[3]). Der Rang wird bestimmt: a) durch den Zeitpunkt, in dem die an die Grundbuchbehörde gerichtete Eingabe eintrifft — hier gilt der Grundsatz: frühere Eingabe schafft vorteilhafteren[4]), gleichzeitige hingegen gleichen Rang[5]); b) durch eine abweichende Vereinbarung der hierzu berechtigten Parteien. Diese ist ein dinglicher Vertrag, welcher jedoch die Rechte Dritter nicht beeinträchtigen darf[6]).

2. Kollidieren einander widersprechende Rechte, so bestimmt das Rangverhältnis zugleich die Reihenfolge der Befriedigung.

Die Rangverträge sind dingliche Verfügungen. Sie erfordern eine in das Grundbuch einzutragende Einigung des vortretenden und zurücktretenden Buchberechtigten. Sie führen zu einem von dem gesetzlich bestimmten, abweichenden Rang eines neubegründeten oder etwa schon bestehenden Buchrechtes[7]).

Seit dem Bestehen des § 77 GA. XXXVI, 1920 kann es fraglich erscheinen, ob ein Ranggeschäft auch mündlich abgeschlossen werden kann? Unseres Erachtens ja, denn es bedeutet keine Übereignung der Liegenschaft, sondern bloß die eines Rechtes an derselben.

Die Wirkung der eingetragenen Rangänderung ist ein Rangaustausch. Das vortretende Recht erhält die Befriedigungsstelle des zurücktretenden und umgekehrt, wodurch jedoch die zwischen den beiden eingetragenen oder vorgemerkten Rechte nicht beeinträchtigt werden[8]).

Die Tatbestandsfehler des Rangänderungsvertrages führen in dem Falle der Beseitigung desselben, welche auf dem Wege eines Berichtigungs- bzw. Löschungsanspruches zu erreichen ist, hinsichtlich des vortretenden und zurücktretenden Rechtes wieder die frühere Rangordnung herbei[9]).

---

1) K. 1915, RP. V. 551.

2) Ausnahmsweise auch Schuldrechte wie das eingetragene Miets- oder Pachtrecht, Vorkaufsrecht usw., GO. § 63.

3) Argumentum daselbst § 61.

4) Daselbst Absatz 1 und 2.

5) Daselbst Absatz 3.

6) Daselbst Absatz 4.

7) Argumentum GO. § 61.

8) GO. § 61, Absatz 4.

9) Selbstverständlich können hierdurch die inzwischen gutgläubig erworbenen Buchrechte Dritter nicht geschädigt werden. Argumentum GO. §§ 148ff. und ÖBGB. § 1467, endlich VJM. 947/1888.

§ 5. Buchgeschäft.

1. Dingliche Rechtsgeschäfte an Grundstücken und Buchrechten sind, von einzelnen Ausnahmen abgesehen[1]), in das Grundbuch aufgenommene Willenserklärungen (echtes Buchgeschäft)[2]).

Das Buchgeschäft erscheint formell als Willenserklärung, welche eine rechtlich bedeutsame Änderung im Grundbuche herbeiführt. Materiell enthält diese die mannigfaltigsten Erklärungen. Sie kann sowohl die Auflassung als auch die Ergreifung einer dinglichen Rechtslage bedeuten. Diese kann sich sowohl auf eine neue als auch auf eine von dem Vorgänger zu diesem Zwecke schon verlassene, oder endlich auch auf eine von dem Vorgänger zur Zeit der Erklärung noch behauptete Rechtslage beziehen.

Obzwar GO.[3]) von der Ansicht ausgeht, daß die Eintragung im Grundbuch eine dem eigentlichen Rechtsgeschäfte folgende, technische, öffentlich-rechtliche Funktion der Grundbuchbehörde sei, darf hieraus dennoch nicht gefolgert werden, daß die Eigentümlichkeiten des Buchgeschäftes mit dem [an die Grundbuchsbehörde gerichteten] Antrage und der diesem folgenden amtlichen Eintragungen erschöpft wären.

Vielmehr hat der soeben beschriebene und dem Buchgeschäfte typische Vorgang eine wichtige materiellrechtliche Bedeutung, welche etwas eingehender zu würdigen ist.

2. Das echte Buchgeschäft ist eine Willenserklärung, mittels welcher eine gebuchte dingliche Rechtslage an dem Grundstücke oder an dem Buchrechte ergriffen oder aufgelassen wird.

Es bedeutet also eigentlich eine dingliche Willenserklärung an Grundstücken oder Buchrechten. Die Verwirklichung der dinglichen Sachherrschaft tritt bei Grundstücken und Buchrechten gewöhnlich eben nicht durch bloßes Ergreifen der tatsächlichen Gewalt ein. Die dingliche Rechtslage derselben wird vielmehr in den Grundbüchern ersichtlich gemacht. Die Verwirklichung der dinglichen Sachherrschaft kann nur derart Gegenstand des Rechtsverkehrs sein, daß die die dingliche Rechtslage beaufsichtigende Grundbuchbehörde veranlaßt wird, den rechtlich bedeutsamen Inhalt des Grundbuches zu ändern. Das Buchgeschäft ist demnach entweder Ergreifungs- oder aber Auflassungsgeschäft. Beide Arten können sowohl einseitige als auch zweiseitige Rechtsgeschäfte sein, wovon unten noch eingehend zu sprechen sein wird; zunächst ist aber erforderlich, die Struktur des Buchgeschäftes und seiner Typen zu betrachten.

3. Der rechtlich bedeutsame Inhalt des Grundbuches zeigt hinsichtlich der eingetragenen Rechte eine Kette von Vorgängern und Nachfolgern, die bis an die Eröffnung des Grundverkehrs zurückreicht. Daher die

---

[1]) Vgl. GO. § 63. S. auch das hierüber Bd. I, S. 126, P. 5 und im Kapitel des Eigentums Gesagte.

[2]) Unechte Buchgeschäfte sind solche über Rechte, die zwar keine Sachenrechte sind, welche aber doch die Eigentümlichkeiten der echten Buchgeschäfte nachahmen.

[3]) Argumentum §§ 67, 68.

Erscheinung, daß das eigenmächtige einseitige Ergreifungsgeschäft im Grundbuchverkehr eine Ausnahme bildet. Hierzu ist entweder eine zugunsten des Ergreifers erfolgte Erschütterung oder Schwächung der Buchlage des Berechtigten notwendig.

Diese tritt ein, wenn die Buchlage mit der materiellrechtlich begründeten dinglichen Rechtslage in Widerspruch gerät. In diesem Falle steht dem materiell Berechtigten[1]) ein Berichtigungs- oder Löschungsanspruch zu, dessen Geltendmachung auf dem Wege einer im Grundbuche anzumerkenden[2]) Klage erfolgt. Wird dieser Anspruch im Grundbuche angemerkt, so ist der Anmerkungsantrag zugleich als einseitiges Ergreifungsgeschäft der Buchlage zu betrachten[3]).

Die dingliche Buchlage ist ferner geschwächt, wenn die Grundlage eines zugunsten des Berechtigten vorzunehmenden gänzlichen oder teilweisen[4]) Auflassungsgeschäftes vorhanden ist, aber der Grundbuchbehörde gegenüber nicht gehörig nachgewiesen wurde. Diese Schwächung der dinglichen Buchlage verleiht dem Berechtigten einen Vormerkungsanspruch[5]), dessen Anmeldung als bedingte Aneignung der dinglichen Buchlage und daher als einseitiges Ergreifungsgeschäft an derselben zu erklären ist[6]).

4. So viel vorläufig über die einseitigen Ergreifungsgeschäfte. Einseitiges Auflassungsgeschäft ist darin zu erblicken, daß der Berechtigte die ihm zukommende Buchlage nicht weiter behalten will[7]).

Das zweiseitige Buchgeschäft (Buchvertrag) ist die Verbindung eines Auflassungs- und eines Ergreifungsgeschäftes[8]). Die eine Partei verläßt ihre Buchlage, die andere ergreift sie und zwar entweder nicht nur materiell, sondern auch formell: Der Erwerber tritt sowohl im Grundbuche als auch der materiellen Rechtslage gemäß an die Stelle des Vormannes (translative Buchnachfolge); oder aber Neubegründung einer materiellen Rechtslage, die formell zu einer anderen von dem bisherigen Recht abweichenden und dem Ergreifer günstigen Buchlage führt (konstitutive Buchnachfolge)[9]).

Die Zusammenfassung der den Buchvertrag ausmachenden Auflassungs- und Ergreifungserklärungen zu einem dinglichen Vertrage erfolgt durch die Übereinstimmung der Parteien[10]).

Eine ausführlichere Behandlung der einzelnen Arten der Buchgeschäfte wird in den folgenden Paragraphen vorgenommen.

---

[1]) Siehe oben.

[2]) EPG. § 12.

[3]) Siehe weiter unten.

[4]) Z. B. eine Hypothek.

[5]) GO. § 87.

[6]) Vgl. das hierüber weiter unten Gesagte. Die Vormerkung bietet der Theorie [eingestandenermaßen große] Schwierigkeiten, deren Ursache wohl darin zu erkennen ist, daß man den Grundbuchhandlungen nur einen rein äußerlichen Charakter zuschreibt, deren Zusammenhang mit dem durch sie verursachten Rechtsübergang hingegen gänzlich vernachlässigt.

[7]) Argumentum GO. § 68.

[8]) Vgl. Bd. I, S. 126, P. 5. Der Buchvertrag ist der Hauptfall der erlaubten Verträge.

[9]) Die Begründung der Rechte an Grundstücken, der Hypothek, des Nießbrauches, der Grunddienstbarkeiten usw.

[10]) Argumentum GO. §§ 68, 119ff.

§ 6. Einseitige Buchgeschäfte.

1. Alle einseitigen Buchgeschäfte sind an die Grundbuchbehörde zu richtende empfangsbedürftige Willenserklärungen. Sie lassen sich — wie schon erwähnt — in Ergreifungs- und Auflassungsgeschäfte einteilen.

2. Ergreifungsgeschäfte sind folgende: a) Prozeßanmerkungsantrag, b) Vormerkungsantrag, c) Antrag auf Eintragung ins Grundbuch.

a) Ist die Berichtigungs- oder Löschungsklage erfolgreich, so kommt der ihr kraft Gesetzes[1]) innewohnende Anmerkungsantrag als einseitiges bedingtes Ergreifungsgeschäft zur Geltung. Der Berechtigte stellt mit der Anmerkungserklärung bzw. der Klageerhebung die materiell begründete, dingliche Rechtslage zu seinen Gunsten her, entwickelt sie auf dem Wege des Prozesses und Urteiles zur Buchlage und hält diese als solche fest[2]), soweit dies durch die günstige Erledigung des Prozesses gerechtfertigt ist. Dasselbe ist auch von der Anmeldung der Absicht einer Löschungsklage zu sagen[3]).

Ihr rechtsgeschäftlicher Charakter äußert sich in der deklarativen Natur des Urteiles[4]), welches die entsprechende Vornahme der Anmerkung bzw. des in ihr enthaltenen Ergreifungsgeschäftes anerkennt und auch allen späteren Buchnachfolgern gegenüber wirksam macht[5]).

b) Eine Verpflichtung zur Änderung der dinglichen Buchlage läßt das Recht zur Vornahme derselben entstehen. Da jedoch die Ausübung dieses Rechtes an manche Voraussetzungen gebunden ist, deren Fehlen einen unwiederbringlichen Rangverlust zur Folge haben könnte, so erkennt die GO. das bedingte einseitige Ergreifungsgeschäft der Vormerkung[6]) an.

Zu der Vornahme desselben berechtigt ist, wer ein translatives oder konstitutives Auflassungsgeschäft des Buchberechtigten fordern kann, vorausgesetzt, daß die Erfordernisse derselben vorhanden, aber nicht nachgewiesen sind[7]). Die rechtsgeschäftliche Erklärung wird als Vormerkung in das Grundbuch eingetragen.

Verpflichtet ist der Buchberechtigte, dessen Auflassungsgeschäft gefordert werden kann. Durch die Vormerkung ergriffen wird entweder die Buchlage des Gegners oder ein Teil derselben[8]).

Das bedingte Ergreifungsgeschäft der Vormerkung wird zu einem unbedingten: 1. durch freiwillige Zustimmung des Gegners[9]), 2. durch gerichtliches Urteil, welches die wirksame Vornahme der Vormerkungserklärung ergänzt[10]).

---

1) EPG. § 12.

2) Argumentum GO. §§ 104, 148.

3) Daselbst.

4) EPG. § 12, das Urteil ist gewöhnlich von Amts wegen an die Grundbuchbehörde abzugeben, welche die Buchlage herstellt.

5) GO. § 148, Absatz 3.

6) Argumentum GO. §§ 87ff., 94ff.

7) GO. § 87.

8) In dem ersteren Falle erfolgt translative, in dem letzteren konstitutive Buchnachfolge.

9) Rechtfertigung GO. § 94, Absatz 2, § 95.

10) Daselbst §§ 95, 100.

Die Zustimmung des Gegners wandelt die Vormerkung in einen dinglichen Vertrag, welcher sich von dem gewöhnlichen Buchvertrage nur darin unterscheidet, daß das Ergreifungsgeschäft hier dem Auflassungsgeschäfte zeitlich vorangeht[1]). Der deklarative Charakter des Urteiles des Rechtfertigungsprozesses äußert sich darin, daß die Vormerkung selbst dritten späteren Buchberechtigten gegenüber wirksam bleibt[2]).

Sowohl die Zustimmung des Gegners wie auch die Klageerhebung des Rechtfertigungsprozesses sind innerhalb einer Ausschlußfrist[3]) herbeizuführen, doch kann die letztere im Notfalle verlängert werden[4]). Der resultatlose Verlauf der Ausschlußfrist sowie ein ungünstiges Urteil des Rechtfertigungsprozesses entkleidet das Ergreifungsgeschäft kraft Gesetzes seiner Wirkung[5]).

c) Antrag auf Eintragung ins Grundbuch. Seine Voraussetzung ist eine Auflassungserklärung des Buchberechtigten[6]). Zu seiner Vornahme berechtigt ist der durch schuldrechtliche Einigung der Parteien hierzu Bevollmächtigte[7]).

Die Form des Geschäftes ist ein an die Grundbuchbehörde gerichteter Antrag einer rechtlich bedeutsamen Eintragung, Anmerkung, Berichtigung oder Löschung[8]). Seine Wirkung ist entweder Buchnachfolge oder Löschung bzw. Berichtigung. Ergriffen wird ganz oder teilweise[9]), die bei der Antragstellung vorgefundene Buchlage.

3. Die einseitigen Auflassungsgeschäfte sind dinglich wirkende Verzichte auf Buchrechte, demnach Verfügungen. Ihre Form ist eine schriftliche, an die Grundbuchbehörde gerichtete Erklärung, laut welcher der Buchberechtigte die ganze Buchlage oder einen Teil derselben zu Gunsten eines anderen aufläßt[10]). Die Vornahme der einseitigen Auflassungsgeschäfte steht dem Buchberechtigten zu. Sind mehrere vorhanden, so ist die Mitwirkung aller Berechtigten erforderlich. Fehlt diese, so bleibt das Auflassungsgeschäft ganz oder teilweise unwirksam.

Der Inhalt des einseitigen Auflassungsgeschäftes ist die gänzliche oder teilweise Aufgabe des Buchrechtes.

§ 7. Buchvertrag.

1. Der echte Buchvertrag ist ein dinglicher Vertrag an Grundstücken oder Buchrechten. Er ist erforderlich 1. für die ordnungsmäßige Übertragung des Eigentums an Grundstücken, 2. für die

---

1) Daselbst § 95, siehe weiter unten.
2) GO. §§ 94, 95, 101.
3) Für die Klage vierzehn Tage, GO. §§ 97, 98.
4) Daselbst §§ 98, 99.
5) Daselbst §§ 98, 99.
6) Argumentum GO. § 68.
7) Argumentum GO. § 119. Jetzt ist selbst hierzu betreffs des Eigentums eine Urkunde erforderlich (GA. XXXVI, 1920, § 77), nicht aber die Form eines Buchgeschäftes arg., K. 1921, PV. 2437 (Ü. L. ME. Bd. 1922, S. 1, F. 1). Es genügt vielmehr schon eigenhändige Unterschrift, oder aber ein Handzeichen. Allerdings muß die Urkunde alle wichtigen Bestimmungen des Rechtsgeschäftes enthalten.
8) Daselbst.
9) Je nach der Natur des angegriffenen Rechtes.
10) GO. § 68.

ordnungsmäßige Begründung, Belastung oder Übertragung auch eines sonstigen Buchrechtes, 3. für eine Rangänderung[1]).

Der echte Buchvertrag stellt eigentlich eine durch schuldrechtlichen Vertrag[2]) erfolgte künstliche Zusammenfassung zweier einseitiger dinglicher Buchgeschäfte dar: des Auflassungsgeschäftes des Verpflichteten und des Ergreifungsgeschäftes des Berechtigten.

2. Der erwähnte schuldrechtliche Vertrag[3]) kann eine von dem Auflassungs- und von dem Ergreifungsgeschäfte äußerlich verschiedene Erklärung sein, braucht es aber nicht[4]).

Die besondere Vereinbarung ist ein zweiseitiges schuldrechtliches Rechtsgeschäft des Inhaltes, daß eine bestimmte dingliche Änderung der Buchlage vor sich gehen solle. Der ihr entstammende Anspruch ist eine schuldrechtliche Forderung ad dandum, nicht aber ein dinglicher Anspruch ad exhibendum: führt also zur Buchnachfolge und nicht zur Löschung.

Die privatrechtlichen Tatsachen, welche in diesem Falle die dingliche Rechtsänderung herbeiführen, sind begrifflich von der Vereinbarung verschieden. Sie bestehen in der buchgemäßen Auflassungserklärung der einen[5]) und in dem ein Ergreifungsgeschäft verhüllenden Grundbuchantrage der anderen[6]) Partei. Die schuldrechtliche Vereinbarung ist eine Vorbedingung[7]) des dinglichen Vertrages, doch keineswegs ein Teil des dinglichen Vertrages selbst.

4. Wirksam wird der dingliche Rechtsübergang nur nach seiner Eintragung. Diese ist aber keine privatrechtliche, sondern eine Amtshandlung der Grundbuchbehörde, welche unter dem Schutze des öffentlichen Rechts steht.

Die schuldrechtliche Vereinbarung der Parteien bedeutet ein Erfordernis des zu erfolgenden, die behördliche Eintragung hingegen die Durchführung des schon erfolgten dinglichen Rechtsüberganges[8]). Die privatrechtliche Seite der letzteren selbst ist in den dinglichen Handlungen der Parteien: in dem Auflassungsgeschäfte des Verpflichteten[9]) und in dem Ergreifungsgeschäfte des Berechtigten enthalten[10]).

5. Die Vorbedingung des dinglichen Vertrages ist daher die schuldrechtliche Vereinbarung der Parteien über die vorzunehmende Rechtsänderung. Ihr entstammt die Verpflichtung der einen Partei, das Auf-

---

[1]) GO. §§ 68, 81ff.

[2]) GO. nennt diesen den Titel oder das zugrunde liegende Rechtsgeschäft. §§ 69, 81a, b, c usw. Er dürfte so ziemlich mit der Einigung des BGB. zusammenfallen. Sehr plastisch ist diese Auffassung der folgenden Entscheidung zu entnehmen: „Die rechtsgeschäftliche Übertragung der Grundstücke erfolgt, wenn der Übereigner infolge eines ihn zur Übereignung verpflichtenden Rechtsgrundes mit dem Erwerber die Übereignung vereinbart und die Übertragung in das Grundbuch eingetragen wurde." (K. 1920, PV. 4167, MT. Bd. II, S. 54, F. 36.)

[3]) Siehe weiter.

[4]) Arg. GO. § 81, Punkt b.

[5]) GO. § 68.

[6]) GO. § 119.

[7]) GO. § 81, Punkt b und besonders c und d.

[8]) GO. § 62, ÖABGB. § 430.

[9]) GO § 81c, d.

[10]) GO. §§ 68, 119.

lassungsgeschäft zugunsten der anderen vorzunehmen. Sie kommt durch Antrag und Annahme zustande. Ihre Form, ihr Inhalt, ihre Tatbestandsfehler, sowie die Fragen ihrer Gültigkeit sind alle nach schuldrechtlichen Grundsätzen zu beurteilen[1]). Zu der Übereignung der Liegenschaften ist laut § 77 GA. XXXVI, 1920 und VM. 4420/1918 § 1 die Schriftform erforderlich und das ihr nicht entsprechende Übereignungsgeschäft ungültig[2]).

Der Inhalt der schuldrechtlichen Vereinbarung ist — wie schon erwähnt — die Eingehung der Verpflichtung, ein Auflassungsgeschäft vorzunehmen. Diese Verpflichtung muß auf einer Kausa beruhen[3]). Die Tatbestands-

---

[1]) Jetzt ist aber hierzu nach Verordnung 4420/1918 MER. eine Urkunde als Gültigkeitserfordernis notwendig. Sowohl dieses Erfordernis, als auch die ebenfalls durch eine Kriegsverordnung vorgeschriebene behördliche Einwilligung sind durch die Kriegsverhältnisse nötig geworden, das Bodenreformgesetz hat aber besonders betreffs der landwirtschaftlichen Grundstücke ähnliche Erschwerungen endgültig eingeführt.

[2]) Der angeführte § hat, wie zu erwarten war, die Verfügungen der Kriegsverordnung 4420/1918 MER. als ständige Vorschriften des ungarischen Privatrechts eingeführt. Der Urkundenzwang erstreckt sich der Praxis nach auf alle wichtigen Umstände des Rechtsgeschäftes, demnach: auf die Bestimmung der Liegenschaft, des Kaufpreises, des Besitzüberganges (Mji. Dt. XIV, S. 85, F. 69, K. 1921, P. II 1452), auf die Bestimmung über das Schicksal der eingebücherten Lasten (arg. Mji Dt. XIV, S. 87, F. 70, K. 1921, PV. 405), auf das Erteilen eines Optionsrechtes bezüglich des Kaufes einer Liegenschaft (daselbst), auf den Übereignungsvertrag des Miterben (Mji. Dt. XIV, S. 90, F. 71, K. 1921, P. III 832); zweifelhaft, ob auch auf die Vollmacht eines Übereignungsvertrages? (Bejahend Mji. DT. XIV, S. 82, F. 67, K. 1921, PV. 459, das. S. 85, F. 69, K. 1921, P. 1452, verneinend mit der Begründung, daß die Vollmacht ein besonderes von der Übereignung verschiedenes Rechtsgeschäft sei, KPV. 1259, VMT. Bd. III, S. 17, F. 16. Richtig ist wohl die letztere Auffassung.)

Nicht erfordert wird der Urkundenzwang bei der vertraglichen Kraftloserklärung und bei der Anerkennung des Übereignungsvertrages der Liegenschaften, Mji. DT. XIV, S. 92, F. 72, K. 1921, PV. 821.

Der hier besprochene Urkundenzwang bedeutet keineswegs auch das Erfordernis einer dem Prozeßgesetze in allem entsprechenden vollbeweiskräftigen Urkunde, Mji DT. XIV, S. 82, F. 67, K. 1921, P. 459, es genügt vielmehr eine von den Parteien unterfertigte, eventuell mit einem Handzeichen versehene Ü. L. DT. Bd. I, S. 1, F. 1, K. 1921, PV. 2137, oder zwei einander in allem entsprechende und je von der einen Partei unterfertigte (daselbst S. 2, F. 2, K. 1921, PV. 2226), nicht aber bloß eine von der einen Partei gefertigte in Verbindung mit der auf diese Übereignung bezüglichen Quittung der anderen, es sei denn, daß die Quittung auch alle wichtigen Bestandteile des Geschäftes enthält, K. 1921, P. III 4790 (Fall meiner Praxis bisher unveröffentlicht).

Betreffs der landwirtschaftlichen Liegenschaften kommt dem Staat ein gesetzliches Vorkaufsrecht zu. Laut § 25 des GA. XXXVI, 1920 kann dieses Recht von seiten des Staates nicht ausgeübt werden, wenn der hiervon durch die Grundbuchbehörde verständigte Verwaltungsausschuß die Übereignung zur Kenntnis genommen hat. Der Verwaltungsausschuß hat hierdurch ein Bestätigungsrecht der Übereignungen der landwirtschaftlichen Liegenschaften erhalten. Es muß sich erst in der Praxis zeigen, ob sich dasselbe nicht zu einer Beschränkung der Erwerbsfähigkeit der landwirtschaftlichen Grundstücke entwickeln wird. (So Artur Meszlény: Bodenreform und Privatrecht, Jogt. Közl. Nr. 21—24/1922, 2/1923.)

Vor der Erbringung des angeführten GA. und laut V. des Ackerbauministers 55555/1921, § 1 war die Übereignung der hier besprochenen u. anderer Liegenschaften während des Krieges auch noch an eine behördliche Genehmigung gebunden. Bei manchen ist sie es noch immer. Vgl. auch VME. 5200/1919, §§ 1, 3.

[3]) GO. § 81, Punkt 1. ÖBGB. § 435.

fehler der Begründungstatsachen der kausalen Vereinbarungen berühren auch den dinglichen Rechtsübergang[1]).

6. Jeder Buchvertrag erfordert demnach eine Verpflichtung zur Vornahme des Auflassungsgeschäftes. Ist diese einmal vorhanden, so folgen die dinglichen Phasen des Buchvertrages: das Auflassungsgeschäft des Veräußerers und das Ergreifungsgeschäft des Erwerbers. Beide sind einseitige Buchgeschäfte und können in den Formen derselben vorgenommen werden[2]). Ist die erwähnte Vereinbarung in dieselbe Urkunde aufgenommen, wie die Auflassung[3]), so enthält dieselbe sowohl dingliche wie auch schuldrechtliche Elemente.

7. Die gewöhnliche Reihenfolge der rechtlichen Tatsachen des Buchvertrages ist: schuldrechtliche Vereinbarung, Auflassungsgeschäft, Ergreifungsgeschäft (ordnungsgemäßes Buchgeschäft).

Wird diese Reihenfolge nicht eingehalten, so entstehen ausnahmsweise Buchverträge, wie die freiwillig erfolgte Rechtfertigung der Vormerkung[4]).

Die irregulären Buchverträge sind durch die nachträgliche Vereinbarung der Parteien und durch das nachträgliche Auflassungsgeschäft des Gegners zu dinglichen Verträgen umgewandelte Ergreifungsgeschäfte[5]).

8. Das Auflassungsgeschäft ist eine Verfügung. Bis zu der Vornahme der Auflassung und der Ergreifung gelten für den betreffenden Teil des Übertragungsgeschäftes die Grundsätze des Schuldrechts, von da ab die des Sachenrechts.

Adressat des Auflassungsgeschäftes ist der Geschäftsgegner, der des Ergreifungsgeschäftes die Grundbuchbehörde, welche es aber durch die Erbringung und Zustellung ihres Bescheides dennoch auch dem Gegner übermittelt[6]).

§ 8. Fehler der Buchgeschäfte.

Die Tatbestandsfehler der Buchgeschäfte wirken in gewisser Hinsicht anders als die der übrigen Rechtsgeschäfte.

Die Eigentümlichkeiten derselben sind folgende:

1. Abschwächung der inhaltlichen Wirkung der Tatbestandsfehler. Wie fast alle öffentlich gebuchten Rechtsgeschäfte können die Grundbuchgeschäfte wegen ihrer Tatbestandsfehler nur auf dem Wege einer besonderen Klage, der Löschungsklage beseitigt werden[7]). Dies bedeutet seiner Wirkung nach beinahe eine Verschmelzung der Nichtigkeits- und der Anfechtungsgründe[8]) der Buchgeschäfte.

---

1) Arg. Mj. Dt. VIII 194. 1914, G. 73/2. (Löschungsanspruch wegen Formfehlers der der Übertragung zugrunde liegenden Schenkung.) Mj. Dt. X. 31, K. 1915, RP. 6238 (Ungültigkeit wegen eines vorgetäuschten Kaufes, Anmerkung des Löschungsprozesses).

2) Arg. GO. §§ 81ff., 119ff.

3) Die Praxis begünstigt diese Form.

4) GO. § 99.

5) Sie bilden einen weiteren starken Beweis dessen, daß der dingliche Teil des Buchvertrages in der künstlichen Zusammenfassung zweier ihrer Richtung nach gegensätzlichen einseitigen Rechtsgeschäfte besteht.

6) GO. § 138.

7) GO. §§ 148ff.

8) Hierdurch entsteht eine Ähnlichkeit der beiden Fehlerarten, wie bei der Anfechtbarkeit und der Nichtigkeit der Ehe.

2. Abschwächung der zeitlichen Wirkung der Tatbestandsfehler. Zugunsten des gutgläubigen entgeltlichen Dritterwerbers tritt auch eine zeitliche Beschränkung der Tatbestandsfehler des Buchgeschäftes ein, derzufolge nach drei Jahren, bezw. sechs Monaten, die Löschung ausgeschlossen und hierdurch die Tatbestandsfehler des Buchgeschäftes ausgeschaltet werden[1]).

Eigentum.

§ 1. Begriff und Inhalt.

1. Eigentum ist das inhaltlich verhältnismäßig am wenigsten beschränkte, absolute Herrschaftsrecht an Sachen. Die Sachen dienen der Befriedigung der wichtigsten Lebensbedürfnisse, weshalb der Staat sowohl die sie betreffenden Herrschaftsrechte als auch deren Inhalt zu bestimmen hat. Der Inhalt des Eigentums bestimmt sich dadurch, daß der Staat dem Eigentümer die Macht verleiht, die Sache innerhalb der gesetzlichen Grenzen und unbeschadet der Rechte Dritter[2]) zu gebrauchen und Dritte von der Einwirkung auf dieselbe auszuschließen[3]).

Das erwähnte Ausschließungsrecht ist allen dinglichen, ja eigentlich allen subjektiven Rechten gemeinsam[4]). Das Charakteristische des Eigentums liegt daher in der ihm innewohnenden grundsätzlich freiesten absoluten Gebrauchsmacht[5]).

Hierbei ist jedoch zweierlei zu beachten. Einmal ist selbst die freieste Gebrauchsmacht keine unbeschränkte. Der Eigentümer ist vielmehr Beschränkungen unterworfen, doch sind dieselben — wenigstens bei den Fahrnissachen — immerhin nicht allzu zahlreich. Sodann ist die grundsätzlich freieste Gebrauchsmacht an Fahrnissachen überhaupt anders geartet als die an Grundstücken. Sind doch die Gebrauchsmöglichkeiten an beweglichen Sachen vielseitiger und gesetzlich freier als die an den Grundstücken. Nachbarrecht, Baustatuten, Mietstatuten, landwirtschaftliche Gesetze[6]), sodann der in überaus zahlreichen Einzelvorschriften[7])

---

[1]) Vgl. GO. § 150 und VJM. 948/1888, sowie das hierüber bei der Löschungsklage Gesagte.

[2]) Z. B. der Nachbarn, vgl. Grill I 240, K. 4407/1902.

[3]) Vgl. Einleitung der 73. VE. Grill Dt. II 2, S. 1132, welche die beiden Elemente des Eigentums betont.

[4]) Trotzdem die Praxis dasselbe bei dem Eigentume besonders hervorhebt. Vgl. Grill Dt. I 389, K. 2086/1895, das. 391, K. 7970/1893 usw.

[5]) Vgl. EUG. § 391 und K. 4890/1889. Grill Dt. I 233.

[6]) Z. B. GA. XII: 1894, §§ 2ff., obzwar § 1 grundsätzlich ein unbeschränktes Gebrauchsrecht zu verleihen scheint. Jetzt noch besonders GA. XXXVI: 1920 (Bodenreformgesetz), das dem Staate aus eben diesen Gründen u. a. folgende Rechte verleiht: hinsichtlich gewisser landwirtschaftlich bebauten Grundstücke ein gesetzliches Vorkaufs- (§ 16), Ablösungsrecht (Expropriationsrecht § 27), sodann ein Recht der Übernahme der laufenden Pachtverträge (§ 49), nebst der Einbücherung der so erworbenen Pachtverträge im Grundbuche (§ 53), ein Recht zur zwangsweisen Errichtung von Kleinpachtungen (§ 52) usw.

[7]) Z. B. in dem Bergwerksgesetze durch staatliche Verleihung des Schurfrechtes (§ 3), der Ausbeutung der Erdöle und des Kalisalzes, G.: V und VI, 1911 usw. Hierauf fußen auch u. a. die Vorschriften, nach denen der Parzellierungsvertrag landwirtschaftlicher Grundstücke nur nach Einwilligung der wirtschaftlichen Aufsichtsbehörde und nach Vorlegung bei dem Ortsvorstande gültig ist (GA. XXXVI: 1920,

zum Ausdruck gelangende Gedanke, daß das Grundstück einen, wenn auch verschwindend kleinen Teil des Staatsgebietes bildet und so als Schauplatz der staatlichen Souveränität gewissermaßen auch privatrechtlich[1]) in Betracht kommt, bewirken es, daß die Quellen [zwar etwas verschämt und in die Phraseologie des liberalen Individualismus gehüllt] für die Grundstücke sämtliche erlaubte, für die beweglichen Sachen aber nur die gesamten verbotenen[2]) Gebrauchsmöglichkeitcn aufzählen. Es wird somit der Inhalt des Fahrniseigentums nur negativ, der des Grundeigentums hingegen positiv bestimmt[3]).

2. Das Eigentum, als das verhältnismäßig freieste Herrschaftsrecht an Sachen, ist das dingliche Vollrecht. Das Eigentum als Vollrecht enthält virtuell eigentlich auch alle gesetzlich gestatteten Gebrauchsmöglichkeiten; demzufolge können die letzteren auch von ihm abgetrennt und in besonderen Rechten verselbständigt werden. Diese Eigenschaft des Eigentums erklärt: einmal die praktische Möglichkeit ihm verselbständigte begrenzte, oder vielmehr, da ja das Eigentum selbst auch scharfen inhaltlichen, gesetzlichen Beschränkungen unterworfen ist, mehr begrenzte Gebrauchsmöglichkeiten in der Form von besonderen Rechten entströmen zu lassen, dann aber auch die diesem entsprechende ganz allgemeine theoretische Auffassung, daß die beschränkten dinglichen Rechte inhaltlich eigentlich alle in dem Eigentum, ihrem Stammrechte, enthalten sind. Werden sie durch konstituitive Abzweigungen von dem Stammrechte abgelöst, so gehen sie ihm in bezug auf ihre Befriedigung vor[4]).

3. Gegenstand des Eigentums sind körperliche Sachen. Die Beweglichkeit oder Unbeweglichkeit derselben ist für den einheitlichen Begriff des Eigentums gleichgültig. Diese begriffliche Einheit dürfte aber dennoch manchen inneren Unterschied des Fahrnis- und Grundeigentums decken. Dieser äußert sich darin, daß der Umfang, der Inhalt und die Bewegungstatsachen des Fahrnis- und des Grundeigentums verschiedenen Grundsätzen unterstehen.

4. Das Fahrniseigentum erstreckt sich auf den ganzen, die Bestandteile mit umfassenden, physischen Umfang der Sache[5]). Das Eigentum an Grundstücken hingegen geht über diesen hinaus. Es umfaßt — wenn auch nur in beschränktem Maße — auch den Luftraum oberhalb des Grundstückes, dann das Erdinnere unterhalb desselben[6]).

Das Fahrniseigentum ergreift seinen Gegenstand einheitlich [und von jedem staatlichen Hinterrechte[7]) unbehelligt]. Das Grundeigentum

§§ 54—55), ferner, daß die Übergabe des Besitzes solcher Grundstücke mit wenigen Ausnahmen nur nach Einwilligung des Landbesitzgerichts erfolgen darf (§ 56) usw.

[1]) Sehr praktisch wird dies hinsichtlich der durch die Entwicklung der Verkehrsverhältnisse nötigen Beschränkungen des Grundeigentums, also bei der jetzt überaus aktuellen Schaffung des Luftrechtes. Vgl. die Budapester Beschlüsse der budapester zwischenverbandlichen Luftrechtskonferenz. Ferner VO. MER. 10270/1922, § 1 (Betonung des staatlichen Souverenitätsrechts über den Luftraum).

[2]) Vgl. GA. XII: 1894, § 1.

[3]) Vgl. §§ 2ff. des angeführten Gesetzes.

[4]) Vgl. Mji. Dt. V 309, Bpester T. 1911, G. 177.

[5]) Vgl. EUG. § 338.

[6]) Siehe weiter.

[7]) Wenigstens gewöhnlich. In Kriegszeiten verhält es sich anders. Vgl. meine „Wirkung des Krieges auf das Privatrecht" S. 93—103.

hingegen fügt sich aus verschiedenen, zum Teil in den Quellen aufgezählten, zum Teil aufzählbaren Gebrauchsgestattungen zusammen, ergreift seinen Gegenstand in verschiedenen Machtsphären: in der Luft, auf der Erdoberfläche selbst unter derselben in verschiedener Weise[1]). Es steht endlich mit dem Souveränitätsrechte des Staates im Zusammenhange, was sowohl die Einengungen seiner Gebrauchsmöglichkeiten[2]), als auch die der verschiedenen Aneignungsrechte des Grundeigentümers sowie Dritter erklärt.

5. Der Unterschied zwischen Fahrnis- und Grundeigentum ist auch die Ursache der sozialeren Regelung des letzteren, welche in dem Unterschiede der gesetzlichen Inhaltsbeschränkungen der beiden Eigentumsarten zum Ausdrucke gelangt.

Die gesetzlichen Eigentumsbeschränkungen fußen nämlich entweder auf Ausnahmezuständen[3]) oder auf der bloßen Koexistenz mehrerer subjektiver Rechte.[4]) Die ersteren, die Ausnahmebeschränkungen gründen sich zwar auch auf der Notwendigkeit des sozialen Zusammenwirkens[5]) doch nicht in dem Maße wie die Koexistenzbeschränkungen, die ausschließlich bei dem Grundeigentume vorkommen[6]).

6. Der inhaltliche Unterschied zwischen Fahrnis- und Grundeigentum bewirkt ferner, daß ihr Erwerb und Verlust ebenfalls verschiedenen Grundsätzen unterworfen sind[7]). [Zwar sind manche Erwerbs- und Verlustarten einander unähnlich[8]), andere sind zwar gemeinsam, doch nicht ohne bedeutende Unterschiede.]

§ 2. Gesetzliche Inhaltsbeschränkungen des Eigentums.

1. Sowohl dem Fahrnis-, als auch dem Grundeigentum gemeinsam sind die auf Ausnahmezuständen beruhenden gesetzlichen Inhaltsbeschränkungen, also diejenigen, welche auf das Schikaneverbot[9]), Notwehr-

---

[1]) Das Grundstück selbst fällt unter die erlaubten Gebrauchsmöglichkeiten, das Erdinnere verleiht dem Eigentümer manche privilegierte Aneignungsmöglichkeiten (Steinkohle), der Luftraum hingegen kommt ihm nur innerhalb der Grenzen des Luftrechtes zu.

[2]) Dies ist wohl auch die Ursache dessen, daß dieselben auch noch nach dem Friedensschluß und zwar viel intensiver eingeengt werden, als die der Fahrnisse. Vgl. die vielen Verordnungen betreffs der Beanspruchung der Wohnungen, z. B. V. des Ministers für Volkswohlfahrt 54000/1921, 5555/1922, 8000/1922 usw.

[3]) Notwehr, Selbsthilfe, Chikaneverbot, Beschränkungen des Eigentums kraft Kriegsrechts, Anmeldepflichten, GA. LXIX, § 1912, § 4, L.: 1914, § 2. XIII: 1915 hinsichtlich der Pferde, Geschirre und der allgemeinen Zwecken dienenden Gebrauchsgegenstände usw.

[4]) Immissionszwang [Grill Dt. I 233, K. 7659/1893], das nachbarliche Recht, eine Anlage (das. S. 236, K. 2931/1890), ein Bauwerk, eine Vertiefung (das. 235, K. 3132/1896) zu verhindern sind sprechende Beweise dafür, daß die Ausübung des Grundeigentums auf stark sozialer Grundlage beruht. Vgl. Grill Dt. I 240, K. 4407/1902.

[5]) Dies wurde besonders durch die mannigfaltigen Kriegsbeschränkungen der dem Massengebrauch dienenden Fahrnisse klar.

[6]) Siehe weiter unten.

[7]) Z. B. Verbindung, Vermischung kommen nur bei Fahrnissen alluvio, insula in flumina nata und Expropriation [GA. XLI: 1881, § 9] nur bei Grundstücken vor.

[8]) Siehe weiter.

[9]) Siehe an den diese Erscheinungen behandelnden Stellen Bd. I, S. 153, Punkt 2.

recht[1]), Selbsthilferecht[2]), Gefahrabwendungshandlung[3]), sowie die auf öffentlichen Notstand[4]) zurückführbar sind.

2. Gemeinsam sind ferner die gesetzlichen Grenzen der das Eigentum betreffenden Verfügungsmacht, demnach die gesetzliche Ausschließung der rechtsgeschäftlichen Veräußerungs- und Belastungsverbote.

Die dem Eigentümer zugesicherten Gebrauchsmöglichkeiten schließen zwar auch die rechtsgeschäftliche Verfügungsmacht in sich, ohne daß aber hierdurch die Verkehrsfähigkeit der Sache verringert werden könnte[5]). Demzufolge erkennt die Praxis Dritten gegenüber ein rechtsgeschäftliches Veräußerungs- und Belastungsverbot nur dann an, wenn dieses: a) aus dem Anlasse einer Eigentumsübertragung zustande kommt[6]), b) wenn es der Sicherung eines die Sache betreffenden Anspruches des Veräußerers[7]) oder eines Dritten[8]) dient.

Das wirksame Veräußerungsverbot, in welchem kraft Gesetzes[9]) auch das Belastungsverbot enthalten ist, kann im Grundbuche angemerkt werden[10]). Es bewirkt eine zugunsten des Berechtigten eintretende und auf dem Wege der Löschungsklage geltend zu machende[11]) Unwirksamkeit der ihm widersprechenden Rechtsgeschäfte und gerichtlichen Verfügungen[12]).

Trotz dieser müssen aber die dem Veräußerungs- oder Belastungsverbote widersprechenden, entgeltlichen Erwerbsgeschäfte gutgläubiger Dritter nach den Grundsätzen des gutgläubigen Sacherwerbs behandelt werden[13]).

Manche gesetzlichen Veräußerungs-[14]) und Erwerbsverbote[15]) sowie

---

[1]) Siehe Bd. I, S. 155, Punkt 6.

[2]) Siehe Bd I, S. 154, Punkt 5.

[3]) Siehe Bd. I, S. 156, Punkt 4.

[4]) Z. B. des Krieges, GA. L.: 1914, § 2. XIII: 1915 Kriegswohnungsverordnungen, VM. Volkswohlfahrt 54000/1921. 5555/1922, 8000/1922 usw.

[5]) Ausnahmen sind vorhanden, doch selten und von besonderen Erfordernissen abhängig. So z. B. die Fideikommisse, welche auf Grund JKK. I, § 3, ferner der GA. IX: 1687 und LX: 1723, sowie der Hofverordnung 15742/1862 mit königlicher Genehmigung errichtet werden dürfen. Der in dem Texte ausgeführte Gedanke klingt aus der folgenden Stelle der 74. VE.: „der individuelle Wille an sich hat ohne Gestattung des positiven Rechtes nicht die Kraft, die Unveräußerlichkeit einer Sache unbedingt zu bestimmen und dieselbe gegen ihre wirtschaftliche Bestimmung dem Verkehr zu entziehen".

[6]) 74 VE. z. B. Kauf, oder Verfügung von Todeswegen.

[7]) 74. VE. Dieselbe wurde zwar hinsichtlich der Grundstücke und aus dem Anlasse einer Grundbuchentscheidung erbracht, gilt jedoch eadem ratione auch für Fahrnis, was schon aus dem ganz allgemein gehaltenen Ton der Entscheidung zu ersehen ist.

[8]) Das.

[9]) Mj. Dt. V. 301, K. 1542/1911.

[10]) 74 VE. GO. § 104.

[11]) Mj. DT. VIII. 173 Bpester Tafel 1682/1914.

[12]) Gerichtliche Pfändung des Grundstückes selbst, nicht aber der Nutzungen desselben 74 VE. Der Grund der Pfändung ist nebensächlich [Mj. Dt. IX 220, K. 3789/1914 wegen Schadenersatzforderung aus ungetreuer Amtsführung].

[13]) Arg. eadem ratione der in Anmerkung 11 angeführte Fall.

[14]) So die die kirchlichen Güter betreffende = 81 Ve.

[15]) Z. B. die der staatlich anerkannten Kirchen und Religionsgenossenschaften hinsichtlich der nicht Kultuszwecken dienenden Grundstücke, GA. XLIII: 1895, § 9.

sonstigen Beschränkungen[1]) sind in besonderen Quellenstellen ausschließlich hinsichtlich der Grundstücke festgelegt[2]).

Außer diesen ziemlich seltenen Ausnahmen gibt es jedoch noch eine Reihe praktischer Inhaltsbeschränkungen des Eigentums, welche ausschließlich Grundstücke belasten und einer eingehenderen Behandlung bedürfen.

---

[1]) Expropriation GA. XLI: 1881, § 9, ferner vor dem Erbringen der jetzt kraft § 75 EPG. als geltendes Recht zu betrachtenden 63. VE. die Gesetze der toten Hand usw.

[2]) Als solche müssen auch alle mit der Bodenreform zusammenhängenden Beschränkungen der Erwerbsfähigkeit und der Verkehrsfähigkeit der Liegenschaften betrachtet werden, die nicht genug charakteristische Merkmale enthalten, um eine neue Abart des Eigentums zu bilden. Diese sind die Familienheimstätten, GA. XXXVI, 1920, §§ 70—75, die im § 76 des Bodenreformgesetzes vorgeschriebenen Belastungs- und Übereignungsbeschränkungen, die Kriegsgrundstücke § 77 daselbst, ferner VO. MER. 1820/1917, die im Bodenreformgesetze vorgesehenen Ablösungsrechte GA. XXXVI, 1920, §§ 27ff., die staatlichen Vorkaufsrechte daselbst §§ 16ff. Hierbei ist es gleichgültig, ob die Ausübung dieser gesetzlichen und die gerechtere und zweckmäßigere Verteilung des Bodenbesitzes bezweckenden gesetzlichen Beschränkungen durch Willenserklärungen erfolgt. Vgl. die sehr präzise Darstellung Artur Meszlény's: Bodenreform und Privatrecht (Jogtudományi Közlöny 21—24x 1922 u. 2ff. ex 1923).

Die Familienheimstätten sind im Grundbuche als solche zu bezeichnen, § 70, können nur mit Einwilligung oder auf amtliche Anordnung des Bodenreformgerichtes errichtet werden, § 70. Ihr Umfang ist mittelbar dadurch bestimmt, daß ihre Einkünfte höchstens die Grenze des dreifachen ranggemäßen Einkommens einer größeren Familie erreichen dürfen, § 70, letzter Absatz. Ihre Belastung, Veräußerung, Vermietung, Verpachtung, die Überlassung des Gebrauches oder der Nutznießung ist nur mit Einwilligung des Bodenreformgerichtes gestattet, § 71. Ausnahmen sind im Gesetz fetgelegt (daselbst). Gerichtliche Pfändung ist bei ihnen nur auf Grund gewisser privilegierter Forderungen und nur im beschränkten Maße zulässig, § 72. Verfügungen von Todes wegen können die gesetzliche Erbfolge an ihnen nur zugunsten der Abkömmlinge, der Witwe und in dem Falle des Nichtvorhandenseins von Abkömmlingen, Gatten und Eltern auch zugunsten eines zur gesetzlichen Erbfolge berufenen Verwandten abändern. Auch sind mit Einwilligung des Bodenreformgerichts unteilbare Familienheimstätten errichtbar, die aber schon eine Abart der Familienfideikommisse bilden, §§ 74, 75.

Auf Grund des Bodenreformgesetzes von seiten des Staates oder anderer zugewandte Liegenschaften können bloß mit Einwilligung des Bodenreformgerichts veräußert und nur in demselben Maße, wie die Familienstätten belastet werden, § 76 (Ausnahmen sind im Gesetz enthalten).

Kriegsgrundstücke sind zu dem Zwecke des Unterhaltes der Kriegsinvaliden, der Witwen und Waisen der Kriegsteilnehmer übereignete Grundstücke. Sie sind mit behördlicher Einwilligung als solche im Grundbuch zu bezeichnen, § 77, VO. MER. 1820/1917, §§ 1, 2, dürfen nur mit behördlicher Zustimmung belastet, übereignet, verpachtet, vermietet, mit einer Dienstbarkeit des Gebrauches oder der Nutznießung sowie mit der Überlassung der Ausübung derselben belastet werden, § 3. Ihre gerichtliche Pfändung ist gesetzlichen Schranken unterworfen (§ 4 der VO.), betreffs der Verfügungen von Todes wegen sind beiläufig dieselben Beschränkungen vorgeschrieben wie bei den Familienheimstätten (§ 6 der VO.). Der Eigentümer kann nach 32 Jahren, unter Umständen auch früher, die Eigenschaft des Kriegsgrundstückes mit behördlicher Einwilligung löschen lassen (§ 8 der VO.). Gewisse Verfehlungen des Eigentümers (gegen den Staat verübte Verbrechen und Vergehen, Vaterlandsverrat, § 7 P. 1. der VO.), das Auflassen seines ungarischen Wohnsitzes (das. P. 2), sowie das Aufhören seiner ungarischen Staatsangehörigkeit (daselbst), endlich die Nachfolge von Todes wegen einer Person, die kein näherer Verwandter (legitimer oder illegitimer Abkömmling, Ehegatte, Eltern) des Berechtigten war (§ 7 Punkt 1 der VO.)) verleihen dem State bzw. dem sich dies vorbehaltenden Übereigner das Recht, das Kriegsgrundstück gegen Erlag des Übereignungspreises und des Wertes der noch vorhandenen nötigen und nützlichen Aufwendungen abzulösen, § 7 der VO.

§ 3. Inhaltsbeschränkungen des Grundeigentums.

1. Die privatrechtlichen, gesetzlichen Inhaltsbeschränkungen des Grundeigentums, welche hier in Frage stehen, sind dem Nachbareigentümer verliehene Privilegien. Sie beruhen entweder auf Ausnahmezuständen (Ausnahmebeschränkungen), oder auf dem bloßen Nebeneinander der nachbarlichen Grundeigentumsrechte (Koexistenzbeschränkungen).

Beide Arten der Beschränkungen begründen zwischen dem beschränkenden und dem beschränkten Eigentümer ein dingliches Rechtsverhältnis. Sie belasten den letzteren mit Duldungs-, Unterlassungs-, Überlassungs- und Mitwirkungspflichten. Die Ausnahmebeschränkungen begründen mit einer Ausnahme[1]) zugunsten des beschränkten Eigentümers entgeltliche, die Koexistenzbeschränkungen hingegen zu dessen Lasten unentgeltliche Verpflichtungen.

2 Ausnahmebeschränkungen. Diese enthalten: Duldungspflichten bei dem Notwegrechte, Überlassungspflichten bei dem Überbaurechte, Mitwirkungspflichten bei dem Verhütungsrechte der Einsturzgefahr.

3. Notwegrecht. Der Ausnahmezustand, welcher das Notwegrecht zur Folge hat, besteht darin, daß das berechtigte Grundstück[2]) durch das Fehlen der Verbindung mit einem öffentlichen Wege[3]) — ja es genügt, daß dieselbe nur mit unverhältnismäßigen Schwierigkeiten hergestellt werden kann — vom Verkehr abgeschnitten ist.

Der Ausnahmezustand muß ein unabwendbarer und demgemäß auch ein zufälliger sein[4]).

Die Beschränkung besteht in der Duldung der Wegebenutzung des beschränkten Grundstückes. Das Maß derselben bestimmt sich nach den Bedürfnissen des beschränkenden Grundstückes[5]). Die Beschränkung kann als Dienstbarkeit auf Grund eines Urteiles oder Buchgeschäftes eingetragen werden[6]). Sie ist — von dem Falle des Kennens oder Kennenmüssens des Vorhandenseins, oder der Notwendigkeit des Notwegerechtes[7]) abgesehen — zu Lasten des beschränkenden und zu gunsten des beschränkten Eigentümers mit einer gesetzlichen Vergütungspflicht verbunden[8]).

4. Überbaurecht. Der Ausnahmezustand der gutgläubigen, ungehinderten Vornahme eines die Grenzen des beschränkenden Grundstückes überschreitenden Baues führt die gesetzliche Beschränkung des Überbaurechtes[9]) herbei.

---

[1]) Die Verhütung der Einsturzgefahr.

[2]) Grill Dt. I. 564, K. 1493/1897.

[3]) Mj. Dt. X. 318, K. 1916, RP. VII 116, EUG. § 302.

[4]) Vgl. EUG. § 402. 406. Arg. auch der in der vorigen Anmerkung angeführte Fall, welcher einen überaus engen und demzufolge auch die bei der Herbeiführung des Ausnahmezustandes vorhandene Absicht des Berechtigten ausschließenden Tatbestand annimmt.

[5]) Je nachdem Wegedienstbarkeit oder Fuhrrecht Mj. Dt. II 188, K. 10947/1906.

[6]) Arg. Grill Dt. I 564, K. 1493/1897, wo dies bloß aus formellen Gründen abgewiesen wurde.

[7]) Mj. Dt. I 270, K. 8700/1906, das. X 318, K. 1916, RP. VII 116.

[8]) Die Praxis hat sich zwar m. W. diesbezüglich noch nicht geäußert, doch muß dies wohl angenommen werden, vgl. EUG. § 403.

[9]) Mj. Dt. XI 279, K. 1917, P. VI 2024. Vgl. EUG. §§ 416, 417.

Gutgläubig ist die ohne Vorbedacht und grobe Fahrlässigkeit erfolgte, ungehindert die durch keine rechtzeitige Verwahrung des beschränkten Eigentümers gestörte Grenzüberschreitung. Als rechtzeitig gilt die vor dem Beginn[1]) oder doch wenigstens vor jenem Zeitpunkte des Baues eingetretene Verwahrung, in welchem die Einstellung oder das Niederreißen des Überbaues nur unverhältnismäßige Kosten verursacht haben würde[2]). Die Beschränkung schafft eine entgeltliche, den Bau betreffende Duldungspflicht des beschränkten Eigentümers[3]), welche[4]) meines Erachtens auch zu einer Buchnachfolge des beschränkenden Eigentümers führen kann.

5. Verhütung der Einsturzgefahr. Das hierauf gerichtete Recht des beschränkenden Eigentümers wird durch den Ausnahmezustand der Einsturzgefahr hervorgerufen. Derselbe ist vorhanden, wenn ein auf dem beschränkten Grundstücke befindliches Gebäude in dem Maße baufällig wird, daß sein Einsturz oder die Loslösung seiner Teile und hierdurch die Beschädigung des beschränkenden Grundstückes zu befürchten ist[5]).

Die Beschränkung besteht in der Verpflichtung zur Vornahme der Maßnahmen, welche geeignet sind, die Gefahr abzuwenden. Berechtigt ist der bedrohte Eigentümer, verpflichtet in erster Reihe der Eigentümer des beschränkten Grundstückes als die kraft der dinglichen Rechtslage für den Schaden verantwortliche Person[6]). Es kann diese Pflicht des Eigentümers auch schon kraft Gesetzes auf andere übergehen[7]).

6. Koexistenzbeschränkungen. Die Koexistenzbeschränkungen des Grundeigentums belasten den beschränkten Eigentümer ebenfalls mit Duldungs-, Unterlassungs-, Überlassungs- und Mitwirkungspflichten.

Duldungspflichten entstammen den Immissionsrechten, Unterlassungspflichten den Verhinderungsrechten der gefahrdrohenden Vertiefungen und Anlagen, Überlassungspflichten den Nachbarrechten an Grenzsachen[8]), Mitwirkungspflichten dem Grenzbestimmungsrechte des Nachbarn.

7. Immissionsrechte. Der beschränkte Eigentümer hat die Pflicht, die durch eine zwar belästigende, doch nicht ungewöhnliche Gebrauchsart des beschränkenden Grundstückes hervorgerufenen Einwirkungen, etwa Rauch, Dampf, Ruß, Geräusch, Geruch, Schatten[9]), natürlichen Wasserabfluß[10]), unabwendbare Anwässerung der Wände durch schon vorhandene Kanäle[11]) usw. zu dulden. Diese Einwirkungen müssen aber bloß in einem

---

[1]) Das.

[2]) Vgl. EUG. § 416. Abs. 2.

[3]) Siehe S. 35 Anmerkung 9.

[4]) Hinsichtlich der überschrittenen Grenze.

[5]) Arg. Mj. Dt. XI 74, K. 1915, RP. 10017. Vgl. EUG. § 409.

[6]) Siehe den angeführten Fall.

[7]) Dann, wenn ein Dritter das Grundstück kraft eines Gebrauchsrechtes besitzt, siehe dort.

[8]) Siehe weiter.

[9]) Mj. Dt. III 18, Bpester Tafel 1909, G. 220. Vgl. auch EUG. § 410.

[10]) Mj. Dt. III 118, K. 4421/1908.

[11]) Arg. Grill Dt. I 233, K. 7659/1893. Hierher gehört auch das Recht, selbst ohne Grunddienstbarkeit auf den Nachbargrund Fenster öffnen zu dürfen, wogegen der beschränkte Eigentümer allerdings durch Aufführen einer Mauer entgegenarbeiten darf. Grill Dt. I 236, K. 4158/1888.

für den Gebrauch des beschränkenden Grundstückes unumgänglich notwendigen Maße geduldet werden[1]).

8. Verhinderungsrechte. Der beschränkte Grundeigentümer hat gewisse — sonst nicht verbotene — Gebrauchsarten des Grundstückes mit Rücksicht auf den beschränkenden Eigentümer zu unterlassen. Hier ist zu erwähnen: die Pflicht des beschränkten Eigentümers ohne entsprechende Vorsichts- und Sicherungsmaßregel keine Vertiefung oder sonstige bauliche Veränderung des beschränkten Grundstückes vorzunehmen, welche das beschränkende Grundstück seiner natürlichen Stütze berauben würde[2]).

9. Nachbarrechte an Grenzsachen verpflichten den beschränkten Eigentümer zur Überlassung ihm sonst zukommender Rechte an den beschränkenden. So muß er demselben überlassen:

a) das Eigentum der auf das beschränkende Grundstück herabfallenden Früchte[3]), b) das Absonderungs- und Aneignungsrecht der in das beschränkende Grundstück eingedrungenen Baumwurzeln[4]) und Zweige, sowie der an den letzteren befindlichen Früchte[5]), c) die Benutzung der gemeinsamen Grenzanlagen oder sonstigen Grenzzeichen, wie Mauern, Planken, Zäune, Hecken, Raine, Graben, Zwischenräume[6]) usw.

Die Beschränkung beruht auf der Vermutung, daß die erwähnten Grenzanlagen gemeinschaftlich errichtet wurden. Sie entfällt mit ihrer Entkräftung[7]).

10. Grenzbestimmungsrechte erzeugen die Pflicht des beschränkten Eigentümers, an der Abgrenzung des beschränkenden Grundstückes teilzunehmen[8]). Voraussetzung derselben ist das gänzliche Fehlen[9]), die Verrückung oder sonstige Unkenntlichkeit der etwa vorhanden gewesenen Grenzzeichen[10]). Die Beschränkung ist eine gesetzliche auf ein Tun gerichtete Pflicht[11]).

Erwerb des Eigentums.

§ 1. Übersicht.

Das Eigentum wird entweder durch rechtliche Tatsachen des öffentlichen, oder aber durch solche des Privatrechtes erworben.

In die erstere Gruppe gehören: die Enteignung[12]), die Zwangsverstei-

---

[1]) Arg. das. 240, K. 4407/1902.

[2]) Arg. der in der letzten Anmerkung angeführte Fall, in welchem der durch Vertiefungen infolge einer Demolierung des Nachbarhauses entstandenen Schaden zugeurteilt wurde. Vgl. EUG. § 412.

[3]) Vgl- EUG. § 414.

[4]) Grill Dt. I 235, K. 3132/1896, Mj. Dt. III 318, Bpester Tafel 1909, G. 220. Hinsichtlich der Grenzbäume entsteht wohl gemeinschaftliches Eigentum.

[5]) Eadem ratione.

[6]) Arg. GA. XII 1894, § 35, letzter Absatz.

[7]) Etwa durch Tragen der Baukosten seitens einer Partei, Grill Dt. I 405, K. 2544/1888.

[8]) Arg. GA. XXIII: 1802, § 2 XII: 1894, §§ 32, 34.

[9]) PG. § 582.

[10]) Vgl. EUG. § 419.

[11]) Sie entspringt einem ähnlichen Bedürfnisse, wie der die Sicherung der Rechtsverhältnisse anstrebende Feststellungsschutz des § 130 PG.

[12]) GA. XLI: 1881.

gerung[1]), das konstitutive richterliche Urteil[2]), sowie andere in einzelnen Spezialgesetzen geregelte Tatbestände[3]).

Der Inhalt des kraft öffentlich-rechtlichen Tatsachen erworbenen Eigentums wird, von seltenen quellenmäßig immer besonders hervorgehobenen Ausnahmen abgesehen, durchaus nach privatrechtlichen Grundsätzen beurteilt[4]). [Anders steht es jedoch mit den betreffenden Rechtsänderungen selbst, welche sich demgemäß der privatrechtlichen Behandlung entziehen.] Die privatrechtlichen Erwerbstatsachen des Eigentums sind größtenteils [doch keineswegs durchaus] sachenrechtliche Tatbestände. Die Gesamtnachfolge beweist hinlänglich, daß das Eigentum selbst innerhalb des Privatrechtes nicht ausnahmslos nach sachenrechtlichen Grundsätzen erworben wird.

Die dinglichen, d. h. dem Sachenrechte angehörigen Erwerbstatsachen des Eigentums sind Handlungen oder Ereignisse. Die Handlungen teilen sich in Rechtsgeschäfte und Realhandlungen, die ersteren in einseitige und zweiseitige. Der Übersicht halber, aber auch wegen der ihnen innewohnenden inhaltlichen Unterschiede, sollen die Erwerbstatsachen des Fahrnis- und Grundeigentums gesondert behandelt werden.

Erwerb des Fahrniseigentums.

§ 2. Erwerbsgeschäfte des Fahrniseigentums.

I. Einseitiges Erwerbsgeschäft des Fahrniseigentums ist die Aneignung, zweiseitiges der Übereignungsvertrag.

1. Die Aneignung ist ein einseitiges, nicht empfangsbedürftiges Rechtsgeschäft, dessen dinglich wirkende Willenserklärung in dem bewußten und gewollten Ergreifen der tatsächlichen Gewalt an der Sache besteht[5]). Ihre Voraussetzung ist die Herrenlosigkeit der angeeigneten Sache[6]), d. h. das Fehlen eines den Erwerb des Eigentums ausschließenden subjektiven Rechtes, oder eines objektiven Rechtssatzes[7]). Gleichgültig ist, ob die Herrenlosigkeit ursprünglich oder bloß zur Zeit der Aneignung vor-

---

1) Vgl. GA. LX: 1881, § 169ff.

2) Vgl. EhG. § 50, sowie das hierüber Bd. I 162, Punkt 12 Gesagte.

3) Z. B. die über das Eigentum der Ansiedelungen verfügenden GA. V: 1894, § 17 Wohl auch die Verfügungen des GA. XXXVI, 1920 über das Vorkaufsrecht, Ablösungsrecht und Übernahmerecht des Staates an landwirtschaftlichen Liegenschaften G. §§ 15, 27, 49, 52, endlich die Verleihung der Heldengrundstücke, die Schaffung der Kriegsgrundstücke, GA. XXXVI 1910, § 77, VO. MER. 6650/1920, 1820/1917 usw.

4) Es gibt kein besonderes öffentlichrechtliches Eigentum (wohl aber einen solchen Nießbrauch, z. B. den der katholischen Bischöfe hinsichtlich der ihnen zukommenden Bistumegüter). Neuestens wurde aber durch die Verleihung von Heldengrundstücken auch dieser Gedanke des vormärzlichen Donationssystems wieder aufgefrischt. (So Valentin v. Kolosváry: „Bodenreform und Privatrechte", Antrittsvortrag an der ung. Akademie der Wissenschaften). S. weiter.

5) Grill Dt. I 315. Oberster Gerichtshof 6105/1876.

6) Vgl. EUG. § 423.

7) Grill Dt. I 315, K. 6707/1883 und der in Anmerkung 5 angeführte Fall. Besitz gilt hier ebenfalls als Recht.

handen gewesen war. In dem letzteren Falle muß ihr ein wirksamer Verzicht auf das Eigentum (der Sache) vorangegangen sein[1]).

Herrenlos sind: wilde Tiere während der Dauer ihrer ungezähmten Freiheit[2]), gezähmte, wenn ihre gewohnheitsmäßige Rückkehr an den Zähmungsort (animus revertendi) unterbleibt[3]). Ein Bienenschwarm wird nach Ablauf zweier Tage von seinem Auszuge an herrenlos, wenn sein Eigentümer die Verfolgung versäumt oder aufgibt[4]). Nach Ablauf dieser Zeit kann der Bienenschwarm angeeignet werden[5]).

Die Rechtmäßigkeit der Aneignung ist schon in dem Begriffe des Rechtsgeschäftes enthalten, braucht daher nicht als besondere Voraussetzung betrachtet zu werden. Sie wird entweder durch das Gesetz oder durch ein vorhandenes subjektives Aneignungsrecht ausgeschlossen[6]).

3. Das zweiseitige Erwerbsgeschäft des Fahrniseigentums ist der Übereignungsvertrag.

Er fügt sich ordnungsgemäß aus zwei Elementen zusammen: aus der schuldrechtlichen Vereinbarung und dem dinglichen Übereignungsvertrage.

1. Schuldrechtliches Element. Die Vereinbarung ist ein schuldrechtlicher Vertrag des Inhaltes, daß das Eigentum an der Sache auf den Erwerber übergehen soll. Sie muß als schuldrechtlicher Vertrag angesprochen werden, weil ihr weder eine besondere dingliche Gebundenheit innewohnt[7]), noch andersartige dingliche Wirkungen entstammen. Sie erreicht ihren Zweck nur, wenn sie auf einer gültigen Kausa beruht[8]). Sie geht zeitlich der dinglichen Stufe des Übereignungsvertrages gewöhnlich[9]) voran. Sie ist keine Verfügung. Ihre Form, ihr Inhalt[10]), ihr Zustandekommen, ihre Tatbestandsfehler sind nach den Grundsätzen des Schuldrechtes zu behandeln.

2. Das dingliche Element des Übereignungsvertrages ist eine auf Zweckmäßigkeitsgründen beruhende, künstliche[11]) Zusammenfassung

---

[1]) Arg. die beiden angeführten Fälle.

[2]) Auch nach Wiedererlangung derselben, wenn der Eigentümer ihre Verfolgung versäumt oder aufgibt arg. eadem ratione, GA. XII: 1894, § 59. Das Wild eines Wildparkes und die Fische eines Privatgewässers stehen im Besitze, sind demnach nicht herrenlos, arg. GA. XXIII: 1885, §§ 4, 10, 11, 13, 14 usw.

[3]) GA. XII: 1894, § 59. Vgl. EUG, § 422, Absatz 4.

[4]) Innerhalb dieser Zeit hat der Eigentümer des Bienenschwarmes gegen Bezahlung des verursachten Schadens das Recht, denselben selbst auf einem fremden Grundstücke aufzusuchen. GA. XII: 1894, § 59.

[5]) Wird er es nicht, so fällt das Eigentum des Schwarmes dem Eigentümer des Grundstückes zu, innerhalb dessen er sich befindet, daselbst.

[6]) Z. B. Jagd-, Fischerei-, Bergwerksrecht, Koexistenzbeschränkungen des Grundeigentümers betreffs der Grenzsachen usw.

[7]) Es gibt keinen dinglichen Antrag.

[8]) Arg. eadem ratione GO. § 81, Punkt b und ÖBGB. §§ 425, 431, welche laut JKK. I §§ 21, 145, 156 hinsichtlich des Grundeigentums gelten. Ferner Mj. Dt. X 31, K. 1915, RP. 6238. Ungültigkeit der dinglichen Übereignung wegen Vortäuschung des ihr zugrunde liegenden Kaufes, neuestens auch die sehr präzisen Ausführungen der 25 REE. der kgl. K. Mji. Dt. XV 66, F. 47.

[9]) Siehe die Ausnahmen weiter unten.

[10]) Besonders Zulassung der Bedingungen. Hierauf beruht die Anerkennung des pactum reservati dominii, Grill Dt. I 125, K. 2292/1890, Mj. Dt. X 256, K. 1915, RP. V 6341.

[11]) Siehe weiter.

zweier einseitiger dinglicher Rechtsgeschäfte: der Übergabe[1]) und der Übernahme[2]).

Die Übergabe ist eine Auflassung, durch welche die Sachherrschaft von seiten des Übereignenden zugunsten des Erwerbenden verlassen wird. Die Übernahme hingegen eine sich hierauf stützende Ergreifung der Sachherrschaft. Die Übergabe ist eine empfangsbedürftige Willenserklärung und Verfügung, die Übernahme aber nicht.

Die beiden sind eigentlich begrifflich von einander getrennte, einseitige dingliche Rechtsgeschäfte, welche aber infolge ihrer schuldrechtlichen Prämissen in einen dinglichen Vertrag zusammengefaßt werden. Der ordnungsmäßige dingliche Übereignungsvertrag entsteht demnach durch Auflassung[3]) einerseits, durch tatsächliche, feste, minder feste oder symbolische Ergreifung der Sachherrschaft andererseits[4]).

4. Anders ist die Sachlage bei dem objektiv ordnungswidrigen, eine Ausnahme bildenden Übereignungsvertrage, welcher durch das Fehlen des dinglichen Elementes gekennzeichnet wird. Dieses kann entfallen: a) wenn der Erwerber die Sachherrschaft der übereigneten Sache schon vor dem Eintritt des schuldrechtlichen Elementes des Übereignungsvertrages erlangt hat (Übergabe kurzer Hand[5]), b) wenn der besitzende Eigentümer mit dem Erwerber ein Rechtsverhältnis vereinbart, das den letzteren zu dem Hauptbesitzer der übereigneten Sache macht[6]) [Besitzkonstitut]. Die Voraussetzungen des objektiv regelwidrigen Übereignungsvertrages müssen spätestens zur Zeit der schuldrechtlichen Vereinbarung vorhanden sein. Der objektiv ordnungswidrige Übereignungsvertrag bedeutet eine inhaltliche Erweiterung des schuldrechtlichen Elementes, demzufolge die dingliche Stufe desselben ganz überflüssig wird. Diese Erweiterung besteht bei der Übergabe kurzer Hand in einer Anerkennung des Eigenbesitzes des Erwerbers durch den Übereignenden, bei dem Besitzkonstitut in der Begründung einer Herausgabepflicht des Übereignenden, besitzenden früheren Eigentümers.

5. Übereignungsvertrag des Nichtberechtigten. Der gutgläubige Verkehr hat Mittel gefunden, eine sonst ganz allgemeine Voraussetzung jeder Rechtsnachfolge zu umgehen und trotz des Fehlens des Rechtes des Vorgängers, in der Form des Übereignungsvertrages Nichtberechtigten inhaltlich ursprüngliches Eigentum zu verschaffen. Dieser subjektiv ordnungswidrige Übereignungsvertrag überträgt das Fahrniseigentum auf gutgläubige, entgeltliche Erwerber[7]). Hierzu

---

[1]) Grill Dt. I 299, K. 1433/1885, Mj. Dt. IX 52, K. 1914, G. 284, das. 53, K. 1914, G. 201 usw.

[2]) Grill Dt. I 307, K. 1901, G. 118.

[3]) Mit anderen Worten der Übereignungsvertrag erfolgt mit den Äußerlichkeiten des Besitzgeschäftes.

[4]) Minder feste Ergreifung, z. B. Anweisung zur Übernahme beweglicher Baracken, siehe Grill Dt. I 299, K. 2977/1883, symbolische daselbst I 302, K. 1589/1886, die Verkehrsauffassung hat darüber zu entscheiden, wann dieselbe vorhanden ist.

[5]) Vgl. EUG. § 453, II. Absatz.

[6]) Mj. Dt. IX 52, K. 1914, G. 284, das. 53, K. 1914, G. 201.

[7]) Arg. Grill Dt. I 329, K. IG 678/1901, HG. §§ 299, 300 eadem ratione. Jetzt sehr scharf 25 REE. der kgl. Kurie, Mj. Dt. XV 66, F. 47, die sich jedoch auf die mit Gewalt oder sonst ohne Einwilligung des Berechtigten erworbenen Sachen nicht

ist ein äußerlich[1]) ordnungsgemäßer Übereignungsvertrag erforderlich[2]). Gutgläubig ist der zur Zeit der dinglich wirkenden Erwerbstatsache ohne Fahrlässigkeit von dem Eigentum seines vermeintlichen Vorgängers überzeugte Erwerber[3]). Erlangt wird ein ursprüngliches, wenn auch seinem Inhalte nach dem vermeintlichen Rechte des scheinbaren Vorgängers entsprechendes Eigentum.

6. Wirkungen des Übereignungsvertrages. Der ordnungsgemäße und objektiv ordnungswidrige Übereignungsvertrag führt zur Rechtsnachfolge, der subjektiv ordnungswidrige zu einem ursprünglichen Eigentum, dessen Umfang sich mit dem des vermeintlichen Rechtes des scheinbaren Vorgängers deckt.

§ 3. Rechtshandlungen im engeren Sinne.

1. Schatzfund: ist der Fund einer seit unvordenklicher Zeit verborgenen wertvollen Sache (Schatz). Die Unvordenklichkeit des Verborgenseins ergibt sich aus der Unmöglichkeit, den Eigentümer des Schatzes zu ermitteln[4]). Dinglich wirkende Tatsache des Schatzfundes ist das auf sinnlicher Wahrnehmung beruhende, doch nicht als Rechtsgeschäft zu betrachtende[5]) Ergreifen der tatsächlichen Sachherrschaft an dem Schatze.

Dieselbe führt jedoch nur dann zum Erwerb des Eigentums, wenn der Schatzfinder den ihm gesetzlich obliegenden Pflichten nachkommt. Diese sind: a) die Pflicht, den Schatzfund innerhalb von acht bzw. 30 Tagen[6]) der Behörde anzuzeigen[7]) b) die Verständigungspflicht gegenüber dem Grundeigentümer, auf dessen Gebiete der Schatz gefunden wurde[8]), c) die Ablieferungspflicht: der Schatzfinder hat den Schatz der hierzu befugten Behörde[9]) auf ihren Wunsch wegen des staatlichen Ablösungsrechtes abzuliefern[10]).

---

erstreckt. Die REE. anerkennt, daß infolge feindlicher rechtmäßiger Requirierungen Eigentum auch von dem Nichteigentümer erworben werden kann, nicht aber durch offenkundig unrechtmäßige feindliche Tauschrequirierungen (Die Rinder des A. wurden von dem Feinde requiriert und verbraucht, zum Ersatz wurden ihm die zur gleichen Zeit requirierten Rinder des B. billig, oder entgeltslos überlassen). Solche Tauschrequirierungen führen zu keinem Eigentum des Erwerbers.

[1]) Dies ist der Praxis zu entnehmen, welche selbst bei dem Besitzkonstitut an der Übergabe festhält.

[2]) Arg. eadem ratione das über das Grundeigentum entscheidende Urteil Mj. Dt. V 100, K. 3862/1910 und HG. § 299—300, welche ebenfalls Übergabe fordern, endlich die 25 REE.

[3]) So die ständige Praxis.

[4]) Arg. Oberster Gerichtshof 6105/1876, Márkus I, S. 368.

[5]) Handlungsunfähige erwerben auch das Eigentum, Erwerbsabsicht wird nicht erfordert, Tatbestandsfehler kommen nicht in Betracht usw.

[6]) Dann, wenn die Absicht nach dem Schatz zu fahnden der Behörde im voraus angemeldet war. StrGB. §§ 365, 366.

[7]) Daselbst.

[8]) Wird diese Pflicht versäumt, so geht das Schatzfundrecht verloren, Grill Dt. I 317, K. 16770/1880, und der Schatz verfällt der Konfiskation. Arg. K. 10770/1890, Márkus I 368.

[9]) Arg. K. 4293/1890, Grill Dt. I 322 Museum.

[10]) Daselbst.

Der Schatzfund verleiht ursprüngliches Eigentum, und zwar bei einem Werte über 300 Kronen nur an einem Drittel[1]) des Wertes der gefundenen Sachen. Die übrigen zwei Drittel fallen in gleichen Teilen dem Staate und dem Grundeigentümer zu, in dessen Boden der Schatz gefunden wurde[2]). Vor der Aufteilung ist wohl Miteigentum der Berechtigten anzunehmen[3]).

2. Verarbeitung. Planmäßiges, menschliches Handeln, welches eine fremde bewegliche Sache zu einer neuen umformt, verschafft an der letzteren Eigentum.

Entscheidend ist, ob die Sache in dem Verkehr als eine neue Sache betrachtet wird, gleichgültig, ob dieser Erfolg durch gänzliche oder bloß äußerliche, die Oberfläche des Gegenstandes betreffende Verarbeitung[4]) erzielt wurde. Die Verarbeitung ist bewußte Realhandlung, sie gestattet zwar keine Vertretung, wohl aber Gehilfentätigkeit. Sie verschafft dem Verarbeiter kraft Gesetzes[5]) ursprüngliches Eigentum, ohne Unterschied, ob er gut- oder bösgläubig ist. Hierdurch erlöschen zwar alle die Sache belastenden, dinglichen Rechte, doch gilt der Erwerb des ursprünglichen Eigentums als ein solcher ohne gehörige Kausa, weshalb der Wert der verarbeiteten Sache nach den Grundsätzen der ungerechtfertigten Bereicherung dem bisherigen Eigentümer zu erstatten ist[6]).

§ 4. Ereignisse.

1. Ereignisse, welche den Erwerb des Fahrniseigentum, herbeiführen, sind: der Einzug eines herrenlosen Bienenschwarmes, die Trennung der Erzeugnisse[7]) von der Muttersache, die Vereinigung, Vermischung, Verschmelzung mehrerer Sachen und die Ersitzung.

2. Der Einzug eines herrenlosen Bienenschwarmes auf ein Grundstück verleiht dem Eigentümer des Grundstückes das Eigentum, wenn der Eigentümer des Schwarmes diesen innerhalb von zwei Tagen nach seinem Auszuge nicht verfolgte oder von seiner Verfolgung während dieser Zeit abließ[8]).

3. Durch Trennung oder Absonderung fällt das Eigentum an den Erzeugnissen zu: a) dem gutgläubigen Eigenbesitzer und Nutzungsbesitzer der Muttersache[9]), b) dem Aneignungsberechtigten[10]). Der Eigentumserwerb ist je nach dem Rechte, welcher ihm zu Grunde liegt, ein ursprünglicher oder abgeleiteter[11]).

---

[1]) Geringerer Wert fällt dem Schatzfinder zu.

[2]) Grill Dt. I 316, K. 652/1886, VJM. 28852/1890. Die Praxis, so besonders K. 4293/1894 Grill Dt. I 322 beruft sich auf ältere königliche Verordnungen. Diese sind die folgenden III 1777, 30227/1809, 8353/1817, 37668/1816.

[3]) Von dem Schatzfunde abgesehen ist der Fund in dem ungarischen Privatrechte keine Erwerbstatsache des Eigentums, er führt bloß zu dem Besitz der Sache (Oberster Gerichtshof 6105/1876) und hierdurch zur Ersitzung.

[4]) Durch Schreiben, Malen, Zeichnen, Drucken, Gravieren usw.

[5]) Diese Wirkung kann rechtsgeschäftlich nicht ausgeschlossen werden. Vgl. Jogt Közl Dt. Bd. 99, S. 325, Bpester Tafel I, G. 19/1905.

[6]) Vgl. EUG, § 452.

[7]) Manchmal auch anderer Bestandteile, z. B. der Aufwendungen, siehe weiter.

[8]) GA. XII: 1894, § 59.

[9]) Grill Dt. I 325, K. 9471/1883, 314, K. I G. 350/1889, I 59, K. 5777/1893 usw.

[10]) Z. B. dem Bergwerksberechtigten durch Ablösung des Gesteines von dem Erdinnern usw.

[11]) Demzufolge erlangt der Pächter durch Abtrennung keineswegs immer ein den Gläubigern des Verpächters gegenüber ursprüngliches Eigentum.

4. Als Vereinigung mehrerer Sachen zu einer einheitlichen neuen ist deren zufällige chemische oder physische Verbindung anzusehen. Darüber, ob dies eingetreten sei, entscheidet die Auffassung des Verkehrs.

Die Praxis äußerte sich meines Wissens über die Erwerbstatsache der Vereinigung noch nicht, doch muß sie wohl trotzdem als bestehend angenommen werden und dürften gegebenenfalls auf sie die Grundsätze des EUG. angewendet werden.

Dementsprechend bewirkt die Vereinigung der Sachen mehrerer Eigentümer entweder Miteigentum oder ausschließliches Eigentum. Ersteres dann, wenn die vereinigten Sachen Bestandteile der neuen Sache wurden, wobei der zu der Zeit der Vereinigung vorhandene Wert der vereinigten Sachen maßgebend ist[1]). Ausschließliches Eigentum erzeugt die Vereinigung dann, wenn eine Sache zur Hauptsache wurde, deren bisherigem Eigentümer dann die ganze Sache zufällt[2]).

Es ist natürlich nicht ausgeschlossen, daß die Vereinigung nicht durch (streng genommenen) Zufall, sondern durch menschliche Handlung zustande kommt, doch ist dies gleichgültig, da dieselbe auch dann nur als mechanische Einwirkung, also rechtlich als Zufall und Ereignis betrachtet wird[3]). Sie schafft endgültiges Eigentum, welches die Belastungsrechte der vereinigten Sachen in zweierlei Art beeinflußt. Einmal verwandelt sich nämlich das Belastungsrecht an der vereinigten Sache zu einem solchen des betreffenden Anteiles an der neuen Sache[4]). Sodann ändert sich aber auch die Dauer der bisherigen Belastungsrechte, welche mit dem Eigentum oder Eigentumsanteile des Belastungsverpflichteten ihr Ende erreichen[5]).

5. Ähnliches wie für die Vereinigung gilt auch für die Vermischung, Vermengung und Verschmelzung.[6]) Sind aber die so verbundenen Sachen ohne unverhältnismäßige Kosten von einander abzusondern, so kann dies jeder Eigentümer fordern[7]).

6. Ersitzung ist die durch Zeitablauf erfolgte Umwandlung von Eigenbesitz in Eigentum. Die Voraussetzungen der Fahrnisersitzung sind: gutgläubiger Eigenbesitz[8]) und ungestörter Verlauf der Ersitzungszeit.

Der Besitzer ist gutgläubig, wenn er zur Zeit des Besitzerwerbes ohne Fahrlässigkeit die Überzeugung hatte, daß er Eigentum erwarb und sich seines Irrtums vor Ablauf der Ersitzungszeit nicht bewußt wurde. Die Gutgläubigkeit sowie der bisherige Eigenbesitz des Besitzers wird vermutet[9]).

Der Eigenbesitz braucht kein unmittelbarer zu sein, muß jedoch

---

[1]) EUG. § 447.

[2]) Daselbst.

[3]) Oben.

[4]) EUG. § 449, dessen Einzelheiten jedoch der Praxis allzu gekünstelt erscheinen dürften.

[5]) Daselbst. Die Praxis dürfte diesen Grundsatz auch schwerlich ohne Widerspruch annehmen.

[6]) Die letzteren erzeugen keine neue Sache. Vgl. EUG. § 448.

[7]) Daselbst.

[8]) Innehabung genügt nicht, K. 1920, P. 4403, MT. II, S. 126, F. 85.

[9]) Siehe das bei dem Besitze Gesagte. Arg. Grill Dt. Oberster Gerichtshof 59/1875 I, S. 386, eadem ratione, K. 1919, P. 864, MT. I, F. 4 betrachtet die Gutgläubigkeit bei mehr als 32jährigem Besitz als nebensächlich. Dies führt aber m. E. zu weit.

grundsätzlich[1]) während der ganzen Ersitzungszeit andauern[2]). Hinsichtlich der letzteren wird die Besitzzeit der Vorgänger des Ersitzenden der seinigen hinzugerechnet.

Die Ersitzungszeit beträgt 32 Jahre[3]), dem Staate gegenüber 100 Jahre, der katholischen Kirche gegenüber 40 Jahre[4]). Maßgebend ist der Stand des zur Zeit des Beginnes der Ersitzungszeit vorhanden gewesenen Eigentümers[5]). Der Verlauf der Ersitzungszeit ist nicht ungestört, wenn die Ersitzung gehemmt oder unterbrochen war.

Hemmung ist ein für die Zukunft wirkender Hinderungsgrund der Ersitzung. Nach dem Wegfall der Hemmung wird die begonnene Ersitzung fortgesetzt, während ihrer Dauer kann die Ersitzung weder angefangen, noch fortgesetzt oder beendet werden. Hemmungsgrund der Ersitzung ist die Minderjährigkeit des Eigentümers, vorausgesetzt, daß er auch eines gesetzlichen Vertreters ermangelte[6]).

Unterbrechungsgrund der Ersitzung ist eine rückwirkende Beseitigung ihrer Wirkungen. Mit dem Eintritte des Unterbrechungsgrundes geht die bis dahin verflossene Ersitzungszeit verloren und dieselbe muß neu angefangen werden. Unterbrechungsgründe der Ersitzung sind: Anerkennung des Rechtes des Eigentümers, Geltendmachung des letzteren durch Klageerhebung[7]), endlich Verlust des Eigenbesitzes des Ersitzenden[8]).

Sowohl die Hemmungs- als auch die Unterbrechungsgründe wirken kraft Gesetzes, andererseits treten die Wirkungen der Ersitzung auch von selbst ein. Sie bestehen in einem ursprünglichen Eigentum des Ersitzenden, welches innerhalb des Rahmens seines guten Glaubens auch die Belastungsrechte der ersessenen Sache zum Erlöschen bringt[9]).

Erwerb des Grundeigentums.

§ 5. Erwerbsgeschäfte des Grundeigentums.

1. Die ordnungsgemäßen einseitigen Erwerbsgeschäfte des Grundeigentums sind Buchgeschäfte. In Betracht kommen hierbei Ergreifungsgeschäfte, die unmittelbaren Eigentumserwerb bezwecken und erreichen, d. h. Vormerkungen. Da sie in dem Abschnitte über das materielle Grundbuchrecht ausführlich behandelt wurden, kann hier auf das schon dort Gesagte verwiesen werden.

---

[1]) Miete oder Pacht kann den Ersitzenden in keine schlechtere Lage bringen.

[2]) Eigenbesitz ist aber erforderlich, daher ist der Besitz des Nutznießers Grill Dt. 374, K. 7019/1889, des Gebrauchers, daselbst 541/1891, des Vermögensverwalters Mj. Dt. X 17, K. 1915, RP. III 3741, des Aufbewahrers, daselbst 160, K. 1915, RP. VI 2711/1915 hierzu nicht genügend.

[3]) Trip. I. 78.

[4]) Daselbst.

[5]) Jogt. Közl. Dt. Bd. 100, S. 67, K. 9123/1904.

[6]) Grill Dt. II 1, S. 308/1907, K. Ob wohl auch die Proletarierdiktatur, oder eine sonstige katastrophale Hinderung des Geltendmachens der Rechte ein Hemmungsgrund für die Ersitzungsfrist ist? Aus VME. 4038/1919, § 3 und PG. § 469 scheint dies zu folgen.

[7]) Vgl. PG. § 147.

[8]) Vgl. das hierüber bei dem Besitz Gesagte.

[9]) Arg. HG. §§ 299, 300.

2. Ausnahmsweise führen aber auch außerhalb des Grundbuches einseitige Rechtsgeschäfte zu Grundeigentum. Diese sind den Aneignungsgeschäften des Fahrniseigentums nachgebildete Aneignungsgeschäfte an solchen Grundstücken, welche, obzwar dem Verkehr nicht entzogen, doch aus irgend einem Grunde nicht gebucht wurden, also in keiner Grundbucheinlage enthalten sind[1]).

2. Die zweiseitigen, ordnungsgemäßen, dinglichen Erwerbsgeschäfte an eingetragenen Grundstücken sind die schon bei den Buchgeschäften behandelten Buchverträge. Dasselbe gilt für eine Kategorie der ordnungswidrigen Erwerbsgeschäfte: für die irregulären Buchverträge[2]).

3. Trotzdem die Praxis zurzeit noch vor ihrer offenen Anerkennung zurückscheut[3]), hat sie in der Stille dennoch den Grundsatz geprägt, daß ein weiteres, zweiseitiges ordnungswidriges, dingliches Erwerbsgeschäft des Grundeigentums anzuerkennen sei.

Die einzelnen Etappen auf diesem Wege waren: die Praxis des zweimaligen Verkaufes[4]), die Anerkennung eines selbst nicht auf Gesamtnachfolge oder Ersitzung beruhenden, außerhalb des Grundbuches entstandenen dinglichen Rechtes an gebuchten Grundstücken[5]), endlich die mit diesem zugleich von dem Bucherwerber trotz des Inhaltes des Grundbuches[6]) bei der Erwerbshandlung erforderte Sorgfalt.

Das Resultat aber war bis zur Erbringung des GA. XXXVI 1920 u. E. folgendes: Das Eigentum an eingetragenen Grundstücken kann ausnahmsweise auch durch einen dem ordnungsgemäßen

---

[1]) Arg. eadem ratione. Grill Dt. I 340, K. 6043/1883 und GA. LX, 1881, § 203, laut dens. die Pfändung und Zwangsversteigerung der nicht eingebücherten Liegenschaften nach den Regeln der Fahrnisse vorzunehmen ist.

[2]) Siehe das über das ordnungswidrige irreguläre Buchgeschäft Gesagte.

[3]) So Mj. Dt. XI 1031, K. u. PV. 4571/1916, welches Urteil mit zahllosen anderen trotz inhaltlich abweichender Entscheidung noch immer an dem Dogma festhält, daß das Eigentum an gebücherten Grundstücken auf Grund der §§ 425, 435, 441 ÖBGB. nur auf dem Wege der Eintragung erworben werden kann. Die erwähnten Paragraphen erkennt K. laut JKK. I 21, 156 formell als zu Recht bestehend an. Daß die materiellen Entscheidungen diesem Grundsatze widersprechen, davon weiter unten. Die Weigerung der Praxis, den durch sie geprägten Grundsatz, daß das Buchgeschäft nur die eine Art der Erwerbsgeschäfte des Eigentums unter Lebenden bedeutet, auch offen anzuerkennen, ist um so auffälliger, als sie in den achtziger Jahren noch die Erwerbsgeschäfte des nicht gebuchten Grundeigentums offen betonte. So z. B. Grill Dt. I 340, K. 6043/1883.

[4]) Der erste gutgläubige Käufer kann gegen den zweiten bösgläubigen, eingetragenen die Eintragung ins Grundbuch verlangen, wenn der Übereignende ihm auch die tatsächliche Sachherrschaft des Grundstückes übertragen hatte. Mj. Dt. V 100, K. 3862/1910, VIII 117, K. 2642/1913 und zahllose andere Fälle. Jetzt erfordert K. 1920, P. V 2389/22 sogar schon den Beweis der Gutgläubigkeit des zweiten, eingebücherten Käufers.

[5]) 55. VE. der Kurie: „Dritten, welche auf das Grundstück, in das oder auf einen Teil desselben die Zwangsvollstreckung erfolgt, vor den Bücherrechten des Zwangsvollstreckenden Eigentum erworben haben, kann die Berechtigung auf Klageerhebung nach GA. LX: 1881, § 168 (Anspruchsprozeß auf Grundstücke) selbst dann nicht versagt werden, wenn ihr erworbenes Recht nicht eingebüchert wurde." Grill Dt. I 424.

[6]) Er muß sich in auffälligen Fällen auch über die Besitzverhältnisse erkundigen. So K. 802/1914 (Mj. Dt. IX 50), K. 1915, RP. VII 5646 (daselbst IX 344) usw.

Übereignungsvertrage des Fahrniseigentums nachgebildeten, außerhalb des Grundbuches vorgenommenen dinglichen Vertrag übertragen werden. Der letztere setzt sich zusammen: aus dem schuldrechtlichen Element, welches hier jedoch in einem entgeltlichen Vertrage zu bestehen hat[1]) und aus dem einer ordnungsgemäßen Fahrnisübereignung in allem nachgebildeten dinglichen Elemente[2]). Das auf diesem Wege erworbene Eigentum kann auch jenen Buchberechtigten gegenüber behauptet werden, welche die Richtigkeitsvermutung und die Richtigkeitsfiktion des Grundbuches zu ihren Gunsten nicht in Anspruch nehmen können[3]).

Im ersten Augenblick erscheint es zweifelhaft, ob dieser Rechtssatz betreffs der landwirtschaftlichen Liegenschaften durch GA. XXXVI, 1920 abgeändert wurde, oder nicht? Immerhin würde ich diese Frage in verneinendem Sinne beantworten[4]).

4. Betrifft der Übereignungsvertrag nicht verkehrsunfähige, doch aus welchem Grunde, immer mit keiner Grundbucheinlage[5]) versehene Grundstücke, so sind auf denselben die Grundsätze des Übereignungsvertrages des Fahrniseigentums anzuwenden.

§ 6. Handlungen im engeren Sinne.

Handlungen, welche eine Fahrnis zu dem Bestandteile des Grundstückes umwandeln, wie das Aussäen des Samens, Einpflanzen eines Baumes, Strauches, das Einbauen der Ziegel u. dgl., bewirken, daß das

---

[1]) Arg. Mj. Dt. XI 225, K. 1917, P. 241.

[2]) Erlangen der Sachherrschaft über das Grundstück durch Übergabe und Übernahme. Arg. Mj. Dt. XI 103, K. 1916, P. V 4571.

[3]) Wegen bösen Glaubens, z. B. Fahrlässigkeit bei Erkundung der dem Buchvertrage auffällig widersprechenden Besitzverhältnisse. Mj. Dt. IX 14, K. 4293/1914, IX 50, K. 801/1914, IX 344, K. 1915, RP VII 802 usw., dann wegen der Ableitung des Rechtes von der eigenen Ergreifungshandlung, sei diese nun Rechtsgeschäft (Vormerkung) Mj. Dt. IX 225, K. 1917, P. 241), oder Zwangsvollstreckung (Grill Dt. I 413, K. 2679/1901.

[4]) Allenfalls ist vorerst die Stellungsnahme der Praxis abzuwarten. Soweit ich es aber zu überblicken vermag, hat weder das für die Übereignungsgeschäfte der landwirtschaftlichen Liegenschaften gewährte staatliche Ablösungs- bzw. Vor kaufsrecht, noch aber der für die Übereignungsgeschäfte aller Liegenschaften vorgeschriebene Urkundenzwang (§ 77, GA. XXXVI, 1920) hieran etwas geändert.

Der letztere erschwert nämlich bloß die Form der schuldrechtlichen Stufe der Übereignung, läßt jedoch die dingliche unberührt.

Die Ausübung bzw. die Ausschlagung der Ausübung des staatlichen Vorkaufsrechts hingegen ist zwar ein Erfordernis der Einbücherung des Eigentums an landwirtschaftlichen und den ihnen diesbezüglich gleichgestellten Liegenschaften, ändert jedoch nichts daran, ob und unter welchen Bedingungen außerbücherliches Eigentum an grundbücherlich eingetragenen Liegenschaften entstehen und bestehen kann. Sonst hätte ja das GA. XXXVI, 1920 stillschweigend auch die Einbücherungsrechte des tatsächlichen Besitzers [§ 15, GA. XXIX, 1886, §§ 5—12, GA. XXXVI, 1889 usw.] außer Kraft gesetzt, was gewiß nicht der Fall war.

Eine andere und die Praxis noch vor manche Schwierigkeiten zu stellende Frage ist es, inwiefern sich diese auf nicht schriftlichen Rechtsgeschäften oder auf nicht geschäftlichen außerbücherlichen Tatsachen fußenden Rechte dem staatlichen Vorkaufs- und Ablösungsrechten gegenüber zu behaupten vermögen werden.

[5]) Oder wo solche noch nicht durchgeführt wurden (sehr wenige Teile des Landes) Grundbuchprotokoll.

Grundeigentum sich auf sie erstreckt und berauben sie ihrer bisherigen rechtlichen Selbständigkeit[1]). Das Fahrniseigentum als solches erlischt ohne daß die dinglichen Belastungsrechte an demselben zu ihren Kosten kämen. Es verbleibt für die Berechtigten aber die Möglichkeit, nach den Grundsätzen des Schuldrechts und besonders der ungerechtfertigten Bereicherung befriedigt zu werden.

§ 7. Ereignisse.

1. Ein Naturereignis, welches zu Grundeigentum führt, ist vor allem der Abtrieb (Avulsio), d. i. die sich selbst vollziehende Abtrennung eines auch äußerlich erkennbaren Grundstückes von einer Stelle der Erdoberfläche und dessen Anlegung an eine andere[2]). Das Gesetz erwähnt zwar nur die mechanische Kraft des Wassers, doch müssen die in ihm enthaltenen Grundsätze auch dann gelten, wenn Erdbeben, Bergsturz[3]) oder andere elementare Ereignisse ähnliche Änderungen herbeiführen.

Der Eigentumserwerb erfolgt in diesen Fällen zugunsten des durch die Anlegung ohne rechtlichen Grund bereicherten Eigentümers. Er tritt erst nach dem Verlaufe eines Jahres ein, vorausgesetzt daß der Geschädigte sein Eigentumsrecht bis dahin nicht geltend gemacht hat[4]). Hierzu ist aber erforderlich, daß kein Zweifel bezüglich der Identität des Grundstückes besteht[5]).

2. Die Änderungen der Wasserfläche, welche aber eher eine Umwandlung des durch das Wasserrecht beschränkten Eigentums in Volleigentum bewirken, als zu neuem Grundeigentum führen. Hierher gehören:

a) die Anschwemmung (Alluvio), d. h. die allmähliche natürliche Versandung des Ufers[6]): Eigentümer des angeschwemmten Bodens wird sofort der Ufereigentümer[7]).;

b) das Zurücktreten des Wassers von dem Ufer, sowie das Austrocknen stehender Gewässer: Eigentümer wird innerhalb der durch die Mitte des Wassers zu ziehenden rechtwinkligen Mittellinie der Ufereigentümer, in dessen Machtkreis das Neuland entstand[8]);

c) das Verlassen des Flußbettes (alveus derelictus): Eigentum erlangt nach den vorhin gegebenen Grundsätzen der Ufereigentümer, in dessen von einer die Endpunkte des Grundstückes berührenden und die Mitte des Wassers kreuzenden rechtwinkligen, geraden Linie begrenzten Machtkreis das Neuland entstand[9]). Erfolgte das Verlassen des Flußbettes plötzlich, so kann innerhalb eines Jahres sowohl der Eigentümer des neuen als des alten Bettes auf eigene Kosten die Herstellung des früheren Zustandes verlangen;

---

1) Arg. Hof V 15742/1862, § 37 (Fideikommißverordnung).

2) Wassergesetz (GA. XXIII: 1885) § 8.

3) In den letzten Tagen wurden in Kolozsvár mehrere Grundstücke durch Erdbeben in der angedeuteten Weise verändert.

4) Daselbst.

5) Jogt. Közl. Dt. Bd. 98, S. 187, K. 4245/1904.

6) Nur eine solche, welche unmittelbar an dem Ufer erfolgte. Grill Dt. I 367, K. 6031/1885, WG. § 5, Absatz 1.

7) Jogt. Közl. Dt. Bd. 99, S. 161, K. 727/1905.

8) Arg. Wasser G. §§ 4, 5.

9) Daselbst § 9.

d) das Entstehen einer neuen Insel (Insula in flumine nata) Das Eigentum erlangt gemäß den bei dem Zurücktreten des Wassers angeführten Grundsätzen der Ufereigentümer, dessen Machtkreis durch die Insel vergrößert wird[1]).

3. Die Ersitzung, welche die durch andauernden Eigenbesitz erfolgte Umwandlung des Besitzes in Eigentum bedeutet. Erfordernis ist der Eigenbesitz und der ungestörte Verlauf der Ersitzungszeit[2]). Die Ersitzungszeit beträgt gewöhnlich 32 Jahre, doch gelten hier auch dieselben auf der Person des rechtsverlierenden früheren Eigentümers beruhenden Ausnahmen, welche schon bei der Fahrnisersitzung erwähnt wurden[3]), wie denn auch die Erfordernisse der Grundersitzung überhaupt im großen und ganzen den gleichen Grundsätzen wie die Fahrnisersitzung[4]) unterstehen. Außer den dort angeführten muß jedoch auch die im Grundbuch eingetragene, entgeltliche Übertragung des Grundstückes als ein selbständiger Unterbrechungsgrund der Eigentumsersitzung erwähnt werden[5]).

Als bösgläubig gilt hinsichtlich der Grundstücksersitzung selbst der entgeltliche Erwerber[6]) des Grundstückes, der die Ersitzung[7]) kannte, oder ohne Fahrlässigkeit kennen mußte[8]).

Die Ersitzung verleiht dem Ersitzenden ein ursprüngliches Eigentum, welches auch ins Grundbuch eingetragen werden kann[9]).

4. Neuestens muß auch die staatliche Zuwendung landwirtschaftlicher Grundstücke als ein Ereignis angesprochen werden, das zum Eigentum an Grundstücken führt. Das auf diese Weise erworbene Eigentum ist im Grundbuch von amtswegen einzutragen [GA. XXXVI, 1920, § 48].

Verlust des Eigentums.

Die Beendigungstatsachen des Eigentums sind den Erwerbstatsachen ähnlich — daher ebenfalls entweder öffentlich- oder privatrechtlicher Natur; die letzteren dingliche oder andere privatrechtliche Tatsachen. Die dinglichen Beendigungstatsachen wirken objektiv, d. h. ihr Eintritt

---

1) Daselbst '§ 5.

2) Eine Kausa des Besitzes ist nicht erforderlich. Jogt. Közl Dt. Bd. 100, S. 87, K. 9123/1904. Innehabung genügt nicht. K. 1920, P. V 2816, MT. II, S. 42, F. 26.

3) Trip I 78, §§ 1, 2,

4) K. 1919, P. 1816, [MT. Bd. I, F. 1] will sogar selbst von der Gutgläubigkeit absehen, was entschieden zu weit geht.

5) Grill Dt. Bd. I, S. 380, K. 1408/1889, 4498/1891, 3343/1891 usw.

6) Der unentgeltliche immer.

7) Welche zwar beendet, doch nicht ins Grundbuch eingetragen wurde.

8) Arg. hinsichtlich des Hypothekarberechtigten Mj. Dt. IX 15, K. 2149/1914.

9) Auch auf dem Wege der Berichtigungsklage, die Praxis zieht aber die einfachere, wenn auch nicht im Grundbuche anmerkbare, weil schuldrechtliche Rechtsnachfolge bewirkende, Klage auf Buchnachfolge vor. Fraglich ist, ob die Behörde auch vor der Einbücherung des durch Ersitzung erworbenen Eigentums an landwirtschaftlichen Liegenschaften verständigt werden muß, bzw. ob der Staat sein Vorkaufsrecht auch in diesem Falle ausüben kann? Der Wortlaut des § 18 GA. XXXVI, 1920 ist diesbezüglich nicht ganz klar, der Zweck des Gesetzes aber, die Einführung der staatlichen Kontrolle an landwirtschaftlichen Liegenschaften treibt zur Bejahung der aufgeworfenen Frage.

macht jedes weitere Eigentum an der Sache unmöglich, oder subjektiv, nur im Hinblick auf den in Frage stehenden Berechtigten.

Die wichtigste objektive Beendigungstatsache des Eigentums ist die Außerverkehrssetzung sowie der Untergang der Sache.

Subjektive Beendigungstatsachen ergeben sich aus dem bei dem Erwerb des Eigentums bisher Gesagten von selbst, erfolgt doch bei der Rechtsnachfolge der Erwerb des einen Eigentums zugleich, ja geradezu durch den Verlust des anderen.

Besonders hervorzuhebende subjektive Beendigungstatsachen des Eigentums sind: die schon ausführlich behandelten dinglichen Übertragungsgeschäfte, ferner die Verzichte, soweit dieselben überhaupt zugelassen sind[1]).

Die letzteren erfordern bei dem Fahrniseigentum [sowie bei dem Eigentum an nicht eingetragenen Grundstücken die] absichtliche Aufgabe der tatsächlichen Sachherrschaft, bei dem im Grundbuche eingetragenen Grundeigentum hingegen eine an die Grundbuchbehörde gerichtete, schriftliche[2]) und in das Grundbuch einzutragende Auflassung der Buchlage[3]).

Schutz des Eigentums.

§ 1. Ansprüche aus dem Eigentum.

1. Herausgabeanspruch. Der Eigentümer kann von dem Besitzer die Herausgabe der Sache fordern[4]).

Dingliche, qualitative oder quantitative Beschränkungen — etwa Belastungsrechte[5]), Miteigentum — berühren auch den Herausgabeanspruch.

Anspruchsberechtigter ist der Eigentümer ganz ohne Rücksicht darauf, ob er früher Besitzer der Sache war oder nicht.

Anspruchsgegner ist grundsätzlich jeder Besitzer[6]), doch nur solange ihm kein Gegenrecht der Verweigerung des Besitzes zukommt. Das letztere kommt zu: dem Besitzer, welcher selbst[7]) oder dessen translativer oder konstutiver Rechtsvorgänger dem Eigentümer[8]) oder dessen Rechtsvorgängern gegenüber zu dem Besitze berechtigt war[9]).

Der Besitzdiener kann dem Herausgabeanspruche mit der Heranziehung des Besitzers begegnen[10]).

Inhalt des Anspruches ist die Überlassung des Besitzrechtes. Der unmittelbare Besitzer hat die tatsächliche feste, oder minder feste

---

[1]) Sie sind es nicht hinsichtlich der gebuchten Grundstücke, welche keine Leere der Eigentumsrubrik zulassen (Arg. GO. § 52, Punkt a.)

[2]) Vgl. GO. §§ 67 ff., besonders §§ 68, 119.

[3]) GO. § 118.

[4]) Grill Dt. I 389, K. 2086/1895, daselbst 391, K. 7970/1893.

[5]) Nießbrauch auch schon dann, wenn der Eigentümer das Vorhandensein desselben bei dem Erwerb des Eigentums ohne Fahrlässigkeit kennen mußte, so Mj. Dt. X 120, K. 1915, RP. 1771.

[6]) Mj. Dt. V 309, Bpester Tafel 1911, G. 147, Grill Dt. I 389, K. 2086/1895 usw.

[7]) Mj. Dt. V 309, Bpester Tafel 1911, I. G. 147.

[8]) Arg. Mj. Dt. XI 277, K. 1917, P. IX 851.

[9]) Kraft Rechtsgeschäftes: Miete, Pacht, kraft verbotener Handlung: Fahrlässigkeit bei Erkundung der Besitzverhältnisse in dem Zeitpunkte des Eigentumserwerbes. Mj. Dt. X 120, K. 1915, RP. IX 1771 usw.

[10]) PG. § 93, Mj. Dt. V 310, Bpester Tafel 1911, G. 71.

Gewalt, der mittelbare hingegen den Hauptbesitz zu überlassen[1]), wodurch alle Rechtsfolgen des betreffenden Besitzes dem Eigentümer zufallen. Der Anspruch geht auf den dem Eigentume entsprechenden Besitz der Sache. Hinsichtlich der Grundstücke kommt er vor allem dem Bucheigentümer zu[2]). Er erlischt durch Erfüllung oder deren Surrogate, durch den Untergang der Sache und durch Konsolidation.

2. Anspruch auf Nutzungen. Der Eigentümer kann von dem bösgläubigen Besitzer die Herausgabe der gezogenen und der nicht gezogenen, aber doch bei ordentlicher Wirtschaft erzielbar gewesenen Nutzungen verlangen[3]).

Für den gutgläubigen Besitzer gilt dies nur von dem Tage der Klageerhebung[4]) ab oder vom Zeitpunkte ab, an welchem er Kenntnis darüber erlangte, daß er kein Recht habe, welches die Ziehung der Nutzungen begründet[5]).

3. Anspruch auf Schadenersatz. Der Eigentümer kann von dem Besitzer den Ersatz des Schadens verlangen, der aus der schuldhaften Verschlechterung oder der Zerstörung der Sache, sowie aus der durch den Besitzer zu vertretenden Unmöglichkeit ihrer Herausgabe entsteht.

Der gutgläubige Besitzer hat für diesen Schaden nur dann einzustehen, wenn er während der Rechtshängigkeit der gegen ihn erhobenen Eigentumsklage oder seit dem Zeitpunkte der Kenntnis, daß er nicht berechtigt sei, eingetreten ist[6]). War der Besitzer kein Eigenbesitzer, so bestimmt sich seine Gutgläubigkeit nach dem Inhalte seines vermeintlichen Rechtes[7]).

4. Negatorischer Anspruch. Der Eigentümer kann die Beseitigung einer widerrechtlichen Beeinträchtigung auch dann fordern, wenn die letztere nicht in der Entziehung oder Vorenthaltung der Sache besteht[8]).

Anspruchsgegner ist jedermann, dessen unrechtmäßiges Verhalten den Eigentümer in dem Genusse seines Eigentumsrechtes stört. Ist aber die Beeinträchtigung die Folge eines dinglichen Belastungsrechtes, oder die einer dem Eigentümer gegenüber bestehenden Forderung also rechtmäßig, so kommt der Anspruch gar nicht zum Entstehen[9]).

Inhalt des Anspruches ist die Beseitigung der noch andauernden und das Verbot der zu besorgenden weiteren Beeinträchtigung. Voraussichtlich wiederkehrende, längere Zeit in Anspruch nehmende Beeinträchtigungen werden wohl die Grundlage gerichtlicher Verbote bilden. Allzu praktisch dürften diese aber schon wegen der der Beeinträchtigung gewöhnlich innewohnenden Besitzstörung oder Entziehung kaum sein[10]).

---

1) Vgl. den in der letzten Anmerkung angeführten Fall; dann EUG. § 476.

2) Grill Dt. I 394, K. 9062/1890, der nicht eingetragene Eigentümer kann bloß als Besitzer auftreten.

3) Jogt. Közl. Dt. Bd. 98, S. 195, K. 4103/1904; vgl. auch EUG. § 479.

4) Arg. Grill Dt. I 61, K. 11786/1886; vgl. EUG. § 480.

5) Arg. eadem ratione daselbst, ferner PG. § 147.

6) Vgl. daselbst Arg. eadem ratione.

7) Ebenso.

8) Grill Dt. I 243, K. 5350/1887, daselbst 421, K. 5913/1886, daselbst 419, K. G. 103/1901.

9) Arg. eadem ratione Mj. Dt. V 309, Bpester Tafel 1911, G. 147.

10) Die bereits behandelten Löschungs-, Berichtigungs- und Zwangsvollstreckungsbeendigungsansprüche sind in den Quellen besonders hervorgehobene Fälle des negatorischen Anspruches.

5. Ansprüche aus dem Besitze. Dem Eigentümer, der unmittelbarer oder mittelbarer Besitzer der Sache ist, stehen selbstverständlich auch die Besitzansprüche zu.

6. Dem Besitzer gegenüber kann der Eigentümer auch in die Lage eines kraft Gesetzes Verpflichteten kommen: wenn er den Einwendungen des Besitzers ausgesetzt ist.

7. Vor allem kann der Besitzer von dem Eigentümer die Erstattung der Aufwendungen verlangen, welche er auf die Sache gemacht hat, wobei das Maß der Erstattung von der Gut- oder Bösgläubigkeit des Besitzers abhängt.

Der gutgläubige Besitzer kann fordern: die Erstattung sowohl der nötigen, d. h. zur wirtschaftsgemäßen Erhaltung und Benützung erforderlichen[1]), als auch der nützlichen, d. i. den Wert der Sache vermehrenden Aufwendungen[2]). Dem bösgläubigen steht ein Ersatzanspruch nur bezüglich der ersteren[3]) und nur in dem Rahmen der Geschäftsführung ohne Auftrag zu[4]).

8. Besteht die Aufwendung darin, daß der Besitzer in die Sache des Eigentümers eine andere Sache einfügt, so hat er auch ein Trennungsrecht[5]). Wurde durch die Einfügung bloß ein Zubehör geschaffen, so kann das letztere ohne weiteres der Hauptsache wieder abgenommen werden, sonst gelten die folgenden Beschränkungen:

Die Trennung ist ausgeschlossen, wenn sie für den Besitzer kein wirtschaftliches Interesse hat[6]) oder mit einer bedeutenden Beschädigung der dem Eigentümer gehörenden Hauptsache verbunden wäre[7]).

Dasselbe gilt, wenn der Eigentümer bereit ist, den Wert der Aufwendung zu ersetzen, oder wenn dieselbe den Besitzer kraft seines Besitzrechtes belastet[8]). Der Eigentümer der Hauptsache hat die Trennung nur dann zu dulden, wenn der abtrennende Besitzer den Zustand, wie er vor der Einfügung war, wiederherstellt[9]).

Die Ausübung des Trennungsrechtes bringt die frühere dingliche Rechtslage, manchmal wohl auch ein Aneignungsrecht des Besitzers zum Entstehen, welches er durch Wegnahme der früher zu seinen dinglichen Machtkreis gehörigen Sachen geltend machen kann[10]).

---

[1]) Arg. Grill. Dt. I 572, Bpester Tafel I, G. 127/1896, K. 1921, KP. 3465/51 (bisher unveröffentlicht).

[2]) Arg. Grill Dt. I 58, K. 3851/1884. Vgl. EUG. § 490.

[3]) Vgl. EUG. § 488.

[4]) Vgl. die schon mehrfach angeführte und die Unabhängigkeit dieses Anspruchs von dem Besitz betonende Entscheidung K. 1921, P. 3465/51.

[5]) Ganz unabhängig davon, ob derselbe gutgläubig war, oder nicht. Grill Dt. I 59, K. 321/1889. Vgl. EUG. § 494.

[6]) Arg. eadem ratione das Chikaneverbot; vgl. EUG. § 493, Absatz 2.

[7]) Arg. siehe vorige Anmerkung.

[8]) Etwa den Nutznießer die Ausbesserungspflicht Arg. Grill Dt. I 572, Bpester T. I, G. 127/1898.

[9]) Vgl. Grill Dt. I 59, K. 321/1889.

[10]) Vgl. EUG. § 493, Absatz 2.

Abarten des Eigentums.

§ 1. Miteigentum.

1. Das Eigentumsrecht ist inhaltlich, qualitativ nur in einzelnen quellenmäßig aufgezählten Fällen teilbar. Soll eine von diesen abweichende qualitative Teilung der in ihm enthaltenen Befugnisse Platz greifen, so erfolgt dies auf dem Umwege einer konstitutiven Rechtsübertragung, welche die dem Eigentum abgetrennten Rechte zu selbständigen, beschränkten, dinglichen Rechten gestaltet.

2. Sowohl quantitativ als auch qualitativ ist das Eigentum durch die Schaffung einer Rechtsgemeinschaft teilbar. Die quantitative Eigentumsgemeinschaft nach bestimmten ideellen Bruchteilen (Miteigentum) untersteht im großen und ganzen den allgemeinen Grundsätzen der Rechtsgemeinschaft[1]). Dies gilt auch für die in Spezialgesetzen besonders normierten Arten des Miteigentums. Hinsichtlich derselben sind daher die Vorschriften der Eigentums- sowie der allgemeinen Rechtsgemeinschaft — wo dies nottut — als ergänzende Rechtssätze heranzuziehen[2]).

3. Die Entstehung, Änderung, sowie Beendigung des Miteigentums erheischt keine besondere Behandlung. Fallen doch deren Tatbestände grundsätzlich mit denen des ausschließlichen Eigentums zusammen. Immerhin kommt bei den Beendigungsgründen des Miteigentums auch die einseitige aufhebende Willenserklärung in Betracht. Jeder Miteigentümer vermag nämlich — sofern eine bindende Vereinbarung nicht entgegensteht[3]) — die Gemeinschaft in geeigneter Zeit[4]) und auf geeignete Weise[5]) auch durch seinen eigenen Willen aufzuheben. Geeignete Art der Aufhebung ist in diesem Fall die körperliche Aufteilung. Ist diese unmöglich[6]), oder untunlich[7]), so tritt an ihre Stelle die gerichtliche Zwangs-

---

[1]) Siehe im Schuldrecht bei der Rechtsgemeinschaft.

[2]) Hierher gehören die hier nur kurz zu erwähnenden Urbarialgemeinschaften. GA. XIX: 1898 §§ 25ff. Hutweidegenossenschaften, soweit dieselben keiner juristischen Persönlichkeit teilhaftig wurden. GA. X: 1913 § 26 usw.

[3]) Den Vertrag, welcher dies ausschließt, erkennt Mj. Dt. IV, S. 123, ferner daselbst XI 287, K. 1917, PV, 331 an.

[4]) Die Kriegszeit ist hinsichtlich der Grundstücke keine geeignete Zeit, die Zwangsversteigerung kann während derselben nicht abgehalten werden, obzwar die Aufhebung der Gemeinschaft angeordnet werden darf. Mj. Dt. X 267, K. 1915, P. III, 10977, daselbst 380, K. 1916, P. IX 3934. Nicht geeignet ist eine Zeit, in welcher die Grundstückpreise wegen der in der betreffenden Gegend erfolgten massenhaften Auswanderung auffallend sinken. Daselbst III 124, K 4380/1904, oder in welcher das Grundstück mit einem Witwenrechte belastet ist. Daselbst V 334, K. 1666/1911, VII 192, K. 3309/1913; nicht geeignet sind auch Zeiten, in denen der Wert des Geldes sehr ungewiß und unbeständig ist (K. 1920, P. 2626, MT. Bd. II, S. 65, F. 45) usw.

[5]) Siehe weiter.

[6]) Grill Dt. I 210, K. 1348/1900. Bei Grundstücken kann dieselbe für jede Parzelle besonders erstrebt werden. Daselbst 217, K. 2194/1901.

[7]) Wegen früherer körperlicher Aufteilung Mj. Dt. III 67, K. 3266/1908, Grill Dt. I 196, K. 2003/1899, wegen der Unausweichbarkeit der mit der körperlichen Aufteilung verbundenen Neubauten und neuer Servituten Mj. Dt. VIII 228/1913, S. 159, K.

versteigerung[1]). Trifft gebuchtes und ungebuchtes Grundeigentum zusammen, so kommt das Aufteilungsrecht dem gebuchten Eigentümer zu[2]). Der nicht gebuchte Eigentümer hat daher zunächst das Bucheigentum zu erwerben[3]).

Das Beendigungsrecht der Miteigentümer unterliegt keiner Verjährung[4]).

4. In dem Verhältnisse der Miteigentümer zu einander verfügt jeder über seinen Anteil frei. Verfügungen über die gemeinsame Sache selbst aber erheischen die Übereinstimmung aller Beteiligten[5]), andernfalls erfolgt auf Verlangen eines von ihnen die Auflösung des Gemeinschaft[6]).

Die Nutzungen[7]), sowie der Besitz der Sache[8]) kommen den Miteigentümern im Zweifel nach den Verhältnissen ihrer Bruchteile zu[9]). Die Verwaltung erfolgt durch den hiermit Betrauten gemäß den Beschlüssen der Miteigentümer, die nach dem Verhältnisse ihrer Bruchteile stimmen[10]). War die Sache einem der Miteigentümer anvertraut, so ist derselbe allen Genossen gegenüber zur Rechenschaftsablegung verpflichtet[11]). Aufwendungen sind dem aufwendenden Miteigentümer nach den allgemeinen Grundsätzen bei der Beendigung des Miteigentums zu erstatten[12]).

Dritten gegenüber ist jeder Miteigentümer berechtigt, die Sicherungs-[13]) und Mehrungsrechte[14]), welche die ganze Sache betreffen, so auszuüben und geltend zu machen, wie wenn er alleiniger Eigentümer wäre.

§ 2. Geteiltes Eigentum.

1. Quellenmäßig festgelegte, qualitative Beschränkungen des Eigentums finden wir bei einer Mehrheit von Berechtigten, welche durch einen gewissen Zweck der betreffenden Sache gebunden sind, ohne daß eine

---

1) Grill, Dt. I 219, K. 1348/1900. Bei Grundstücken genügt hierzu die Einwilligung bzw. das mit gleicher Wirkung versehene Urteil, welches gegen die Miteigentümer erbracht wurde, zur körperlichen Aufteilung hingegen ist die Einbeziehung sämtlicher Buchgläubiger erforderlich, vgl. Grill Dt. I 203, K. 318/1884, daselbst 206, K. 10661/1892.

2) Arg. Grill Dt. I 194, K. 3181/1889. Der Prozeß ist in dem Grundbuche anmerkbar. EPG. § 12, Absatz 3. Er ist als eine Anwendung des Eigentumsanspruches zu betrachten.

3) Siehe das hierüber schon Gesagte.

4) Mj. Dt. IX 49, K. 1018/1894.

5) Daselbst VI 272, K. 1912, G. 152.

6) Daselbst.

7) Grill Dt. I 160, K. 89/1890.

8) Mj. Dt. IV, 123.

9) Vgl. EUG. § 1399, Absatz 2.

10) Grill Dt. I 156, K. 1708/1900, daselbst 171, K. I. G. 151/1902.

11) Grill Dt. I 160, K. 89/1890.

12) Bauten. Mj. Dt. IX 48, 1914, PV. 2039 usw.

13) Besitz Grill Dt. I, S. 178, K. 395/1890, daselbst 174, K. 6887/1895, Berichtigung der Buchlage daselbst 176, K. I 8145/1890, Löschungsklage hinsichtlich des ganzen Grundstückes Grill Dt. I 177, K. 466/1890, negatorischer Anspruch gegen den seine Machtbefugnisse überschreitenden Dienstbarkeitsberechtigten Mj. Dt. XI, S. 122, K. VII 4479/1916, Grill Dt. I 155, K. 260/1890, daselbst 173, K. 1674/1893.

14) Daselbst 176, K. 8145/1890.

besondere juristische Persönlichkeit geschaffen wurde. Derartig objektiv beschränkte Eigentumsgemeinschaften sind: die Fideikommisse, die auch für bewegliche Sachen zugelassen sind[1]) und die übrigen, von der Praxis nur an Grundstücken anerkannten Fälle des geteilten Eigentums.

Gemeinsames Kennzeichen dieser Eigentumsgemeinschaften ist neben der Mehrheit der Berechtigten, die durch den Zweck der Gemeinschaft hervorgerufene Beschränkung ihrer Rechte, welche aber den Machtkreis aller oder wenigstens eines der Berechtigten nur zeitweilig: bis zur Erreichung oder Vereitelung des Gemeinschaftszweckes einengt.

2. Bei den Familienfideikommissen, die nur mit königlicher Bewilligung errichtet werden dürfen[2]), kommt eine qualitativ geteilte Eigentumsgemeinschaft zustande: zwischen dem Untereigentümer, dem im großen und ganzen die mit einer Anwartschaft auf das Vollrecht verstärkte Lage eines Nutznießers[3]) zukommt, und dem Obereigentümer[4]). Die Rechte des letzteren beschränken sich auf die ihm verliehenen Kontrollbefugnisse hinsichtlich der Erhaltung der dem Gemeinschaftszwecke[5]) dienenden Sachen und Anwartschaften, die sich unter Umständen zu einem Vollrechte an der oder den Gemeinschaftssachen entwickeln können[6]). Ähnlich müssen auch die mit der Genehmigung des Bodenreformgerichts auf Grund § 74 GA. XXXVI, 1920, errichteten unteilbaren Familienheimstätten erklärt werden.

3. Die übrigen Fälle des qualitativ geteilten Eigentums sind Tatbestände, in welchen die in dem Volleigentum enthaltenen Gebrauchs- und Nutznießrechte[7]) grundsätzlich in die Rechtssphäre eines anderen gewiesen werden, als die von denselben verschiedenen[8]) Ausschließungsrechte. Die Gebrauchsrechte fallen dem Untereigentümer[9]), die Ausschließungsrechte dem Obereigentümer zu.

Eine derartige qualitative Teilung des Grundeigentums ist — mit

---

[1]) GA. IX: 1687, LX: 1723, Hofverordnung 15472/1862, §§ 1, 12, 13. Einzelheiten siehe dort sowie in der das Verfahren betreffenden VJM. von dem 7. IX. 1869.

[2]) S. die angeführte Hofverordnung.

[3]) § 14 daselbst.

[4]) Die gesamten der Familie angehörenden Anwärter. Siehe die angeführten §§ 12, 13 der Hofverordnung.

[5]) Der standesgemäßen Lebensführung der Familie, oder wenigstens gewisser Mitglieder.

[6]) HofV. 15742/1862, §§ 1, 12, 13. Handlungen sowie Ereignisse, die den Zweck des Familienfideikommisses vereiteln (Aussterben der Familie § 28) oder gefährden (Vaterlandsverrat § 2 Abs. 4 GA. XLIII, 1921, Rechtsfolge ist der Übergang auf eine andere Linie der Anwärter), führen zur Beendigung oder wenigstens zu subjektiven Änderungen des Fideikommisses.

[7]) Quellen dieses Rechtsinstitutes sind auf Grund JKK. I, §§ 21, 156, welche bloß den Erwerb und den Verlust der Buchrechte dem ÖBGB. entnehmen, die gewohnheitsrechtlichen Erwägungen entstammenden obergerichtlichen Entscheidungen; das angeführte Gesetzbuch nur in betreff der technischen Bucherwerbstatbestände, nicht aber hinsichtlich der materiellen Voraussetzungen und Rechtsfolgen derselben, also z. B. wohl bezüglich des § 1126, nicht aber des § 1124. Vgl. Mj. Dt. I, 101, K. 1906, G. 257.

[8]) Die Gebrauchsrechte enthalten auch Ausschließungsberechtigungen (z. B. die actio negatoria), diese verbleiben aber dem Untereigentümer.

[9]) Arg. eadem ratione Hofv. 15742/1862, §§ 12, 13, 14.

der erwähnten Ausnahme der Fideikommisse[1]) — nur auf eine kalendermäßig bestimmte und in dem Grundbuche anzumerkende Zeit erlaubt[2]).

Die Arten des qualitativ geteilten Eigentums sind: die Erbpacht[3]), der Erbzins[4]) — der letztere wird wohl auch das Erbbaurecht genannt[5]) —, hauptsächlich das Untereigentum der Bauten, ferner — trotzdem die Praxis sich hierüber m. W. bisher nicht geäußert hat — eadem ratione auch das auf unentgeltlicher Grundlage geteilte Grundeigentum[6]).

4. Die Begründung, Änderung und Authebung des Obereigentums regelt sich nach den allgemeinen Grundsätzen des Volleigentums. Entfällt das Untereigentum, so wird das Obereigentum zu einem unbeschränkten Vollrechte[7]). Eine Expropriation beider bewirkt eine Teilung der Expropriationssumme zwischen dem Ober- und Untereigentümer[8]).

Untereigentum kann — sofern die Quellen nichts anderes vorschreiben — bloß durch Rechtsgeschäfte[9]) und Ersitzung begründet werden.

Der Begründungsvertrag muß ein in eine Urkunde gefaßter[10]) ordnungsmäßiger[11]), kann aber auch ein ordnungswidriger[12]) Buchvertrag sein. Zu bejahen ist wohl die Frage, ob auf Grund eines schriftlichen, entgeltlichen, mit tatsächlicher Sachherrschaft verstärkten, nicht im Grundbuch eingetragenen Übereignungsvertrages das Untereigentum auch außerhalb des Grundbuches erworben werden kann[13]).

Betreffs der Ersitzung des Untereigentums gilt dasselbe, wie hinsichtlich der Ersitzung des Volleigentums der Grundstücke.

Den Erwerbsgeschäften gleich sind die im Grundbuche einzutragenden und die sich außerhalb des Grundbuches vollziehenden Änderungs- und Beendigungsgeschäfte des Untereigentums, welche daher einer be-

---

1) § 29. Dieselbe dauert bis zu dem Aussterben der Anwärter an.

2) Jogt. Közl Dt. Bd. CI, S. 241, K. I, G. 257/1906.

3) Grill Dt. I 130, K. 7469/1895.

4) Daselbst 132, K. 8258/1889, S. 133, K. 2161/1890.

5) Die Entscheidungen betrachten die Ausdrücke als gleichwertig.

6) Arg. 74, VEE. und Mj. Dt. X 65 [Gerichtshof für den Pester Landbezirk, Pkf. III 12678/1905], welche und zwar auch auf unentgeltlicher Grundlage ein gänzliches Belastungsverbot anerkennen, sich also auch der eine erheblich geringere Beeinträchtigung des Verkehrs bedeutenden qualitativen Teilung des Eigentums kaum verschließen können. Allerdings kann die betreffende unentgeltliche Verfügung eine neue Abart des geteilten Eigentums, ebensowenig begründen, wie eine entgeltliche. Arg. 1921, RP. 712, Mj. Dt. XIV, S. 29, F. 35, wo auf dieser Grundlage eine Unwirksamkeit der Verfügung bezüglich des besonderen Eigentums an nicht besonders gebücherten Kellern ausgesprochen wurde.

7) Arg. ÖBGB. § 1149, dessen Grundgedanken die Praxis wohl annehmen dürfte. Formell hat dieser Paragraph auf dem Gebiet der JKK. allerdings keine Gültigkeit erlangt.

8) Mj. Dt. I 138, K. 2149/1906.

9) Auch einseitiges Errichtungsgeschäft (Fideikommiß Hofverord. 15742 aus dem Jahre 1862, §§ 10, 11) ist erlaubt, allerdings ist hierzu königliche Genehmigung erforderlich.

10) GA. XXXVI, 1920 § 77 und VMER. 4420/1918 § 1.

11) Arg. JKK. I §§ 21, 156, ÖABGB. § 1126.

12) Arg. die ganz allgemein gehaltenen und daher auch hierauf anwendbaren §§ 59, 61, 94, 95 GO.

13) Arg. eadem ratione, wie bei dem Volleigentum an Grundstücken.

sonderen Behandlung nicht bedürfen. Rechtshandlungen im e. Sinne, die das Untereigentum beendigen, sind: ein unbefugtes Unterlassen der Zahlung des Entgeltes, zu dem der Untereigentümer dem Obereigentümer gegenüber verpflichtet ist[1]). Ferner kommen in Betracht Ereignisse: der Untergang der Sache[2]), der Ablauf der Zeit, für welche das Untereigentum errichtet wurde[3]), endlich Verjährung[4]).

Der Inhalt des Untereigentums ist der des Grundeigentums unter Abzug der dem Inhalte eines besonderen Obereigentums verselbständigten Ausschließungsrechte[5]). Der Untereigentümer kommt hierdurch im großen und ganzen in die Lage eines Nutznießers[6]), was auch hinsichtlich des Schutzes und des Geltendmachens seiner Rechte dem Obereigentümer und Dritten gegenüber gilt.

§ 3. Eigentum an Heldengrundstücken.

1. Nach dem Kriege wurde der Donationsgedanke des vormärzlichen ungarischen Rechts wieder aufgegriffen und zu der Institution der Heldengrundstücke[7]) entwickelt.

Heldengrundstücke sind für ausgezeichnete patriotische Kriegsdienste mit der Verpflichtung öffentlicher Dienstleistungen staatlich verliehene Liegenschaften[8]).

2. Das Eigentum an Heldengrundstücken wird durch unmittelbare[9]) oder in die Form einer Bestätigung verhüllte[10]) mittelbare Belehnung von seiten des Staatsoberhauptes[11]) verliehen.

Die Belehnung ist eine öffentlich-rechtliche Handlung des Staats-

---

[1]) Grill Dt. I 59, K. 6199/1905. Es gelten hierfür die Grundsätze der schuldrechtlichen Leistungen.

[2]) Nur endgültiger Untergang, nicht aber bloßes Abbrennen des mit dem Untereigentum belasteten Hauses Grill. Dt. I 133, K. 2161/1890.

[3]) Arg. Jogt. Közl Dt. CI, S. 241, K. I, G. 257.

[4]) Hofverordnung 15742/1862 § 29. Die Verjährungszeit ist aber nach Trip. I 78 zu rechnen. Arg. eadem ratione Grill Dt. I 550, K. 2931/1896 (Grunddienstbarkeitsverjährung).

[5]) Dem Obereigentümer verbleiben die selbständigen Ausschließungsrechte, sowie das Übertragungs- sowie das Belastungsrecht seines nudum jus.

[6]) Arg. Hofverord. 15742/1862 § 12.

[7]) In der VO. MER. 6650/1920, die durch § 77, GA. XXXVI, 1920 ausdrücklich anerkannt wurde.

[8]) § 1 der angeführten VO.

[9]) § 1, Absatz 2.

[10]) Private können zu diesem Zwecke dem Staat Grundstücke anbieten, dann auch unmittelbar, doch nur mit der Bestätigung des Staatsoberhauptes, verleihen. Hieraus folgt, daß hier ebenfalls der Staat die Verleihung vornimmt. Die Verleihung Privater kann auch an eine Bedingung verknüpft sein. Auch der Eigentümer eines Grundstückes kann dasselbe, doch ebenfalls nur durch und mit Bestätigung des Staatsoberhauptes für sich sowie seine Nachfolger als Heldengrundstück erklären lassen, d. h. sein Volleigentum zu einem geteilten dieser Art umwandeln. Pflichtteil, sowie Errungenschaftsgemeinschaft bzw. die hieraus entspringenden Ansprüche dürfen jedoch hierdurch nicht beeinträchtigt werden, § 1, Abs. 3.

[11]) Jetzt der Reichsverweser.

oberhauptes[1]), die privatrechtlichen Folgen derselben, soweit das Gesetz nicht anders verfügt[2]), zwingenden Rechts[3]).

Obereigentümer des belehnten Grundstücks wird[4]) oder verbleibt der Staat[5]), was auch grundbücherlich, wenn auch ungenau, zum Ausdruck gelangt[6]).

Der Belehnte erlangt ein privilegiertes[7]), mit einem gesetzlichen[8]) Übertragungs- und Belastungsverbot[9]) geschütztes Untereigentum an dem Grundstücke und an dessen Einrichtung, das übrigens sowohl in dem Verkehr unter Lebenden[10]) als auch hinsichtlich der Nachfolge von Todes wegen[11]) besonderen Vorschriften unterworfen wurde.

Diesem Privilegium entsprechen sowohl öffentlich-rechtliche[12]) als auch die Erhaltung und Instandsetzung der Liegenschaft betreffende privatrechtliche Pflichten des Untereigentümers[13]).

---

[1]) Sie entspricht den vormärzlichen Privilegien (nach Balint v. Kolosváry: Bodenreform und Privatrechte [ung.] den königlichen Donationen), was sich auch darin äußert, daß sie dem Belehnten ein neues Bezeichnungsrecht, er sowohl wie auch sein nächster Anwärter darf seinem Familiennamen das Wort „Vitéz" = Held beifügen, verleiht.

[2]) So z. B. hinsichtlich des Heimfalles an den Staat, welcher bei Heldengrundstücken, die privater Anregung entstammen, auch ausgeschlossen werden kann, doch muß dies im Donationsbrief enthalten sein, § 5.

[3]) Arg. § 2 der VO., die etwas lakonisch lautet, doch nur diesen Sinn haben kann.

[4]) Arg. § 5 (Heimfallsrecht des Staates). Wird dasselbe bei Begründung durch Private ausgeschlossen, so bleibt noch immer die Beschränkung des Untereigentümers aufrecht und das Kontrollrecht des Staates unverändert, geteiltes Eigentum muß daher auch in diesem Falle angenommen werden.

[5]) Falls es vom Staate verliehen wurde.

[6]) § 1, Abs. 1 ist diesbezüglich nicht ganz genau, schreibt jedoch die Einbücherung der Eigenschaft eines Heldengrundstückes vor (vgl. auch VO. JM. 32000/1922, § 42).

[7]) Vgl. das über die Erweiterung des Namensrechtes oben Gesagte.

[8]) § 3.

[9]) § 3. Gewisse (altruistische) Institute sind berechtigt, zu dem Zwecke nötiger oder nützlicher Aufwendungen Belastungen vorzunehmen und einbüchern zu lassen.

[10]) Miete, Pacht, Dienstbarkeit des Gebrauches, des Nutznießungsrechts sowie Überlassung desselben zu ähnlichen Zwecken ist nicht gestattet, eine gerichtliche Pfändung kann nicht stattfinden. Ausnahmen sind in der VO. aufgezählt, § 3.

[11]) Der Donationsbrief kann hierüber verfügen, fehlt eine solche Verfügung, so sind die männlichen Abkömmlinge nach den Grundsätzen der Primogenitur als Anwärter zu betrachten, fehlt ein männlicher Abkömmling, so kann der Berechtigte mit Bestätigung des Staatsoberhauptes testamentarisch den Gatten oder zukünftigen Gatten der weiblichen zur Nachfolge bestimmen. Dieser kann auch dazu verpflichtet werden, den Familiennamen seiner Frau dem seinigen anzufügen, § 4.

[12]) Er hat die in der Donationsakte und die in den hierauf bezüglichen Regulativen und Verordnungen bestimmten öffentlichen Dienstleistungen zu bewirken. Die Pflichten belasten sowohl den Belehnten bzw. Berechtigten, als auch unter Umständen den ersten Anwärter. Diese haben die Erfüllung derselben mit Eid zu bekräftigen, § 8. Verweigerung des Eides führt zum Verlust des Heldengrundstückes, § 8.

[13]) Er hat den Fundus instructus allezeit in gutem Zustande zu erhalten, zu ergänzen und in gehöriger Zeit die usuellen nötigen und nützlichen Aufwendungen zu bewerkstelligen, § 8, Abs. 2. Bei Übergang des Heldengrundstückes auf einen anderen ist der Berechtigte für absichtliche Beschädigungen verantwortlich, § 7, Abs. 2. In den Fällen der Kaduzität sowie der subjektiven Änderungen des Eigentums an Heldengrundstücken kann der bisher Berechtigte bzw. dessen Rechtsnachfolger den noch vorhandenen Wert der nützlichen und nötigen Aufwendungen

3. Gesetzlich[1]) oder sonst[2]) festgelegte Ereignisse, welche Gesamtnachfolge zur Folge haben, dann solche, die den Zweck der Belehnung gefährden[3]), endlich Handlungen und Unterlassungen des Belehnten letzterer Art[4]), welche einen geringeren Grad der Unwürdigkeit desselben darstellen, sind mit einer subjektiven Änderung des Eigentums an Heldengrundstücken verbunden.

Die Eigenschaft des Heldengrundstücks wird durch die erwähnten juristischen Tatsachen nicht berührt, der bisherige Berechtigte muß aber dem Anwärter Platz machen[5]). Unter Umständen muß sich der letztere zeitweilig bloß mit dem Nutznießungsrecht an dem Heldengrundstück zufrieden geben[6]).

4. Das Eigentum an den Heldengrundstücken wird beendigt durch a) Rechtsgeschäfte, und zwar sowohl einseitige Verzichte[7]) als auch[8]) mit dem Staate diesbezüglich getroffene Vereinbarungen; für beide Arten muß wohl Schriftform erfordert werden[9]); b) besonders schwer ins Gewicht fallende und einen höheren Grad der Unwürdigkeit darstellende Verfehlungen, d. i. verbotene Handlungen des Belehnten, die auch den Rechtsverlust der Anwärter zur Folge haben, wie Vaterlandsverrat[10]), Meineid[11]). c) Ereignisse[12]), die den Wegfall aller Berechtigten verursachen.

Die Entscheidung über alle öffentlich-rechtlichen Beziehungen[13]),

---

von dem neu Belehnten fordern, die Höhe der zu erstattenden Summe wird von dem Heldenstuhl bestimmt § 7, Abs. 3.

[1]) § 4.

[2]) Solche können in den Bedingungen der Donationsakte enthalten sein. Arg. § 1, Abs. 2, § 5. letzter Absatz eadem ratione.

[3]) Nicht wegen des Alters, oder infolge, oder während der Dauer des öffentlichen Dienstes eingetretene dauernde Unfähigkeit, die verpflichteten öffentlichen Dienste zu leisten, § 6, P. 1.

[4]) Handlungen: Trunksucht, Störung der öffentlichen Ordnung, moralische Verfehlungen, die den Berechtigten der allgemeinen Achtung unwürdig erscheinen lassen, § 6, P. 2. Verwirklichung der gerichtlich als solche abgeurteilten Scheidungsgründe zu Lasten des Belehnten, der auf Grund des Rechtes seiner Frau belehnt wurde, § 6, P. 5, Unterlassungen: das Unterlassen oder Vernachlässigen der mit dem Heldengrundstücke verbundenen öffentlichen Dienstleistungen, der Bearbeitung, der Instandhaltung, der Zahlung der Lasten des Grundstückes, das Unterlassen der Versicherung der Gebäude, der sonst angeordneten Versicherungen (etwa der Abkömmlinge usw.), das Unterlassen der Gründung einer Familie, § 6, P. 1—4.

[5]) § 7.

[6]) Dann, wenn er noch nicht das Alter erreichte, das ihn zur Übernahme aller hiermit verbundenen Pflichten befähigen würde, § 6, vorletzter Absatz.

[7]) § 9.

[8]) Arg. eadem ratione, § 9, ferner § 1, Absatz 2.

[9]) Liegt doch eine Übereignung des Grundstückes vor. Arg. § 77, GA. XXXVI, 1920, § 77. VO. MER. 4420/1918, § 1.

[10]) § 5, P. 1.

[11]) § 5, P. 2, gemeint ist der bei der Belehnung erforderliche Antrittseid. Das Staatsoberhaupt kann das Grundstück von neuem anderen verleihen, § 7, letzter Absatz.

[12]) Kaduzität, Unfähigkeit oder Verzicht aller Berechtigten, § 5, P. 3. Das Heldengrundstück gelangt in diesen Fällen an den Staat zurück, private Begründer können in der Donationsakte auch anderes verfügen, § 5, letzter Absatz.

[13]) § 10.

sowie auch die über manche privatrechtlichen[1]) des Eigentums an Heldengrundstücken wurde einer besonderen Behörde: dem Heldenstuhl, zugewiesen.

Privatrechtlich muß dem Belehnten und den Anwärtern Dritten sowie einander gegenüber wohl ein ähnlicher Schutz zugesprochen werden, wie er dem Untereigentümer in den übrigen rein privatrechtlichen Fällen des geteilten Eigentums[2]) bzw. wie er den Anwärtern der Fideikommisse zuteil wird[3]).

Dienstbarkeiten.

§ 1. Begriff. Allgemeines.

1. Dienstbarkeiten sind beschränkte dingliche Rechte an fremden Sachen[4]). Ihr Inhalt ist eine dauernde oder zeitweilige beschränkte Erweiterung des dinglichen Machtkreises des Dienstbarkeitsberechtigten. Die letztere besteht 1. in einem konstitutiven Überlassen mancher Nutzungsbefugnisse des Eigentümers an der Dienstbarkeitssache, wobei es möglich ist, daß dem Eigentümer ein Teil der überlassenen Befugnisse zur Mitbenutzung frei bleibt[5]), 2. in dem Begründen eines Unterlassungsanspruches des Dienstbarkeitsberechtigten, durch welchen er von dem Eigentümer der dienenden Sache die Unterlassung solcher Handlungen verlangen kann, die dieser sonst kraft seines Eigentumsrechtes vornehmen darf[6]), 3. in der zeitweiligen oder endgültigen Aufhebung eines dinglichen Anspruches des Eigentümers der dienenden Sache, welcher den Dienstbarkeitsberechtigten sonst belasten würde[7]).

2. Dienstbarkeitsberechtigt sind natürliche und juristische Personen. Ist das subjektive Erfordernis der Dienstbarkeit bloß die Rechtsfähigkeit des Berechtigten, so hat man es mit einer persönlichen Dienstbarkeit zu tun. Die Grunddienstbarkeit hingegen erfordert außer der Rechtsfähigkeit des Berechtigten auch noch dessen Eigentum an dem herrschenden Grundstücke, dessen Vorteil sie bezweckt[8]).

3. Jede Dienstbarkeit hat dem Berechtigten einen rechtlich bedeutsamen Vorteil zu gewähren. Bei den Grunddienstbarkeiten[9]) bezieht sich

---

[1]) Etwa die Bestimmung der Vergütungen der Aufwendungen des früheren Berechtigten, § 7, Absatz 3, das Bestimmen des Nutznießungsrechtes des ersten Berechtigten, § 6, vorletzter Absatz, die Befriedigung der Unterhaltsberechtigten aus den Einkünften der Heldengrundstücke, § 6, letzter Absatz usw.

[2]) S. oben.

[3]) Arg. eadem ratione Hof V, 15742/1862, §§ 12, 13, 14.

[4]) Mji. Dt. X 81, F. 46. Bpester Tafel 1915, P. IV 7482. (Durch Parzellierungsplan entsteht keine Dienstbarkeit an einer eigenen Sache, welche begrifflich ausgeschlossen ist.) Mj. Dt. VI 68, K. 2181/1911.

[5]) Z. B. bei den Wegegerechtigkeiten.

[6]) Abschließung eines Weges Mj. Dt. V 24, K. 1864/1910, Bebauung der Grundfläche Grill Dt. I 543, K. 6267/1884.

[7]) Z. B. nachbarlicher Unterlassungspflichten, etwa des Überbaues usw.

[8]) Wirtschaftliche Notwendigkeit, wirtschaftlicher Vorteil, Zweckmäßigkeit, Vorteil des herrschenden Grundstückes Mj. Dt. X 83, K. 1915, RP. I 6612. Vgl. auch IX 236, K. 1915, RP. I 703 usw.

[9]) Siehe vorige Anmerkung. Vgl. auch Mj. Dt. X 83, RP. 1915. I 6612 und daselbst IX 236, K. 1915, RP. I 703.

dieser auf den Gebrauch eines ihm gehörenden herrschenden Grundstückes, bei den persönlichen[1]) hingegen auf die sonstige Verbesserung der Rechtslage des Berechtigten.

Die praktische Folge dieses Erfordernisses besteht darin, daß die Dienstbarkeit ihr Ende erreicht, wenn der Berechtigte bzw. die herrschende Sache die Fähigkeit verliert, den Vorteil zu ziehen oder wenn das herrschende Grundstdck nicht mehr geeignet ist, den Vorteil zu gewähren[2]).

4. Die Dienstbarkeit ist schonend auszuüben[3]). Dieser Rechtssatz soll die Gebrauchsfähigkeit der dienenden Sache trotz der Dienstbarkeit auch noch für andere Zwecke und besonders für die des Eigentümers erhalten[4]).

5. Die Dienstbarkeit ist unmittelbar und selbständig nicht übertragbar[5]). Mittelbar erfolgt die Übertragung der Grunddienstbarkeit durch die des herrschenden Grundstückes[6]), die der persönlichen hingegen durch die Übertragung der Ausübung[7]), sofern die letztere wegen des beschränkten Umfanges der Dienstbarkeit nicht begrifflich ausgeschlossen erscheint[8]).

6. Die Dienstbarkeit kann nicht in einem Tun des Verpflichteten bestehen. Wohl kann sie aber mit einer Reallast oder einer sonstigen auf Tun gerichteten Leistung des Verpflichteten verbunden sein. Die letztere ist dann zwar die Folge der Dienstbarkeit, doch begrifflich von ihr verschieden[9]).

---

[1]) Allerdings sind die möglichen Arten der Verbesserung auch hier gesetzlich festgelegt.

[2]) So Mj. Dt. X 83, K. 1915, RP. I 6612.

[3]) Z. B. ist die Zahl der weideberechtigten Tiere nicht willkürlich zu vergrößern. Mj. Dt. VII 31, K. 1323/1913.

[4]) Die Praxis betont diesen Grundsatz bei den Grunddienstbarkeiten besonders scharf. Mit Berufung auf denselben erlaubt sie es nicht, daß der Berechtigte die zu gunsten des einen, sein Eigentum bildenden Grundstückes verliehene Durchgangsdienstbarkeit nach Teilung desselben zu gunsten der anderen, ob zwar ebenfalls sein Eigentum bildenden Liegenschaft ausübe. K. 1916, P. VII 4479, Mj. Dt. XI 122, die Dienstbarkeit der freien Aussicht wird infolge dieses Grundsatzes einschränkend dahin ausgelegt, daß sie zwar eine Verbauung des Fensters hindert, jedoch keine Aussicht auf das dem herrschenden Grundstücke nahe Gebirge sichert [Grill Dt. II 206, K. 5323/1907], die Dienstbarkeit der Frontaussicht auf einen öffentlichen Platz wird infolge dieses Grundsatzes auf die Zeitdauer des zur Zeit ihrer Begründung bereits vorhandenen Gebäudes beschränkt [Mj. Dt. IV, S. 142, F. 97]. Als keine unerlaubte Erweiterung der Dienstbarkeit gilt hingegen die Ausübung des Brunnenrechtes durch Familienmitglieder, Grill Dt. I 560, K. 1198/1895, das Mitwohnen des Ehemannes in der den Gebrauchsrechte der Frau unterstehenden Wohnung. Grill Dt. I 578, K. 7808/1888.

[5]) Eine Ausnahme bildet der Nießbrauch, bei welchem das Gegenteil ausbedungen werden darf. Jogt. Közl. Dt. 99, S. 311, K. 5753/1906. Grill Dt. I 575, Györer Tafel 8/1893.

[6]) Auch ohne besondere Bestimmung darüber daselbst I 548, K. 305/1903.

[7]) Bald durch Pachtvertrag daselbt I 576, K. I 416/1896, Jog. Közl Dt. Bd. 97, S. 100, K. G. 574/1904, bald durch Zession des Wertes der aus der Dienstbarkeit gezogenen Vorteile Mj. Dt. II 208, K. 6057/1907.

[8]) So bei dem den persönlichen Verhältnissen des Berechtigten anzupassenden Gebrauche Mj. Dt. V 72, K. 4960/1910.

[9]) Unrichtig, weil die Vereinbarung betreffs des Entgeltes, begrifflich ausschließend Mj. Dt. X 215, K. 1915, RP. I 10718.

7. Das Stammrecht der Dienstbarkeit ist das Eigentum, d. h. sie entsteht durch konstitutiven Rechtsübergang aus dem Eigentum und fällt nach ihrer Beendigung durch restitutiven wieder in dasselbe zurück[1]).

§ 2. Grunddienstbarkeiten.

1. Grunddienstbarkeiten sind beschränkte dingliche Rechte des Eigentümers des einen (beschränkenden, herrschenden) Grundstückes an dem anderen (dem beschränkten, dienenden) Sie sind positiv, wenn sie dem Berechtigten Nutzungs-, negativ, wenn sie ihm Unterlassungs- oder Befreiungsansprüche verleihen. Die positiven Grunddienstbarkeiten zerfallen in dauernde und zeitweilige. Die dem Dienstbarkeitsberechtigten gewährten Nutzungsrechte sowie die Unterlassungs- und Befreiungsansprüche beschränken den Inhalt des Eigentums des dienenden Grundstückes. Für die Nutzungsrechte dürfte dies wohl ohne weiteres klar sein. Der Unterlassungsanspruch des Dienstbarkeitsberechtigten hindert die Vornahme sonst erlaubter Gebrauchshandlungen des beschränkten Eigentümers, der Befreiungsanspruch beseitigt die ihm zugute kommenden dinglichen Koexistenzbeschränkungen, also ebenfalls einen Teil des Eigentumsinhaltes des dienenden Grundstückes.

2. Die wichtigsten Grunddienstbarkeiten sind:

1. die Kellerdienstbarkeit kraft der ein von dem herrschenden Grundstücke aus zugänglicher Keller sich unter das dienende Grundstück erstrecken darf[2]).

Befindet sich die Kellertür nicht auf dem herrschenden Grundstücke, sondern auf einem öffentlichen Wege, oder auf einem sonstigen öffentlichen Grundstücke[3]), so ist keine Grunddienstbarkeit, sondern ein besonderes Grundstück vorhanden[4]).

2. die Belastung eines Nachbarbaues. Den Grundbau hat im Zweifel der Dienstbarkeitsberechtigte zu erhalten[5]).

3. das Einfügungsrecht eines Balkens, Dachsparrens usw., welche in die Mauer eines Nachbars eingefügt werden dürfen. Dem Dienstbarkeitsberechtigten kommen mit dieser Dienstbarkeit zugleich auch das Ausbesserungs- und Austauschrecht[6]) der eingefügten Sache zu, wenn dies die Sicherheit des Verpflichteten und die Ermöglichung der weiteren Ausübung der Dienstbarkeit nötig erscheinen läßt.

4. das Fensterrecht. Es ermächtigt den Berechtigten zur Errich-

---

[1]) Anwachsungsrecht des Eigentümers.

[2]) Grill Dt. I 537, K. 1902, G. 83. Den Kellerbau hat der Berechtigte zu erhalten (daselbst). Die Kellerdienstbarkeit kann, sofern die Erforderrisse des GA. XXXVIII: 1889 § 3 (siehe weiter) nicht vorliegen, nicht zu einem besonderen Vollrechte erweitert werden. Arg. K. 1921, RP. 712, Mj. Dt. XIV, S. 29, F. 35.

[3]) Etwa Begräbnisort.

[4]) GA. XXXVIII: 1889 § 3.

[5]) Mj. Dt. VI 68, K. 2187/1911, Mj. Dt. VII 68, K. 487/1911. Arg. eadem ratione, die in der Anmerkung 2 an erster Stelle angerufene Entscheidung.

[6]) Dieselben sind zugleich auch im Interesse des dienenden Grundstückes auferlegte Pflichten.

tung eines Licht und Luft[1]) durchlassenden Fensters[2]). Das Fenster kann auch in einer gemeinsamen Mauer des Berechtigten und des Verpflichteten errichtet werden[3]).

5. die Wegegerechtigkeiten und zwar: das Fußsteig-, das Wege- und das Viehtreiberecht[4]).

Das Fußsteigrecht enthält die Befugnis, das dienende Grundstück so zu benutzen, daß man auf dem Wege oder dem Fußsteige geht oder leichtere Lasten befördert[5]). Das Wegerecht erstreckt sich außerdem auf das Reiten[6]), den Fuhrenverkehr, die Lastenbeförderung durch Fahrzeuge; berechtigt jedoch nicht zum Viehtreiben.

6. das Brunnenrecht, welches das Wasserbedürfnis des herrschenden Grundstückes zu befriedigen hat[7]), das Wasserleitungsrecht und das Treufrecht, welches das Ableiten des Regenwassers oder sonstigen Wassers durch das dienende Grundstück gestattet[8]).

Negative Grunddienstbarkeiten sind u. a.:

1. das Lichtrecht, welches einen Unterlassungsanspruch gegen die wesentliche Beeinträchtigung der Helligkeit in einem Raume des herrschenden Grundstückes begründet[9]).

2. das Aussichtsrecht. Dieses schafft für das herrschende Grundstück eine Befreiung gegenüber der Beeinträchtigung oder gänzlichen Vereitelung der Aussicht seitens des dienenden Grundstückes[10]).

3. die Rechte auf Befreiung der nachbarrechtlichen Verpflichtungen. Sie verursachen den zeitweiligen oder endgültigen Wegfall der Duldungs-, Überlassungs-, Unterlassungs- oder Mitwirkungspflichten des Dienstbarkeitsberechtigten, deren Inhalt schon oben dargelegt wurde[11]).

4. Die Erwerbstatsachen der Grunddienstbarkeiten sind Handlungen und Ereignisse. Die Erwerbsgeschäfte der Grunddienstbarkeiten an gebuchten herrschenden Grundstücken sind einmal Buchgeschäfte, sodann aber auch Geschäfte, die sich außerhalb des Grundbuches vollziehen.

---

[1]) Mj. Dt. VI 97, K. 3140/1911.

[2]) Das Fensterrecht berechtigt keineswegs auch zur Aussicht daselbst II 206, K. 5323/1907.

[3]) Arg. eadem ratione, das aus dem Anlasse einer Brunnengerechtigkeit ergangene Urteil K. 3385/1887. Grill Dt. I 528.

[4]) Daselbst I 549, K. 4172/1884.

[5]) Daselbst 531, Marosvásárhelyer T. 3939/1902, daselbst 530, K. 2657/1899, Mj. Dt. VII 46, K. 2921/1912.

[6]) Grill Dt. I 536, K. 5845/1885. Kraft des Fußsteig- und des Wegerechtes kann der Eigentümer des herrschenden Grundstückes die Zulassung aller an dem Verkehr mit demselben rechtlich Beteiligten (Familienmitglieder arg. Grill Dt. I 560, K. 1198/1895 und daselbst I 578, K. 7806/1888 eadem ratione) fordern. Es gilt also dasselbe wie in den soeben angeführten Entscheidungen hinsichtlich des Brunnenrechtes und des Gebrauches.

[7]) Grill Dt. I 560, K. 1198/1895. Dies gilt jedoch bloß für das Maß (Arg. Mj. Dt. XI 122, K. 1916, P. VII 4419 eadem ratione). Gleichgültig bleibt hingegen, wo das Wasser tatsächlich verbraucht wird, daselbst I 528, K. 6615/1890.

[8]) Arg. GA. XXIII 1885 § 2 der die Wasserleitungen, Kanäle, Graben, Rohre usw. als Zubehöre der Liegenschaften betrachtet, deren Zweck sie fördern.

[9]) Arg. Mj. Dt. VI 97, K. 3140/1911.

[10]) Daselbst II 206, K. 5323/1907.

[11]) In der Lehre des Eigentums.

Als einseitiges Buchgeschäft kommt die Vormerkung in Betracht, als zweiseitiges der gebuchte Übereignungsvertrag. Derselbe kann entweder ein ordnungsmäßiger[1]) oder ein ordnungswidriger sein, worüber weitere Ausführungen unnötig erscheinen. Zu bemerken ist jedoch, daß die Ausnahmevorschriften des § 77 GA. XXXVI, 1920 und V MER. 4418/1918 § 1, die der Praxis nach (Arg. Mj. Dt. XV, S. 21, F. 17, K. 1921, P. V 3226) eng auszulegen sind, für die Übertragung der Grunddienstbarkeit, d. h. für die schuldrechtliche Stufe des Übereignungsvertrages derselben die Schriftform nicht vorsehen.

Von dem ordnungsgemäßen Übereignungsvertrage abgesehen, führt jedoch die entgeltliche Überlassung der tatsächlichen Ausübung der Grunddienstbarkeit ebenfalls den ordnungswidrigen, sich außerhalb des Grundbuchs vollziehenden, rechtsgeschäftlichen Erwerb der Grunddienstbarkeit herbei[2]).

Rechtshandlungen i. e. Sinne führen auf privatrechtlicher Grundlage[3]) den Erwerb einer Grunddienstbarkeit nicht herbei.

Von den Ereignissen, welchen eine solche Wirkung zukommt, ist besonders die Ersitzung zu erwähnen. Der Erwerb tritt zufolge eines 32jährigen ungestört ausgeübten Besitzes der Dienstbarkeit ein[4]). Die Ersitzung führt zu einem ursprünglichen [nicht eingetragenen] Rechte, welches die Grundlage eines Einbuchungsanspruches bildet[5]). Vor der Eintragung hat der Berechtigte die Grunddienstbarkeit zwar endgültig erworben, muß jedoch unter Umständen dem gutgläubigen Buchberechtigten weichen[6]). Die Berechnung und Anrechnung, das Ruhen und die Unterbrechung der Ersitzungszeit der Grunddienstbarkeiten regeln sich nach den Grundsätzen der Ersitzung des Grundeigentums[7]).

5. Änderungstatsachen der Grunddienstbarkeit sind vor allem die den Begründungstatsachen entsprechenden Geschäfte, sowohl die eingetragenen, wie die, welche außerhalb des Grundbuchs zustandekommen. Sodann wird aber die Grunddienstbarkeit subjektiv durch jeden Eigentumsübergang des herrschenden Grundstückes zugunsten des Erwerbers[8]) verändert.

6. Beendigungstatsachen der Grunddienstbarkeiten sind ebenfalls Handlungen und Ereignisse. Von den ersteren kommen einseitige und zweiseitige Buchgeschäfte[9]), ausnahmsweise auch nicht eingetragene

---

[1]) JKK. I §§ 21, 56, ÖBGB. § 480, Grill Dt. I, K. 6267/1884.

[2]) Arg. GA. XVI: 1891 § 18, ferner Grill Dt. I 529, K. 6427/1885, daselbst 536, K. 5845/1887, Mj. Dt. I 270, K. 8700/1906, Grill Dt. I 541, K. 6992/1881, entgegengesetzt, doch m. E. nicht richtig, daselbst 538, K. 335/1880.

[3]) Anders in dem öffentlichen Rechte, z. B. Entscheidung des Handelsministers bei der Expropriation zweier Unternehmungen GA. XLI: 1881 § 85 usw.

[4]) Grill Dt. I 526, K. 5332/1884, daselbst 546, K. 5888/1884, Mj. Dt. IX 199, K. 3236/1914. Der Grundsatz beruht laut dem Urteile Grill Dt. I 550, K. 2931/1896 auf dem ungarischen Rechte, nicht auf ÖBGB.

[5]) Arg. Grill Dt. I, 544, K. 8630/1894, daselbst 546, K. 1526/1899, daselbst 547, K. 5448/1886. Arg. daselbst I 541, K. 6992/1898.

[6]) ÖBGB. § 1500, Grill Dt. I 550, K. 2931/1896.

[7]) Siehe dort.

[8]) Sie wechselt den Berechtigten. Grill Dt. I 548, K. 1903, G. 305.

[9]) JKK. I §§ 21, 145, 156, GO. §§ 67, 119.

Verzichte[1]) in Betracht. Unter den Rechtshandlungen, welche die Beendigung der Grunddienstbarkeiten zur Folge haben, ist die Verhinderung ihrer Ausübung besonders zu erwähnen. Sie beendigt die Grunddienstbarkeit, wenn sie während der Verjährungszeit[2]) andauert, bewußt ist und bei den positiven Grunddienstbarkeiten in der Vereitlung des denselben entsprechenden Gebrauches des dienenden Grundstückes, bei den negativen hingegen in der Vornahme einer oder mehrerer ihnen widersprechenden Handlungen oder in der Ausübung eines mit ihnen unvereinbaren Rechtes besteht.

Ereignisse, welche die Grunddienstbarkeit beendigen, sind: der Eintritt einer auflösenden Bedingung oder Fristablauf, der endgültige[3]) Untergang des dienenden Grundstückes, oder des herrschenden, die Unfähigkeit des letzteren den ihm gesicherten Vorteil in Anspruch zu nehmen[4]), oder des dienenden, ihn zu gewähren, die Versitzung, d. i. der Wegfall der Ausübung während eines Zeitraums vom 33. Jahre[5]) an.

Die Vereinigung der Berechtigung und der Verpflichtung in einem Vermögenskreise ist zwar Beendigungsgrund der Grunddienstbarkeiten, ohne daß aber hierdurch vor der Löschung im Grundbuch die Folgen der Beendigung jedermann gegenüber eintreten würden[6]), wofür die Grundsätze des Widerspruches der materiellen Rechtslage mit der Buchage maßgebend sind.

7. Ausübung der Grunddienstbarkeiten. Das schon erwähnte und die Ausübung der Grunddienstbarkeiten betreffende Schonungsprinzip ist die gesetzliche Grundlage eines dem Dienstbarkeitsverpflichteten zukommenden Anspruchs auf Verlegung derselben.

Voraussetzung ist die in der bisherigen Ausübungsart[7]) liegende besondere und überflüssige Belästigung. Der Dienstbarkeitsberechtigte darf aber durch die Verlegung, welche die Ausübung der Dienstbarkeit an einer anderen Stelle des dienenden Grundstückes bezweckt, keinen Nachteil erleiden.

Ebenfalls dem Schonungsprinzip entstammt die Verpflichtung des Dienstbarkeitsberechtigten, ein zur Ausübung nötiges Bauwerk in gutem Zustande zu erhalten[8]). Liegt die Erhaltung sowohl im Interesse des Berechtigten, als auch des Verpflichteten, so kann sie ihnen gemeinsam auferlegt werden[9]).

Eine Teilung des herrschenden Grundstückes kann zwar keine

---

[1]) Mj. Dt. V 24, K. 1864/1910 [Androhung des Verpflichteten, den der Dienstbarkeit dienenden Weg zu umzäunen, Antwort des Verpflichteten „tun Sie es nur"].

[2]) 32 Jahre, wenigstens augenblicklich, denn ein Gesetzentwurf wollte dieselbe verkürzen.

[3]) Etwa durch Überschwemmung und der ihr zufolge eingetretenen Verschiebung der Eigentumsverhältnisse. Grill Dt. I 551, K. 4928/1886.

[4]) Arg. Mj. Dt. X 83, K. 1915, RP. I 6612.

[5]) Arg. Grill Dt. I 550, K. 2931/1896. Hierfür gelten die Grundsätze der Verjährung.

[6]) JKK. I §§ 21, 156, ÖBGB. § 526.

[7]) Etwa, wenn sie den nötigen Bau oder das Anbauen des dienenden Grundstückes verhindert. Grill Dt. I 558, K. 6452/1890.

[8]) Keller daselbst I 537, K. 1902, G. 83.

[9]) Arg. daselbst 528, K. 3385/1887.

neuere Belastung des Dienstbarkeitsverpflichteten verursachen[1]; innerhalb des Rahmens der früheren Ausübung muß jedoch jedem der früheren Miteigentümer die Ausübung der Grunddienstbarkeit gestattet bleiben[2].

Die Teilung des dienenden Grundstückes ändert an dem Bestande der Dienstbarkeit ebenfalls nichts. Ist jedoch die Ausübung auf einen, oder mehrere Teile des dienenden Grundstückes beschränkt, so muß den Eigentümern der übrigen Teile wohl ein Befreiungsrecht zugesprochen werden[3].

8. Schutz der Grunddienstbarkeiten. Dem Dienstbarkeitsberechtigten steht vor allem der possessorische Schutz der Grunddienstbarkeiten zu[4]. Er hat auch eine petitorische Klage: die negatorische gegen die Störung und sonstige Beeinträchtigung der Grunddienstbarkeit, worüber des näheren auf den negatorischen Anspruch des Grundeigentümers zu verweisen ist.

Erfordert wird hierzu die widerrechtliche Beeinträchtigung der Dienstbarkeit. Anspruchsgegner ist jeder, der die Grunddienstbarkeit beeinträchtigt. Ziel des Anspruches ist die Beseitigung der Störung und, wenn weitere Beeinträchtigungen zu besorgen sind, ein gerichtliches für die Zukunft wirkendes Verbot derselben[5].

Persönliche Dienstbarkeiten.

§ 1. Nießbrauch an Sachen.

1. Der Nießbrauch ist ein beschränktes dingliches Recht auf Nutzungen von Sachen oder Rechten[6].

Der Sachnießbrauch erstreckt sich sowohl auf bewegliche Sachen, als auch auf Grundstücke und zwar entweder auf die Nutzungen der ganzen Sache, oder auf die ihrer ideellen oder physischen Teile. Grundsätzlich kommen alle wirtschaftsgemäßen[7] Nutzungen in Betracht, einzelne können wohl ausgenommen werden, doch darf dies nicht so weit gehen, daß die Ausnahmen die wirtschaftsgemäße Ausbeutung der Sache wesentlich beeinträchtigen oder ganz ausschließen würden.

Der Nießbrauch umfaßt die Nutzungen der Muttersache, sowie ihrer Bestandteile, nicht aber auch den Schatzfund, der auf dem Grundstücke erfolgte. Zubehörsachen werden oft in den Nießbrauch einbezogen[8], und es wird anzunehmen sein, daß die gesetzlichen Vorschriften des Nießbrauches sich im Zweifel auch auf sie erstrecken. Ausnahmsweise

---

[1] Hierzu fehlt eine rechtliche Grundlage.

[2] Arg. das Verlegungsrecht des Dienstbarkeitsverpflichteten, dem auch ein ähnliches Recht des Berechtigten entsprechen muß.

[3] Arg. das Verlegungsrecht des Dienstbarkeitsverpflichteten a maiore.

[4] Siehe das hierüber bei dem Besitze Gesagte.

[5] Arg. Grill Dt. I 85, K. 4680/1890 eadem ratione; vgl. auch GA. LIV: 1912 § 49 (EPG.).

[6] Grill Dt. I 568, Kassaer Tafel, G. 37/1900, Jogt, Közl Dt. C. I, S. 168, K. 5751/1905.

[7] Grill I 572, Bpester Tafel I, G. 127/1898.

[8] Rechtsgeschäftlich etwa der aus dem Tierbestande sich ergebende Fundus instructus Grill Dt. I 570, Temesvárer T. G. 10/1900, daselbst K. I, G. 325/1899.

kann der Nießbrauch an Sachen auch manche ihnen angefügten Forderungen erfassen[1]).

Die erwähnte Beschränkung des Inhaltes des Nießbrauches fußt auf der gesetzlichen Verpflichtung des Nießbrauchers, die Sache ohne Schädigung ihrer Substanz zu benutzen. Den Nießbraucher und den Eigentümer der Sache verbindet demnach ein gesetzliches Schuldverhältnis, dessen Inhalt unten zu erörtern ist. Es gilt nur insoweit, als die Parteien innerhalb ihrer gesetzlichen Verfügungsrechte nichts anderes bestimmen.

2. Den Sachnießbrauch begründen:

1. Rechtsgeschäfte, und zwar in der Praxis unter Lebenden, ausschließlich Verträge. Erfordert wird hierzu bei beweglichen Sachen ein dem Übereignungsvertrage in allem entsprechender dinglicher Vertrag, also kausale Übergabe und Übernahme, oder deren — bei dem Eigentum behandelten — Surrogate. Es genügt auch ein ordnungswidriger Übertragungsvertrag, was besonders bei dem gutgläubigen Rechtserwerb zu beachten ist. Der letztere führt selbstverständlich nicht die Vernichtung der Rechte Dritter, sondern bloß den Rangvortritt des gutgläubigen Erwerbers des Nießbrauches herbei[2]).

An Grundstücken wird der Nießbrauch entweder durch ordnungsgemäße oder ordnungswidrige Buchgeschäfte, sodann aber auch durch ordnungswidrige, mit der Übergabe der Sachherrschaft verstärkte und der Fahrnisübereignung nachgebildete, sich außerhalb des Grundbuches vollziehende konstitutive Übertragungsgeschäfte[3]) erworben. Für sie gelten die bei der entsprechenden Geschäftsart des Grundeigentumserwerbs ausgeführten Grundsätze. Schriftform ist jedoch für sie nicht vorgesehen. Auch erfordert die Praxis zur Begründung des Nießbrauchs ein unentgeltliches Rechtsgeschäft, andernfalls läßt sie keinen Nießbrauch, sondern Sachmiete entstehen[4]).

2. Ereignisse: wie Handlungen Dritter, etwa die Sachleistung des Schuldners an den Nießbraucher der sie betreffenden Forderung, welche den Forderungsnießbrauch in einen Nießbrauch an der geleisteten Sache umwandelt[5]), sodann sonstige Ereignisse, hauptsächlich der Tod des bisherigen Sacheigentümers, wo er mit einem konstitutiven Rechtsübergange, d. h. mit der gesetzlichen Begründung eines Nießbrauches verbunden ist[6]), Ersitzung usw.

3. Eine subjektive Änderung des Nießbrauches findet wegen seiner gesetzlich durch dispositiven Rechtssatz[7]) vorgeschriebenen Unübertragbarkeit auf dem Umwege der Übertragung seiner Ausübung statt[8]), wofür

---

[1]) Versicherungssumme des Grundstückes. Arg. Mj. Dt. VI 54, K. 3874/1911.

[2]) Arg. Mj. Dt. X 120, K., RP. IX 1771/1915.

[3]) Arg. der soeben angeführte Fall, ferner daselbst 122, K. 1915, RP. V: 4879.

[4]) So z. B. K. 1917, RP. III 925, Mj. Dt. XI, S. 283, F. 189.

[5]) Arg. eadem ratione. Grill Dt. I 570, Temesvárer Tafel 1900, G. 10.

[6]) Witwenrecht, der Tod des Erblassers, welcher dem Minderjährigen Eigentum, dem gesetzlichen Vater aber Nießbrauch an den geerbten Sachen verleihen kann, VMG. § 16 usw.

[7]) Abweichende Rechtsgeschäfte sind aber zugelassen. Jogt. Közl Dt. Bd. 99, S. 311; ferner Grill Dt. I 575, Györer Tafel 8/1893.

[8]) Grill Dt. I 576, K. 1896, I G. 416.

die Grundsätze der Besitzübertragung gelten[1]). Der Ausübungsberechtigte gewinnt ein dingliches[2]) Recht, dessen Inhalt dem eines Nießbrauches nahekommt, dessen Schranken sich jedoch nach der Person des Nießbrauchers richten[3]).

4. Den Nießbrauch an Sachen beendigen: einmal einseitige und zweiseitige Rechtsgeschäfte, sodann verschiedene Ereignisse.

a) Von den einseitigen Geschäften kommen hier dinglich wirkende und an den Eigentümer[4]), — bei Nießbrauch an Grundstücken wohl auch an die Grundbuchbehörde — gerichtete Verzichte in Frage.

Die Beendigungsverträge haben beim Nießbrauch an Grundstücken den Erfordernissen der ordnungsmäßigen bzw. ordnungswidrigen Buchverträge oder der außerhalb des Grundbuches zustande kommenden dinglichen Verträge[5]), bei dem Nießbrauch an beweglichen Sachen hingegen denen der schuldrechtlichen Verzichte zu entsprechen[6]).

b) Ereignisse: Der Wegfall der Person des Berechtigten, also sein Tod[7]), bzw. der Untergang einer juristischen Persönlichkeit[8]), ferner der Ablauf des gesetzlichen oder rechtsgeschäftlichen Endtermins, der Eintritt einer auflösenden Bedingung[9]), dann die Konsolidation des Eigentums und des Nießbrauches an beweglichen Sachen[10]). An Grundstücken hat die letztere nur insofern beendigende Kraft, als sie nach erfolgter Eintragung im Grundbuch zwar die Pflichten des Nießbrauchers beendigt, ohne jedoch hierdurch zugleich auch seine früheren Rechte vollständig zum Erlöschen zu bringen[11]). Beendigende Ereignisse sind endlich der lastenfreie, entgeltliche Übergang des Eigentums der Sache an einen Dritten[12]), und der gänzliche Untergang der Sache[13]), die Versitzung.

5. Durch den Nießbrauch kommt ein dingliches Rechtsverhältnis

---

[1]) Dies folgt daraus, daß die grundbuchliche Durchführung dieses Rechtes nicht zugelassen wird. Grill Dt. I 575, K. 7798/1882.

[2]) Es muß wegen seiner absoluten Wirkung wohl als solches angesprochen werden.

[3]) Daher der Wegfall des Ausübungsrechtes bei Verzicht des Nießbrauchers; daselbst.

[4]) Grill Dt. I 576, K. I, G. 416/1896, GO. §§ 68, 119.

[5]) Arg. Mj. Dt. X 122, K. 1915, RP. 4879. Weder § 77 GA. XXXVI, 1920, noch aber VO. MER. 4420/1918 (§ 1) erwähnen diese Geschäfte, demnach ist für sie auch keine Schriftform vorgesehen. Allerdings müssen sie aber geeignet sein, die grundbücherliche Löschung herbeizuführen.

[6]) Grill Dt. I 576, K. I, G. 416/1896.

[7]) Daselbst Szegeder Tafel, G. 156/1900. Kein Anwachsungsrecht der Mitnießbraucher! Handelt es sich um eine landwirtschaftliche Liegenschaft, so muß sie erst mit dem Ende des laufenden Wirtschaftsjahres rückerstattet werden. K. 1919, P. II 1442, Mj. Dt. XIII, S. 71, F. 59.

[8]) Eadem ratione.

[9]) Fraglich, ob eine solche beim Nießbrauch der juristischen Personen mit Ablauf der Verjährungszeit nicht kraft Gesetzes anzunehmen sei.

[10]) Siehe weiter.

[11]) Nach Mj. Dt. VI 310, K. 1275/1912 bleibt der gegenwärtige Eigentümer kraft seines früheren Nießbrauchsrechtes davon verschont, die Nießbrauchssache der Witwe auf Grund ihres Witwenrechtes auszufolgen. Das letztere erstreckt sich nämlich bloß auf die den Nutzungsrechten des Mannes nicht entzogen gewesenen Sachen.

[12]) Arg. HG. §§ 299—300.

[13]) Derselbe macht den Nießbrauch zugleich gegenstandslos und unmöglich.

zum Entstehen, welches sich aus Beziehungen des Nießbrauchers und Bestellers des Nießbrauches, also gewöhnlich des Eigentümers einerseits und aus solchen des Nießbrauchers und Dritter andererseits zusammenfügt. Von den letzteren ist hier nicht besonders zu handeln. Sind sie ja bloß eine einfache und keinerlei Eigentümlichkeiten aufweisende Abart der dinglichen Ansprüche.

Der Kern des Verhältnisses zwischen dem dinglich hierzu berechtigten Besteller des Nießbrauches, also — um es kurz zu fassen — zwischen dem Eigentümer der dienenden Sache und dem Nießbraucher ist als eine Folge des konstitutiven, dem Eigentum entsprossenen Rechtsüberganges anzusehen, welcher die Grundlage eines jeden Nießbrauches bildet. Man hat daher in dem erwähnten Verhältnisse davon auszugehen, daß der Besteller zugleich Eigentümer der dienenden Sache sei[1]).

6. Das Recht des Nießbrauchers erstreckt sich auf alle Nutzungen, sofern sie nicht ausdrücklich entzogen sind. Zwecks Ausübung der Nutzung kommt dem Nießbraucher ein Besitzrecht zu[2]).

Die Nutzungsbefugnis umfaßt sowohl die natürlichen als auch die rechtlichen Früchte der dienenden Sache, wird jedoch durch die Schranken einer ordnungsmäßigen Wirtschaft begrenzt. Diese schließen daher aus: einmal den Raubbau der Nutzungen[3]), sodann eine Veränderung der Substanz der Sache[4]), endlich eine den ordnungsmäßigen Gebrauch übersteigende Abnutzung[5]). Die Nutzungsbefugnis enthält regelmäßig kein Verfügungsrecht über die Sache. Eine Ausnahme bilden die zu einem landwirtschaftlichen Grundstück gehörenden leicht austauschbaren Einrichtungen[6]) über die der diesbezüglich mit einer Austauschpflicht belastete Nießbraucher nach den Grundsätzen einer ordentlichen Wirtschaft verfügen darf[7]) und unter Umständen sogar muß.

In noch größerem Maße gilt das über das Verfügungsrecht des Nießbrauchers soeben Gesagte dann, wenn es sich um einen Nießbrauch an verbrauchbaren Sachen (uneigentlichen Nießbrauch) handelt, der das Eigentum an ihnen auf den Nießbraucher überträgt und den bisherigen Eigentümer mit einem schuldrechtlichen Anspruche befriedigt[8]). Der Nießbraucher ist in diesem Falle nach Beendigung des Nießbrauches zur

---

[1]) Das ist schon wegen des gutgläubigen Rechtserwerbes des Nießbrauchens anzunehmen. Arg. auch Mj. Dt. X 120, K. RP. IX 1771/1915.

[2]) Jogt. Közl Dt. Bd. 97, S. 355, K. 1904, G. 764. Als solchen kommen ihm nach Beendigung des Nießbrauches die Erstattung der Anbaukosten zu. Mj. Dt. V 37, K. G. 4019/1910. Vor der Beendigung des Besitzes des Nießbrauchers kann derselbe auch die Zinsen der in das Grundstück verbauten Summen nicht beanspruchen. K. 1917, RP. I 2820, Mj. Dt. XI 283, F. 197.

[3]) Z. B. Fällen der nicht überreifen Bäume bei Waldnießbrauch. Grill Dt. I 573, K. I, G. 329/1898.

[4]) Jogt, Közl Dt. Bd. 101, S. 168, K. 5751/1905.

[5]) Siehe die in den zwei vorherigen Anmerkungen angeführten Fälle.

[6]) Grill Dt. I 577, Györer Tafel 1899, G. II 7, daselbst I 570, Temesvárer Tafel, G. 10/1900, K. 1920, P. I 721, Mj. Dt. XIV 8, F. 11.

[7]) Siehe dort, ferner Grill Dt. I 570, K. I, G. 325/1899.

[8]) So betreffs des Mitgiftsnießbrauchs des Mannes. K. urteilt selbst dann noch bloß den Wert der übernommenen Sachen zu, wenn ähnliche (z. B. Stiere K. 1921, P. 1630, Mj. Dt. XV, S. 8, F. 8) in dem Nachlasse des Nießbrauches vorhanden waren.

Rückerstattung einer der Nießbrauchssache entsprechenden anderen Sache verpflichtet.

7. Auf Grund des Nießbrauches belasten den Nießbraucher folgende Pflichten:

1. Sicherungspflichten: Sie verfolgen den Zweck, die Rückgabe und die Ertragsfähigkeit der dienenden Sache sicherzustellen. Daher muß der Nießbraucher Sicherheit leisten, wenn er die Substanz der Sache gefährdet[1]), sodann hat er auch die Sache — wo dies die Grundsätze einer ordentlichen Wirtschaft erfordern — gegen Brand- und anderen Schaden[2]) zu versichern[3]).

2. Die Verständigungs- oder Benachrichtigungspflicht hält den Nießbraucher dazu an, dem Eigentümer der Sache von der Notwendigkeit einer an ihr vorzunehmenden Maßnahme sowie von einer der Sache drohenden Gefahr unverzüglich Anzeige zu erstatten[4]).

3. Erhaltungspflicht. Der Nießbraucher ist kraft seines Nutzungsrechtes keineswegs auch dazu ermächtigt, die Ertragsfähigkeit der Sache zu verringern, daher seine Pflicht die den Regeln einer ordentlichen Wirtschaft entsprechenden Erhaltungskosten der Sache zu tragen. Hierher gehört vor allem die Ersetzung der aus dem Fundus instructus eines landwirtschaftlichen Landgutes[5]) ausgeschiedenen Sachen, das Tragen der ordentlichen wiederkehrenden öffentlichen Lasten[6]), die Tilgung der Zinsen jener Schulden, die vor der Begründung des Nießbrauches entstanden waren und die dienende Sache dinglich belasten[7]).

4. Duldung der Verbesserungen. Ebenfalls innerhalb der Grenzen einer ordentlichen Wirtschaft hat der Nießbraucher die durch Beschädigung oder Gefahr nötig gewordene Ausbesserung der Sache zu dulden[8]).

5. Ausfolgepflicht. Nach Beendigung des Nießbrauches muß der Nießbraucher[9]) die dienende Sache grundsätzlich sofort dem Eigentümer zurückerstatten[10]), und zwar in einem Zustande, der dem wirtschaftsgemäßen Gebrauche der Sache entspricht.

---

[1]) Grill Dt. I 570, K. I. G. 325/1899.

[2]) Hagel, u. U. (bei Häusern mit wertvollen Einrichtungen) Einbruch usw.

[3]) Arg. Mj. Dt. VI 54, K. 3874/1911, wo die Versicherungssumme dem Eigentümer zugesprochen wurde, trotzdem der Nießbraucher der Versicherte war.

[4]) Dies ist schon der Pflicht einer ordnungsgemäßen Wirtschaft, welche in den hier angeführten Entscheidungen wiederholt zum Ausdrucke gelangte, zu entnehmen. Hierher gehören: Beschädigung, Brand, Untergang der Sache, die Notwendigkeit außerordentlicher Verbesserungen, Rechtsansprüche Dritter usw. Vgl. auch EUG. § 541 und Grill Dt. I 577, Györ Tafel 1899, G. II, 7, Mj. Dt. X 215, K. 1915, RP. I 10718.

[5]) So die an letzter Stelle angeführten beiden Entscheidungen, ferner Arg. Grill Dt. I 570, Temesvárer Tafel G. 10/1900,

[6]) Arg. eadem ratione Mj. Dt. X 16, K. 1915, RP. I 4934.

[7]) Siehe den soeben angeführten Fall. Der das Kapital amortisierende Teil der Amortisationsraten belastet den Eigentümer, der Zinsenteil hingegen den Nießbraucher K. 1920, P. I 90, Mj. Dt. XIII 128, F. 101.

[8]) Mj. Dt. VI 54, K. 3874/1911 weiß zwar nur von einem derartigen Rechte des Nießbrauchers, doch ist zweifelsohne auch eine Pflicht desselben anzunehmen.

[9]) Oder sein zur Ausübung berechtigter Nachfolger Arg. Grill Dt. I 576, K. I G. 416/1896, Mj. Dt. X, S. 215, K. 1915, RP. I 10718.

[10]) Mj. Dt. VI, S. 6, K. 1910, G. 138. Die stehende Frucht kommt ihm ebenfalls in dem Verhältnisse der Dauer seines Nießbrauchers zu. Mj. Dt. V 37, K.G. 4019/

6. Eine Ersatzpflicht belastet den Nießbraucher für den durch schuldhafte Verletzung seiner Pflichten[1]) oder durch Überschreitung seiner Rechte verursachten Schaden. Maßgebend ist die im Verkehr gewöhnlich erforderliche Sorgfalt.

8. Schutz des Nießbrauches. Innerhalb der Grenzen seines Rechtes genießt der Nießbraucher sowohl possessorischen wie auch petitorischen Schutz. Der erstere kommt ihm als Fremdbesitzer[2]) zu, der letztere ist ihm Dritten gegenüber in demselben Maßstab gewährt, wie dem Eigentümer selbst. In dem Verhältnisse des Nießbrauchers zu dem Eigentümer sind die gesetzlichen Schranken des Inhaltes des Nießbrauchsrechtes maßgebend, innerhalb derselben hat jedoch der Nießbraucher auch dem Eigentümer gegenüber Anspruch auf petitorischen und possessorischen Schutz.

9. Kollision. Der Nießbrauch geht dem Eigentum sowie sonstigen Nutzungsrechten des Bestellers, doch nicht früheren Neutzungsrechten dinglicher Natur Dritter vor. Belasten die Sache mehrere einander ausschließende Nutzungsrechte, so bestimmt sich die Reihenfolge ihrer Befriedigung nach der Zeit ihrer dinglichen Begründung[3]). Stehen sie im Range gleich, so muß wohl an eine billige Beschränkung aller gedacht werden.

§ 2. Rechtsnießbrauch.

1. Der Rechtsnießbrauch ist eine Nachbildung des Sachnießbrauchs. Er bedeutet eigentlich eine begrenzte, konstitutive Rechtsübertragung, für die — soweit dem abweichende Vorschriften nicht entgegenstehen — die Grundsätze des Sachnießbrauches anzuwenden sind.

Gegenstand des Rechtsnießbrauches sind alle übertragbaren Vermögensrechte[4]). Begründungs-, Änderungs- und Beendigungstatsachen des Rechtsnießbrauches sind — dessen gutgläubiger Rechtserwerb mit einbegriffen — nach den Regeln des konstitutiv übertragenen Rechtes zu beurteilen.

2. Inhalt des Rechtsnießbrauches ist die zu dem Zwecke der Einziehung seiner Nutzungen zugelassene Ausübung des konstitutiv übertragenen Rechtes.

Rechte und Pflichten des Nießbrauchers bzw. des Bestellers sind denen des Sachnießbrauches analog. Dasselbe muß auch hinsichtlich des Schutzes des Rechtsnießbrauchers behauptet werden.

§ 3. Vermögensnießbrauch.

1. Der Vermögensnießbrauch ist kein selbständiges sachenrechtiches, sondern ein an einen gemischten Tatbestand gefügtes Rechts-

---

1910. Landwirtschaftliche Liegenschaften sind mit dem Ende des wirtschaftlichen Jahres zurückzuerstatten. K. 1919, P. II 1442, Mj. Dt. XIII 71, F. 59.

[1]) Arg. Mji. Dt. X S. 215, K. 1915. RP. I 10718.

[2]) Jogt. Közl, Dt. 97, S. 355, K. 1904, G. 764.

[3]) Eine Kumulation der hier besprochenen persönlichen Dienstbarkeiten, z. B. Gebrauch an einem Nießbrauche ist jedoch nicht zugelassen. Mj. Dt. II 208, K. 6057/1907.

[4]) Nicht aber solche, deren Ausübung übertragbar ist. Siehe vorige Anmerkung.

institut, das auch mit mehr oder minder ihm eigentümlichen schuldrechtlichen Folgen versehen ist[1]).

Der Tatbestand, welcher die Rechtsfolgen des Vermögensnießbrauches zum Entstehen bringt, ist entweder konstitutive Gesamtnachfolge[2]), oder der nach den bisher ausgeführten Grundsätzen erfolgte Erwerb des Nießbrauches an sämtlichen einem Vermögen zugehörenden Sachen und Rechten[3]). Der Nießbrauch an einem Sondervermögen ist mit den hier in Frage stehenden Folgen nur dann verbunden, wenn dies das Gesetz vorschreibt[4]) oder die Parteien es vereinbaren.

2. Nach innen in dem Verhältnisse des Bestellers zu dem Nießbraucher kommen grundsätzlich die Vorschriften über den Nießbrauch an Sachen und Rechten in Anwendung.

Es gilt jedoch hier die Beschränkung, daß die Schuldzinsen und die regelmäßig wiederkehrenden öffentlichen Lasten den Nießbraucher nur bis zur Höhe des Wertes seines Rechtes belasten[5]). Bei ihrer Tilgung hat der Nießbraucher mit der bei einer ordentlichen Wirtschaft erforderlichen Sorgfalt vorzugehen[6]).

3. Die Bestellung des Nießbrauches an einem Vermögen bringt den Nießbraucher auch mit den Gläubigern des Bestellers in Berührung, was besonders dadurch wichtig wird, daß die Praxis die Bestellung des Nießbrauches als unentgeltliches Rechtsgeschäft betrachtet[7]).

Da die Bestellung des Nießbrauches an einem Vermögen nur durch konstitutiven Rechtsübergang an demselben verwirklicht werden kann, gestaltet sich das Verhältnis des Nießbrauchers gegenüber den Gläubigern des Vorgängers als gesetzliches Schuldverhältnis des unentgeltlichen Rechtsnachfolgers. Dementsprechend bleibt der unentgeltliche Nießbraucher für die zur Zeit der Bestellung des Nießbrauches vorhandenen Schulden des Bestellers verantwortlich, allerdings nur bis zur Höhe des Wertes, seines unentgeltlich erworbenen Rechtes[8]).

§ 4. Dienstbarkeit des Gebrauches.

1. Die Dienstbarkeit des Gebrauches ist ein beschränktes dingliches Nutzungsrecht einer physischen oder juristischen Person an einer fremden Sache.

[1]) Hierher gehören: rechtsgeschäftlicher Nießbrauch an einem Vermögen oder Sondervermögen (Erbschaft. Mj. Dt. X 16, K. 1915, RP. I 4934), gesetzlicher Nießbrauch des Vaters am Kindesvermögen VG. §§ 16, 17, Absatz 3, Nießbrauch kraft Witwenrechte, JKK. I § 16, Trip. I 98, GA. VIII: 1840 §§ 16--18.

[2]) Mj. Dt. X 16, K. 1915, RP. I 4934. Nießbrauch an einer Erbschaft, JKK. I, § 16. Nießbrauch kraft Witwenrechtes, VMG. § 16 väterlicher Nießbrauch an dem Kindervermögen usw.

[3]) Grundsätzlich hat man es dann eigentlich mit so vielen Nießbrauchsrechten zu tun, als Vermögensobjekte vorhanden sind.

[4]) Z. B. VMG. § 16.

[5]) Arg. der in der ersten Anmerkung angeführte Fall.

[6]) Dies ist ein allgemeiner in beinahe allen Entscheidungen wiederkehrender Grundsatz des Nießbrauchsrechts.

[7]) Mj. Dt. XI 283, K. 1917, RP, III 925 geht sogar so weit, die Unentgeltlichkeit als Kriterium des Nießbrauches anzusprechen, was übertrieben erscheint.

[8]) Arg. VMG. § 16 eadem ratione.

Die Dienstbarkeit des Gebrauches kann zwar begrifflich auch an beweglichen Sachen bestehen, kommt jedoch in der Praxis hauptsächlich an Grundstücken vor. Eine besondere Abart derselben ist die von der Wohnungsmiete oder der schuldrechtlich unentgeltlichen Wohnungsüberlassung wohl zu unterscheidende Wohnungsdienstbarkeit[1]. Der Inhalt der Dienstbarkeit des Gebrauches ist die entweder objektiv, oder durch die persönlichen Verhältnisse des Berechtigten subjektiv begrenzte Nutzung der dienenden Sache[2].

2. Die Dienstbarkeit des Gebrauches kann auf dieselbe Art erworben werden wie der Nießbrauch[3]. Sie ist aber weder unmittelbar, noch auf dem Wege der Überlassung ihrer Ausübung mittelbar übertragbar[4].

Sie wird beendigt: durch einseitiges[5] oder zweiseitiges[6] Rechtsgeschäft, durch den Tod[7] bezw. den Wegfall der juristischen Persönlichkeit des Berechtigten[8], den Eintritt einer auflösenden Bedingung, einer Endfrist, den Untergang der dienenden Sache[9], und durch die Versitzung.

3. Für ihre Ausübung sind vor allem die in der Begründungstatsache enthaltenen Beschränkungen einzuhalten, sodann aber die persönlichen Bedürfnisse des Berechtigten maßgebend[10], welche nach den Grundsätzen der Dienstbarkeiten auszulegen sind[11] [12].

4. Die Dienstbarkeit des Gebrauches weist zahlreiche Ähnlichkeiten mit dem Nießbrauche auf. Daher belastet den Dienstbarkeitsberechtigten wohl: die Erhaltungspflicht, die Pflicht, das Recht nach den Vorschriften der ordentlichen Wirtschaft auszuüben, die Anzeigepflicht hinsichtlich der die dienende Sache bedrohenden Gefahren, die Pflicht, die Vornahme der nötigen Verbesserungen zu dulden, die Ausfolgepflicht und das Verbot der Vornahme einer Änderung der dienenden Sache. Hingegen kommt ihm zu: ein Anspruch auf Ersatz der Aufwendungen — soweit ihn diese nicht selbst belasteten —, dann kann er auch für die innerhalb der Grenzen seines Rechtes eingetretenen Verschlechterungen der dienenden Sache nicht verantwortlich gemacht werden.

---

[1]) Grill Dt. I 578, K. 7806/1888, I 579, K. 2649/1884.

[2]) Z. B. Bestimmung des Umfanges der Wohnung nach den Berufsbedürfnissen des zum Nießbrauch berechtigten Schmiedes. K. 1918, P. 3290, Mj. Dt. XIII 63, F. 53.

[3]) Bei Grundstücken auch außerbuchlich Jogt. Közl. Dt. 99, S. 264, K. 6057/1904.

[4]) Mj. Dt. V 72, K. 4690/1910.

[5]) Verzicht.

[6]) Buchvertrag.

[7]) Grill Dt. I 582, Györer T. 543/1891.

[8]) Eadem ratione.

[9]) Bei Brand des Gebäudes ruht die Dienstbarkeit bis zu dem Aufbau des dienenden Hauses. Jogt. Közl. Dt. 96, S. 56, K. I. G. 170/1904.

[10]) Nebenräumlichkeiten der überlassenen Wohnung kommen dem Dienstbarkeitsberechtigten, aber auch ohne besondere Vereinbarung, zu. Mj. Dt. (Grill) I 581, K. 5943/1884. Hinsichtlich der persönlichen Verhältnisse des Berechtigten vgl. Mj. Dt. V, K. 4960/1910. Dementsprechend ist ein Verlegungsrecht bei dem Wohnungsgebrauche ausgeschlossen. Grill Dt. I 579, K. 2649/1884.

[11]) Ausschlaggebend sind die Verhältnisse der Begründungszeit der Dienstbarkeit. K. 1918, P. 3290, Mj. Dt. XIII 63, F. 53.

[12]) Alles dieses muß man m. E. eadem ratione aus dem Nießbrauche folgern.

5. Der Berechtigte genießt den petitorischen und possessorischen Schutz der Dienstbarkeitsberechtigten nach den schon wiederholt ausgeführten Grundsätzen.

Pfandrecht.

§ 1. Allgemeines.

1. Das Pfandrecht ist ein beschränktes, dingliches Recht kraft dessen der berechtigte Pfandgläubiger aus der Pfandsache die Befriedigung seiner Forderung suchen kann[1]).

Die Hauptarten des Pfandrechtes sind: das Fahrnispfandrecht und die Hypothek. Die hier gewöhnlich aufgezählte dritte Art des Pfandrechtes an Rechten[2]) ist eigentlich bloß eine konstutitive Übertragung des verpfändeten Rechtes und wird nur aus Zweckmäßigkeitsgründen im Sachenrechte behandelt.

Nach der Zahl der Pfandobjekte unterscheidet man das Einzelpfandrecht und das Gesamtpfandrecht. Das erstere sichert die Forderung des Pfandgläubigers durch ein Pfandobjekt, das letztere durch mehrere.

2. Wesentlich ist für das Pfandrecht eine Abhängigkeit von der Forderung des Pfandgläubigers. Die letztere muß gewöhnlich[3]) bei dem Entstehen des Pfandrechtes schon vorhanden sein, was jedoch nicht ein gleichzeitiges Entstehen der gesicherten Forderung und des Pfandrechtes bedeutet[4]).

Das Fahrnispfandrecht ist zwar von der Hypothek in vielen Beziehungen verschieden, doch sind nach allgemein anerkannter Ansicht beide als Pfandrechte anzusehen.

Die Sachherrschaft des Pfandgläubigers kommt in der absoluten Wirkung seines Befriedigungsrechtes zur Geltung. Dritten gegenüber zeigt sie sich in der Schutznorm, welche Unbefugte von der Einmischung in die Machtsphäre des Pfandgläubigers fernhält, und besonders dann, wenn sie ein mit dem Pfandrechte unvereinbares Sachenrecht zur Seite schiebt[5]).

Der dingliche Schuldner, der Eigentümer des Pfandes, ist kraft des Gesetzes zur Duldung der Befriedigung des Pfandgläubigers verpflichtet[6]).

---

[1]) Grill Dt. I 597, K. 5573/1896.

[2]) Der Ausnahmefall des Pfandrechtes an nicht gebuchten Grundstücken bleibt hier wegen seiner Seltenheit außer Acht.

[3]) Nicht bei einzelnen in dem Gesetze ausdrücklich aufgezählten Ausnahmen der gesetzlichen Pfandrechte, z. B. des Vermieters GA. LX: 1881 § 72, welches auch hinsichtlich der in dem nächsten halben Jahre fälligen Forderung statthaft ist.

[4]) Besonders bei den Sicherungshypotheken überaus plastisch; vgl. Mj. Dt. X 171, K. 1915, RP. II, 7328 usw.

[5]) Grill Dt. I 607, Györer Tafel 3040/1896, bei der Hypothek vgl. GO. § 61.

[6]) Grill Dt. I 597, K. 5573/1896, I 602, Nagyvárader Tafel 1898, G. 63 u. a. Entscheidungen versagen dem Pfandgläubiger gegenüber dem dinglichen Schuldner eine hierüber hinausgehende persönliche Forderung kraft Gesetzes. Es kann aber auf dem Wege der Zwangsvollstreckung durch Übertragung der Forderung GA. LX: 1881 § 123 auch dazu kommen.

§ 2. Das Fahrnispfandrecht.

1. Gegenstand des Fahrnispfandrechtes kann jede verkehrsfähige bewegliche Sache sein.

Verkehrsunfähige[1]) bewegliche Sachen, sowie Bestandteile eines Grundstückes sind keine Gegenstände des Fahrnispfandrechtes[2]), dagegen aber Zubehörsachen des Grundstückes auch während der Dauer ihrer Verbindung mit der Muttersache[3]).

2. Das Fahrnispfandrecht umfaßt auch ohne jede besondere Vereinbarung und trotz einer abweichenden Vereinbarung die als Pfandgegenstand dienende bewegliche Sache samt deren Bestandteile[4]).

Die Möglichkeit einer selbständigen dinglichen Verfügung muß schon bei der Begründung des Pfandrechtes vorhanden sein, was ein Pfandrecht an künftigen Sachen ausschließt[5]).

3. Das Fahrnispfandrecht kann zur Sicherung jeder in eine Geldschuld zu verwandelnden Forderung dienen, demnach auch zur Sicherung einer noch nicht fälligen, bedingten und künftigen[6]) Forderung.

Die Sicherung erstreckt sich auf das von dem Schuldner zu leistende Kapital, dessen Zinsen, auf die Vertragsstrafe und die sonstigen mit einer Forderung verbundenen Ansprüche[7]). Beruht die Forderung auf einem Rechtsgeschäfte, so dient das Pfandrecht einmal zur Sicherung der rechtsgeschäftlichen Forderung, sodann innerhalb der ihr gezogenen Grenzen auch zu der durch die Ungültigkeit des Geschäftes entstehenden Erstattungsforderungen[8]).

Die Pfandsache dient der Sicherung der jeweiligen Forderung des Pfandgläubigers. Die quantitativen Veränderungen derselben beeinflussen daher den Umfang des Befriedigungsrechtes unmittelbar. Handelt es sich um ein Gesamtpfandrecht, so sichert jede Pfandsache die ganze Forderung[9]).

---

[1]) Hierher gehören auch die speziell dem Pfandverkehr entzogenen Sachen; demnach vor allem die von der Zwangsvollstreckung durch zwingende Vorschriften entzogenen innerhalb des Kreises der Entziehung, sodann die in den Einzelgesetzen den geschäftlichen und gesetzlichen Pfandrechten entzogenen, etwa Arbeitswerkzeuge und Betriebstiere der Tabaksgärtner GA. XXIX: 1900 § 23, Absatz 2, Arbeiterlegitimationen GA. II 1898 § 64 usw.

[2]) Arg. GA. LX: 1881 § 159, welcher aber den unzutreffenden Ausdruck der „Zubehör" gebraucht.

[3]) Arg. die besonderen Ausnahmen der JKK. VII § 62, sowie Bergwerksgesetz § 121, welche die besondere Zwangsvollstreckung an den Zubehörsachen des Bergwerkes verbieten. Die Notwendigkeit dieses Verbotes kann nur von den im Texte behaupteten Rechtssatz abgeleitet werden.

[4]) Arg. § 159, GA. LX: 1881 eadem ratione.

[5]) Schon wegen der Unmöglichkeit der besonderen Erwerbstatsachen an denselben.

[6]) Kautionspfänder. Arg. eadem ratione Jogt. Közl. Dt. Bd. 96, S. 267, K. 8453/1903 (Sicherungshypothek gegen Forderungen aus möglichen Schäden). Die gesicherte Forderung kann auch auf fremde Valuta lauten Arg. HG. § 326 und eadem ratione die über die Hypothek in diesem Sinne entscheidende 23 REE. der K. Mj. Dt. XIV 33, F. 39.

[7]) Arg. GA. XIV 1881 §§ 11, 19.

[8]) Arg. GA. XXV: 1883 (Wuchergesetz) § 8, letzter Absatz.

[9]) Arg. eadem ratione GO. § 106.

4. Das Fahrnispfandrecht begründen: Handlungen, besonders Rechtsgeschäfte und Ereignisse. Von den letzteren müssen die vollstreckbaren Urteile nur erwähnt werden, weil sie als Ergebnisse behördlicher oder sonstiger Handlungen Dritter öffentlich-rechtlicher Natur sind und das durch sie begründete Fahrnispfandrecht nach den Grundsätzen der Zwangsvollstreckung zu behandeln ist.

Rechtsgeschäfte, die ein Fahrnispfandrecht begründen, sind: ordnungsgemäße und ordnungswidrige, dingliche Pfandverträge.

Die Struktur eines ordnungsgemäßen, dinglichen Fahrnispfandvertrages ist grundsätzlich dieselbe, wie die eines ordnungsgemäßen dinglichen Übereignungsvertrages an beweglichen Sachen. Er setzt sich daher aus einem schuldrechtlichen und einem sachenrechtlichen Bestandteil zusammen. Der erstere ist die Vereinbarung des Pfandgläubigers und des Pfandschuldners, daß der Pfandgläubiger an der Pfandsache ein Pfandrecht erwerben soll[1]). Diese Vereinbarung ist mit keinen selbständigen, dinglichen Wirkungen verbunden. Sie ist ein gewöhnlicher schuldrechtlicher Vertrag.

Der dingliche Bestandteil stellt sich hier ebenfalls als eine aus Zweckmäßigkeitsgründen erfolgte Vereinigung zweier einseitiger dinglicher Rechtsgeschäfte dar und zwar der Übergabe des Verpfänders und der Übernahme des Pfandgläubigers. Die Zusammensetzung der beiden[2]) Bestandteile der Fahrnisverträge entspricht der Übergabe und Übernahme bei der Übereignung einer beweglichen Sache, erfordert daher hier keine ausführlichere Behandlung.

Der objektiv ordnungswidrige Verpfändungsvertrag enthält insofern eine Milderung der dinglichen Stufe, als einer Übergabe kurzer Hand, d. h. einer solchen, bei welcher eine frühere Übergabe anderen Inhaltes später als Pfandübergabe ausgelegt wird, die Anerkennung nicht versagt wird. Dem Besitzkonstitut hingegen kommt eine solche Wirkung nicht zu[3]).

Der subjektiv ordnungswidrige Pfandvertrag schützt den entgeltlichen und gutgläubigen Erwerb des Pfandrechtes. Hierbei sind die Grundsätze des subjektiv ordnungswidrigen Übereignungsvertrages — soweit sie dem bisher Gesagten nicht widersprechen — sinngemäß anzuwenden. Gutgläubig ist der Pfandgläubiger, wenn er es bei einem entsprechenden Erwerbe des Fahrniseigentums wäre[4]).

Erwerbsgeschäft des gutgläubigen Pfandrechtes kann sowohl der

---

[1]) Arg. HG. § 302, eadem ratione.

[2]) Symbolische Übergabe: bei Verpfändung des Warenlagers Übergabe der Schlüssel Jogt. Közl. Dt. Bd. 97, S. 207, K. 9968/1904 zugelassen, Sachgesamtheiten können uno actu nur dann verpfändet werden, wenn die einheitliche Besitzübergabe wenigstens symbolisch vorgenommen wurde, etwa durch Verzicht auf das die verpfändete Schweineherde betreffende Verfügungsrecht und Übernahme der Verpflichtung, die im Stall befindliche Schweineherde bei Abgängen zu ergänzen. Jogt. Közl. Dt. Bd. 100, S. 261, K. 1113/1905 usw.

[3]) Grill Dt. I 596, K. 260/1885 (v.).

[4]) Arg. Jogt. Közl. Dt. 98, S. 257, K. 6720/1905. Dieser Vertrag vernichtet die die Sache bis zu seiner Vornahme belastenden Pfandrechte zwar nicht, die betreffenden Pfandgläubiger können jedoch erst nach dem gutgläubigen Pfandgläubiger Befriedigung erhalten. K. 1917, RP. V 4175, Mj. Dt. XII 188, F. 144.

ordnungsmäßige, als auch innerhalb der soeben gezogenen Grenzen auch der objektiv ordnungswidrige Pfandvertrag sein.

5. Das wichtigste Ereignis, welches ein Fahrnispfandrecht begründet, ist das Entstehen, bzw. die Fälligkeit einer mit dem Privileg des gesetzlichen Pfandrechtes versehenen Forderung des Pfandgläubigers.

Daß wirklich die letzteren Tatsachen zugleich auch die Begründungstatsachen der gesetzlichen Pfandrechte sind, folgt daraus, daß nicht alle gesetzlichen Pfandrechte mit einem Besitzrechte des Pfandgläubigers versehen sind[1]), ferner, daß selbst wo dieses Erfordernis vorliegt, das Entstehen des Pfandrechtes dennoch nicht mit dem Besitze der Pfandsache zugleich eintritt[2]).

Außer dem Entstehen, bzw. der Fälligkeit der gesicherten Forderung ist der Besitz der Pfandsache bei dem gesetzlichen Pfandrechte an Fahrnissen erforderlich: bei einzelnen gesetzlichen Pfandrechten der Arbeitsunternehmer[3]), des Kommissionärs, des Verfrachters[4]). Hingegen genügt das Vorhandensein der Pfandobjekte auf dem Gebiete, innerhalb dessen das gesetzliche Pfandrecht geltend gemacht werden kann, nämlich bei dem gesetzlichen Pfandrechte des Vermieters und des Verpächters[5]).

Für das gesetzliche Pfandrecht gelten in Ermangelung anderer Bestimmungen die Grundsätze des rechtsgeschäftlichen Pfandrechtes[6]).

3. Eine Änderung des Pfandrechtes verursachen:

1. die einen Übergang der gesicherten Forderung herbeiführenden rechtlichen Tatsachen, also: die mit dem erwähnten Erfolge versehenen Handlungen, besonders Rechtsgeschäfte, sowie Ereignisse[7]). Infolge der Abhängigkeit des Pfandrechtes von der Forderung ist eine besondere Vereinbarung dieses akzessorischen Überganges des Pfandrechtes überflüssig[8]) und eine den selbständigen Übergang desselben bezweckende Vereinbarung sogar ungültig.

2. die durch einen dinglich oder schuldrechtlich beteiligten Dritten erfolgte Befriedigung der gesicherten Forderung[9]). Dinglich beteiligt sind Dritte, deren schwächere Sachenrechte durch die dem Pfandrechte entsprechende Veräußerung der Pfandsache gefährdet erscheinen. Schuldrechtlich beteiligt bleibt jedermann, dessen Leistung der Pfandgläubiger entgegenzunehmen hat. Gleichgültig ist, ob die Befriedigung des Pfandgläubigers durch Erfüllung oder durch deren Surrogate erfolgt.

---

[1]) Z. B. gesetzliches Pfandrecht des Vermieters und Verpächters hinsichtlich des halbjährigen Zinses bzw. Pachtmiete GA. LX: 1881 § 72. Dasselbe steht dem Vermieter, bis zur Höhe der Aftermiete auch dem Aftermieter gegenüber zu K. 1916, P. V 7140.

[2]) Z. B. HG. § 379, gesetzliches Pfandrecht des Kommissionärs. Entstehungszeit ist gewöhnlich die Fälligkeit der gesicherten Forderung. Arg. HG. § 380.

[3]) Z. B. Drescharbeiter auf Geld, Naturalien, Maschinen, Werkzeuge GA. XLII: 1899 §§ 10, 14, 17.

[4]) HG. §§ 370, 379, 380, 388, 411.

[5]) GA. LX: 1881 § 72, Absatz 2.

[6]) Arg. eadem ratione.

[7]) Arg. Grill Dt. I 602, Bpester Tafel 30199/1886.

[8]) Arg. eadem ratione die von dem Übergange der Hypothek handelnde Entscheidung K 1918, RP. VII 1609, Mj. Dt. XII 283, F. 204. Bei dem Faustpfand ist allerdings auch noch der Übergang des Besitzes der Pfandsache erforderlich.

[9]) Arg. eadem ratione GA. LX: 1881 § 190, Absatz 4.

Dinglich beteiligt ist besonders der Pfandeigentümer[1]), schuldrechtlich der Bürge und der Mitverpflichtete[2]).

Die von seiten eines Beteiligten erfolgte Befriedigung überträgt das Pfandrecht auf den Befriediger[3]).

4. Das Pfandrecht wird durch folgende rechtliche Tatsachen zum Erlöschen gebracht:

1. durch Verzicht des Pfandgläubigers. Derselbe ist sowohl in seiner schuldrechtlichen, als auch in seiner dinglichen Form anerkannt. Die erstere ist ein gewöhnlicher schuldrechtlicher Vertrag, die letztere besteht in der nach den schon wiederholt dargelegten Grundsätzen zu beurteilenden Rückgabe und Rücknahme des Pfandes.

2. durch den lastenfreien, entgeltlichen, gutgläubigen Erwerb der Pfandsache;

3. durch deren Untergang;

4. durch den auf Grund des Pfandrechtes erfolgten gültigen Verkauf derselben, welcher bis zur Aufteilung des Erlöses allerdings das Pfandrecht vorerst auf diesen erstreckt[5]), es aber mit der Aufteilung zum Erlöschen bringt;

5. durch die Vereinigung des Eigentums und der Pfandsache[6]) beim Pfandgläubiger;

6. durch das Erlöschen der gesicherten Forderung, wobei der Erlöschungsgrund nicht in Betracht kommt[7]);

7. durch den Eintritt einer auflösenden Bedingung, oder eines für das Pfandrecht festgelegten Endtermines[8]);

8. durch endgültigen Verlust des Besitzes der Pfandsache bei jenen gesetzlichen Pfandrechten, deren Erfordernis er bildet[9]);

9. durch Entfernung der Sache aus dem Machtgebiete des gesetzlichen Pfandrechtes, selbst in solchen Fällen desselben, welche von einem Besitze der Pfandsache unabhängig sind[10]).

5. Den Inhalt des Pfandrechtes kann man am besten als ein gesetzliches Schuldverhältnis kennzeichnen, welches einerseits den Pfandgläubiger, andererseits den Verpfänder, bzw. den Pfandeigentümer verbindet. Das Verhältnis der beiden letzteren wird von dem Standpunkte des Pfandgläubigers aus durch die der legitimierenden Wirkung des Besitzes entstammende Vermutung gemildert, nach der der Verpfänder

---

1) Arg. Jogt. Közl. Dt. Bd. 98, S. 257, K. 6720/1905.

2) Arg. eadem ratione (die Entscheidung handelt von dem den Hypothekargläubiger befriedigenden Miteigentümer der Pfandsache als dinglichen mitverpflichteten) Grill Dt. I 608, K. 659/1902.

3) Arg. Grill Dt. I 634, Pozsonyer Tafel 1899, G. 33 u. Mj. Dt. XI 137, F. 103.

4) Arg. HG. §§ 299, 300.

5) Arg. GA. LX: 1881 §§ 119, 190.

6) Hierdurch wird das Pfandrecht gegenstandslos. Arg. Grill Dt. I 634, Pozsonyer Tafel 1899, G. 33 a contrario.

7) Vgl. Mj. Dt. IX 664, K. 4611/1914.

8) Etwa bei Sicherungspfandrechten bei Eintritt der Unmöglichkeit einer weiteren Gefahr. Arg. eadem ratione, die über Sicherungshypotheken entscheidenden Urteile, z. B. Jogt. Közl. Dt. 96, S. 267, K. 8453/1903 usw.

9) Vgl. HG. § 379.

10) GA. LX: 1881 § 72.

zugleich Eigentümer der Pfandsache ist[1]). Diese Vermutung wird durch die Verpfändung erweckt, hinsichtlich ihrer ist daher die Zeit des Erwerbs des Pfandrechtes maßgebend.

6. Das umschriebene gesetzliche Schuldverhältnis verleiht dem Pfandgläubiger folgende Rechte:

1. den Besitz der Pfandsache dann, wenn die Quellen nichts anderes vorschreiben[2]).

In dem vom Besitze unabhängigen Fällen der gesetzlichen Pfandrechte tritt an die Stelle des Besitzes das Recht, das Pfand innerhalb des Ausübungsgebietes des gesetzlichen Pfandrechtes zurückzubehalten[3]). Dieses Recht kann im Bedarfsfalle eigenmächtig geltend gemacht werden und bringt dann ein Besitzrecht des Pfandgläubigers zum Entstehen[4]).

2. ein Nutzungsrecht an der Pfandsache, sofern der Verpfänder ein solches dem Pfandgläubiger zugesteht[5]),

3. Der Umfang des Nutzungsrechtes ist dem begründenden Rechtsgeschäfte zu entnehmen, im Zweifel entspricht er m. E. eher der Gebrauchsdienstbarkeit als dem Nießbrauche[6]); daneben besteht ein Ergänzungsrecht, auf Grund dessen der Pfandgläubiger befugt ist, weitere Sicherung zu erlangen, wenn das Pfand wegen unverschuldeter Wertverminderung nicht mehr geeignet ist, ihm die bisher vorhandene Sicherheit zu bieten.

4. das Recht, eine dem raschen Verderbe oder der unverhältnismäßigen Wertminderung ausgesetzte Pfandsache im Falle der Gefahr vorzeitig gerichtlich, nach den Vorschriften der Zwangsversteigerung[7]), oder doch wenigstens unter Mitwirkung einer Urkundsperson, verkaufen zu lassen[8]).

5. Das Befriedigungsrecht, welches nach der Fälligkeit der Forderung durch den Verkauf der Pfandsache ausgeübt wird.

Gewöhnlich hat dies auf dem Prozeßwege und durch Zwangsvollstreckung sowie Zwangsversteigerung zu erfolgen, doch liegt kein Hindernis vor auf Grund einer besonderen Vereinbarung auch den Weg der freiwilligen Gerichtsbarkeit, bzw. den einer öffentlichen Versteigerung[9]), oder bei marktgängigen Waren sogar den unter Herbeiziehung einer Ur-

---

1) Arg. HG. § 299, Absatz 1; vgl. Jogt. Közl. Dt. Bd. 98, S. 257, K. 6720/1905.

2) Anders verfügen z. B. GA. LX: 1881 § 72. Den aufgestellten Satz selbst beweisen: GA. XIV: 1881 § 7, ferner Mj. Dt. VIII 280, K. 2971/1914, P. usw.

3) Grill Dt. I 601, K. 1902, I, G. 184.

4) Arg. die sonst unverständlichen Rechtssätze der GA. XLII: 1899 §§10, 14, 17, XII: 1894, §§ 84, 104.

5) Arg. Grill Dt. I 602, Kassaer Tafel 1899, G. 31, ferner § 7, GA. XIV: 1881, endlich Avitizitätspatent § 19, e contrario, da sonst das Verbot des Nutzungspfandes an Grundstücken ganz unverständlich wäre. Dem Pfandgläubiger des gesetzlichen Pfandrechtes bleibt sowohl dieses, wie auch das unter 3) behandelte Ergänzungsrecht versagt. Immerhin kann er u. U. die Nutzungen der Pfandsache zur Tilgung seiner durch das gesetzliche Pfandrecht geschützten Forderung beanspruchen, z. B. die Miete des elektrischen Stromes, wenn sich die Beleuchtungsanlage auf dem Grundstücke des Verpächters und gesetzlichen Pfandgläubigers befindet K. 1918, P. V 2879, Mj. Dt. XIII 48, F. 38.

6) Arg. die dort begründete einengende Auslegung jeder Beschränkung des Farniseigentums.

7) Arg. eadem ratione GA. LX: 1881 § 104.

8) Siehe weiter.

9) Arg. Grill Dt. I 597, K. 5573/1896.

kundsperson durchgeführten freien Verkauf[1]) des Pfandes zuzulassen. Hingegen kommt dem Pfandgläubiger kraft Gesetzes kein Recht zu, gegen den dinglichen Schuldner oder gegen Dritte[2]) auf schuldrechtlicher Grundlage vorzugehen.

7. Die Pflichten, welche dem gesetzlichen Schuldverhältnisse des Pfandgläubigers und des Verpfänders zu Lasten des Pfandgläubigers entstammen, sind:

1. die Pflicht, das Pfand zu verwahren[3]),

2. die Pflicht, im Gefahrfalle bis zur Höhe des Pfandwertes Sicherheit zu leisten[4]).

3. die Pflicht, den Verpfänder über die Gefahr des Verderbes der Pfandsache[5]), sowie über die Absicht ihres vorzeitigen Verkaufes[6]), endlich über die schon erfolgte Vornahme Anzeige zu machen.

4. die Pflicht, das Pfand gegen Befriedigung dem Verpfänder, bzw. dem Befriediger aufzufolgen.

8. Die dem hier behandelten gesetzlichen Schuldverhältnisse entstammenden Rechte und Pflichten des Verpfänders, bzw. des Eigentümers der Pfandsache ergeben sich größtenteils schon aus dem bisher Gesagten. Entspricht doch der Inhalt der Rechte des Pfandeigentümers, bzw. Verpfänders dem Inhalte der Pflichten des Pfandgläubigers und umgekehrt.

Besonders sind zu erwähnen die Schuldnerrechte des Verpfänders und Pfandeigentümers. Die beiden letzteren sind nämlich befugt, dem Pfandgläubiger sowohl die ihnen aus dem Verpfändungsvertrage oder sonst zustehenden Rechte, als auch die Gegenrechte des persönlichen Schuldners entgegenzuhalten[7]).

9. Der Pfandgläubiger genießt hinsichtlich seines Pfandrechtes einen ähnlichen Schutz wie der Eigentümer. Dies gilt für den petitorischen und den possessorischen Rechtsschutz, doch tritt letzterer in dem von dem Besitze unabhängigen Fällen des gesetzlichen Pfandrechtes nur dann ein, wenn die die Verhinderung der Entfernung der Pfandsache bezweckende erlaubte Eigenmacht des Pfandgläubigers seinen Besitz begründete. Bis dahin kommt ihm nur das soeben erwähnte Verhinderungsrecht zu.

Das Geltendmachen des Pfandrechtes erfolgt durch die Pfandklage, welche auf Duldung der Befriedigung gerichtet ist.

---

[1]) Arg. HG. §§ 305, 306. GA. XIV: 1881 §§ 15ff. Darüber hinaus kann aber m. E. weder ein nicht kontrollierter Verkauf, noch eine lex commissoria zugelassen werden, und zwar schon wegen der bewußt engen Fassung der soeben angeführten Gesetzesstellen nicht.

[2]) Gegen die Schuldner des Schuldners Grill Dt. I 597, K. 5573/1886, daselbst 602, Nagyvárader Tafel 1898, G. 63 usw.

[3]) Grill Dt. I 602, Kassaer Tafel 1899, G. 31. Erfordert wird die im Verkehr übliche Sorgfalt, nur der gewerbsmäßige Pfandleiher ist auch für den Zufall verantwortlich, hat daher die Sache zu versichern § 14, GA. XIV: 1881.

[4]) In Geld, oder durch gerichtliche Hinterlegung: Grill Dt. I 604, Bpester Tafel I, G. 179/1901.

[5]) Arg. GA. LX: 1881 § 104, HG. §§ 305, 306.

[6]) GA. XIV: 1881 § 13. eadem ratione.

[7]) Arg. eadem ratione, das über die Hypothek entscheidende Urteil Grill Dt. I 652, K. 1902, I, G. 704.

10. Das Pfandrecht kann mit anderen dinglichen Rechten in Widerspruch geraten. Hierfür gilt hinsichtlich des rechtsgeschäftlichen Pfandrechtes die Regel, daß es allen nach seiner Begründung entstandenen Rechten an Sachen vorgeht[1]). Zeitlich zusammenfallendes Entstehen verleiht den gleichzeitigen Rechten gleichen Rang[2]).

Diese Vorschriften gelten jedoch nur solange, als es sich nicht um ein gutgläubig erworbenes und auf entgeltlicher Grundlage ruhendes Pfandrecht handelt. Ein solches geht nämlich allen dem Pfandgläubiger ohne Fahrlässigkeit unbekannten Rechten, die Dritte an der Sache haben, vor[3]).

Gesetzliche Pfandrechte sind vor den rechtsgeschäftlichen zu befriedigen[4]). Liegt eine Kollision mehrerer gesetzlicher Pfandrechte vor, so bestimmt sich deren Rang in Ermangelung anderer Vorschriften[5]) nach der Zeit ihrer Entstehung.

§ 3. Pfandrechte an Rechten.

1. Das Pfandrecht an Rechten ist eine die Sicherung einer Forderung bezweckende konstitutive Nachfolge in ein Vermögensrecht[6]).

Es kann jedes im Ganzen oder wenigstens hinsichtlich seiner Ausübung übertragbare Recht zum Gegenstande haben[7]).

Seine Arten sind: das Fahrnispfandrecht an Rechten und die Rechtshypothek, die auf die unmittelbar oder mittelbar übertragbaren, beschränkten Buchrechte begrenzt ist[8]).

Grundsätzlich gelten für das Fahrnispfandrecht an Rechten in erster Reihe die noch zu besprechenden besonderen Vorschriften, in zweiter diejenigen des Fahrnispfandrechtes. Bezüglich des Pfandrechtes an Inhaber- und Orderpapieren[9]) sind jedoch vor diesen noch die handelsrechtlichen Vorschriften zu beachten. Für die Rechtshypothek gelten die Grundsätze des Hypothekenrechtes[10]).

2. Ein Pfandrecht an Rechten entsteht:

1. durch Rechtsgeschäfte. Das ordnungsmäßige Verpfändungsgeschäft ist eine konstitutive, die Sicherung der Forderung des Pfandgläubigers bezweckende Übertragung des verpfändeten Rechtes, hat daher

---

[1]) Grill Dt. I 607, Györer Tafel 1340/1898.

[2]) Arg. GA. LX: 1881 § 87.

[3]) Arg. HG. §§ 299, 300, ferner K. 1917, RP. V 4175, Mj. Dt. XII 188, F. 144.

[4]) Arg. GA. LX: 1881 § 72, HG. § 379, GA. XLII 1899 §§ 10, 14, 17.

[5]) Z. B. GA. XLII: 1899 § 10, welcher den Drescharbeitern betreffs ihrer Lohnforderung ein „jedem anderen vertraglichen oder gesetzlichen Pfandrechte vorgehendes" gesetzliches Pfandrecht verleiht usw.

[6]) Vgl. EUG. § 635, Arg. Grill Dt. I 598, K. 302/1899, welche Entscheidung. die Wirkung des Pfandrechtes an Rechten dementsprechend bestimmt.

[7]) Nicht aber das Ausgedingerecht Mj. Dt. IX 234, K. 1915, PK. V 2994, das Mietrecht daselbst 201, K. 1915, PK. V 2850, trotzdem das letztere begrifflich übertragbar erscheint.

[8]) Arg. GA. LX: 1881 § 79, Absatz 3, 208 usw.

[9]) HG. § 303 usw.

[10]) Arg. GO. § 58, dieselben sollen daher in den hier folgenden Ausführungen außer Acht bleiben. Vgl. z. B. den eine Hypothek an dem eingebücherten Witwenrechte behandelnden Fall K. 1917, P. I 1258, Mj. Dt. XI 164, F. 122, K. entschied dahin, daß die spätere Heirat die Hypothek unbedingt beendigt, der Einrede, daß die Heirat in fraudem creditorum erfolgte, wurde grundsätzlich nicht stattgegeben.

den Tatbestand des betreffenden Übertragungsgeschäftes zu verwirklichen[1]).

Objektiv ordnungswidrige Tatbestände kommen vor, sind jedoch schwer auf einheitliche Typen zurückzuführen[2]).

Subjektiv ordnungswidrige Verpfändungsgeschäfte sind ebenfalls nicht ausgeschlossen, vorausgesetzt, daß das verpfändete Recht dem, der gutgläubig von einem Nichtberechtigten das Recht erwirbt, zugänglich ist. Ist es doch in diesem Falle möglich, daß der Verpfänder über dasselbe wiederholt verfügt[3]). Erfordert wird der Tatbestand eines entgeltlichen ordnungsgemäßen, oder anerkannten, objektiv ordnungswidrigen Begründungsgeschäftes des Pfandrechtes und der gute Glaube des Erwerbers.

2. Durch Ereignisse, wie z. B. die im Zwangsvollstreckungsverfahren üblichen behördlichen Ansuchen und Zusammenschreibungen, sowie Verständigungen[4]).

3. Hinsichtlich der Änderung und Beendigung des Pfandrechtes an Rechten ist dem über das Fahrnispfandrecht Gesagten noch hinzuzufügen, daß Ereignisse, welche das verpfändete Recht beendigen, naturgemäß auch dem Pfandrechte an demselben ein Ende bereiten[5]), ferner, daß zur Befriedigung des Pfandgläubigers sowohl ein anderer Pfandgläubiger, als auch[6]) der Nießbraucher des verpfändeten Rechtes befugt erscheint.

Nach der Verpfändung kann das verpfändete Recht zu Ungunsten des Pfandgläubigers nur mit seiner Zustimmung geändert werden[7]).

4. Kraft des Pfandrechtes an Rechten entsteht ein Rechtsverhältnis einerseits zwischen dem Berechtigten des verpfändeten Rechtes und dem Pfandgläubiger, andererseits zwischen diesem und dem Verpflichteten des Rechtes.

Von dem Standpunkt des Verpflichteten aus ist der Pfandgläubiger der Rechtsnachfolger des Berechtigten, weshalb[8]) für dieses Verhältnis dieselben Grundsätze gelten müßten, wie bei der Übertragung des betreffenden Rechtes. Die Praxis läßt dies aber in vollem Maße nur dann zu, wenn eine förmliche Bevollmächtigung des Pfandgläubigers vorliegt, welche

---

[1]) Bei Forderungen ist der Schuldner zu verständigen, Arg. GA. LX: 1881 § 79; andere Handlungen, etwa die Überreichung des Zahlbogens bei der Verpfändung des Gehaltes genügen nicht, Grill Dt. I 598, K. 539/1890. Ist die Forderung in einem Wertpapiere verkörpert, so wird die Übergabe desselben und die Vermerkung in demselben erfordert, HG. § 303, bei Forderungen, welche in Handelsbüchern aufgenommen sind, die Verpfändungsklausel, daselbst HG. § 303, GA. LX: 1881 § 81, bei Afterhypotheken Buchgeschäft GO. § 58, GA. LX: 1881 § 79 usw.

[2]) Arg. GA. LX: 1881 § 79, Absatz 3.

[3]) In diesem Falle sind u. U. die §§ 299, 300 HG. analog anzuwenden.

[4]) GA. LX: 1881 § 79.

[5]) Z. B. Heirat der Witwe, welche das Witwenrecht beendigt (selbst wenn dieselbe in fraudem creditorum vorgenommen wurde), bringt auch das Pfandrecht an demselben zum Erlöschen. Mj. Dt. XI, K. 1917, P. I 1258 (Hypothek, doch gilt dasselbe auch bei Nießbrauch an Forderungen des Ehegatten).

[6]) Eadem ratione.

[7]) Grill Dt. I 598, K. 302/1899, der Schuldner des Verpfänders kann aber durch die Verpfändung in keine schlechtere Lage geraten. Es verbleiben ihm daher dem Pfandgläubiger gegenüber alle ihm schon vor seiner Verständigung zugestandenen Gegenrechte, z. B. Kompensation der früher gegebenen Gehaltsvorschüsse, K. 1916, RP. V 4280, vgl. auch Mj. Dt. IX 64, K. 4641/1914.

[8]) Eadem ratione.

übrigens auf dem Wege der Zwangsvollstreckung auch gerichtlich erreicht werden kann[1]). Selbst trotz Verleihung dieser förmlichen Vollmacht ist es noch immer zu beachten, daß der Pfandgläubiger hierdurch keineswegs zum Alleinberechtigten wird, sondern zu einem durch den Sicherungszweck beschränkten Mitberechtigten. Die Grenzlinie zwischen den Machtkreisen des Pfandgläubigers und des Berechtigten des verpfändeten Rechtes ist in dem ungarischen Gewohnheitsrechte schwer zu ziehen und muß der Praxis überlassen werden.

5. Die Rechte und Pflichten des Pfandgläubigers entsprechen denen des Pfandgläubigers an beweglichen Sachen[2]).

Seine Befriedigung aus dem Pfandrechte erfolgt gewöhnlich auf dem Wege der Zwangsvollstreckung[3]), soweit es möglich ist sogar auf dem der Zwangsversteigerung des verpfändeten Rechtes[4]).

6. Den Schutz des verpfändeten Rechtes kann in erster Reihe der Berechtigte, sodann aber — wenn auch nur innerhalb der Grenzen einer rechtsgeschäftlichen, oder auf dem Wege der Zwangsvollstreckung[5]) zu erlangenden Vollmacht auch der Pfandgläubiger in Anspruch nehmen.

Liegt eine Kollision mehrerer Pfandrechte an Rechten vor, so entscheidet — sofern die Quellen nichts anderes enthalten[6]), — die Entstehungszeit derselben.

§ 4. Begriff und Arten der Hypothek.

1. Die Hypothek ist ein Pfandrecht an gebuchten Grundstücken oder Rechten. Ihre Arten beruhen auf der Art und der Zahl der Pfandgegenstände, ferner auf den verschiedenen Stufen der Abhängigkeit des Pfandrechtes von der gesicherten Forderung. Nach der Art der Pfandsache ist die Hypothek eine Grundstücks- oder eine Buchrechtshypothek. Den Gegenstand der letzteren bilden die hierfür geeigneten Buchrechte[7]). Hinsichtlich der Buchrechtshypothek gelten die Grundsätze der Grundstückshypothek[8]).

---

[1]) Vgl. das hierüber in der Anmerkung 3 Gesagte.

[2]) Z. B. Verständigungspflicht betreffs der dem Berechtigten ohne Fahrlässigkeit unbekannten tatsächlichen und rechtlichen Gefahren. Arg. Mj. Dt. V 107, K. 816/1910.

[3]) Bei Geldschulden Übertragung auf dem Wege der Zwangsvollstreckung GA. LX: 1881 § 123, oder durch Eintreibungsvollmacht eines hierfür bestellten Kurators § 124.

[4]) Hauptsächlich bei Nichtgeldschulden § 127.

[5]) §§ 123, 124, GA. LX: 1881.

[6]) So z. B. GA. XXVI, 1887, § 5, Artikel 100, Priorität des Pfandrechts der gewesenen österr.-ungarischen Bank.

[7]) Quellen des Hypothekenrechtes sind auf Grund der JKK. I §§ 21, 156: das ÖBGB., die GO., dann die sich hauptsächlich auf die Grundprinzipien des GA LX: 1881 stützende Praxis. Dieselbe dürfte in der Zukunft wohl auch durch die Vorschriften des GA. XXXVI, 1920 beeinflußt werden. Leider sind die letzteren nicht immer klar und übersichtlich. Besonders erwähnt seien hier jene Vorschriften des angeführten Gesetzes, die die Pfändbarkeit der Familienheimstätten sowie der übrigen in das Bereich dieses Gesetzes fallenden Liegenschaften stark beschränken (§ 76 usw.). Für die Hypothek nicht geeignete Buchrechte sind: Das Ausgedingerecht Grill Dt. I 618, Bpester Tafel 4758/1885, gebuchte Pacht- (daselbst Bpester Tafel 8720/1890) und Mietsrechte Mj. Dt. IX 201, 1901, PK. V 2850.

[8]) Arg. GO. § 63, 74, ÖBGB. 451, GA. LX:1881 § 79, Absatz 3, ferner Mj. Dt. X 344, KP. V 789 usw.

Auf der Zahl der Pfandgegenstände beruht die Unterscheidung der Einzel- und der Gesamthypothek, die erstere sichert die Forderung des Gläubigers mit einem Pfandobjekte, die letztere mit mehreren[1]).

Die verschieden gestufte Abhängigkeit des Rechtes des Pfandgläubigers von der gesicherten Forderung führt zu dem Unterschiede der Verkehrs- und der Sicherungshypothek[2]). Beide sind zwar von der gesicherten Forderung bedingt, welcher Umstand die Tatbestandsfehler der Entstehung und der Änderung der gesicherten Forderungen auch auf die Hypothek wirken läßt[3]), doch ist diese Wirkung bei der Sicherungshypothek viel erheblicher. Die erwähnte Abhängigkeit wird nämlich unter Umständen durch die Richtigkeitsvermutung[4]) und die Richtigkeitsfiktion, welche zugunsten des gutgläubigen entgeltlichen Bucherwerbers gilt, wohl bei der Verkehrshypothek, nicht aber auch bei der Sicherungshypothek geschwächt[5]).

§ 5. Verkehrshypothek.

1. Die Verkehrshypothek kann jede auf einen bestimmten[6]) Geldbetrag lautende[7]) Forderung sichern.

Die Pfandsache haftet bei ihr kraft Gesetzes nur bis zur Höhe der gebuchten Forderung[8]), doch innerhalb dieses Rahmens sowohl für das Kapital, als auch für die gesetzlichen Zinsen[9]), endlich für die dem dinglichen Schuldner auferlegten Prozeß- und Zwangsvollstreckungskosten. Der Grad der Sicherung wird durch die Eintragung bestimmt[10]).

Die erwähnten Akzessorien der gesicherten Forderung sind aber unter Umständen auch ohne besondere Buchung aus dem nach der Tilgung aller gebuchten Lasten frei gebliebenen Teile des Pfanderlöses nach dem Range der betreffenden Kapitalforderung zu befriedigen[11]).

2. Der Rang der Hypothek kann ohne Schädigung Dritter durch Rangvertrag des vortretenden und zurücktretenden Gläubigers[12]), ferner durch Rangvorbehaltungsgeschäft des dinglichen Schuldners[13]), nicht

---

[1]) GO. §§ 106ff.

[2]) Anderswo wohl auch zu dem der Eigentümer- und Fremdhypothek, welchen aber die ungarische Praxis trotz der sie zulassenden (alten) Fassung des § 469 ÖBGB nicht anerkennt.

[3]) Grill Dt. I 617, K. 624/1898, daselbst 654, Pozsonyer Tafel 1898, G. 62.

[4]) Siehe weiter. Richtigkeitsfiktion der Verkehrshypothek Grill Dt. I 622, K. 6831/1899 (trotz Simulation gültige Hypothek). Der Satz selbst folgt aus den Entscheidungen daselbst, dann Mj. Dt. XI 139, K. 1916, RP. V 5564 usw.

[5]) So ausdrücklich K. 1916, RP. V 5564, Mj. Dt. XI 139, F. 104.

[6]) Die Forderung kann auch in einer ausländischen Valuta bestimmt sein, 23 REE. der K. Mj. Dt. XI 33, F. 39.

[7]) Arg. GO. § 65, Absatz 1.

[8]) Arg. GA. LX: 1881 § 192.

[9]) Innerhalb dreier Jahre Jogt. Közl. Bd. 100, S. 211, K. 6516/1905, Grill Dt. I 641, Pécser Tafel 1901, G. 70. Allerdings nur bei verzinsten Forderungen K. 1917, RP. V 5439, Mj. Dt. XI 284, F. 199.

[10]) Näheres siehe Punkt 10.

[11]) GA. LX: 1881 § 192.

[12]) Siehe das hierüber im materiellen Grundbuchsrechte Gesagte.

[13]) Die Erklärung ist an die Grundbuchbehörde zu richten und sichert den Rang für 60 Tage VJM. 1855 VIII/1, RGBL. 146.

aber durch einseitiges Handeln des Hypothekengläubigers[1]) verbessert werden.

3. Die Hypothek ergreift das ganze gebuchte Recht, bzw. den ganzen gebuchten Anteil des dinglich Verpflichteten. Das bedeutet vor allem, daß sie nicht auf einen Bruchteil des gebuchten Rechtes bzw. Anteils beschränkt werden kann[2]), wobei jedoch zu beachten ist, daß die Grundbuchordnung das Eigentum zwar als einheitliches, doch hinsichtlich jeder Parzelle als besonderes Recht betrachtet, daß demnach eine Hypothek auf bloß einer Parzelle des Grundstückes[3]) keineswegs ausgeschlossen erscheint[4]). Es bedeutet ferner aber auch, daß die Hypothek sich kraft Gesetzes auf Anteilserweiterungen des dinglich Verpflichteten nur dann erstreckt, wenn diese dinglich unselbständige Zuschreibungen betreffen[5]).

3. Die Hypothek ergreift alle Bestandteile des Grundstückes und zwar vor ihrer Absonderung unbedingt[6]), nach der Absonderung dann, wenn dieselben schon vorher durch gerichtliche Pfändung dem Machtbereich des Hypothekengläubigers einverleibt worden sind[7]).

Außer den Bestandteilen kommen[8]) gewöhnlich auch die Zubehörsachen des Grundstückes unter die Herrschaft der Hypothek[9]).

4. Die Begründung der Verkehrshypothek erfolgt durch Rechtsgeschäfte und Ereignisse. Begründungsgeschäfte sind einseitige Rechtsgeschäfte und Verträge. Die Struktur der letzteren entspricht der des Übereignungsvertrages an Grundstücken. Allerdings ist für das Begründungsgeschäft der Hypothek weder Schriftform[10]) noch aber behördliche Genehmigung vorgeschrieben[11]). Der ordnungsgemäße Begründungsvertrag setzt sich aus zwei dinglichen Rechtsgeschäften zusammen: der Auflassung des Grundeigentümers und der Ergreifung durch den Pfandgläubiger, denen als erste Stufe die sie verbindende, kausale, schuldrechtliche Vereinbarung vorauszugehen hat.

Die Auflassung des Buchberechtigten ist ein an die Grundbuchbehörde gerichtetes, die Bewilligung der Einbuchung der Hypothek enthaltendes[12]), sich aber nicht notwendigerweise auch auf die Übergabe der auf die

---

[1]) Etwa durch Austausch verschiedener ihm zustehender Hypotheken Grill Dt. I 662, K. 4702/1898.

[2]) GO. § 57, Grill Dt. I 608, K. 659/1902.

[3]) Daselbst.

[4]) GO. § 55.

[5]) GO. §§ 55, 56.

[6]) ÖBGB. § 457. Grill Dt. I 641, K. 1902, G. 660.

[7]) Arg. GA. LX: 1881 § 211.

[8]) Sie können aber auch den Gegenstand eines besonderen Fahrnispfandrechtes bilden.

[9]) Arg. GA. LX: 1881 §§ 149, 159.

[10]) GA. XXXVI, 1920 und VO. MER. 4420/1918 schweigen hierüber und beschränken ihre einengenden Vorschriften ausdrücklich bloß auf die Übereignung der Liegenschaften. Die Praxis aber, die die erwähnten Rechtssätze bewußt als Ausnahmen behandelt, so z. B. K. 1921, P. V 2226, Ü. L. Dt. I, S. 2, F. 2 wird sich wohl hüten, sie in erweiterndem Sinne auszulegen. Der dingliche Teil des Begründungsgeschäftes muß allerdings eine buchgemäße Erklärung sein.

[11]) Weder im GA. XXXVI, 1920, noch in den VMER. 4420/1918, 5550/1920 ist hierüber eine Vorschrift zu finden.

[12]) ÖBGB. § 451.

gesicherte Forderung bezüglichen Urkunden erstreckendes[1]) Buchgeschäft. Selbstverständlich genügt es hier auch, wenn der Einbuchungswille in gehöriger Form dem Geschäftsgegner erklärt wird[2]).

Die Ergreifung ist in dem Einbuchungsantrag des Pfandgläubigers enthalten[3]). Dieser stützt sich auf das Auflassungsgeschäft des dinglich Verpflichteten.

Die Grundlage des Hypothekenvertrages ist die gesicherte Forderung, weshalb ein fehlerfreier Tatbestand des die Forderung begründenden Rechtsgeschäftes erfordert wird[4]). Die Praxis betrachtet diesen Tatbestand aber schon dann nicht mehr als fehlerfrei, wenn das Begründungsgeschäft die Rechtslage des Materiellberechtigten, dessen Recht nicht eingebucht wurde, unbegründeterweise schädigt[5]). Selbst das ordnungsgemäße Buchgeschäft führt daher nur dann zu der Begründung der Hypothek, wenn die den Materiellberechtigten schädigende Hypothek von seiten des Grundpfandgläubigers auf entgeltlicher Grundlage, gutgläubig erworben wurde[6]). Die Gutgläubigkeit des Grundpfandgläubigers wird hierbei vermutet, ihre Widerlegung führt aber zur Löschung der Hypothek[7]).

Der objektiv ordnungswidrige Begründungsvertrag kehrt die Reihenfolge der erforderlichen Willenserklärungen um. Einmal in dem Sinne, daß die schuldrechtliche Stufe der dinglichen zeitlich nicht vorangehen muß; sodann aber auch in dem, daß die letztere als ihre erste Erklärung nicht das dingliche Auflassungsgeschäft erfordert, sondern die Vormerkung als dingliches Ergreifungsgeschäft welchem die freiwillige Zustimmung als nachträgliches Auflassungsgeschäft des dinglich Verpflichteten folgt, ebenfalls gelten läßt[8]).

Ein außerhalb des Grundbuchs zustande gekommener objektiv ordnungswidriger Begründungsvertrag ist wegen des ausdrücklichen Verbotes eines solchen[9]) nicht anerkannt. Hingegen muß ein anderer besonderer Tatbestand des objektiv ordnungswidrigen Begründungsvertrages erwähnt werden, der in den Formen des ordnungsmäßigen oder ordnungswidrigen vor sich geht, sich aber von diesem darin unterscheidet, daß der dinglich Verpflichtete bei seiner Vornahme noch nicht Buchberechtigter sein muß. Dieser ordnungswidrige Buchvertrag genügt dann, wenn der dinglich Verpflichtete hinsichtlich des Gegenstandes der Hypothek[10]) kraft Gesamtnachfolge von Todeswegen materiell berechtigt[11]) erscheint,

---

[1]) Siehe den in der folgenden Anmerkung 3 angeführten Fall.

[2]) GO. §§ 68, 119.

[3]) Grill Dt. I 617, K. 624/1898, daselbst 654, Pozsonyer Tafel 1891, G. 62.

[4]) Siehe weiter.

[5]) Grill Dt. I 615, K. 169/1885 und 1069/1897, Mj. Dt. V 101, K. 4857/1910, IX 14, K. 1914, P. V 4923, IX 50, K. 1914, P. V 802, IX 201, K. 1915, P. 3303 usw.

[6]) Siehe die in der vorigen Anmerkung angeführten Fälle.

[7]) Sei es auf Grund der GO. § 148 (K. 1069/1897 Grill Dt. I 615), oder des GA. LX: 1881 § 168.

[8]) GO. § 89ff.

[9]) Avitizitätspatent § 19, welches auch das Verbot der Antichresis enthält.

[10]) Grundstück oder Buchrecht, ob zwar GO. § 74 nur von dem ersteren spricht.

[11]) Der Erbe wurde in dem Momente des Todes des Erblassers kraft Gesetzes materiell berechtigt, vgl. betreffs der Hypothek Grill Dt. I 649, K. 1897, I, G. 53.

obzwar sein Recht grundbuchlich noch nicht durchgeführt wurde[1]). Der erwähnte Vertrag führt zu einer von der späteren Einbuchung des Rechtes des dinglich Verpflichteten bedingten Begründung der Hypothek[2]).

Einseitige Rechtsgeschäfte, welche eine Verkehrshypothek begründen, sind: die Vormerkung, die sie nur bedingt[3]), und das Testament, das sie auch unbedingt zum Entstehen zu bringen vermag[4]).

5. Handlungen, die zur Begründung einer Hypothek führen, sind außer den Rechtsgeschäften die hier bloß zu erwähnenden Zwangsvollstreckungshandlungen[5]).

6. Ereignisse führen denselben Erfolg herbei, wenn sie zur Tabularersitzung der Hypothek geeignet sind[6]), ferner, wenn sie die nicht einzubuchenden gesetzlichen Pfandrechte an Grundstücken und Buchrechten zur Entstehung gelangen lassen. Hierzu geeignet erscheinen die die privilegisierte Forderung hervorrufenden Ereignisse[7]). Allerdings ist die Voraussetzung des Geltendmachens dieser gesetzlichen Pfandrechte auch noch die auf dem Wege der Zwangsvollstreckung zu erfolgende Eintreibung irgendeiner anderen eingebuchten Hypothek[8]).

7. Änderungen der Verkehrshypothek werden durch Handlungen und Ereignisse hervorgerufen.

Einseitiges Änderungsgeschäft ist die Vormerkung. Der Änderungsvertrag berührt entweder den objektiven Inhalt der Verkehrshypothek — etwa eine Umwandlung der Sicherungshypothek in eine Verkehrshypothek, bzw. umgekehrt — oder sie betrifft die Person des Pfandgläubigers, eventuell die des dinglich verpflichteten Schuldners[9]). Eine subjektive Änderung der Hypothek kann nur mit dem Übergange der gesicherten Forderung zugleich vorgenommen werden[10]).

Sonstige Handlungen, welche die Hypothek verändern, sind einmal solche, die die Umwandlung einer bisher selbständigen beweg-

---

[1]) GO. § 74.

[2]) Der Wegfall dieser Bedingung entkleidet das ganze Rechtsgeschäft seiner Wirkung VE. 34 der Kurie.

[3]) Von der gerichtlichen Rechtfertigung der GO. § 92ff. Hier ist aber auch eine weitere Abweichung gestattet, welche die zweite Bedingung der Einbuchung des Rechtes des dinglich verpflichteten Erben einfügt, GO. § 74.

[4]) Infolge des ipso jure Erbanfalls läßt das Testament die Hypothek in dem Momente des Todes des Erblassers außerbücherlich entstehen — Arg. die von dem so entstandenen Eigentum an Liegenschaften handelnde Entscheidung K. 1921, RP. III 832, Mj. Dt. XIV 90, F. 71, eadem ratione, ein einseitiges Rechtsgeschäft unter Lebenden hingegen, etwa ein Stiftungsgeschäft, oder eine Auslobung ist ohne Einbücherung hierzu nicht genügend.

[5]) GA. LX: 1881 §§ 135ff.

[6]) D. h. wenn die Einbuchung kraft GO. §§ 148ff. nicht mehr angreifbar ist.

[7]) Die Entstehung der Forderungen aus öffentlichen Lasten (innerhalb 3 Jahren), Urbariallasten, Wasserregulierungstaxen usw. GA. LX: 1881 § 189, Punkt c, GA. LIII, 1912, § 35, ferner Übertragung des Grundstücks, Zeitablauf und Fälligkeit.

[8]) Arg. GA. LX: 1881 § 189.

[9]) Dies ist aber nur bei der Verkehrshypothek erlaubt. Mj. Dt. X 97, 8, Rechtseinheitsentscheidung der K.

[10]) Grill Dt. I. 663, K. 753/1897. Sie kann aber von dem Hypothekargläubiger rechtsgeschäftlich ausgeschlossen werden. Tritt dies ein, so wird hierdurch die Hypothek ihres Inhalts entblößt und der Eigentümer des Grundstücks kann die Löschung derselben fordern, K. 1918, RP. V 786, Mj. Dt. XII 179, F. 134.

lichen Sache in einen Bestandteil[1]) des Pfandgrundstückes verursachen, ferner diejenigen, welche die Umwandlung eines bisher selbständigen lastenfreien Grundstückes in einen Bestandteil des belasteten Grundstücks bewerkstelligen[2]), endlich die Befriedigung des Pfandgläubigers von seiten eines dinglich Beteiligten, welche bewirkt, daß die Forderung nebst der Hypothek kraft Buchnachfolge, die er fordern kann, auf den Befriediger übergeht[3]). Dinglich beteiligt erscheinen hierbei besonders die dem eintreibenden folgenden Hypothekengläubiger[4]).

Der Übergang der gesicherten Forderung erfolgt zwar nach den Grundsätzen des Schuldrechtes, berechtigt jedoch auch zur Einbuchung der Rechtsnachfolge in das Grundbuch.

Als Ereignisse, die eine Änderung bewirken, seien hervorgehoben: rechtliche Tatsachen, welche die Gesamtnachfolge in die Rechte des Hypothekengläubigers bewirken[5]), ferner die im Verlaufe der Zwangsvollstreckung erbrachten gerichtlichen Beschlüsse[6]).

8. Die Beendigung der Verkehrshypothek führen ebenfalls Handlungen und Ereignisse herbei.

Die Aufhebungsgeschäfte sind einseitige in das Grundbuch einzutragende Verzichte[7]), oder ebensolche Löschungsvormerkungen[8]). Die Aufhebungsverträge sind den allgemeinen Grundsätzen unterstehende Buchverträge, die jedoch in ihrer vollen Wirkung auch der Zustimmung jener Dritten bedürfen, die an der Hypothek Buchrechte erworben haben[9]).

Ereignisse, welche die Hypothek zu Erlöschen bringen, sind: der völlige Untergang des verpfändeten Grundstückes[10]), der Eintritt eines Endtermins, die Erfüllung einer auflösenden Bedingung, der entgeltliche, gut-

---

[1]) Arg. Grill Dt. I 641, 1902, G. 660, welche Entscheidung sowohl diese als auch die Zubehörsachen als Befriedigungsbasis erwähnt. Bezüglich der Zubehörsachen dürfte der Satz nur dann gelten, wenn dieselben mit keinem früheren Rechte an Sachen belastet waren. Kollisionen der früheren Sachenrechte mit der Hypothek sind nach den Grundsätzen des gutgläubigen Rechtserwerbs zu schlichten und zwar bei Bestandteilen nach denen der Rechte an Grundstücken, bei Zubehörsachen hingegen, da diese ihre Fahrniseigenschaft nicht verlieren, nach denen des Fahrnisrechts. Arg. GA. LX: 1881 §§ 149—153.

[2]) Arg. GO. 63ff. Vgl. auch K. 1918, RP. V 786, Mj. Dt. XII 179, F. 134.

[3]) Arg. ÖBGB. § 469, GA. LX: 1881 § 190, Grill Dt. I 634, Pozsonyer Tafel 1899, G. 33, Mj. Dt. XI 137, K. 1916, RP. V 3030.

[4]) Vgl. GA. LX: 1881 § 190, Absatz 4—6.

[5]) Laut Grill Dt. I 649, K. 1897, G. 53 tritt in diesem Falle die Rechtsnachfolge in das Recht des Hypothekengläubigers selbst ohne Einbuchung ein.

[6]) Sie führen zu Afterhypotheken und hierdurch zur konstitutiven Rechtsnachfolge in die Hypothek.

[7]) GO. §§ 68, 71.

[8]) GO. § 91. Wird sie aber nicht durch Urteil, sondern durch buchgemäße Einwilligung des dinglich Verpflichteten gerechtfertigt, so liegt ein Buchvertrag vor.

[9]) ÖBGB. § 469. Jogt. Közl. Dt. Bd. 100, S. 16, K. 30/1906. Sie erfordert weder Schriftform noch behördliche Genehmigung.

[10]) Die Hypothek verliert hierdurch ihren Gegenstand. Naturereignisse, welche einen Teil des Grundstückes vernichten, berühren bloß den Umfang der Hypothek. Trat eine erkennbare Änderung der Grundfläche (Abtrieb usw.) ein, welche nicht sofort das frühere Eigentum vernichtet, so muß wohl auf Grund XXIII: 1885 §§ 8, 9 angenommen werden, daß die früheren Hypotheken aufrecht bestehen bleiben (Arg. auch GO. § 56d, e, § 55).

gläubige lastenfreie Bucherwerb des Grundstückes[1]), die Befriedigung des Hypothekengläubigers aus dem im Verlaufe der Zwangsversteigerung erfolgten Verkaufe des Pfandgrundstückes, oder doch wenigstens der letztere selbst[2]), die Befriedigung aus der kraft besonderer gesetzlicher Ermächtigung zwecks der Entlastung landwirtschaftlicher Grundstücke gerichtlich erlegten (GA. XXXVI: 1920, § 46) Summe, die Konsolidation, d. h. die Verschmelzung der Pfandgläubiger- und Sachschuldnereigenschaft in einer Person. Dies alles — mit Ausnahme des Unterganges des Grundstückes — nur dann, wenn das Erlöschen der Hypothek auch grundbuchlich durchgeführt wurde[3]). Trotzdem hat aber der in dem Zeitpunkte des Erwerbes seines Rechtes bösgläubige Hypothekengläubiger bei dem bloßen Vorliegen der erwähnten rechtlichen Tatsachen selbst den Rechten des entgeltlichen außerbücherlichen Rechtserwerbers zu weichen[4]).

9. Die Verkehrshypothek bringt zwischen dem Eigentümer des verpfändeten Grundstückes und dem Pfandgläubiger ein gesetzliches Schuldverhältnis zum Entstehen, dessen Inhalt grundsätzlich zwingende Rechtssätze bestimmen. Daher ist eine widersprechende Vereinbarung, z. B. die zu dem Zwecke der Sicherung erfolgte Überlassung des Besitzes des verpfändeten Grundstückes, dann die Vereinbarung, daß die Früchte des Grundstückes als Entgelt der Hypothekenforderung von dem Hypothekengläubiger zu behalten seien[5]), ungültig.

10. Das umschriebene gesetzliche Schuldverhältnis umfaßt zugunsten des Hypothekengläubigers Sicherungs- und Befriedigungsrechte.

Solche Sicherungsrechte sind: 1. das Recht, die Erhebung der Hypothekarklage im Grundbuch anmerken zu lassen, dessen Ausübung die Eintreibung der Hypothek allen der Anmerkung nachfolgenden Bucherwerbern gegenüber wirksam[6]) macht 2. das Recht in dem Falle einer auffallenden Wertverminderung der Pfandsache eine Ergänzung der Sicherung zu verlangen[7]), welche sowohl in dem Bestellen eines weiteren Pfandes, als auch in der Hinterlegung der infolge der Wertverminderung nicht gedeckten Schuldsumme[8]) bestehen kann.

---

[1]) Dann z. B., wenn die Hypothek zu Unrecht in der Erwerbszeit gelöscht war.

[2]) GA. LX: 1881 § 182.

[3]) Arg. ÖBGB. § 469, GA. LX: 1881 § 182. Jogt. Közl. Dt. Bd. 101, S. 16, K. 30/1906, Mj. Dt. I 49, K. 5170/1905, daselbst Grill 622, K. 7454/1889, Mj. Dt. IX 339, K. 1915, RP. V 6843 usw.

[4]) Daselbst V 101, K. 4857/1910, IX 50, K. 1914, P. V 802, IX 201, K. 1915, P. V 3303. Dazu bedarf es der Geltendmachung eines Löschungsanspruches (GO. §§ 148ff. Vgl. Grill Dt. I 615, K. 1069/1897), oder aber auch der Exhibitionsklage der Grundstücke innerhalb des Zwangsvollstreckungsverfahrens [GA.: 1881 § 168 und besonders die das außerbuchliche Eigentum scharf hervorhebende V 55 der Kurie]. Der Hypothekargläubiger muß auch schon dann weichen, wenn ihm die außerbuchliche Ersitzung aus Fahrlässigkeit unbekannt war. Mj. Dt. IX 15, K. 1914, P. V 2149, doch muß er den Besitzverhältnissen keineswegs nachgehen (daselbst 14, K. 1914, P. I 4923), es sei denn, daß besondere Verdachtsgründe ihn dazu anhalten.

[5]) Avitizitätspatent § 19, Mj. Dt. IX 252, K. 1914, P. II 5902.

[6]) Maßgebend ist hier auf Grund EPG. § 13, Absatz 2, VJM. vom 19. IX. 1860. Punkt 4, 5.

[7]) Arg. Grill Dt. I 643, K. 1902, G. 21.

[8]) Arg. daselbst I 604, Bpester Tafel 1901, I, G. 179 eadem ratione.

Das Befriedigungsrecht hat der Pfandgläubiger nach Fälligkeit der Schuld, gemäß den Vorschriften der Zwangsvollstreckung, auszuüben[1]). Hiervon abweichende Vereinbarungen sind ungültig[2]). Die Zwangsvollstreckung folgt dem Hypothekarprozesse[3]), in welchem dem Eigentümer des Grundstückes die Rolle des Beklagten zukommt. Der Zweck dieses Prozesses ist die Verpflichtung des Eigentümers, die Befriedigung des Pfandgläubigers aus dem verpfändeten Grundstücke[4]) zu dulden. Der dinglich Verpflichtete ist aber hierbei berechtigt, dem Pfandgläubiger alle sowohl ihm selbst, als auch dem persönlichen Schuldner zustehenden und gerichtlich noch unentschiedenen Gegenrechte geltend zu machen[5]).

Kraft des Befriedigungsrechtes vermag der Hypothekengläubiger — soweit das Pfand reicht — zwar die ganze gesicherte Forderung zu befriedigen, jedoch die einzelnen Teile derselben nicht mit gleicher Intensität. Die gesicherte Forderung wird nämlich in dem Zwangsvollstreckungsverfahren in drei Teile aufgelöst, von denen jeder eine besondere Befriedigungsklasse bildet. Der in eine folgende Befriedigungsklasse verwiesene Forderungsteil gelangt nur nach allen in den vorgehenden Klassen eingereihten zur Befriedigung. Innerhalb einer Klasse ist — soweit sich aus den Quellen nichts anderes ergibt — der Buchrang der einzelnen Forderungen maßgebend[6]).

Die erste Klasse umfaßt das Kapital, die besonders gesicherten Kosten, die innerhalb dreier der Zwangsversteigerung des Grundstückes vorangehender Jahre, ferner die in der der Zwangsversteigerung folgenden Zeit fälligen Zinsen[7]).

Die zweite Klasse erstreckt sich auf die bei der Zwangsversteigerung seit länger als drei Jahren fällig gewesenen Zinsen[8]), die dritte bilden die nicht mit, oder gar vor[9]) dem Kapital zu befriedigenden Prozeß- und Zwangsversteigerungskosten.

11. Pflichten, welche den Pfandgläubiger aus dem der Hypothek entstammenden gesetzlichen Schuldverhältnisse belasten, sind: 1. die Pflicht, die seitens des Eigentümers oder eines beteiligten Dritten zwecks Erhaltung ihrer Rechte angebotene Befriedigung anzunehmen. 2. Die Geltendmachung der Gegenrechte des Eigentümers oder des persönlichen Schuldners[11]) zu dulden, sodann 3. gleichzeitig mit der Befriedigung eine Löschungsurkunde in entsprechender Form auszustellen und auszufolgen[12]).

12. Das der Hypothek entstammende gesetzliche Schuldverhältnis enthält zugunsten des Grundeigentümers das Recht, den Hypo-

---

1) Arg. VJM. vom 19. IX. 1860, Punkt 1 und GA. LX: 1881 § 190.
2) Arg. daselbst.
3) Die Praxis nennt ihn auch Eintreibungsprozeß.
4) Grill Dt. I 639, K. 7445/1884.
5) Daselbst I 652, K. 1902, I, G. 704, daselbst I 656, K. 1900, G. 65
6) Arg. GA. LX: 1881 § 190, Absatz 1, § 192.
7) Daselbst.
8) Arg. daselbst.
9) Daselbst § 189, Punkt a.
10) Hierzu ermächtigt sind ihm folgende Hypothekengläubiger; daselbst § 190, Absatz 4, ÖBGB. § 462.
11) Grill Dt. I 651, K. 5886/1886, daselbst 652, K. 1902, I, G. 704, daselbst K. 656, K. 1900, G. 65.
12) Arg. Grill Dt. I 668, K. 1898, G. 48.

thekengläubiger zu befriedigen. Die Voraussetzung desselben ist die Fälligkeit der gesicherten Forderung oder die ihm rechtlich gesicherte Möglichkeit, daß der persönliche Schuldner den Gläubiger befriedigt[1]).

13. Hinsichtlich der Kollision und des Schutzes der Hypothek gelten die Grundsätze des Grundbuchranges und des Schutzes der Buchrechte[2]).

Das Geltendmachen der Hypothek erfolgt durch die schon mehrfach erwähnte und in dem Grundbuche anmerkbare Hypothekarklage[3]).

§ 6. Sicherungshypothek.

1. Eine Sicherungshypothek ist eine die Befriedigung einer künftigen, oder einer gegenwärtigen, doch zahlenmäßig nur nach ihrem Höchstbetrage bestimmten Forderung bezweckende[4]).

Der Hypothekengläubiger der Sicherungshypothek wird weder durch die Richtigkeitsvermutung, noch durch die Richtigkeitsfiktion des Bucherwerbers geschützt[5]).

Inhalt, sowie Bewegungstatsachen der gesicherten Forderung: ihre Begründung, Änderung und Beendigung unterstehen schuldrechtlichen Grundsätzen.

2. Ist die gesicherte Forderung mit einem Höchstbetrage bestimmt[6]), so ändert sich der Umfang der Sicherungshypothek zeitweilig nach dem jeweiligen Betrage der Forderung. Hierbei ist es durchaus zulässig, daß die Hypothek sich auf mehrere, oder auch auf alle einem gewissen Rechtsverhältnisse entstammenden Forderungen erstreckt[7]).

3. Die Sicherungshypothek entsteht durch Rechtsgeschäft, wofür die bei der Verkehrshypothek schon entwickelten Grundsätze gelten[8]).

4. Die Änderung und Beendigung der Sicherungshypothek erfolgt — von den noch zu besprechenden Ausnahmen abgesehen — ebenfalls nach den Regeln der Verkehrshypothek[9]).

Durch Buchvertrag des Grundeigentümers und des Hypothekengläubigers kann die Sicherungshypothek in eine dieselbe Forderung

---

[1]) Sei es durch Leistung, oder durch deren Surrogate. Vgl. die in den vorgehenden Anmerkungen angeführten Fälle.

[2]) Arg. VJM. vom 19. IX. 1860 (RG Bl. 212), Punkt 2—5.

[3]) VJM. vom 19. IX. 1860, Punkt 3—5. Laut Grill Dt. I 644, K. 898/1883 und daselbst Kassaer Tafel 1901. G. 8 enthält die Klage virtuell auch den Antrag, die vorgemerkte Hypothek zu rechtfertigen. Die Hypothekarklage kann laut Grill Dt. I 646 auch gegen einen solchen Eigentümer eingebracht werden, der zugleich persönlicher Schuldner ist (K. 5112/1884).

[4]) GO. § 65.

[5]) Arg. Grill Dt. I 624, K. 1211/1901; daselbst 627, K. 1901, G. 280, Mj. Dt. XI 139, K. 1916, RP. V 5564.

[6]) GO. § 65. Nach 23 REE. der K. (Mj. Dt. XIV 33, F. 39) kann er auch in einer ausländischen Valuta bestimmt sein.

[7]) Mj. Dt. X 171, K. 1915, RP. II 7328.

[8]) Die Sicherung der Forderung im Zwangsvollstreckungsverfahren erfolgt nicht durch Begründung einer Sicherungshypothek, sondern durch gerichtliche Vormerkung des exekutiven Hypothekenrechtes GA. LX: 1881 § 230.

[9]) Arg. lege non distinguente GO. § 65. Vgl. auch hinsichtlich der Zession K. 1916, RP. 5564, Mj. Dt. XI 139, F. 104.

sichernde[1]) Verkehrshypothek umgewandelt werden[2]). Hingegen ist es nicht gestattet, sie zur Sicherung einer anderen Forderung, bzw. bei der Maximalhypothek zur Sicherung einer einem anderen Rechtsverhältnisse entstammenden Forderung[3]) zu verwenden. Als unerlaubte Änderung betrachtet die Praxis auch schon die auf der subjektiven Seite und besonders die in der Person des Schuldners der gesicherten Forderung eingetretene Änderung[4]), wobei sie sich von der Erwägung leiten läßt, daß die Interessen der dritten Buchberechtigten gewahrt werden müssen. Der Übergang des Eigentums des Pfandgrundstückes an einen Dritten ändert an der Sicherungshypothek nichts[5]).

Ein besonderer Endigungsgrund der Sicherungshypothek ist der Wegfall der Möglichkeit der Entstehung einer dem betreffenden Rechtsverhältnisse entstammenden Forderung[6]).

5. Die Sicherungshypothek schmiegt sich eng an die gesicherte Forderung. Innerhalb der bei der Verkehrshypothek erwähnten Grenzen und bei der Maximalhypothek umfaßt sie aber innerhalb der Höchstsumme auch die Zinsen und sonstige Nebenleistungen der gesicherten Kapitalforderung[7]).

6. Im übrigen gelten hinsichtlich des Inhaltes, Umfanges, des Schutzes und der Kollision der Sicherungshypothek die Grundsätze der Verkehrshypothek[8]). Hierzu ist aber außer dem bisher Gesagten noch zweierlei zu bemerken. Einmal kann selbst eine hypothekarisch übermäßig festgelegte Höchstsumme im Bedarfsfalle gerichtlich herabgemindert werden[9]). Sodann zeigt sich die Notwendigkeit einer negativen Feststellungsklage, d. h. der gerichtlichen Feststellung dessen, daß eine Sicherungshypothek nicht besteht[10]), oder daß dieselbe in einer gewissen Zeit leer war[11]), hier in viel größerem Maße, als bei der Verkehrspypothek.

§ 7. Gesamthypothek.

1. Die Gesamthypothek ist eine Hypothek, die hinsichtlich derselben Forderung mehrere Grundstücke oder Buchrechte zugleich belastet[12]).

---

[1]) Arg. eadem ratione.

[2]) So Mj. Dt. I 83, K. 1905, I, G. 440, Grill Dt. I 659, K. 1902, I, G. 456; daselbst 662, K. 6888/1892.

[3]) Mj. Dt. X 171, K. 1915, RP. II 7328, auch dann nicht, wenn das Grundverhältnis mit einer Wechselforderung bekräftigt wurde, K. 1916, RP. V 3120.

[4]) Die 8. REE. der königlichen Kurie (Mj. Dt. X 97) versagt die Eintragung einer Anmerkung derart, daß die Sicherungshypothek für die Zukunft der Sicherung desjenigen diene, der kraft Schuldübernahme als Neuschuldner den bisherigen Schuldner ablöste.

[5]) Mj. Dt. XI 34, K. 1916, RP. V 3536.

[6]) Grill Dt. I 624, K. 1211/1901.

[7]) Arg. GO. § 65 Grill Dt. I 641, Pécser Tafel 1901, G. 70.

[8]) Eadem ratione.

[9]) GO. § 65, Absatz 3.

[10]) Grill Dt. I 664, K. 5175/1899.

[11]) Dies wird für den auf Grund § 197, GA. LX: 1881 zur Erhebung der Klage angewiesenen Hypothekengläubiger notwendig, welcher den Bestand der Sicherungshypothek bei der Aufteilung des Verkaufspreises in Abrede stellte.

[12]) GO. §§ 106ff.

Der Hypothekengläubiger erlangt durch sie das Recht einer bloß einmaligen Befriedigung, doch stehen ihm zu diesem Zwecke nach seiner Wahl mehrere Pfandobjekte zur Verfügung. Er kann daher seine Forderung ganz, oder geteilt aus einem Pfandobjekte, aus mehreren, oder auch aus allen[1]) befriedigen.

Ähnlich wie bei der Einzelhypothek sind die Arten der Gesamthypothek, ebenfalls Verkehrshypothek und Sicherungshypothek.

2. Die Gesamthypothek entsteht durch Handlungen und Ereignisse. Begründungshandlungen sind einseitige und zweiseitige Rechtsgeschäfte. Von den ersteren sei der durch Urteil gerechtfertigte erfolgreiche Vormerkungsantrag[2]) des Hypothekengläubigers erwähnt. Begründungsverträge sind Buchgeschäfte des Hypothekengläubigers einerseits, der belasteten Grundeigentümer andererseits. Die buchgemäße Einwilligung der Begründung haben sie entweder einzeln[3]) oder gemeinsam abzugeben[4]). Adressat kann sowohl die Grundbuchbehörde des Haupt-, d. h. des an der ersten Stelle genannten Pfandes[5]), oder die der übrigen, der Nebenpfänder[6]) sein[7]).

Ereignisse, welche zur Begründung der Gesamthypothek führen, sind: richterliche Verfügungen, hauptsächlich dann, wenn im Verlaufe der Zwangsvollstreckung zur Sicherung ein und derselben Forderung mehrere Grundstücke des Verpflichteten gepfändet wurden[8]), sodann Urteile, welche die Naturalteilung der mit einer Hypothek belasteten Eigentumsanteile durchführen.[9])

3. Die Gesamthypothek wird geändert:

1. durch Rechtsgeschäfte. Für die wohl hinsichtlich jedes einzelnen Pfandgrundstückes besonders vorzunehmenden, doch immer an die Grundbuchbehörde[10]) des Hauptpfandgrundstückes zu richtenden Änderungsgeschäfte gelten die Grundsätze der Begründungsgeschäfte. Die gesonderte Übertragung der Forderung und der Hypothek ist hier

---

[1]) Gelangen aber alle Pfandobjekte oder mehrere zugleich zur Zwangsversteigerung und erfolgt auch die Verteilung des Erlöses gleichzeitig, so hat sich der Gläubiger, solange dies seine volle Befriedigung gewährleistet, mit einer Verteilung derselben auf alle Pfandobjekte zu begnügen (GA. LX: 1881 § 190, Absatz 2), sonst kann er sich zwar an jedes Pfand halten, jedoch nicht, ohne das versteigerte Grundstück in Anspruch genommen zu haben (daselbst Absatz 3), da dies sonst die Lage des nicht zwangsversteigerten Grundstückes, bzw. dessen Eigentümers unnötig erschweren würde, vgl. Mj. Dt. I 29, K. 449/1906. Sind mehrere Anteile verschiedener Miteigentümer mit der Hypothek belastet, so gilt dieselbe hinsichtlich der einzelnen Anteile als Gesamthypothek (GA. LX: 1881 § 190, Absatz 2, Satz 2 und der soeben angeführte Fall aus der Praxis).

[2]) Arg. GO. § 67ff., die dies nicht ausschließen.

[3]) Arg. GO. § 106.

[4]) Daselbst.

[5]) GO. § 111.

[6]) Daselbst.

[7]) GO. spricht zwar an der angeführten Stelle nur von dem Einbuchungsgesuche, doch enthält dieses der bei dem materiellen Grundbuchrechte ausgeführten Auffassung nach auch materiellrechtliche Elemente.

[8]) GA. LX: 1881 § 190.

[9]) GO. § 56, Punkt e.

[10]) Arg. GO. §§ 108, 116—118: Nach der Begründung wird das rechtliche Schicksal der Gesamthypothek bei dem Hauptpfande gebucht, GO. § 108, Absatz 1.

ebenso unstatthaft, wie bei der Einzelhypothek[1]). Der Hypothekengläubiger ist auch dazu nicht berechtigt, daß er dem Rechtsnachfolger bloß einzelne der ihm haftenden Pfandgrundstücke überläßt, die anderen hingegen zu seiner eigenen Sicherheit zurückbehält[2]).

2. durch Ereignisse, und zwar einmal durch richterliche Handlungen, welche die gänzliche oder teilweise Löschung der Gesamthypothek von einzelnen, doch nicht von allen haftenden Grundstücken zur Folge haben, was hauptsächlich in dem Verlaufe der Zwangsvollstreckung infolge der Veräußerung des einen oder mehrerer Pfandgrundstücke eintreten kann[3]), sodann durch rechtliche Tatsachen, die nicht — wie die soeben erwähnten — den rechtlichen, sondern den tatsächlichen Untergang des einen oder mehrerer, doch nicht aller Pfandgrundstücke herbeiführen[4]).

4. Aufgehoben wird die Gesamthypothek durch dieselben rechtlichen Tatsachen, wie die Einzelhypothek. Höchstens kann noch bemerkt werden, daß eine gerichtliche Verfügung, unter Umständen bei gewissen (landwirtschaftlichen) Grundstücken zur Umwandlung der Gesamthypothek in Einzelhypotheken, ja sogar auch zur Löschung der ganzen Hypothek führen kann, allerdings nur dann, wenn der Tatbestand der bezüglichen Spezialvorschriften vorliegt (§ 81. GA. XXXVI: 1920), ferner daß, wenn die Zahl der Pfandgrundstücke auf zwei beschränkt war, eine derartige und unter die soeben besprochenen Tatbestände fallende Veränderung derselben, welche die Zahl der Pfandgrundstücke auf eins beschränkt, zugleich die Aufhebung der Gesamthypothek bedeutet, da ja die letztere wenigstens zwei Pfandobjekte bedingt[5]).

5. Der Inhalt der Gesamthypothek unterscheidet sich von dem der Einzelhypothek darin, daß dem Hypothekengläubiger mehrere — übrigens von einander ganz unabhängige — dingliche Verpflichtete gegenüberstehen. Vom dinglichen Standpunkte aus sind daher für den Hypothekengläubiger[6]) die Grundsätze der Gesamtschuld nicht anzuwenden, vielmehr gelten hier die Rechtssätze der Einzelhypothek[7]).

---

[1]) Arg. eadem ratione.

[2]) Arg. eadem ratione Mj. Dt. I 29, K. 449/1906. Hierbei darf er aber, wie schon erwähnt, nicht dolo malo die ganze Last auf das nicht zwangsversteigerte Grundstück schieben. GA. LX: 1881 § 190, Absatz 3.

[3]) Der Gesamthypothekargläubiger kann die noch ungetilgte Forderung, bzw. den noch ungetilgten Teil derselben aus den ihm verpfändeten Grundstücken nach seinem Belieben und ganz ohne Rücksicht auf die übrigen Hypothekargläubiger eintreiben. K. 1915, RP. V 6548, Mj. Dt. XI 45, F. 38.

[4]) Dieselben sind zur Eintragung bei der Grundbuchbehörde des Hauptpfandgrundstückes anzumelden und durchzuführen. GO § 116ff.

[5]) Siehe vorige Anmerkung.

[6]) Selbstverständlich gilt dies nur für den formellen und materiellen buchrechtlichen Teil seiner Befugnisse, daher auch die Regel, welche den Rang der Gesamthypothek nach dem Zeitpunkte bestimmt, in dem das Gesuch zu den einzelnen Grundbuchbehörden gelangte. GO. § 113. Arg. GO. §§ 116ff.

[7]) Allerdings werden dieselben dadurch einigermaßen abgeschwächt, daß die die gesicherte Forderung betreffenden Einbuchungen und Vormerkungen in dem Grundbuche des Hauptpfandes geführt werden (GO. § 108) und schon hierdurch auch die Nebenpfänder ergreifen. Der in dem Text aufgestellte Grundsatz erklärt es auch, daß die übrigen Hypothekargläubiger weder gegen den Gesamthypothekargläubiger, noch aber auch gegen den dinglichen Schuldner aus dem Rechtsverhältnis

6. Auch hinsichtlich der Kollision und des Schutzes der Gesamthypothek gilt das bei der Einzelhypothek Gesagte[1]).

Reallasten.

§ 1. Allgemeines.

1. Reallasten sind beschränkte dingliche Rechte, kraft welcher der Berechtigte aus dem belasteten Grundstücke die Befriedigung wiederkehrender, auf ein Tun oder auf Überlassung von Fahrnissachen gerichteter Leistungen verlangen kann[2])[3]).

Der Berechtigte der Reallast wird entweder unmittelbar, oder mittelbar dadurch bestimmt, daß er als der jeweilige Eigentümer eines gewissen, des herrschenden Grundstückes bezeichnet wird. Nach dieser verschiedenen Art der Bezeichnung kann man wohl[4]) von subjektiv persönlichen und von subjektiv dinglichen Reallasten sprechen.

Die persönlichen Reallasten enthalten gewöhnlich Leistungen einer regelmäßig[5]) oder unregelmäßig[6]) wiederkehrenden Geldsumme, bzw. einer gewissen Menge der zu dem Unterhalte des Berechtigten nötigen oder wenigstens die Möglichkeit seines wirtschaftlichen Fortkommens sichernden Erzeugnisse[7]) des belasteten Grundstückes. Das belastete Grundstück dient zwar der Sicherung der also ausbedungenen Leistungen, doch brauchen die beweglichen Sachen ihm nicht zu entstammen[8]).

Die subjektiv dinglichen Reallasten hingegen sind viel eher dazu geeignet, behufs der Vergrößerung der Nutzungsfähigkeit des herrschenden Grundstückes dem belasteten Grundstücke selbst entstammende[9]) Leistungen zu sichern. Belastet kann werden: ein ganzes Grundstück

---

der Gesamthypothek irgendwelche Rechte geltend machen können, so haben sie auch keinen Anspruch infolge der Gesamthypothek in der Weise geschont zu werden, daß der Gesamthypothekargläubiger bei der Eintreibung seiner Forderung die Eintreibbarkeit der Forderungen der übrigen Hypothekargläubiger möglichst in Betracht ziehe. K. 1915, RP. 6548, Mj. Dt. XI 45, F. 38.

[1]) Vgl. jedoch GA. LX: 1881 § 190.

[2]) Jetzt auch Rentenschuldgrundstücke, d. h. gegen eine Rentenverpflichtung gekaufte landwirtschaftliche Grundstücke, oder Familienheimstätten (GA. XXVI: 1920 §§ 61—69). Ablösungssumme ist — sofern keine abweichendeVereinbarung getroffen wurde — das Zwanzigfache der Rente (§ 65 daselbst).

[3]) Arg. Mj. Dt. VIII 133, K. 1944/1913, wo die den Grundeigentümer zeitweilig belastende Pflicht, einen Mühlengraben zu reinigen, mit der Begründung als Reallast angesprochen wurde, daß sie auf ein Tun gerichtet sei.

[4]) Die ungarische Praxis hat sich aber bisher nicht dazu entschlossen, trotzdem dies schon wegen der leichteren Behandlung des Rechtsstoffes angezeigt erscheint.

[5]) Z. B. jährliche Mitgliederbeiträge der Hutweidegenossenschaften GA. X: 1913 § 40, Ausgedinge als Geldrente Grill Dt. I 595, K. 6387/1887, Gehalt von Lehrern und Geistlichen K. 1508/1908 (Staud. S. 448) usw.

[6]) Erhaltungskosten von Schulgebäuden Mj. Dt. II 36, K. 7636/1906 usw.

[7]) Ausgedinge in Naturalien Mj. Dt. IX 234, K. 1915, P. V 2994.

[8]) Siehe den in der vorigen Anmerkung angeführten Fall.

[9]) Siehe den in Anmerkung 7 angeführten Fall.

und eine besondere Parzelle[1]), zweifelhaft, doch eher zu verneinen, ob auch ein ganzer Anteil[2]) derselben.

2. Die Reallasten begründen:

1. Rechtsgeschäfte, hinsichtlich welcher die Grundsätze der Buchgeschäfte gelten. Schriftform oder behördliche Genehmigung ist, von den weiter zu erwähnenden Ausnahmen abgesehen[3]), nicht vorgeschrieben.

2. Ereignisse, und zwar besonders solche, welche die durch die Reallast gesicherte privilegierte Forderung zum Entstehen bringen. Hier hat man es mit einer den gesetzlichen Pfandrechten an Grundstücken[4]) ähnlichen Erscheinung zu tun, welche besonders in den verhältnismäßig überaus zahlreichen Ausläufern des Urbarialrechtes zutage tritt. Hierher gehören u. a.: die eigentlichen Urbarialablösungen[5]), die Weinzehnt-[6]), die Restgründe-[7]) und die Rodungsablösungen[8]) usw. All diese sind in zeitweilige Rentenschulden umgewandelte Kapitalschulden des Eigentümers des belasteten Grundstückes, welche als Reallasten gebucht werden können[9]), doch keineswegs immer auch müssen[10]).

Nicht auf dem Urbarialrechte, doch immerhin auf öffentlich-rechtlichem Boden wurzeln die den Wasser-[11]) und Wegeregulierungen[12]) entstammenden, ferner die einzelnen öffentlichrechltichen Körperschaften[13]), oder sonstigen dem öffentlichen Interesse dienenden juristischen Personen[14]) auf Grund besonderer Rechtssätze als Privilegien zugebilligten Reallasten. Das Entstehen der letzteren fällt mit den Tatsachen zusammen, welche die das dienende Grundstück belastende Forderung zum Entstehen bringen.

Die Reallasten öffentlich-rechtlichen Ursprunges sind gewöhnlich[15]) zugleich mit einem ihren privilegisierten Rang sichernden gesetzlichen Pfandrechte versehen[16]), hie und da wohl auch nach den Vorschriften der öffentlich-rechtlichen Lasten einzutreiben[17])

3. Eine Änderung der Reallasten können Handlungen und Ereignisse bewirken. Was besonders die wichtigste Art der ersteren, die

---

[1]) GO. § 55.

[2]) Dafür spricht die Analogie aus §§ 57, 58, GO, dagegen die die Verkehrsfähigkeit des ganzen Grundstückes beeinträchtigtende Wirkung der Reallast.

[3]) Z. B. § 2 bei der Reallast der Rentengrundschuld.

[4]) Vgl. besonders die in GA. LX: 1881 § 189 aufgezählten Fälle, welche die Ähnlichkeit ganz auffällig machen, ja sogar als gesetzliche Pfandrechte der Reallasten anzusprechen sind.

[5]) Näheres siehe GA. LIII: 1871 § 92.

[6]) GA. IX: 1868 §§ 10, 11.

[7]) GA. LIII: 1871 § 57.

[8]) Daselbst § 7.

[9]) Vgl. GA. LIII: 1871 § 92, LIV: 1871 § 10, LX: 1881 § 189 usw.

[10]) Sie belasten das Grundstück gewöhnlich auch ohne Buchung.

[11]) GA. XXIX: 1880 § 72, Absatz 2.

[12]) GA. XVIII: 1884 § 4.

[13]) So der katholischen Kirche kraft des Kirchen- und besonders des Patronatrechtes, Arg., die 31. VE., welche diese Möglichkeit offen läßt, ferner Mj. Dt. II 36, K. 7636/1906, daselbst 72, K. 7631/1907, welche die Einbuchung derselben, wenn auch mit unzutreffender Begründung verweigerten.

[14]) Z. B. Hutweidegesellschaften GA. X: 1913 § 40.

[15]) Doch immer nur auf Grund einer besonderen Vorschrift.

[16]) Arg. GA. LX: 1881 § 189, Punkt c, Rentengrundstücke (§ 63 GA. XXXVI: 1920).

[17]) Z. B. GA. XVIII: 1884 § 4.

Rechtsgeschäfte, betrifft, so gilt wohl die Regel, daß persönliche Reallasten von seiten des Berechtigten nur[1]) in äußerst beschränktem Maße geändert werden dürfen[2]). Es muß vielmehr m. E. bis zur entgegengesetzten Quellenäußerung angenommen werden, daß die Übertragung einer persönlichen Reallast ungültig, die Belastung derselben hingegen nur insoweit gültig sei, als ihre Ausübung auf Dritte übertragbar erscheint[3]).

Im übrigen kommen für rechtsgeschäftliche Änderungen der Reallasten die Grundsätze der Buchgeschäfte in Betracht.

Ereignisse, welche die Änderung der Reallasten zur Folge haben, sind hauptsächlich die Teilung des herrschenden, oder des belasteten Grundstückes[4]).

Die erstere beeinflußt die Reallast dann, wenn die durch sie gesicherte Leistung eine teilbare ist, da sie demzufolge bei der Teilung des herrschenden Grundstückes in mehrere, den einzelnen neuen Teilen entsprechende selbständige Reallasten zerfallen muß[5]).

Die Teilung des belasteten Grundstückes bewirkt die Buchung der Reallast auf sämtliche[6]) Teile, bringt also eine Gesamtreallast zum Entstehen[7]). Das bedeutet eine doppelte Haftung der früheren Miteigentümer des belasteten Grundstückes. Einmal die dingliche für die in Zukunft fälligen Leistungen der Reallast, sodann nach Fälligkeit der einzelnen Leistungen für die schon fälligen Raten[8]) die schuldrechtliche Haftung der früheren Eigentümer der belasteten Grundstücke.

4. Beendigungstatsachen der Reallasten sind: Rechtsgeschäfte und Ereignisse. Einseitiges Aufhebungsgeschäft ist die durch ein Urteil gerechtfertigte Löschungsvormerkung in den Fällen, wo dies gesetzlich erlaubt ist, wohl auch Ablösungserklärung des Verpflichteten (Rentenschuldgrundstücke GA XXXVI: 1920 §§ 64, 65), oder dem Berechtigten vorbehaltene Rücktrittserklärung (das. § 66). Aufhebungsverträge kommen als Buchverträge des Berechtigten und des Eigentümers des belasteten Grundstückes in Betracht. Besonders erwähnenswert erscheinen die hinsichtlich einzelner Reallasten gesetzlich zugelassenen Ablösungsverträge[9]).

Ereignisse, die die Beendigung der Reallast zur Folge haben, sind:

1. bei persönlichen Reallasten der Wegfall der Persönlichkeit des Berechtigten, also der Tod[10]), oder die Beendigung der juristischen Persönlichkeit;

---

[1]) Anders von seiten des Verpflichteten, da ja die Reallast die Übertragbarkeit des belasteten Grundstückes gewöhnlich nicht beeinträchtigt.

[2]) Arg. des aufgestellten Satzes Mj. Dt. IX 234, K. 1915, P. V 2994 konstitutive Übertragung [Belastung] wurde verweigert, was auch die translative ausschließt. Sie ähneln darin den beschränkten Dienstbarkeiten.

[3]) Arg. der soeben angeführte Fall.

[4]) Diese kann aber auch gesetzlich beschränkt sein, z. B. § 68 GA. XXXVI: 1920.

[5]) Dies folgt aus den Grundsätzen des Gläubigerrechts betreffs der teilbaren Leistungen, vgl. EUG. § 994.

[6]) Arg. GO. § 56 d, ferner Grill Dt. I 594, K. 1897, I G. 40.

[7]) Über die Zulässigkeit einer Gesamtreallast vgl. hinsichtlich der Ausgedinge Grill Dt. I 594, K. 1897, I, G. 40.

[8]) Vgl. EUG. § 704.

[9]) GA. XXIII: 1873 § 14, betreffs der Siedelungen.

[10]) Ausgedinge usw.

2. das dauernde Unterbleiben der kraft der Reallast geschuldeten Leistungen. Die Aufhebung der Reallast tritt ein, wenn der Verpflichtete die Leistungen, der Berechtigte hingegen ihre gerichtliche Geltendmachung während der Verjährungszeit ständig unterläßt[1]). Hier liegt eine usucapio libertatis vor;

3. Zerstörung oder Ausscheiden des belasteten und bei den subjektiv dinglichen Reallasten wohl auch des herrschenden Grundstückes aus dem Grundbuchverkehre;

4. das Erlöschen des ganzen gesicherten Rechtes, sei es wegen gesetzlich mit dieser Wirkung versehenen Tatsachen (z. B. §§ 66 GA. XXXVI 1920), wegen Eintritt der auflösenden Bedingung, oder des festgelegten Endigungszeitpunktes. Allenfalls wirken aber diese Erlöschungsgründe ohne Einbuchung — wo dies sonst notwendig wäre[2]) — dritten, gutgläubigen entgeltlichen Erwerbern der Reallast gegenüber, falls diese zugelassen werden, nur, insofern diese weder durch die Richtigkeitsvermutung noch durch die Richtigkeitsfiktion des Grundbuches geschützt werden;

5. wenn kein weiteres Bestehen der Reallast bestimmt ist[3]), lastenfreie Zwangsversteigerung des belasteten Grundstückes;

6. richterliche Beschlüsse, welche eine zwangsvollstreckungsweise Löschung der Reallast bewirken[4]).

5. Die rechtliche Natur der Reallasten ist strittig. Diese ist nur dann richtig festzustellen, wenn man das Gesamtrecht von den infolge desselben zu fordernden, fälligen, oder in der Zukunft fällig werdenden einzelnen Leistungen scharf auseinander hält.

Das Gesamtrecht ist ein beschränktes dingliches Recht, das den Berechtigten dazu befugt, die Befriedigung der ihm zustehenden Leistungen nötigenfalls aus dem belasteten Grundstücke vorzunehmen und dessen Eigentümer dazu verpflichtet, diese Befriedigung zu dulden. Eine ähnliche Pflicht belastet die übrigen schwächeren Buchberechtigten. Hiermit erscheint das belastete Grundstück als dinglich gesicherte Befriedigungsbasis und zwar nicht wie das Hypothekengrundstück als eine, sondern hinsichtlich des ganzen Rechtes vielmehr als die[5]) Befriedigungsbasis der Reallast. Begrifflich ist daher hinsichtlich des ganzen Rechtes eine schuldrechtliche Haftung nicht nötig[6]), wenn dieselbe natürlich rechtsgeschäftlich auch bestimmt sein darf und kann.

Immerhin entsteht aber mit der Fälligkeit der einzelnen wiederkehrenden Leistungen zugunsten des Berechtigten und zu Lasten des Eigentümers des belasteten Grundstückes auch eine persönliche Schuld[7]).

---

[1]) Arg. ÖBGB §§ 1499, 1500, welche auf Grund JKK. 121, 156 anzuwenden sind. Hiermit ist auch die Anwendungsgrenze der Vorschrift gegeben, welche innerhalb des Kreises der Reallasten privatrechtlicher Natur zu ziehen ist.

[2]) Nicht in den Fällen GA. LX: 1881 § 189.

[3]) So betreffs der Weinzehnt- und der Urbarialablösungen, der Wasserregulierungskosten GA. LX: 1881 § 189.

[4]) Auf Grund GO. §§ 148ff.

[5]) Bei Gesamtreallasten wird dieselbe zwar vervielfältigt, hört jedoch damit nicht auf, eine dingliche und umfanglich beschränkte Befriedigungsbasis zu sein.

[6]) Wohl ist eine solche aber üblich; vgl. Grill Dt. I 595, K. 6387/1887.

[7]) Vgl. EUG. § 704. GA. XXXVI: 1920 § 63, Absatz 3 bestimmt hierzu den Besitzer der Liegenschaft.

Von der Hypothek unterscheidet sich die Reallast auch darin, daß sie dem Berechtigten nicht als akzessorisches, sondern als selbständiges Recht zusteht.

6. Die der Reallast entstammenden einzelnen Leistungen sind dinglich gesicherte Rechtsfrüchte des ganzen Rechtes[1]), demnach wohl nach den für die Zinsen und Nutzungen des Grundstückes festgelegten Grundsätzen zu behandeln.

7. Soweit sich aus dem bisher Gesagten nichts anderes ergibt, entsprechen die Rechte und Pflichten des durch die Reallast dinglich Berechtigten und Verpflichteten denen des Hypothekengläubigers und -schuldners[2]).

8. Ist die Reallast in dem Grundbuche eingetragen, so wird der Berechtigte als Buchberechtigter durch die Richtigkeitsvermutung und die Richtigkeitsfiktion des Grundbuches geschützt. Dasselbe gilt wohl[3]) auch hinsichtlich des Berichtigungs- und des im Grundbuch anmerkbaren Befriedigungsanspruches[4]). Der Schutz der fällig gewordenen Leistungen, welche auch schuldrechtliche Ansprüche zum Entstehen bringen können, folgt außerdem noch aus den Grundsätzen des schuldrechtlichen Anspruchsschutzes.

9. Kollidiert die Reallast mit anderen Buchrechten, so gelten, vorausgesetzt, daß dieselbe mit keinem gesetzlichen Pfandrechte oder mit keiner solchen Priorität versehen ist[5]), die Grundsätze des Buchranges.

10. Die rechtsgeschäftlich begründeten Reallasten können, wie sich aus dem bisher Ausgeführten ergibt, ohne Einbuchung weder begründet, noch ausgeübt werden. Hieraus folgt, obzwar diesbezüglich keine ausdrückliche Quellenstelle vorliegt, daß Reallasten an nicht gebuchten Grundstücken nicht bestehen können.

§ 2. Die Reallast der Rentengrundschuld.

1. Die Reallast der Rentengrundschuld sichert dem Berechtigten eine eingebücherte[6]), dem entgeltlichen Erwerbe des Grundstücks entstammende und in jährlichen Geld- oder Erzeugungsleistungen bestehende[7]) Rentenforderung.

2. Diese Reallast kann ausschließlich durch Vertrag begründet werden[8]). Nach dem Wortlaute des Gesetzes kommen als durch die Reallast beschränkbare Grundstücke ausschließlich Liegenschaften landwirtschaftlicher Natur[9]), ferner solche in Betracht, die den Zwecken eines Familien-

1) Arg. eadem ratione Grill Dt. I 573, K. I, G. 329/1898, welches Urteil die Waldnutzungen nach diesem Grundsatze behandelt.

2) Eadem ratione.

3) Die ratio ist dieselbe wie bei der Hypothek.

4) Siehe vorige Anmerkung.

5) Z. B. GA. LX: 1881 § 189, GA. XXXVI, 1920, § 63.

6) Das Institut ist in dem Bodenreformgesetze GA. XXXVI: 1920 §§ 61—69 geregelt. Vgl. § 63, Absatz 2.

7) § 61. Der Kaufpreis kann ganz, oder auch teilweise in einer Rente bestimmt werden.

8) § 62, Absatz 2.

9) Wenigstens ist diese Absicht dem Text des Gesetzes (§ 61) klar zu entnehmen; ob die Praxis diese Reallast nicht dennoch auch auf andere Arten der Liegenschaften ausdehnen wird, bleibt der Zukunft anheim gestellt.

hauses entweder schon in der Gegenwart dienen[1]) oder doch wenigstens in der Zukunft dienen sollen[2]).

Der Begründungsvertrag ist in Rechtssätzen strengen Rechts geregelt. Einmal formell: er bedarf sowohl der Schriftform[3]), wie auch von wenigen Ausnahmen abgesehen[4]), der Genehmigung des Bodenreformgerichtes[5]). Sodann aber auch materiell, denn alle Verfügungen des Begründungsvertrages, die dem gesetzlich vorgeschriebenen Inhalte desselben widersprechen, sind nichtig[6]). Dieser strengen Regelung entsprechend sind auch dem Grundbuche nicht entnehmbare Verfügungen des Begründungsvertrages gutgläubigen Dritterwerbern gegenüber unwirksam (§ 67 Abs. 3). Hierfür gelten die allgemeinen Grundsätze der grundbücherlichen Gutgläubigkeit.

3. Dinglicher Schuldner der Reallast ist der Eigentümer des beschränkten Grundstücks, der zur Duldung dessen verpflichtet ist, daß aus seinem Grundstück die Rentenschuld, und zwar jährlich und nachträglich in zwei gleichen Raten abgetragen werde. Hierbei kommt dem Berechtigten ein inhaltlich dem des Verpächters gleiches gesetzliches Pfandrecht zu[7]).

4. Unbeschränkt haftbarer persönlicher Schuldner der Rentenschuld ist der unmittelbare Besitzer[8]) des beschränkten Grundstücks, allerdings nur hinsichtlich der während der Dauer seines Besitzes fälligen Rentenraten.

5. Mit der Einbücherung der Reallast kann[9]) und unter Umständen muß sogar[10]) auch die grundbücherliche Anmerkung dessen verbunden werden[11]), daß das beschränkte Grundstück ein Rentenschuldgrundstück ist. Ist dem Grundbuch zu entnehmen[12]), daß das Grundstück mit der Reallast der Rentengrundschuld beschränkt wurde, so bedeutet dies eine ziemlich starke Einengung der Verkehrsfähigkeit desselben und besonders eine Einschränkung der Möglichkeit der Belastung[13]), der Übereignung[14]) und der Verpachtung[15]) der betreffenden Liegenschaft.

---

1) § 61.

2) § 61.

3) § 62, Absatz 2.

4) Sie wurden zu gunsten einiger Rentenberechtigten aufgestellt, diese sind: der Staat, der Landesverband der Bodenkreditanstalten und die Landeszentralenossenschaft, § 62, Absatz 3.

5) § 62, Absatz 2.

6) § 62, Absatz 1.

7) § 63, Absatz 1. 4.

8) § 63, Absatz 3 spricht zwar von „Besitz", meint jedoch u. E. augenscheinlich bloß den unmittelbaren Besitz des beschränkten Grundstücks.

9) Ist der Rentenberechtigte nicht der Staat, so muß diese Anmerkung erst nach Tilgung der fünften Jahresrente angebracht werden, § 67, Absatz 1.

10) Daselbst, dann, wenn der Rentenberechtigte der Staat ist.

11) Die Anmerkung erfolgt auf Grund § 104 GO. und zwar sowohl auf dem A-, wie auch auf dem B-Blatte des Grundbuchs.

12) Sei es nun der Einbücherung des Begründungsvertrages, oder aber der Anmerkung der Eigenschaft eines Rentenschuldgrundstücks.

13) § 68.

14) § 68.

15) § 68. Der Umfang dieser Beschränkungen hängt von der Person des Berechtigten ab. Ist es der Staat, so muß, andernfalls kann (vertraglich) die Belastung,

6. Die Beendigung der Reallast erfolgt entweder durch ihre Ablösung, oder aber durch die berechtigte Rücknahme des belasteten Grundstücks.

7. Das Recht der Ablösung der Reallast kommt zu:

a) dem Eigentümer des beschränkten Grundstücks, der dasselbe durch halbjährige Kündigung ausübt[1]).

Der Begründungsvertrag kann das Kündigungsrecht für bestimmte Zeit, doch höchstens für 32 Jahre ausschließen[2]). Er kann auch die Bestimmung enthalten, daß der Eigentümer des beschränkten Grundstücks dem Staate als Rentenberechtigten gegenüber das Kündigungsrecht bloß nach vorheriger Einwilligung des Bodenreformgerichts ausüben darf[3]).

b) dem Staat auch dann, wenn nicht er der Rentenberechtigte ist[4]) [5]).

Der Staat übt dieses Recht nach Einholung der Bewilligung des Bodenreformgerichts durch den Ackerbauminister aus[6]). Das Gesetz ermächtigt ihn aber auch dazu, dasselbe an den Landesverband der ungarischen Bodenkreditanstalten[7]), oder an die Landeszentralkreditgenossenschaft zu übertragen[8]). Die Ausübung des staatlichen Ablösungsrechts[9]) unterliegt bei den dem allgemeinen, im GA. XXXVI, 1920 geregelten staatlichen Ablösungsrechte unterworfenen Liegenschaften[10]) keinen weiteren Beschränkungen[11]), bei den übrigen muß der Staat vorerst das Recht des Rentenberechtigten durch Rechtsnachfolge erwerben[12]).

Die Ablösungssumme kann in dem Begründungsvertrag der Reallast im voraus bestimmt werden[13]). In diesem Falle muß sowohl ihre Höhe[14]), als auch die Art ihrer Tilgung aus dem Grundbuche erhellen[15]).

Übertragung, Aufteilung und Verpachtung des Grundstücks, ferner ähnliche Verfügungen betreffs des Nießbrauchs an demselben, soweit sie eben zugelassen werden, von der Einwilligung des Bodenreformgerichts abhängig gemacht werden. Einzelne privilegierte Rentenberechtigte (der Landesverband der ungarischen Bodenkreditanstalten, sowie die Landeszentralkreditgenossenschaft) können sich außerdem auch noch das Recht, die Belastung, Übertragung, Verpachtung und Aufteilung des Grundstücks von ihrer vorherigen Einwilligung abhängig zu machen, in dem Begründungsvertrage der Reallast zusichern.

[1]) § 64, Absatz 1.

[2]) § 64, Absatz 1.

[3]) § 64.

[4]) § 64, Absatz 1.

[5]) § 64, Absatz 2. Der Staat wird Rechtsnachfolger des Rentenberechtigten.

[6]) § 64, Absatz 2. Die Ablösungssumme kann auch gerichtlich hinterlegt werden (daselbst).

[7]) § 64, Absatz 2.

[8]) § 64, Absatz 2.

[9]) § 64, Absatz 2.

[10]) Das ist bei solchen Rentenschuldgrundstücken, die vor Erlangung ihrer diesbezüglichen Eigenschaft laut §§ 27—49 GA. XXXVI, 1920 von dem Staate abgelöst werden konnten.

[11]) Arg. § 64.

[12]) § 64, Absatz 2. Der Staat wird durch die Ablösung ein cessionarius de lege (daselbst).

[13]) § 65.

[14]) § 65, Absatz 2, § 67, Absatz 3. Die Ablösungssumme wird in dem Grundbuche durch eine Anmerkung kenntlich gemacht.

[15]) Daselbst.

Ist in dem Vertrag keine diesbezügliche Bestimmung enthalten, so beträgt die Ablösungssumme der Reallast das Zwanzigfache der Jahresrente[1]).

8. Das Rücknahmerecht kommt dem es sich vertraglich sichernden Rentenberechtigten einmal infolge gewisser gesetzlich festgelegten Handlungen und Unterlassungen des durch die Reallast beschränkten Eigentümers der Liegenschaft, sodann aber auch infolge der Veränderung seiner Vermögenslage zu.

Solche Handlungen und Unterlassungen des beschränkten Eigentümers sind: das Auflassen der Bewirtschaftung des belasteten Grundstücks von seiten des Eigentümers, oder seiner Angehörigen[2]), die Vernachlässigung dieser Bewirtschaftung in einem Maße, das die Tilgung der Jahresrente zweifelhaft macht[3]), die Übersiedlung des Eigentümers des belasteten Grundstücks nach dem Auslande[4]), seine wegen einer gegen den Staat verübten strafbaren Handlung erfolgte rechtskräftige Verurteilung[5]).

Veränderungen der Vermögenslage des durch die Reallast beschränkten Eigentümers der Liegenschaft, die das Rücknahmerecht des Rentenberechtigten erwecken, sind: der Konkurs[6]), ferner die Uneintreibbarkeit zweier Jahresrenten der Reallast[7]).

Die Ausübung des Rücknahmerechts erfolgt durch Anerklärung des Berechtigten an den beschränkten Eigentümer[8]), und zwar innerhalb eines Jahres von dem Zeitpunkte an, in welchem er jenen Umstand zur Kenntnis nahm, der das Recht erweckte[9]).

Allenfalls hat der das Rücknahmerecht ausübende Rentenberechtigte dem bisherigen Eigentümer des beschränkten Grundstücks die notwendigen und nützlichen Aufwendungen nach ihrem vorgefundenen Werte zu erstatten[10]).

---

[1]) § 65, Absatz 1.
[2]) § 66.
[3]) § 66.
[4]) § 66.
[5]) § 66.
[6]) § 66.
[7]) § 66.
[8]) § 66, Absatz 2. Das Gesetz verleiht den Rentenberechtigten auch Sicherungsrechte, z. B. das Recht ohne weiteres eine gerichtliche Sperre zu verlangen (daselbst).
[9]) § 66, Absatz 2.
[10]) § 66, letzter Absatz.

Schuldrecht.

Einleitung.

§ 1. Schuldrecht und Forderungsrechte.

1. Das Schuldrecht umfaßt die Rechtsinstitute der Forderungen[1])
Die Forderung ist das subjektive Recht der einen Person, des Gläubigers, von einer anderen, dem Schuldner, eine Leistung zu verlangen[2]). Die Leistung kann bestehen in einer Übergabe von Sachen, in einem Tun oder Unterlassen[3]).

Die Forderung ist das Mittel, das dazu dient, die Tätigkeit der Rechtsgenossen unmittelbar zwar im Interesse des Gläubigers, aber auch mittelbar in dem der Gemeinschaft in Anspruch zu nehmen.

Es war erst der Praxis der Kriegszeit vorbehalten, in vielen wichtigen Beziehungen und besonders in den Sätzen über die Unmöglichkeit und Unerschwinglichkeit der Leistung darauf hinzuweisen, daß jede privatrechtliche Tätigkeit, besonders aber jede schuldrechtliche, eigentlich in letzter Reihe den Endzweck des menschlichen Zusammenwirkens die Stärkung des staatlichen Lebens zu fördern habe, ferner daß aus diesem Grundsatze auch praktische, privatrechtliche Folgerungen zu ziehen sind[4]).

Das Schuldrecht ist der wichtigste Teil des Vermögensrechtes, dessen Grundsätze den übrigen Teilen des Privatrechtes, in denen sich auch schuldrechtliche Elemente zeigen[5]), zugute kommen. Es hat auch als ergänzendes Recht in den Sonderrechten des Privatrechtes einen sehr erheblichen Einfluß erlangt[6]).

2. Im Gegensatze zu den übrigen Teilen des Privatrechtes gelten im Schuldrecht sowohl bezüglich der einzelnen Arten der subjektiven

---

[1]) Grosschmid gibt in seinem genialen und ein standard work des Schuldrechtes bildenden „Kapitel aus unserem Schuldrecht" II 1077ff eine scharfe Unterscheidung der für jede Forderung gemeinsamen, nicht nach den einzelnen schuldschöpfenden Tatsachen verschiedenen (explikativen) und den hiernach gruppierten (implikativen) Regeln.

[2]) Nach Grosschmid ist das der die äußeren Merkmale erschöpfende Begriff des Schuldverhältnisses, den organischen sieht er hingegen darin, daß auf die Forderung genannte Erscheinung nach der Intention des Gesetzes alle gemeinsamen Regeln der Schuldverhältnisse angewendet werden. Daselbst II 1239ff.

[3]) Vgl. EUG. § 710.

[4]) Besonders äußern sich diese in der Ausschließung der Verantwortung dann, wenn die Unerschwinglichkeit der Leistung durch allgemeine, die ganze Volkswirtschaft beeinflussende Umstände verursacht wurde. Mj. Dt. X 260, K. 1915, P. II 10495 und viele andere Ensscheidungen.

[5]) Vgl. Grosschmid Kapitel II 1076, ferner das im Bd. II dieses Werkes über den Inhalt des Eigentums und das im Bd. I S. 195—204 über die gesetzlichen Schuldverhältnisse der wirklichen und vermeintlichen Ehegatten Gesagte.

[6]) Grosschmid a. a. O. Besonders im Handels- und Wechselrecht.

Rechte schuldrechtlichen Inhaltes, der Forderungen[1]), als auch hinsichtlich ihrer Bewegungssachen großzügige und freiere Grundsätze. So gilt innerhalb der auf Verträgen beruhenden oder durch solche bewegten Forderungsrechte die grundsätzliche Freiheit des Inhaltes und der Bewegung: der Vertrag ist in jeder Hinsicht eine allgemeine Bewegungstatsache der Forderungen[2]).

Hingegen müssen sowohl die übrigen Handlungen des Schuldrechtes und zwar einmal die rechtsgeschäftlichen und besonders die einseitigen Rechtsgeschäfte[3]), ferner die Gesamtakte[4]), sodann die Rechtshandlungen i. e. S.[5]) und die verbotenen Handlungen, endlich die Forderungen begründenden und -abändernden Ereignisse nicht als die Folge der Inhalts- und Bewegungsfreiheit der betreffenden Schuldrechte, sondern als die Folge ihrer Zulassung oder Duldung aufgefaßt werden.

Während die Äußerungen der Quellen betreffs der Arten, des Inhaltes und der Wirkung der schuldrechtlichen Verträge eine exemplikative Regelung bedeuten, die die Beteiligten nach ihrem Belieben befolgen, oder in gegenseitiger Übereinstimmung auch abändern oder ausschließen können[6]), hat man bezüglich der übrigen Bewegungstatsachen der Schuldrechte grundsätzlich von der gegenteiligen Auffassung auszugehen. Dies schließt in diesem Umkreise sowohl innominate Forderungsrechte, als auch ihrer Art nach in den Quellen weder unmittelbar, noch mittelbar bekannte Bewegungstatsachen und Bewegungswirkungen aus[7]).

3. Das Forderungsrecht schafft Beziehungen von Person zu Person. Der Gegenstand der Forderung ist aber eigentlich der Wille des Verpflichteten, die Leistung zu vollbringen. Fehlt dieser Wille, so muß er, sofern der Forderung überhaupt Genüge geleistet werden soll, gerichtlich erzwungen werden. Dies erfolgt regelmäßig durch Urteil und Zwangsvollstreckung, die zwar nicht als Kriterien, doch immerhin als wichtigste Folgen der Forderung zu betrachten sind[8]). Sie bilden jedoch nur den äußerlich erkennbaren Weg, auf dem der Grundgedanke des Schuldrechtes, die Heranziehung der vermögensrechtlichen Güter und zwar möglichst

---

[1]) Siehe weiter.

[2]) Vgl. Grill Dt. II 2, S. 440, K. 298/1887, die von dem Vertrage als allgemeiner Begründungstatsache der Forderung ausgeht. Dieser Auffassung entspricht, daß man formelle und materielle Beschränkungen der Vertragsfreiheit im Schuldrecht als Ausnahmen empfindet und auch juristisch als solche behandelt, z. B. die Einführung der Schriftform, sowie die behördliche Kontrolle (und die demgemäß erforderliche behördliche Genehmigung) der Übereignungen der Liegenschaften, welche in der Praxis mit Hervorhebung dessen, daß sie Ausnahmen bilden, einschränkend ausgelegt werden, vgl. K. 1921, P. V 2226, Ü. L. Dt. Bd. I, 2, F. 2. usw. Vgl. auch EUG. § 712.

[3]) So Grill Dt. II, 2, S. 443, K. 44/1900.

[4]) Ohne Erlaubnis, welche der VM. des Inneren 1508/1875, bzw. dem § 154, Punkt 3 HG. zu entnehmen ist, könnte man diese wohl kaum als gültig betrachten.

[5]) Behördliche Anordnungen vgl. GA. XLI: 1881 (Expropriationsgesetz) § 5 ff.

[6]) Sie gelten aber doch auch als Interpretationsregeln, wenn die Parteien eine Handlungsweise befolgt haben, die dies zuläßt.

[7]) Anders hinsichtlich der Delikte Grosschmid II, 1102.

[8]) Grosschmid II, 838 nennt die Erzwingbarkeit die Hauptwirkung der Forderung.

aller dem gerichtlichen Zugriffe nicht entzogenen Güter des Schuldners zur Deckung des Gläubigers[1]), verwirklicht wird.

4. Die Regel ist die Erzwingbarkeit des Geldwertes der Forderung, die ihre Schranken nur in den Grenzen des Vermögens des Schuldners und in denen der Pfändbarkeit[2]) findet.

Es gibt jedoch sowohl hinsichtlich der Forderung der Erzwingbarkeit überhaupt, als auch hinsichtlich des Umfanges, auf den sie sich erstrecken darf, auch bedeutende Ausnahmen.

5. Der Erzwingbarkeit ermangeln die Naturobligationen, d. h. jene Forderungen, bei denen eine Leistungspflicht vorhanden ist, ohne daß sie jedoch gerichtlich erzwingbar wäre[3]). Den Hauptfall der Praxis bilden die Naturobligationen des Karten- oder sonstigen Glücksspieles und der Wette[4]).

Wird eine Naturobligation erfüllt, so gelten die allgemeinen Grundsätze der Leistungen[5]). Dasselbe muß auch von den Surrogaten der Erfüllung behauptet werden, welche als Erfüllung einer geschuldeten Leistung an den hier kritischen Punkten des Rechtssystems weder den Schenkungen[6]) noch den ungerechtfertigten Bereicherungen[7]) gleichgestellt werden dürfen.

6. Innerhalb der Grenzen der Erzwingbarkeit kann es vorkommen, daß nicht das ganze Vermögen des Schuldners, sondern entweder bloß einzelne bestimmte Gegenstände[8]) bzw. gewisse Sonderteile[9]) desselben, oder zwar sein ganzes Vermögen[10]), doch nicht bis zur ganzen Höhe der Forderung, sondern nur bis zur Höhe einer gesetzlich oder rechtsgeschäftlich im voraus bestimmten geringeren Summe zur Deckung herangezogen werden darf. Das sind die Fälle der beschränkten Haftung des Schuldners, die aber kraft Gesetzes mehr bei den Forderungen nicht schuldrechtlicher Natur beobachtet werden können[11]).

§ 2. Übersicht des Schuldrechtes.

1. Der Kernpunkt der Forderungsrechte ist die Leistung. Sie ist allen Forderungen gemeinsam und untersteht ohne Rücksicht auf die Begründungstatsache gewissen gemeinsamen Grundsätzen, die ein wichtiges Element des allgemeinen Teiles des Schuldrechts ausmachen.

---

[1]) Ausnahmen siehe unten. Vgl. Artur Meszlény: Über das schweizer BGB. (ung. 1909) S. 370.

[2]) Vgl. GA. XLI: 1908 §§ 2ff.

[3]) Börsendifferenzen, Grill Dt. II, 2, S. 553, K. 47/1901. Das. S. 570, K. 247.

[4]) Kartenspiel, Wette daselbst 570, K. 7861/1889.

[5]) Arg. der an letzter Stelle angeführte Fall.

[6]) Vgl. Grosschmid II, 927.

[7]) So Grill Dt. II, 2, 569, K. 7861/1889 und daselbst 566, K. 47/1901, welche die Rückforderung der erfüllten Leistung ausschließen.

[8]) Duldungshaftung des Nachfolgers von Todeswegen GA. LX: 1881 § 14.

[9]) Leistungshaftung, welche nicht den Umfang der Erbschaft übersteigen kann, Sonderteil des Vermögens (des Erben) ist hier die Erbschaft.

[10]) Leistungshaftung der Nachfolger von Todeswegen, GA. LX: 1881 § 15.

[11]) Haftung des Erben, des dinglichen Schuldners, besonders des Pfandeigentümers usw. Vgl. Grosschmid Kapitel II, 891ff.

Dieser befaßt sich demnach vor allem mit den drei Elementen der Leistung: dem inhaltlichen, sowie den beiden persönlichen[1]). Es ist daher in dem allgemeinen Teile des Schuldrechtes vorerst auszuführen, worin die Leistung bestehen kann, welches ihre wichtigsten Arten und Eigenschaften sind, wie ihre Verstärkung, Erfüllung oder Nichterfüllung das Forderungsrecht beeinflussen. Sodann muß die Rolle des Gläubigers und des Schuldners von dem Standpunkte der Leistung aus und besonders in Anbetracht dessen geklärt werden, inwieweit diese von der Identität der Personen des Forderungsrechtes berührt wird.

Mit einem Worte, der allgemeine Teil des Schuldrechtes enthält in erster Reihe die von den Begründungstatsachen der Forderung unabhängigen Grundsätze der persönlichen und sachlichen Erfordernisse der Leistung.

2. Weiterhin hat der allgemeine Teil des Schuldrechtes auch die wichtigsten Umrisse der Bewegungstatsachen der Forderungsrechte zu behandeln, vorausgesetzt, daß diese sich nicht auf eine oder mehrere Arten derselben beschränken.

Die Leistungslehre wird daher durch die allgemeinen Grundsätze der Begründung, der Änderung und Aufhebung der Forderungen ergänzt, wobei es zu bemerken ist, daß der zentralen Lage entsprechend, welche der Leistung innerhalb der Forderung zukommt, die Bewegungstatsachen der Forderungen sich im Grunde genommen wohl auch als solche der Leistungen auffassen lassen, daß daher die allgemeine Lehre der Bewegungstatsachen der Forderungen genau genommen auch nur ein weiterer Abschnitt der Leistungslehre ist.

3. Der allgemeine Teil des Schuldrechts, die in dem soeben behandelten Sinne zu verstehende Leistungslehre ist jedoch bloß der Rahmen des schuldrechtlichen Verkehrs. Das Bild selbst kommt erst mit der Kenntnis der nach einzelnen Begründungstatsachen entsprechend gruppierten Forderungsarten zum Vorschein.

Dies ist die Aufgabe des besonderen Teils des Schuldrechtes, der die den einzelnen rechtsbegründenden Tatsachen und zwar einmal die den Handlungen und besonders den ein- und zweiseitigen Rechtsgeschäften, den Handlungen i. e. S., sodann den verbotenen Handlungen, endlich den innerhalb des Schuldrechtes mit rechtlichen Folgen versehenen Ereignissen entstammenden Forderungsrechte behandelt.

Leistungslehre.

§ 1. Erfordernisse und Eigenschaften der Leistungen.

1. Die allgemeinen inhaltlichen Kriterien der Leistung sind schon in dem Begriffe der Forderung enthalten. Aus diesem ist auch zu ersehen, daß jedes[2]) rechtlich in Betracht kommende Geben, Tun oder Unterlassen den Inhalt einer Leistung ausmachen kann.

---

[1]) Nämlich der Person des Gläubigers und des Schuldners.

[2]) Ein Vermögenswert ist gewöhnlich vorhanden, muß es jedoch nicht sein. So wurde ein Vertrag zwischen Brüdern gültig anerkannt, welcher den einen durch fingierte Zwangsvollstreckung gegen unrechtmäßige Wechselgläubiger schützte. K. 1917, P. V 1010.

Im Gegensatze zu dem den übrigen subjektiven Rechten entsprechenden, menschlichen Tun und Unterlassen, dessen schematischer Inhalt den Quellen ganz unzweifelhaft, wenn auch oft, und besonders oft in dem gewohnheitsrechtlichen Systeme des ungarischen Privatrechtes, nur mittelbar zu entnehmen ist, begnügt sich das objektive Recht damit, den Inhalt der Forderungsrechte, das durch sie vorgeschriebene menschliche Tun und Unterlassen bloß anzudeuten und zu umgrenzen, nicht aber auch vorzuschreiben oder zu erlauben.

Dies erfolgt durch die Aufstellung einer negativen Inhaltsschranke, die bestimmt, daß menschliches Tun oder Unterlassen, welches unmöglich ist, oder der guten Sitte, oder dem Gesetze widerspricht, nicht zu dem Inhalte einer gültigen Leistung und so auch nicht zu dem einer Forderung gemacht werden darf.

2. Diese Inhaltsschranke der schuldrechtlichen Leistung fällt mit der bei den Inhaltsfehlern der Rechtsgeschäfte erwähnten zusammen. Es kann daher auf das dort Gesagte verwiesen werden[1]). Nur einige Bemerkungen sind dem noch hinzuzufügen:

Vor allem, daß die erwähnte Inhaltsschranke, mit Ausnahme der Unmöglichkeit der Leistung, die hinsichtlich aller Begründungstatsachen der Forderungen gleichmäßig wirkt[2]), den rechtsgeschäftlichen, sowie sonstigen menschlichen Handlungen entstammenden, oder den aus schuldrechtlichen Ereignissen hervorgehenden Forderungen nur insoweit auferlegt wird, als die fragliche Forderung nicht quellenmäßig ausdrücklich anerkannt wurde, da ja das Gesetzeswort heute ganz ohne Rücksicht darauf gilt, ob die gute Sitte, bzw. eine andere Quellenstelle es gutheißt oder aber das Gegenteil anordnet[3]). Das will besagen, daß der Gesetzgeber und wohl auch die mit Gesetzeskraft versehene Gewohnheit das mahnende Wort der guten Sitte und des bestehenden Rechtes nur im Entwicklungsstadium der Rechtsvorschrift zu hören hat[4]). Wurde es damals überhört, so hat sich die Rechtsanwendung dem anzupassen und die inhaltliche Schranke der gesetzlich zugelassenen Leistung nicht weiter zu überprüfen.

Eine Inhaltsschranke hindert das Entstehen des Schuldrechts nur dann, wenn sie schon zur Zeit der Verwirklichung seiner Begründungstatsache vorlag. Ist zur Begründung des Schuldrechts ein ganzer rechtlicher Tatbestand erforderlich, so muß die Inhaltsschranke bei der Verwirklichung der letzten wirkenden Tatsache desselben vorhanden sein[5]).

---

[1]) Siehe Bd. 1, S. 135ff.

[2]) Das Gesetz ist zwar mächtig, es kann aber doch nicht vorschreiben, daß das Unmögliche möglich werde. Tut es dies, so entsteht dennoch keine wirkliche Leistungspflicht.

[3]) So müssen nach der autoritativen Erklärung der 63. VE. der Kurie, trotzdem die alten Verbote der toten Hand m. E. inhaltlich noch zu Recht bestehen, die Veräußerungen der Kirchengüter, bezüglich die sie verpflichtende Leistungen kraft § 70ff. EPG. als gültige Leistungen anerkannt werden.

[4]) Trip. Prol. X § 3 erforderte noch bei der Sitte, daß sie „sit rationabilis"; die neuere Entwicklung muß es sich versagen, die Ungültigkeit einer Leistung wegen ihrer Irratinalität zu behaupten, trotzdem dies manchmal schwer zu umgehen ist.

[5]) Bei Verträgen die Annahme, bei Verfügungen von Todeswegen der Erbanfall usw.

Tritt sie hingegen erst später ein, was zwar meistens nur hinsichtlich der gesetzlich verbotenen[1]), nach den Erfahrungen der Kriegszeiten aber hie und da auch betreff der unmöglichen[2]), ja sogar der unsittlichen[3]) Leistungen der Fall sein wird, so ist auf die Grundsätze der nachträglichen Unmöglichkeit zu verweisen[4]), welche die Praxis zwar bei den Verträgen entwickelt hat[5]); welche jedoch zweifelsohne auch bei den analogen Tatbeständen der übrigen rechtsgeschäftlichen und nichtrechtsgeschäftlichen Forderungen sowie deren Inhaltsgrenzen anzuwenden sind[6]).

Endlich darf nicht außer Acht gelassen werden, daß der Umfang eines gesetzlichen Verbotes genau erst durch Auslegung klargestellt werden kann und auch muß. Das letztere kann nämlich zweierlei bedeuten und hat demnach auch für die Zulässigkeit der Leistung verschiedene Wirkung, je nachdem, ob es bloß die Begründung einer ähnlichen Leistung für die Zukunft verhindern[7]), oder aber die in der Vergangenheit gültig entstandenen Leistungsverpflichtungen auch nachträglich ihrer Kraft entkleiden will[8]). Im Zweifel ist dies nicht anzunehmen[9]), ausgeschlossen scheint es jedoch keinesfalls[10]).

3. Vor dem Kriege konnte eine kurzgefaßte Behandlung der Inhaltsschranke der Forderungsrechte mit dem Gesagten abschließen. Jetzt muß man m. E. noch hinzufügen, daß Krisenzeiten, d. h. solche, in denen nicht vorausgesehene wirtschaftliche und politische Ereignisse das ganze Rechtsleben in ungeahnt tiefer und einschneidender Weise beeinträchtigen, alle drei Elemente der schuldrechtlichen Inhaltsschranke stark verwandeln.

Die Unmöglichkeit der Leistung wird in diesen Zeiten von einer seltenen Ausnahme auf dem Wege der wirtschaftlichen Unerschwinglichkeit und des Verschwindens einer großen Anzahl massenhafter Bedarfsartikel zu einer häufigen Erscheinung, welche wenn sie auf die allgemeine krisenhafte Lage zurückführbar ist, eine Schadensverteilung mit sich bringt,

---

[1]) Z. B. hinsichtlich der Höhe des erlaubten Zinsfußes: bis GA. VIII 1877 unbegrenzt, von da ab gerichtlich erzwingbar nur bis 8%, obzwar nicht verboten. Daselbst § 5.

[2]) Wurden doch sogar Mehllieferungen Hiteljogi Dt. VIII 293 (Gericht der budapester Börse), Blausäure K. 1915, 977, Maislieferungen K. 1915, P. IV 9124 (Hiteljogi Dt. Bd. X 120) usw. unmöglich oder unerschwinglich.

[3]) Besonders betreffs der behördlichen Interventionen, die die Kriegspraxis in viel schärferem Maße verurteilt, als die des normalen Privatrechtes. Vgl. Mj. Dt. X 180, Fall Nr. 113, daselbst XI 44, Fall 37.

[4]) Siehe diese unten.

[5]) Siehe unten.

[6]) Eadem ratione.

[7]) Vgl. GA. XLV: 1907 § 34, Absatz 1, welcher die Ausbedingung von Zinsen, bei einem über die den wirtschaftlichen Dienstboten gegebenen Vorschüsse ausgestellten Wechsel verbietet. Der dem Verbote zugrunde liegende ethische Gedanke (Verhinderung des Mißbrauches des Abhängigkeitsverhältnisses) führt zu der rückwirkenden Auslegung desselben.

[8]) So ausdrücklich zahlreiche Kriegsrechtsvorschriften, z. B. VMP. 350/1916, § 5, 351/1916 § 1 usw.

[9]) Wenigstens in normalen Zeiten. Betreffs der Krisenzeiten siehe weiter.

[10]) So wurde z. B. letzthin die Schriftform und mithin auch das Verbot der mündlichen Verträge betreffs der Übereignung von Liegenschaften durch § 1 VO. MER 4420/1918 und § 77 GA. XXXVI, 1920 mit wenigen Ausnahmen rückwirkend auch auf solche Rechtsgeschäfte erstreckt, die vor dem Inkraftreten der betreffenden Verordnung eingegangen wurden.

die der Unmöglichkeitslehre des normalen Privatrechtes ganz unbekannt ist[1]).

Ein ähnlicher Umschwung tritt auch hinsichtlich der Zahl und der Bedeutung der gesetzlichen Verbote von Leistungen ein. Hinsichtlich der Zahl: der Staat ist kraft der krisenhaften Lage des Rechts- und Wirtschaftslebens in der Notlage, einen wahren Hagel von Leistungsverboten zu erlassen und den grundsätzlich freien schuldrechtlichen Verkehr in Bahnen zu lenken, die aus der Notlage herausführen, oder sie wenigstens erträglicher machen. Dementsprechend wächst auch die Bedeutung der erwähnten Verbote ins Ungeheure, was rechtlich bald in der ausgesprochenen[2]), bald in der oft anzunehmenden[3]) Wirkung zum Ausdruck gelangt, daß ein solches Verbot nicht nur für die Zukunft, sondern auch betreff der schon bestandenen Leistungsverpflichtungen Geltung hat[4]).

Was endlich die Unsittlichkeit der Leistung betrifft, so führen Krisenzeiten zu einer Verschärfung der sittlichen Anforderungen, welche aus dem Verbote der unsittlichen Rechtsausübung geradezu ein Gebot der sittlichen Rechtsausübung entwickelt und so die Außerachtlassung zahlreicher Leistungsverpflichtungen begründet haben, die in normalen Zeiten anstandslos des gerichtlichen Schutzes teilhaftig werden[5]).

4. Die Leistung hat im Schuldrechte dieselbe Bedeutung, wie die Sachen im Sachenrechte. Ihre Eigenschaften sind daher zum Teile Erfordernisse der Forderungsrechte, zum Teile aber solch wichtige Begleiterscheinungen derselben, daß sie hier ebenfalls zu erwähnen sind.

5. Erfordernis der Schuldrechte ist die Bestimmbarkeit der Leistung. Es genügt nämlich nicht, daß die Leistung der Inhaltsschranke nicht widerspricht, sondern es ist auch nötig, daß sie grundsätzlich auch der Erzwingbarkeit zugeführt werden kann. Dies ist aber nur dann möglich, wenn ihr Inhalt, sowie die Person des Gläubigers und des Schuldners im voraus fest umgrenzt, oder aber wenigstens so umschrieben sind, daß sie mittels Auslegung der Begründungstatsache, sei es durch die Parteien selbst, sei es im Notfalle durch das Gericht mit Sicherheit festgestellt werden können.

---

[1]) So verteilt Budapester Tafel 1916, P. III, 7284, ferner K. 1917, P. II 4251 (Mj. Dt. XI, S. 128 bzw. 315), die durch die Kriegsumstände hervorgerufenen und durch die gänzliche bzw. teilweise Unmöglichkeit der Leistung erfolgten Schäden zwischen den vertragsschließenden Parteien, was im normalen Privatrechte kraft Gesetzes und ohne weiteres Hinzutun der Beteiligten unbekannt ist. Hier ist auch die neueste Praxis zu erwähnen, welche Leistungsansrpüche infolge wirtschaftlicher Unerschwinglichkeit der Leistung, sie wird beharrlich wirtschaftliche Unmöglichkeit genannt, ex offo in Schadenersatzansprüche verwandelt und den krisenhaften wirtschaftlichen Umständen bei der billigen Bemessung des Schadens Rechnung trägt. Vgl. K. 1921, P. II 2751/13 (bisher unveröffentlicht), wo die Höhe der zuerkannten Ersatzsumme nach den Wertverhältnissen jenes Zeitpunktes bemessen wurde, in dem der Kläger bei gehöriger Sorgfalt schon erkennen mußte, daß der Beklagte die bei ihm bestellten Möbel infolge der wirtschaftlichen Umwälzung zu dem ursprünglich in dem Vertrage bestimmten Preise nicht mehr liefern werde.

[2]) Siehe die in Anmerkung 8 Bd. II, S. 106 angeführten Fälle.

[3]) Z. B. VM. 1750/1916 § 15 u. a. Die krisenhaften Zustände verwandeln eben die Grundsätze der Leistungslehre und legen Hauptgewicht auf die Schonung der ohne Schuld in eine schwierige Lage geratenen Schuldner.

[4]) Z. B. Verbot des formlosen (mündlichen) Rechtsgeschäfts, etwa Übereignung von Liegenschaften, VO. MER. 4420/1918, GA. XXXVI, 1920 § 77.

[5]) Siehe Bd. II, S. 106, Anmerkung 3.

Die Leistung muß also sowohl ihren sachlichen, als auch ihren persönlichen Elementen nach bestimmt oder wenigstens bestimmbar sein. Die Rechtsordnung gibt aber zugleich die äußeren Grenzen an, innerhalb welcher sie die Bestimmbarkeit der Leistung annimmt. Diese sind betreffs der inhaltlichen Erfordernisse mindestens die Bezeichnung des Gegenstandes der Leistung nach seiner Gattung (Gattungsschulden), oder die Festlegung mehrerer Leistungen, von denen aber nach der Wahl der hierzu befugten Personen bloß eine zu erfüllen ist (Wahlschulden). [Das weitere darüber siehe unten!]

Hinsichtlich der persönlichen Elemente sind die äußeren Grenzen durch die Bestimmung mehrerer Gläubiger oder Schuldner festgelegt, von denen bloß einer die Erfüllung entgegenzunehmen bzw. zu erfüllen hat (Gesamtforderungen, Gesamtschulden). Diese Erscheinungen sollen ebenfalls besonders behandelt werden.

6. Zwar nicht Erfordernis, doch immerhin eine wichtige Eigenschaft der Leistung ist deren Teilbarkeit.

Teilbar ist eine Leistung, die ohne dem Interesse des Gläubigers Abbruch zu tun in mehrere gleichartige Teilleistungen zerlegt werden kann[1]). Die Teilbarkeit der Leistung führt — abgesehen davon, wenn sie mehrere Schuldner als Gesamtschuldner belastet, oder wenn sie mehreren Gläubigern nur gemeinsam zusteht[2]) —, zu der kraft Gesetzes eintretenden Teilung der Forderung.

Eine weitere Folge der Teilbarkeit ist, daß in dem Falle, wenn der Gläubiger Teilleistungen angenommen hatte, das Rücktrittsrecht[3]), ferner die Fortsetzung der Leistung sich den übrigen noch nicht geleisteten Teilen anzupassen haben[4]).

Nicht teilbare Leistungen werden wegen ihrer Unteilbarkeit im Falle mehrerer Gläubiger oder Schuldner in mehrfacher Hinsicht den Gesamtforderungen und den Gesamtschulden ähnlich behandelt[5]).

7. Trotzdem die Vertretbarkeit[6]), Verbrauchbarkeit[7]) und die Ertragsfähigkeit[8]) der Leistungen auch mit gewissen Folgen versehen sind, wurden die letzteren in dem modernen Privatrechte dennoch nicht so

---

[1]) Nicht die eine Eintragungsbewilligung von seiten mehrerer Miteigentümer bezweckende Leistung Mj. Dt. IX 137, F. 130, K. 1913, P. 4111. Als unteilbar betrachtet die Praxis auch die von einem Teileigentümer ohne Einwilligung der übrigen eingegangene Verpflichtung der Übereignung des ganzen Hauses, weshalb in solchen Fällen, wenn die Genehmigung der übrigen Teileigentümer nicht zu erlangen war, Ungültigkeit des ganzen Geschäftes eintritt, K. 1921, P. 2232/21 (Fall meiner Praxis), ebenso K. 1921, P. V. 3844, Ü. L. Mj. Dt. I 25, F. 32a; ferner den in natura zu leistenden Unterhalt Grill Dt. II 2, 716, K. 1899, I, G. 59.

[2]) So in dem inneren Verhältnisse der Miterben und der Schuldner des Nachlasses untereinander, Grill Dt. III 466, K. 1901, I, G. 201

[3]) Arg. HG. § 358

[4]) Arg. HG. § 325. Die Vorschriften des HG. gewinnen in dem ungarischen Schuldrechte als der Quelle des gesetzten Rechtes entstammend erhöhte Wichtigkeit und ist deren Anrufung in den grundlegendsten Fragen desselben nicht zu umgehen.

[5]) Vgl. hinsichtlich der Vornahme der Leistung Mj. Dt. IX 137 (F. 130), K. 4111/1913, P. V. HGB. § 325 und der Entgegennahme der Leistung. EUG. § 964.

[6]) Sie äußert sich darin, daß die meisten Forderungen auch ohne der Einwilligung des Schuldners von Dritten getilgt werden können.

[7]) Wichtig etwa bei dem Vermögensnießbrauche des Vaters oder der Witwe.

[8]) Siehe die vorige Anmerkung.

scharf ausgeprägt, daß man mit Rücksicht auf die praktische Gruppierung der Leistungen oder Forderungen von diesen noch ausführlicher berichten müßte.

§ 2. Gattungsschuld.

1. Sachschulden, deren Leistungen bloß nach Gattungsmerkmalen, d. h. nach Zahl, Güte, Gewicht oder Größe bestimmt sind[1]), heißen Gattungsschulden.

Die Gattungsschuld bedeutet, daß der Gegenstand der Forderung noch unbestimmt ist, was in gewissem Maße auch bei den übrigen Forderungsarten vorkommen kann, jedoch in den spärlichen ungarischen Quellen als Grund besonderer Rechtsfolgen nur bei Sachschulden dient[2]).

Der Gattungsschuldner ist berechtigt, jede der Gattung angehörige Sache zu leisten, vorausgesetzt, daß sie nicht unterhalb der rechtsgeschäftlich oder gesetzlich als äußerste Grenze bezeichneten Linie bleibt, also von dem Standpunkte der Gattungsschuld aus nicht als fehlerhafte Sache zu betrachten ist[3]).

Fehlt eine rechtsgeschäftlich bezeichnete untere Grenze, so dient als gesetzliche die mittlere Gattung und innerhalb derselben die mittlere Güte der Sache[4]).

Die Möglichkeit, die zu leistende Sache zu bestimmen, kommt dem Schuldner bis zur Fälligkeit, ja selbst nach seiner gerichtlichen Verurteilung bis zur Vornahme der Zwangsvollstreckung zu[5]). Hat er dies versäumt, so darf von da ab der Gläubiger wählen[6]), wobei er aber ebenfalls die rechtsgeschäftlichen bzw. gesetzlichen Grenzen einzuhalten hat.

2. Die Bestimmung der zu leistenden Sache erfolgt durch die Erfüllung[7]), gegebenenfalls aber auch schon dadurch, daß der Schuldner die Sache dem Gläubiger in gehöriger Weise anbietet und denselben hierdurch in Gläubigerverzug versetzt[8]).

Von dem Zeitpunkte der gültigen Bestimmung des zu leistenden Gegenstandes an gelten hinsichtlich der Gattungsschuld betreffs des Verzuges[9]),

---

[1]) So Grosschmid Kapitel I 584ff.

[2]) Grosschmid (Kapitel aus unserem Schuldrecht S. 585ff.) behandelt die Gattungsschuld ebenfalls bloß als Sachschuld.

[3]) Vgl. die unten angeführten Gesetzesstellen, die sämtlich von Sachschulden handeln.

[4]) Grosschmid nennt das Gattungsmaß das äußere, das Maß der Güte das innere, I 588. Der Grundsatz ist dem § 321 HG. zu entnehmen, der ihn für die Handelsgeschäfte aufstellt. Er muß eadem ratione auch für die Geschäfte des Privatrechtes gelten.

[5]) Arg. GA. LX: 1881 § 219, welcher ihn für den Fall einer alternativen Verurteilung auf Sachleistung oder Geldleistung aufstellt und als Zeitgrenze die in dem Urteile festgelegte Zeitspanne bestimmt. Dies setzt voraus, daß das Bestimmungsrecht bis dahin dem Schuldner zusteht.

[6]) Daselbst.

[7]) Arg. HG. § 343, welcher sich auch auf den § 321 beziehen muß.

[8]) Es liegt kein Grund vor, die Gattungsschuld einer anderen Behandlung teilhaftig werden zu lassen als die individuelle.

[9]) Sowohl des Gläubiger-, als auch des Schuldnerverzuges. Zwar fehlt in dem heutigen ungarischen Rechte eine derartige Regel, wie die des § 243 BGB., vgl. jedoch die Begründung des EUG. Bd. III 331ff., welche diese Auffassung in dem Bewußtsein wiederspiegelt, daß sie auch das jetzt geltende Recht sei. Arg. auch EUG. (letzter Text) § 873, welcher allerdings bloß von der Gefahr handelt, jedoch eadem

der Unmöglichkeit der Leistung[1]) und der Gefahr[2]) die für die individuelle Sachschuld bestehenden Grundsätze[3]). Hat der Gläubiger auf die zur Leistung bestimmte Sache noch keine Rechte erworben, so muß es aber dem Schuldner dennoch unter Umständen freistehen, von der Bestimmung der zu leistenden Sache auch einseitig zurückzutreten, in welchem Falle die Grundsätze der Gattungsschuld weiter anzuwenden sind[4]).

3. Vor der erwähnten Bestimmung hat der Schuldner solange Sachen, welche der Gattung angehören, der die zu leistende Sache entnommen werden muß, noch erschwingbar[5]) zu beschaffen sind, ohne Rücksicht darauf zu leisten, ob hinsichtlich der einzelnen Gegenstände, welche er bei der Eingehung der Verpflichtung als Leistungsbasis betrachtet hat, eine Unmöglichkeit eingetreten war oder nicht[6]).

4. Die Gattung kann von den Parteien, oder von der eine Gattungsschuld vorschreibenden Quelle auf verschiedene Art umschrieben und zum Teile sogar begrenzt sein[7]). In letzterem Falle entsteht eine begrenzte Gattungsschuld, die bezüglich der Unmöglichkeit der Leistung[8]), sowie der damit zusammenhängenden Fragen die Forderung von allem Anfang her auf die durch die Umgrenzung an Umfang verringerte Gattung beschränkt, und so die Gattungsschuld der individuell bestimmten Forderung annähert[9]).

---

ratione auch auf den Verzug und die Unmöglichkeit angewendet werden muß. Arg. endlich das von einer begrenzten Gattungsschuld handelnde Urteil, K. 1921, P. IV 5594, Hji. Dt. XV 141, P. 83.

[1]) Siehe vorige Anmerkung.

[2]) Siehe Anmerkung 5.

[3]) Siehe weiter.

[4]) Vgl. die vorzüglichen Ausführungen Grosschmids II 1013ff. und I 584ff.

[5]) Arg. die während des Krieges sozusagen ohne jede Quellenbasis unter der Macht der Umstände entstandene Praxis der wirtschaftlichen Unmöglichkeit der Gattungsschulden, die auf die allgemeinen Grundsätze des Privatrechtes zurückgeführt werden. Vgl. z. B. Hiteljogi Dt. XI 181, Fall 94 betreffs Spiritus, daselbst 265, Fall 136 bereffs Holzes usw.

[6]) Etwa, daß sein eigener Vorrat, der aber anderweitig noch zu beschaffen war, von seiten der Heeresleitung requiriert wurde. Anders bei der individuell bestimmten oder bei der hinsichtlich der Gattung begrenzten Ware, wenn die ganze Gattung diesem Schicksal verfiel. In diesem Falle schreibt Mj. Dt. XI 14, K. 1916, RP. IX 3564, sowie daselbst 196 (F. 145), K. 1917, P. VII 304 vor, daß der von dem Verkäufer erzielte Preisüberschuß dem Käufer ausgeliefert werde.

[7]) Ware eigener Provenienz vgl. die an letzter Stelle angeführten Fälle. Mj. Dt. X. 347, K. 1916, RP. VIII 3563 bezeichnet „Korn eigener Provenienz" ursprünglich als die Umschreibung eines individuellen Kaufes. Dies war um so weniger nötig, als die Entscheidung des Falles auch von dem richtigen Grundsatze der Möglichkeitslehre der begrenzten Gattung abzuleiten gewesen wäre. „Gebrauchte in der Fabrik liegende Stricke", K. 1921, P. IV 5594, Hji. Dt. XV 141, F 83 usw.

[8]) Vgl. Grosschmid I 608 und den an vorletzter Stelle angeführten Fall, welcher die Befreiung des Schuldners ausspricht, wenn seine eigenen Bedürfnisse abgerechnet, ohne seinen Fehler nicht eine solche Menge Getreide auf dem Gute des Schuldners vorhanden war, mit der er die Leistung erfüllen könnte, ferner Hji. Dt. XV 171, F. 83 usw.

[9]) Die Unmöglichkeit der Erfüllung tritt bei der begrenzten Gattung viel eher ein, als bei der reinen. Mit dem Eintritt dieses aber entfällt der Unterschied, oder doch seine praktische Seite.

§ 3. Wahlschuld.

1. Die Wahlschuld ist eine Forderung, bei der von mehreren gleichmäßig verpflichteten Leistungen bloß eine zu erfüllen ist[1]).

Den Inhalt der Wahlschuld kann jede erlaubte Leistung bilden. In bezug auf den Umkreis, innerhalb dessen sie Platz greifen kann, ist sie daher der sich auf Sachleistungen beschränkenden Gattungsschuld bedeutend überlegen[2]).

Begründungstatsachen der Wahlschulden sind, wie ja auch die der Gattungsschulden, alle Begründungstatsachen der Forderungen, demgemäß: rechtsgeschäftliche[3]), erlaubte und verbotene Handlungen[4]), sowie Ereignisse[5]).

2. Die Unbestimmtheit der Leistung der Wahlschuld wird durch die Wahl des Leistungsgegenstandes beendet[6]). Die Wahlerklärung ist eine einseitige, an die Gegenpartei bzw. an den Schuldner zu richtende[7]), unwiderrufliche[8]) Willenserklärung. Sie kann sowohl dem Gläubiger[9]) als auch dem Schuldner[10]), wie auch — der allgemeinen Auffassung nach — Dritten[11]) zukommen. Im Zweifel hat der Schuldner die Wahl. Der Zeitpunkt, bis zu dem die Wahl vorzunehmen ist, fällt grundsätzlich mit dem der Fälligkeit[12]) der Forderung zusammen, doch gilt dies nur insoweit, als der Schuldner, bzw. die zur Wahl berechtigte Partei für den durch die spätere Wahl entstandenen Schaden aufzukommen hat[13]). Es bedeutet aber keineswegs auch, daß die Vornahme einer späteren Wahl unwirksam wäre[14]). Es ist vielmehr erlaubt, die Wahl bis zur Vornahme der Zwangsvollstreckung zu verschieben[15]).

---

[1]) Vgl. EUG. § 874.

[2]) Grosschmid II 804 zählt als ihre Arten die Sachleistungen und zwar die nach Gattung, nach individuellen, nach vermischten Kennzeichen bezeichneten Sachleistungen, Leistungen auf Tun, Unterlassen, die auf die Art, die Zeit, den Ort der Erfüllung gerichteten Wahlschulden auf.

[3]) HG. § 325, die Bestimmung mehrerer Erfüllungsorte.

[4]) Erlaubte Handlung, z. B. Vermischung, die u. U. Aussonderung der eigenen und fremden Sachen, oder aber nach der Wahl des Berechtigten gemeinsames Eigentum an der gemeinschaftlichen neuen Sache verleihen kann. Verbotene Handlungen können dem in seinem Rechte Verletzten eine Wahl zwischen Naturalherstellung und Schadensersatz in Geld bieten usw.

[5]) Besonders gesetzliche Vorschriften, etwa die den verschiedenen Zentralen in den Kriegsvorschriften unzählige Male verliehene Wahlforderung des Angebotes, oder der Bezeichnung eines durch die Zentrale bestimmten Käufers gewisser Waren, die den Produzenten bindet.

[6]) EUG. § 874.

[7]) Arg. GA. LX: 1881 § 219, EUG. 875.

[8]) EUG. § 875 Mj. Dt. XI 255, K. 1917, P. I 2484.

[9]) Arg. GA. LX: 1881 § 219.

[10]) Daselbst.

[11]) Grosschmid II, 754ff. schließt die Wahl Dritter aus dem Gebiete der Wahlschulden aus.

[12]) Die Wahl darf die Fälligkeit und deren Folgen nicht beeinflussen, sie soll daher spätestens schon in diesem Zeitpunkte vorgenommen werden, die Vorschrift GA. 1881 § 219 ist ein Privileg, welches an der materiellen Verpflichtung des Schuldners nichts ändert.

[13]) Ist er doch die Folge einer Pflichtverletzung.

[14]) Arg. GA. LX: 1881 § 219; ferner Grill Dt. II 2, S. 663, K. 10119/1893.

[15]) Siehe vorige Anmerkung.

Hatten jedoch die Parteien rechtsgeschäftlich einen früheren Zeitpunkt der Wahl fest bestimmt[1]), so kann von einer späteren Vornahme derselben, wurde hingegen die Leistung infolge der Verzögerung der Wahl für den Gläubiger wertlos, d. h. traten ihr zufolge die Wirkungen der Unmöglichkeit ein[2]), so kann von der weiteren Vornahme der Wahl überhaupt keine Rede mehr sein. Hat der Schuldner die Wahl bis zu dem hierfür bestimmten Zeitpunkte nicht vorgenommen, so kann an seiner statt der Gläubiger wählen[3]). Dasselbe gilt wohl auch hinsichtlich der dem Gläubiger vorbehaltenen Wahl[4]). War sie von einem Dritten vorzunehmen, und unterläßt oder verweigert er ihre Vornahme, so tritt eine aufschiebende Bedingung, an die die Erfüllung der Leistung und demnach in letzter Reihe auch die ganze Forderung gebunden wäre, nicht ein, was mit den Folgen der Vereitlung der aufschiebenden Bedingungen verbunden ist[5]).

Hinsichtlich der Voraussetzungen und Tatbestandsfehler der Wahl gelten, soweit keine anderen Bestimmungen der Parteien vorliegen, die Grundsätze der einseitigen Willenserklärungen[6]).

3. Die Wahl beschränkt die Forderung auf die gewählte Leistung[7]), scheidet demnach alle übrigen Verpflichtungen aus der Forderung aus[8]). Das bedeutet nach der klassischen Formulierung Grosschmids, die ihrem Inhalte nach auch in den EUG. übernommen wurde, daß die gewählte Leistung den Maßstab des schuldrechtlichen Verhältnisses bilde[9]). War daher die letztere ursprünglich, oder wurde sie nachträglich unmöglich, so treten je nach dem, ob der Schuldner die Unmöglichkeit verursachte, oder zu vertreten hat[10]), die Folgen der verschuldeten, bzw. der unverschuldeten Unmöglichkeit ein[11]). Derselbe Grundsatz der Gegenstandsbeschränkung gilt auch in bezug auf alle anderen Bewegungstatsachen der Forderung, ob diese nun bloß eine inhaltliche Veränderung[12]), oder aber eine Aufhebung der Wahlschuld zur Folge haben[13]).

Die verschiedenen Variationen, welche hinsichtlich der Unmöglichkeit der Leistung, auf Grund DBGB, § 265 im deutschen Rechte möglich sind, können nach den musterhaften Ausführungen Grosschmids betreffs

---

[1]) Dies steht ihnen selbstverständlich frei und wird gewöhnlich dort praktisch, wo die wählende Partei die Leistung der anderen durch eigene Handlungen vorzubereiten hat.

[2]) Vgl. das bei der Unmöglichkeit zu Sagende.

[3]) Arg. Grill Dt. II 2, S. 663, K. 10119/1893, GA. LX: 1881 § 219.

[4]) Arg. eadem ratione und die angeführten Quellenstellen. Anders EUG. § 876 hinsichtlich des wahlberechtigten Gläubigers, dem der Schuldner vorerst eine entsprechende Wahlfrist zu gewähren hat.

[5]) Anders, wie es scheint, bei den Verfügungen von Todeswegen; arg. ex eadem ratione Mj. Dt. VIII 157, K. 408 ex 1914.

[6]) Arg. Mj. Dt. XI 255, K. 1917, P. I 2484.

[7]) Daselbst.

[8]) Vgl. Grosschmid II 758ff.

[9]) Daselbst II 764.

[10]) Etwa, wenn dieselbe durch seinen Angestellten oder Bevollmächtigten hervorgerufen wurde, für den er gemäß der 84 VE. der Kurie verantwortlich ist.

[11]) Siehe die Unmöglichkeitslehre.

[12]) Verzug.

[13]) Erfüllung, Aufrechnung, Leistung an Erfüllungsstatt usw.

des ungarischen Rechtes übergangen werden[1]), da sie sich aus allgemeinen Grundsätzen ergeben.

§ 4. Unbestimmtheit der Forderungsverpflichteten und der Forderungsberechtigten.

1. Hinsichtlich der Person des Berechtigten sind unbestimmt die Gesamtforderungen, hinsichtlich der des Verpflichteten die Gesamtschulden.

Beide Arten der Unbestimmtheit bewegen sich selbstverständlich noch innerhalb der Grenzen der Bestimmbarkeit, da sich ihre Unsicherheit nicht auf die ganze Lage des Berechtigten und Verpflichteten, sondern vielmehr nur darauf bezieht, wer innerhalb eines im voraus bestimmten Kreises von Personen die Befugnisse des Berechtigten verwirklichen oder die Verpflichtungen des Schuldners erfüllen werde. Die Unbestimmtheit ist also genau genommen eigentlich eine solche der Ausübung der der Forderung entstammenden Rechte und Pflichten[2]).

Schon hieraus folgt, daß die hier behandelte Unbestimmtheit der Leistung von den einzelnen Begründungstatsachen der Forderungen unabhängig ist[3]).

2. Sind mehrere Personen derart berechtigt, daß zwar jede von ihnen die ganze Leistung verlangen kann, der Schuldner aber nur einmal zu erfüllen hat, so liegt eine Gesamtforderung vor.

Jeder der Gesamtgläubiger kann sowohl die zur Sicherung[4]), als auch zur Befriedigung dienenden Handlungen vornehmen[5]). Sind solche Schritte schon von einem der Gläubiger erfolgreich durchgeführt, so hat sich der Schuldner nicht darum zu bekümmern, wie das Innenverhältnis der Gesamtgläubiger unter einander ist[6]).

Die Bewegungstatsachen der Gesamtforderung sind demnach bloß von dem Standpunkte aus zu betrachten, ob sie den materiellen Inhalt der Forderung objektiv berühren. Erfüllung[7]), deren Surrogate[8]): wie

---

[1]) Grosschmid zählt 36 verschiedene Varianten der hier möglichen Unmöglichkeitsfälle auf II 772ff.

[2]) Da es bisher an einer allgemeinen Lehre der Ausübung der schuldrechtlichen Rechte und Pflichten fehlt, müssen die diesbezüglichen Grundsätze hier ausgeführt werden.

[3]) Vgl. HG. §§ 268—270, welche erkennbar zwischen Gesamtschulden, deren Begründungstatsache Rechtsgeschäft war und anderen unterscheiden. Vgl. EUG. § 945. Scharf ausgeprägt auch Mj. Dt. X 305, K. 1916, RP. VIII 814. Zwar aus dem Gebiete der ÖBGB., doch gilt der Grundsatz auch auf dem der JKK.

[4]) Arg. das hierüber bei den Erben Vorgebrachte. Sind zu diesen Schritten schon die Erben, die grundsätzlich nicht als Gesamt-, sondern als Teilgläubiger berechtigt sind, befugt, so kann man dieselben Befugnisse den Gesamtgläubigern unmöglich versagen. Arg. auch HG. § 269 a majore.

[5]) Arg. Grill Dt. II 2, 708, K. I. G. 144/1896.

[6]) Dies ist nach EUG. § 952 als Teilberechtigung auszulegen. Für das jetzige Recht, welches wenigstens bei den Gesamtschulden streng darauf hält, daß das innere Verhältnis der Schuldner in jedem einzelnen Falle genau ermittelt werde (so z. B. Grill Dt. II 2/715, K. 1900, I. G. 397 usw.) ist der Grundsatz wohl nicht als bestehend anzunehmen.

[7]) Arg. Anmerkung 5 majore EUG. § 946.

[8]) Daselbst.

Leistung an Erfüllungsstatt[1]), Aufrechnung[2]), dinglicher Erlaß[3]), sodann andere die Forderung berührende Erklärungen: wie Kündigung[4]), Mahnung[5]), Ausübung eines Rücktrittsrechtes[6]), aber auch in der Person des Gläubigers eintretende Ereignisse[7]), die von der Rechtsordnung mit ähnlichen Wirkungen versehen wurden, wirken zu Lasten aller Gesamtgläubiger, ob sie nun auch nur von einem, oder gegenüber einem derselben vorgenommen wurden.

Handelt es sich aber um einen Verhinderungsgrund, der in der Person des Gläubigers seine Ursache hat, etwa um Verjährung oder um Präklusivfristen, die für jeden einzelnen der Gesamtgläubiger laufen[8]), so kann der Rechtsverlust allen gegenüber nur dann angenommen werden, wenn dessen Voraussetzungen auch schon bei sämtlichen Gläubigern eingetreten waren.

Nicht den Inhalt der Forderung, sondern bloß das hieraus entstammende Verhältnis des einzelnen Gläubigers zu dem Schuldner betreffende Handlungen des Gläubigers wirken nur innerhalb dieses Verhältnisses und lassen die Lage der anderen Gläubiger unberührt[9]).

3. Gesamtschuld liegt vor, wenn mehrere Schuldner für dieselbe Leistung einzustehen haben, bis diese von einem oder von mehreren ihrem ganzen Umfange nach erfüllt ist[10]).

Jeder Gesamtschuldner ist dem Gläubiger für die ganze Schuld verantwortlich[11]). Der Gläubiger kann frei wählen, von welchem Schuldner er die Leistung eintreiben will[12]), ob er sie zwischen den Schuldnern aufteilen, oder aber sein Recht allen[13]), nur einzelnen[14]) und welchen Schuldnern gegenüber, endlich in welchem Maße er es geltend zu machen wünscht. Jeder der Gesamtschuldner steht zu dem Gläubiger in einem besonderen Rechtsverhältnis, das die anderen nur insoweit interessiert, als es auch jene rechtlichen Beziehungen mit umfaßt, die objektiv die ganze Forderung betreffen[15]).

Bewegungstatsachen der Forderung und besonders Handlungen des einen Gesamtschuldners[16]), sowie auch des Gläubigers[17]) berühren die Lage

[1]) Grill Dt. II 2, 708, K. 1896, I, G. 144.

[2]) Arg. Mji. Dt. XV 46, F. 32 (eadem ratione).

[3]) Insofern sich dieser auf die ganze Forderung erstreckt, nicht aber der dem einzelnen Schuldner pro sua persona verliehene Erlaß. Teilweiser Erlaß liegt auch dann vor, wenn der Gläubiger die Forderung einzelnen Schuldnern gegenüber pro rata einklagt und durch eine derartige Aufteilung derselben die Gesamtforderung zur res judicata stempelt. Vgl. K. 1916, RP. 5397, Mj. Dt. XII 113, F. 92.

[4]) Vgl. EUG. § 947, welcher auch das Wahlrecht des Gläubigers erwähnt.

[5]) Vgl. daselbst.

[6]) Arg. eadem ratione.

[7]) Verzug.

[8]) EUG. § 949.

[9]) Vgl. EUG. § 945.

[10]) HG. § 269.

[11]) Daselbst.

[12]) Daselbst.

[13]) Arg. HG. § 269. Vgl. EUG. § 956.

[14]) Daselbst.

[15]) Zu entnehmen HG. § 270, welcher scharf zwischen den Einreden, die dem einzelnen Gesamtschuldner zustehen und denen, die allen zukommen, unterscheidet.

[16]) Siehe weiter.

[17]) Etwa Erlaß, Verweigerung der Annahme der Leistung, Unterlassen des Mitwirkens, welches bedungenermaßen die Erfüllung ermöglichen soll usw.

der anderen Gesamtschuldner daher insofern, als sie den Bestand des betreffenden Schuldrechtes ändern.

Demnach sind die Voraussetzungen und Begründungstatsachen der Forderung und besonders die Gültigkeit der sie begründenden Rechtsgeschäfte von dem Standpunkte eines jeden Gesamtschuldners aus besonders zu betrachten[1]). Anders nur dann, wenn es sich um die Hauptforderung handelt, mit der kraft der ihr entströmenden Abhängigkeit auch der dem Verpflichteten gegenüber bestehende Anspruch eng verbunden ist[2]).

Änderungs- und Aufhebungstatsachen der Forderung, wie Erfüllung[3]), Leistung an Erfüllungsstatt[4]), Aufrechnung[5]), Verzug des Gläubigers[6]), Sicherung durch Pfand[7]) gelten allen Schuldnern gegenüber, solche des einzelnen Rechtsverhältnisses zwischen dem Gläubiger und einem Gesamtschuldner: etwa Stundung[8]), Erlaß, welcher sich nur auf die Person des betreffenden Schuldners bezieht und keinen Verzicht auf die Forderung enthält[9]), wirken bloß innerhalb dieses Verhältnisses[10]).

Die Auseinandersetzung der Gesamtschuldner bleibt dem Gläubiger gleichgültig. Über sie entscheidet das diese verbindende Verhältnis, dem auch die Quote zu entnehmen ist, in welcher die Schuldner die Aufteilung der dem Gläubiger gegenüber erfolgten Erfüllung unter einander vorzunehmen haben. Es versteht sich aber weder von selbst, daß eine solche Aufteilung überhaupt eintreten muß[11]), noch daß sie die Gesamtschuldner zu gleichen Teilen belastet[12]).

Erfolgt eine Befriedigung des Gläubigers von seiten eines Gesamtschuldners, so tritt er — sofern ihm im Innenverhältnis zu seinen Schuldnersgenossen ein Ersatzanspruch überhaupt zusteht[13]) — bis zur Höhe desselben, doch nicht darüber hinaus, demnach auch nicht hinsichtlich der ihn belastenden Verpflichtung[14]), kraft Gesetzes in die Rechte des Gläu-

---

[1]) Ungültigkeit, Grill Dt. II, 2, S. 709, K. 6644/1899.

[2]) Etwa bei der Ungültigkeit der Hauptforderung zu gunsten des diesbezüglich gutgläubigen Gesamtbürgen, Grill Dt. II, 2, 711, K. 1901, I. G. 349, Arg. eadem ratione.

[3]) Daselbst II, 2, S. 712, K. 1898, I. G. 235.

[4]) Eadem ratione.

[5]) Eadem ratione. Vgl. EUG. § 957, Absatz 2.

[6]) Derselbe verändert den Inhalt der Forderung. Arg. auch EUG. § 958.

[7]) Arg. Mj. Dt. III 36, Bpester Tafel 1908, G. 510.

[8]) Arg. Grill Dt. II, 2, 709, K. 6644/1899 a majori. Vgl. EUG. § 959, Absatz 2.

[9]) Arg. Grill Dt. II, 2, S. 711, K. 1901, I. G. 349.

[10]) Gewisse Wechselwirkungen der beiden Arten der Bewegungstatsachen sind aber, wie aus dem zuletzt angeführten Falle ersichtlich ist, kaum zu umgehen.

[11]) So u. a. sehr scharf K. 437/1898, Grill Dt. II, 2, 715.

[12]) Daselbst K. 1900, I. G. 397. Anders, doch m. E. kaum überzeugend K. 1921, P. 4517 Ü. L. Mj. Dt. I 23, F. 25, wo in dem inneren Verhältnisse der Gesamtschuldner ganz allgemein eine Leistungspflicht pro rata angenommen wird. Die Entscheidung schiebt übrigens (ganz richtig) die Pflicht der Leistung in dem inneren Verhältnisse der Gesamtschuldner demjenigen zu, der das betreffende Darlehn von dem Gläubiger tatsächlich und für eigene Zwecke erhalten hat.

[13]) Das entscheidet das materielle Recht, Grill Dt. II 715, K. 1900, I G. 397.

[14]) So Mj. Dt. III 36, F. 27, Bpester T. G. 510/1908.

bigers ein, was selbstverständlich auch eine Nachfolge in das Pfandrecht[1]), sowie in dessen übrige Sicherungsrechte[2]) bedeutet.

§ 5. Zinsschuld.

1. Zinsen sind in bestimmten Zeiträumen als Ersatz für den Gebrauch eines Kapitals zu entrichtende Quantitäten gleichartiger vertretbarer Sachen, gewöhnlich ausgedrückt in einem prozentual bemessenen Betrage des Kapitals[3]).

Die Zinsschuld ist eine Nebenschuld[4]).

2. Die Begründung der Zinsschuld kann erfolgen durch Handlungen, und zwar durch Rechtsgeschäfte[5]) und sonstige erlaubte[6]) und verbotene[7]) Handlungen, sowie durch Ereignisse. Die rechtsgeschäftliche Begründung untersteht zwar keinem Formzwang, übersteigt aber die Höhe des Zinsfußes[8]) 5%, so ist für sie ein schriftlicher Vertrag erforderlich[9]).

Die rechtsgeschäftliche Bedingung von Zinsen kann sich entweder aus der Vereinbarung der Parteien unmittelbar[10]), oder mittelbar aus den sie begleitenden Umständen, ergeben: z. B. aus der wirtschaftlichen Lage der Parteien[11]), der Art und dem Inhalte der Kapitalsschuld[12]), hinsichtlich der Höhe der Verzugszinsen auch aus der mutmaßlichen Absicht der Parteien bei der Verabredung[13]). Sie kann den Zinsfuß ausdrücklich bestimmen, oder aber nur eine Zinspflicht im allgemeinen festlegen. Dann wird der Zinsfuß durch die Auslegungsregel des Gesetzes bestimmt, nach der jede rechtsgeschäftliche und gesetzliche Zinspflicht im Zweifel[14]) in der Höhe des gesetzlichen Zinsfußes zu verstehen sei. Der letztere beträgt in Ungarn jetzt 5%[15]). Unter gesetzlichem Zinsfuß hat man hier demnach

---

[1]) Daselbst.

[2]) Eadem ratione. Vgl. EUG. § 963 betreffs der Prioritätsrechte und der Bürgschaftsrechte.

[3]) Arg. GA. VII: 1877, § 2, welcher übrigens von dem Standpunkte dieses Gesetzes aus den Begriff der Zinsen bis zu dem der Nebenverpflichtungen erweitert. Vgl. Grosschmid II 727, wo auch der Erwerb des Eigentums an den Zinssachen erfordert wird.

[4]) Siehe weiter.

[5]) Siehe weiter.

[6]) Siehe weiter.

[7]) Schadensverursachung durch verbotene Handlung.

[8]) Arg. GA. VIII: 1877, § 7 und der hierdurch m. E. diesbezüglich in Kraft erhaltene § 2. GA. XXXI: 1868; ferner GA. XXXV: 1895, § 2.

[9]) 5% seit dem GA. XXXV: 1895.

[10]) Sollen Zinseszinsen verpflichtet werden, so muß dies ausdrücklich erfolgen, oder die Zinsforderung eingeklagt werden. GA. XXXI: 1868, § 4.

[11]) Kaufleute können auch aus gegenseitigen Handelsgeschäften ohne Vereinbarung Zinsen fordern, HG. §§ 283, 284.

[12]) Z. B. wenn sie einem Handelsgeschäfte entstammt, HG. § 282. Geldschulden von ihrer Fälligkeit an, Jogt. Közl. Dt. Bd. 96, S. 131, K. 1904, G. 271, Schadenersatz von dem Tage des Schadens an, Mj. Dt. IX 11, K. 2972/1913. Kaufsumme des Grundstückes, welches der Käufer in Besitz genommen hatte, von diesem Zeitpunkte an, daselbst IX 127, K. 5880/1913 usw.

[13]) Arg. GA. XXXV: 1895, §§ 1, 2.

[14]) Arg. Grill Dt. II 2, K. 664, 1901, I G. 400.

[15]) GA. XXXV: 1895, § 1 betreffs des Gebietes der JKK., GA. XXXVI: 1895, § 1 betreffs des ganzen Gebietes der hl. ungarischen Krone.

auch jene Fälle zu verstehen, in denen die Zinspflicht erlaubten, oder unerlaubten Handlungen, sowie Ereignissen entstammt[1]).

3. Was nun die einzelnen erlaubten oder unerlaubten Handlungen bzw. die Ereignisse betrifft, die eine Zinspflicht zur Rechtsfolge haben, so sind sie wohl vielleicht am ehesten als rechtliche Tatsachen zu umschreiben, bei denen dem Berechtigten ein Vermögensvorteil von seiten eines Dritten unbegründeterweise vorenthalten wurde[2]). Selbstverständlich ist dies bloß ein ganz allgemeiner Grundsatz, den sowohl die Gutgläubigkeit desjenigen, der einen Vorteil erlangt hat[3]), als auch die Natur der Kapitalsforderung[4]) durchbrechen kann. Besonders sind es Nebenschulden materieller[5]) und prozeßrechtlicher Natur, denen die Praxis die Zinspflicht nicht anheftet.

Die wichtigsten, nicht durch Rechtsgeschäft begründeten Zinsschulden sind die Verzugszinsen[6]), sowie die Prozeßzinsen, welche von der Erhebung der erfolgreichen Klage an[7]) laufen.

4. Der bei der Begründung der Zinsenschuld mehrfach schon erwähnte Zinsfuß ist das Maß der Zinsen im Verhältnisse zur Höhe und Dauer der Kapitalsschuld[8]). In der Regel wird der Zinsfuß in Prozenten des Kapitals ausgedrückt[9]), und zwar meist für ein Jahr. Die Höhe des Zinsfußes ist innerhalb der Grenzen des Wucherverbotes[10]) dem freien Willen der Parteien überlassen, doch kann der Richter zur Eintreibung und Einbuchung von Zinsen, deren Höhe 8% übersteigt, weder unmittelbar[11]), noch mittelbar[12]) Hilfe bieten. Dies schließt aus, daß derartige Zinsen weder im Grundbuche eingetragen noch vorgemerkt werden können, ferner können sie nicht eingeklagt oder mittels der Zwangsvollstreckung[13]) beigetrieben werden, aber auch die Verurteilung zur Rückzahlung übermäßiger Zinsen[14]) ist nicht statthaft, desgleichen auch nicht die Ver-

---

1) Arg. GA. XXXV: 1895, § 1.

2) Eine ausführliche nach inneren Gründen gruppierte Übersicht dieser siehe Grosschmid II 718ff. Grosschmid sieht deren gemeinsamen Grundgedanken darin, daß sie die Ersatzpflicht der Nutzungen der Geldforderungen bestimmen.

3) Z. B. des gutgläubigen Besitzers der Kapitalssache.

4) Unterhaltssummen Mj. Dt. VIII 296, K, 1913, G, 349.

5) Zinsen GA. XXXI: 1868, § 4 (besondere Verabredung schiebt diese jedoch zur Seite). Reugeld, Vertragsstrafe K. 4032/1901 (S. 613), Akzessorien K. 9090/1890, Grill Dt. 2, S. 671. Prozeßkosten, ständige Praxis.

6) Siehe die Lehre vom Verzuge.

7) Mj. Dt. I 161, K. 7662/1904. Prozeßzinsen werden auch bei gerichtlich durch Urteil erst zu bestimmenden Geldschulden (Honorar usw.) zugeurseilt, K. 1918, P. III 1192, Mj. Dt. XII 186, F. 142.

8) Arg. GA. XXXV, 1895, § 1.

9) Daselbst Absatz 1.

10) Dieselben sind in dem Wuchergesetze GA. XXV: 1883, §§ 1ff. dahin umschrieben, daß die kraft der Zwangslage, der Unerfahrenheit oder dem Leichtsinne des Schuldners dem Gläubiger oder einem Dritten zugesicherten Vorteile, wenn sie den Ruin des Schuldners hervorrufen, oder wenn bei ihnen zwischen Leistung und Entgelt ein auffallendes Mißverhältnis besteht, als wucherisch betrachtet werden.

11) GA. VIII: 1877, § 4 verbietet die gerichtliche Feststellung der höheren Zinsen.

12) Daselbst Absatz 2 wird auch die Aufnahme derselben in einen gerichtlichen Vergleich verboten.

13) Arg. daselbst § 1, welcher die Aufnahme derselben in eine öffentlich notarielle, demnach exekutierbare Urkunde verbietet.

14) Daselbst § 5 Absatz 1.

urteilung zur Aufrechnung gegen die Kapitalforderung[1]), es sei denn, daß es sich um im voraus für länger als ein halbes Jahr abgezogene Zinsen handelt; denn diese können von seiten des Schuldners als eine auf das Kapital bezahlte Summe betrachtet und als solche auf das Kapital angerechnet werden[2]). Dasselbe gilt auch für die über das gesetzliche Maß hinaus im voraus abgezogenen Zinsen[3]).

5. Die Änderung und Aufhebung der Zinsschulden untersteht im übrigen den allgemeinen Grundsätzen[4]).

Eine Ausnahme bildet bloß die Verjährung und zwar in zweifacher Hinsicht. Einmal bezüglich der Verjährungszeit, sodann auch hinsichtlich des Beginnes der bei ihr erforderten Frist.

Die Verjährungszeit der auf Kreditgeschäften beruhenden Zinsschulden[5]) beträgt drei Jahre. Diese Frist unterscheidet sich von den übrigen Verjährungsfristen nicht nur durch ihre verhältnismäßig kurze Dauer[6]), sondern auch durch den besonders bestimmten Beginn des Ablaufes derselben. Das Gesetz bestimmt nämlich, daß die Verjährungsfrist vom Ende jenes Jahres an zu rechnen ist, in dem die fälligen Zinsen eingefordert werden konnten[7]).

6. Der Schutz der Zinsschuld ist außer durch die soeben entwickelten Verjährungsvorschriften auch noch dadurch einigermaßen beeinträchtigt, daß dingliche Sicherungen der Zinsverpflichtungen über 8% — wie schon erwähnt — keines gerichtlichen Schutzes teilhaftig werden[8]), ferner, daß zufolge der akzessorischen Natur der Zinsschuld die Annahme der Leistung der Kapitalschuld ohne besonderen Rechtsvorbehalt auch das Erlöschen der Zinsschuld herbeiführt[9]).

§ 6. Geldschuld.

1. Das Geld kann kraft seiner Rolle als allgemeines Zahlungsmittel[10]), Tausch- und Wertmesser in verschiedener Weise den Gegenstand einer Leistung bilden. Einmal als technische Geldschuld, die hier zu behandeln

---

[1]) GA. VIII: 1877, § 5. Absatz 2 u. 3. Vgl. auch die 24 VE. der K. Grill Dt. II 2, 668.

[2]) Siehe vorige Anmerkung.

[3]) GA. VIII: 1877, § 5.

[4]) Hat aber der Berechtigte die Zinsschuld längere Zeit hindurch ohne Grund nicht geltend gemacht, so kann es auch von der Natur derselben unabhängig u. U. dazu führen, daß sie erst von der Erhebung der Klage an zuerkannt wird. Mj. Dt. VI 23, K. 2468/1911.

[5]) So 65 VE. der königlichen Kurie, Grill Dt. II 2, S. 772. Die Verjährungsfrist kann laut der 65 VE. der Kurie nicht auf die richterlich zugeurteilten Zinsen angewendet werden (Grill Dt. II 2, 777). Maßgebend ist das ursprüngliche Geschäft, demnach sind Erbansprüchen enstammende Zinsen selbst nach einem Erbvergleiche nicht der Zinsenverjährung unterworfen. Mj. Dt. V S. 37, K. 4856/1910. Wurde der Gläubiger an des Schuldners statt von einem Dritten befriedigt, so sind auf die Erstattungsforderung des letzteren die allgemeinen Verjährungsregeln, nicht aber die sich auf die Verjährung der Zinsen bezüglichen anzuwenden, K. 1921, P. IV 1535, Mj. Dt. XV 17, F. 14.

[6]) GA. XXV: 1883, § 19. Drei Jahre. Bezüglich der Unterbrechung der Verjährung Mj. Dt. 286, K. 1914, P. VIII 671.

[7]) Daselbst.

[8]) GA. VIII: 1877 § 3ff.

[9]) Grill Dt. II 667. K. 1896. I. G. 191, daselbst K. 1900 I. G. 509.

[10]) GA. XVII 1892, XXXVI: 1899, XXX: 1902 usw., welche die Währung bestimmen, setzen diese Funktionen schon voraus. Vgl. Grosschmid II 596ff.

ist, dann als eine Abart der Gattungsschulden, endlich aber auch als Leistung individueller Geldstücke.

2. Betreffs der technischen Geldschuld unterscheidet die ungarische Theorie seit den ausgezeichneten Untersuchungen Grosschmids schärfstens die Verpflichtungs- und die Erfüllungssumme.

Die Verpflichtungssumme kann — nach den verschiedenen Begründungstatsachen der Forderungen, die auch für die Geldschuld sämtlich zutreffen können — auf eine inländische oder ausländische Geldart lauten. Die Geldart braucht nicht im Verkehr zu stehen, ja sie kann zwar gesetzlich bereits fixiert sein, ohne im täglichen Leben schon gebraucht zu werden[1]). Schließlich ist die Festlegung der Verpflichtungssumme in einem Rechnungswerte nicht ausgeschlossen[2]).

Wie immer auch die Verpflichtungssumme bestimmt sein mag, die Erfüllung hat — insoweit die Parteien sie unmittelbar — etwa durch die Ausdrücke „in natura", „effektiv", oder mittelbar nicht anders bestimmt hatten, in der zur Zeit und an dem Orte der Erfüllung gangbaren, gesetzlichen Landesgeldart zu erfolgen[3]).

Diese ist jetzt in Ungarn die Krone[4]).

Ist die Verpflichtungssumme in einer anderen Geldart bestimmt, als die Erfüllungssumme, so hat die Umrechnung, solange das Gesetz[5])

---

[1]) Vgl. Grosschmid II 320ff.

[2]) HG. § 326. Vgl. Grosschmid II, 421.

[3]) Trip. II 45, § 2. In krisenhaften Zeiten kann wohl ausnahmsweise auch in ungesetzlichen Geldarten rechtsgültig gezahlt werden. So anerkannten die VO. MER. 5151/1919 und 463/1920 u. U. die in den von der sog. Räteregierung gefälschten österreich-ungarischen Banknoten (Sovjetgeld) geleisteten Zahlungen.

[4]) GA. XIV: 1921, § 1, welcher zwar etwas verhüllt, doch unverkennbar in der Form der Emission von Staatsnoten das ganze Geldsystem nun auch rechtlich auf die Papierkrone basiert.

[5]) Wechselgesetz § 37 gibt dem Schuldner die Weisung, die Umrechnung nach dem der Zahlung vorangegangenen letzten Kurse der budapester Börse zu berechnen. Fernere Ausnahmen enthalten die Artikel 231 und 254 des TrF. Laut diesen sind die Vorkriegsschulden, bei denen die Untertanen der Siegermächte interessiert erscheinen, in der Geldart des betreffenden Entente-Staatsangehörigen zu entrichten, bzw. in diese Geldart umzurechnen. Der Umrechnungskurs wird in bezug auf die Tschecho-Slowakei und Polen von der sog. Reparationskommission bestimmt, bei anderen Entente-Staatsbürgern hingegen durch den Durchschnittskurs der Drahtüberweisungen während des letzten Monats vor Beginn der Feindseligkeiten.

Die in Gold oder ausländischen Goldmünzen zu erfüllenden privatrechtlichen Geldschulden sind laut VO. MER. 950/1923 § 1 in jedem gesetzlichen Zahlmittel erfüllbar. Es findet eine Umrechnung statt, wobei der Durchschnittskurs der amtlichen Budapester Kurszeichnungen des der Zahlung vorangehenden Tages maßgebend ist. Hat keine amtliche Kurszeichnung der betreffenden Geldart stattgefunden, so ist von dem Marktpreis auszugehen.

Wirtschaftliche Unmöglichkeit, Geldentwertung oder sonstige wichtige Umstände, die die Vermögens- oder Berufs- und Verdienstverhältnisse des Schuldners unvorteilhaft beeinflussen, verleihen ihm auf Billigkeit beruhende Schuldnerrechte, den Inhalt und den Umfang der Geldschuld zu seinen Gunsten zu verändern.

Diese sind die folgenden:

1. Das Recht, die gerichtliche Minderung des geschuldeten Kapitals und der Zinsen zu verlangen (VO. MER. 950/1923, § 2), 2. das Recht, die gerichtliche Wohltat des Moratoriums sowie der gerichtlich festzustellenden Ratenzahlungen zu beanspruchen (daselbst). Voraussetzung ist, daß die Leistung einen erheblichen Teil des Vermögens des Schuldners in Anspruch nehme, daß er seine Vermögens-

oder die Vereinbarung der Parteien nicht eine andere Umrechnungsart anordnet, auf dem zur Zeit und am Orte der Erfüllung vorhandenen Kurswerte zu erfolgen[1]).

Gleichgültig ist, ob der Schuldner zur Zeit der Erfüllung im Verzuge war[2]), ferner ob die Erfüllung auch an dem hierzu bestimmten Orte erfolgte, oder nicht[3]).

Kann die soeben angegebene Umrechnung der Verpflichtungssumme nicht erfolgen, weil die Geldart, in welcher sie bestimmt war, nicht mehr gangbar ist, oder weil sie keinen Kurswert hat[4]), so ist bei der Umrechnung der innere Wert der einst gangbaren Verpflichtungssumme in Betracht zu ziehen[5]). Dasselbe gilt auch sofern das Gesetz nicht diesbezügliche ausführliche Vorschriften enthält, was allerdings gewöhnlich dann der Fall zu sein pflegt[6]), wenn die Valutagesetze des Erfüllungsortes seit der Begründung der Geldschuld eine Änderung erfahren hatten.

Schwankungen des internationalen Marktwertes einer Valuta ändern an den Rechtssätzen der Geldschuld grundsätzlich zwar nichts. Dauern sie aber längere Zeit an und erreichen sie einen größeren Umfang, so vermögen sie doch auf dem Umwege der wirtschaftlichen Unmöglichkeit der Leistung, auch den Umfang der Geldschuld und zwar indirekt sogar im inländischen Verkehr zu beeinflussen[7]).

§ 7. Leistung von Schadenersatz.

1. Schaden ist die durch eine rechtliche Tatsache hervorgerufene Minderung des Vermögensstandes eines Rechtssubjektes. Die Ers[illegible] des Schadens hat als Leistung verschiedene Besonderheiten.

---

lage offenbare, ferner, daß er entsprechende Sicherheit leiste (daselbst). Die Dauer des Moratoriums wechselt zwischen 2—6 Jahren. 3. Ausländischen Gläubigern gegenüber kann der in Ungarn wohnhafte Schuldner auch die Anwendung des nach dem Wohnorte des Gläubigers bestimmten ausländischen Rechts betreffs der Zahlungsmodalitäten und der Art der Umrechnung der in ausländischen Goldmünzen zu zahlenden Geldschuld beanspruchen (§ 4 daselbst). Allerdings nur dann, wenn internationale Verträge dem nicht entgegenstehen.

[1]) Arg. HG. § 326, K. 1916, P. VII 7448, Hj. Dt. XIII 49, F. 27 versuchte die angeführte Gesetzesstelle, die allerdings den Kurs des Verfalltages hervorhebt, in dem im Texte dargestellten Sinne auszulegen. Die (m. E. richtige) Entscheidung rief jedoch scharfen Widerspruch hervor, weshalb wohl K. seitdem die Umrechnung nach dem Kurse des Verfalltages vornimmt. So u. a. K. 1918, P. IV 6227, Hj. Dt. XIII 51, F. 28, K. 1919, P. IV 302 daselbst 53, F. 29, K. 1920, P. IV 3744, Hj. Dt. XIV 3, F. 2 usw.

[2]) Vgl. Grosschmid II 501 ff. Allerdings entspricht die Praxis dieser m. E. richtigen Lehre. Vgl. die in der vorigen Anmerkung angeführten Fälle.

[3]) Daselbst.

[4]) Etwa wegen Krieges, der die Börse ganz, oder wenigstens für die betreffende Geldart sperrte.

[5]) Arg. Grill. Dt. II 2, 663, K. 5151/1898.

[6]) So z. B. die Verfügungen der §§ 6, 7 des GA. XXXVI: 1899 usw.

[7]) Hierauf beruhen die Kriegsverordnungen betreffend die Erhöhung der Pacht und Mietzinse, ferner die vertragsmodifizierende Wirkung des Umfanges des Geldschuld wegen wirtschaftlicher Unerschwinglichkeit bzw. Unmöglichkeit bei sonstigen langfristigen, oder periodischen Verträgen. Neuestens finden sich auch schon Entscheidungen (K. 1922, P. IV 4262, Ker. Jog. 1923 Nr. 1), in welchen die Restitutionssumme dem inneren Werte des Geldes in der Zeit der Hingabe angepaßt wurde.

2. Diese Eigenschaften beziehen sich allerdings nicht auf die Begründung der Schadensersatzpflicht, die zwar oft auf verbotenen Handlungen beruhen wird, aber auch aus Rechtsgeschäften[1]) und aus erlaubten Handlungen[2]) oder aus Ereignissen[3]) sich ergeben kann.

Die erwähnten Besonderheiten kommen vielmehr in dem Inhalte der Art, sowie dem Umfange der Schadensverpflichtung in der kraft ihrer zu erfüllenden Leistung zum Ausdrucke.

3. Der Inhalt der Schadensersatzverpflichtung erstreckt sich grundsätzlich auf jeden Vermögensnachteil, der durch die schädigende Tatsache hervorgerufen wurde[4]). Ob dies der Fall ist, hat der zum Schadensersatze Berechtigte zu erweisen, doch sind ihm hierbei die im PG. besonders scharf hervorgehobenen Grundsätze der freien Beweiswürdigung und Beweisschaffung des Gerichtes behilflich[5]).

Das erwähnte Maß der Verpflichtung wird aber durch das Gesetz in zwei wichtigen Beziehungen beschränkt.

Einmal betrachtet die ungarische Praxis nämlich von den verbotenen Handlungen bloß die vorsätzlich oder aus grober Fahrlässigkeit verübten als dazu genügend, um einen vollen, sich sowohl auf den wirklich eingetretenen Schaden, als auch auf den entgangenen Gewinn erstreckenden Ersatz zu gewähren[6]). Sodann beschränkt das Gesetz auch manche durch ein Ereignis entstandene Schadensansprüche in ihrem Umfange. Bald so, daß die äußere Grenze bestimmt wird, innerhalb welcher der zu vergütende Schaden noch als mit dem schädigenden Ereignisse in ursächlichem Zusammenhange stehend angenommen werden kann[7]), daß also gewisse Schäden privilegiert, andere dagegen der Ersatzverpflichtung entzogen werden[8]); bald wieder in der Weise, daß zwar von einer qualitativen Ersatzbeschränkung ganz, oder teilweise abgesehen[9]), jedoch quantitativ in Prozenten bestimmt wird[10]), welcher Schaden zu vergüten ist.

4. Gegenstand der Ersatzpflicht ist bloß der Vermögensschaden[11]). Die Beeinträchtigung nicht vermögensrechtlicher Rechtsgüter nur dann,

---

[1]) Hauptsächlich Versicherungsgeschäfte HG. §§ 463ff. Gruppierung der Begründungstatsachen der Schadensverpflichtungen, Grosschmid I 623ff.

[2]) Selbsthilfe, Gefahrabwendungshandlungen usw.

[3]) Ereignisse: besonders Betriebsunfälle, GA. XVIII: 1874; XIX: 1907 usw.

[4]) Vgl. EUG. § 882. Arg. auch HG. §§ 272, 463.

[5]) PG. § 271.

[6]) Grill Dt. II 2, K. 675, K. 3219/1889, daselbst 1901 I, G. 550.

[7]) GA. XVIII: 1874 zählt die bei Betriebsunfällen der Bahnen zu vergütenden Schaden auf.

[8]) Dies folgt aus dem Arg. a contrario der Aufzählung, zumal § 11 des angeführten Gesetzes für den weiter unten zu erwähnenden Fall der mehrfachen Qualifizierung der schädigenden Tatsache vorsorgt.

[9]) GA. XIX: 1907, §§ 70ff. zählen aber die einzelnen zu vergütenden Schäden ebenfalls auf. Es ist aber auch möglich und kam bei der budapester Luftrechtskonferenz sogar zur Sprache, daß der Gesetzgeber den Schaden nur einer prozentualen Grenze unterwerfe.

[10]) GA. XIX: 1907. Betriebsunfälle innerhalb der einer Zwangsversicherung unterstehenden gefährlichen Betriebe §§ 70 (gewöhnlich 60% dei Körperschäden).

[11]) Arg. eadem ratione HG. § 272; vgl. EUG. § 882.

wenn dies die Quellen ausdrücklich vorschreiben oder, wenn sie wenigstens mittelbar[1]) in Vermögenswerten ausgedrückt werden kann.

Sachschaden ist gewöhnlich mit dem Verkehrswert der Sache zur Zeit der Beschädigung zu vergüten[2]). Unter Umständen muß auch der außergewöhnliche Wert der beschädigten Sache vergütet werden[3]). Nicht aber ihr Liebhaberwert[4]). Diese Grundsätze sind auch dann anzuwenden, wenn der verursachte Schaden in der Verringerung des Wertes, oder in der Vernichtung anderer Rechtsgüter bestand[5]).

5. Ist ein Schaden auf mehrere schädigende Tatsachen zurückzuführen, oder kann vielmehr die schädigende Tatsache in mehrere Arten der Begründungstatsachen der Ersatzverpflichtung zerlegt werden[6]), so steht es dem Berechtigten frei, die für ihm günstigste Schadensberechnung vorzunehmen[7]).

6. Hat der Schadensstifter nicht allein den Schaden verursacht, sondern hat das Verhalten des Beschädigten auch hierzu beigetragen[8]), so ist der Schaden gewöhnlich zu teilen und zwar, soweit kein anderes Verhältnis des Mitwirkens zu bestimmen ist, in gleiche Teile[9]). Ausnahmsweise schließen einzelne Schadensursachen die Verpflichtung des Schadensstifters dann aus, wenn der Beschädigte den Schaden selbst durch Vorsatz oder Fahrlässigkeit verursachte[10]).

---

[1]) Etwa die Verführung eines wegen ihrer Jugend und ihrer Abhängigkeit dem Beschädiger ausgelieferten unbescholtenen Mädchens (16jährige Gratispatientin eines Zahnarztes) K. 1918, P. III 180. Ügyvédek Lapja No. 19/1918. Der im Text behauptete Standpunkt kommt in der Entscheidung K. 1918, P. III 1435, Mj. Dt. XII 224, F. 166 (Abweisung des Ersatzes, Grund: nicht Vermögensschaden, bei unberechtigter Exekution) scharf zum Ausdruck.

[2]) Grosschmid I 722, Arg. auch HG. § 272, da bei Verkehrssachen nur dieser den „wirklichen Schaden" bedeuten kann. So auch K. 1917, P. 7091, Mj. Dt. XII 147, F. 115 und K. 1917, P. 7139, Mj. Dt. XII 149, F. 116. Dennoch kommt in der neuesten Praxis auch die Tendenz zum Vorschein, dem Beschädigten, dem der Eintritt des Schadens unbekannt und anzuzeigen war, den Wert der in Verlust geratenen Sache nach den Verhältnissen der Zeit der Schadensanzeige zuzuurteilen; vgl. z. B. K. 1921, P. II 317, Mj. Dt. XIV 63, F. 54 usw.

[3]) Grosschmid will diesen auch dem Beschädigten immer nach seiner Wahl zusprechen. Versteht man diesen Rechtssatz so — wie es aus „Kapitel" I 728 zu erhellen scheint, auf den außerordentlichen Wert, der immerhin noch eine im Verkehr bestimmbare Größe ist, so muß man ihm beipflichten. Immerhin scheinen die Sätze, ganz ohne Beschränkung, ein wenig zu streng.

[4]) Grosschmid spricht auch diesen zu, wenn der Schaden auf die besondere Arglist des Schädigers zurückzuführen ist. Eine solche Praxis ist nicht nachweisbar.

[5]) Entziehung des Besitzes von Grundstücken, bezüglich deren Ertragsfähigkeit, Grill Dt. II 2, 676, K. 80/1899 usw.

[6]) Etwa Betriebsunfall der Eisenbahn, der auf die Fahrlässigkeit der Angestellten zurückzuführen ist. Der Beschädigte kann m. E. auch den Schaden beanspruchen, der ihm kraft GA. XVIII: 1874 versagt wäre, jedoch nach den Grundsätze des allgemeinen Schadensersatzrechtes zugesprochen werden müßte.

[7]) Siehe die vorige Anmerkung.

[8]) Grill Dt. II 2, 681, K. 204/1892 (Operation der aufgeblähten Kuh von seiten eines Laien mit Wissen des Beschädigten).

[9]) Daselbst.

[10]) So jetzt ständige Praxis hinsichtlich der Betriebsunfälle der Bahn, nach welcher auch dann Schadensersatz zugesprochen wird, wenn der Beschädigte zwar auch eine, nicht aber die ausschließliche Ursache des Unfalles war, ferner GA. XIX: 1907, § 85.

7. Sind keine Schadensschranken vorhanden, so ist der ganze Schaden zu vergüten, welcher durch die verkehrsübliche Sorgfalt des Beschädigten nicht zu verhüten war[1]). Dieser kann bestehen aus dem tatsächlich eingetretenen Vermögensverlust (damnum emergens), oder dem entgangenen Gewinn (lucrum cessans). Die Höhe des Schadens kann aber nur nach Abzug aller Vermögensvorteile ermessen werden, welche der Beschädigte im Zusammenhange mit der schädigenden Tatsache erlangt hatte[2]).

7. Der Schadensverpflichtung wird durch Ersatz des Vermögensnachteiles in Geld genügt[3]). Sowohl der Berechtigte[4]), als auch der Verpflichtete[5]) können aber, wenn es dem Interesse des ersteren entspricht, auch Naturalleistung, demnach die Wiederherstellung des früheren Zustandes verlangen[6]). Bestand die Beschädigung in einem Sachschaden vertretbarer Sachen[7]), so kann diese Naturalleistung auch in der Beschaffung einer der beschädigten gleichen Menge vertretbarer Sachen erfolgen[8]).

8. Befriedigt der Verpflichtete den Beschädigten, und ist das Vermögensinteresse des letzteren an dem beschädigten Rechtsgute hierdurch vollauf ausgeglichen[9]), so geht sein subjektives Recht an dem beschädigten Gute, oder an einem solchen, das der Beschädigte in ursächlichem Zusammenhange mit dem Schaden von einem Dritten zu fordern hat, kraft Gesetzes auf den Verpflichteten über[10]). Diese gesetzliche Zession hat aber nicht die Kraft einer dinglichen Übereignung, ersetzt daher die dinglichen Übereignungshandlungen nicht[11]).

§ 8. Sicherungen der Leistung.

1. Sicherungen sind materielle Vorteile des Gläubigers oder Nachteile des Schuldners, die den Zweck verfolgen, den letzteren mittelbar zur Erfüllung der Leistung zu bewegen. Sämtliche Folgen der Nichterfüllung und besonders die des Schuldnerverzuges und der ihm zur Last fallenden Unmöglichkeit[12]) sind eigentlich ebenfalls als Sicherungen der

---

1) Arg. HG. § 476, welcher dieses selbst für den Fall der rechtsgeschäftlichen Schadensverpflichtung vorschreibt. Vgl. Grill Dt. II 2. Szegeder Tafel 1900. G. 71, S. 624.

2) Vgl. Grosschmid I 697ff. Ständige Praxis der Kurie.

3) Arg. jetzt hauptsächlich PG. § 271, welcher sonst nicht gut zu verstehen wäre.

4) Der Berechtigte, z. B. durch Heranziehung des ihm von seiten des unentgeltlichen Vorgängers des Verpflichteten entzogenen Vermögensgegenstandes. Vgl. Mj. Dt. VIII 177, Fall 177.

5) So überzeugend Grosschmid I 683.

6) Doch nur dann, wenn eine solche tatsächlich möglich ist und dem Interesse des Gläubigers noch entspricht.

7) Grosschmid I 684. Arg. der auch schon seinerseits angerufene Fall Jogt. Közl. Dt. XIIIV 34.

8) Dies muß auch schon deshalb gelten, weil es selbst für den Fall genügt, wenn die Sachen nicht auf Grund eines Ersatzanspruches geschuldet wären.

9) Sonst muß wohl angenommen werden, daß der Beschädigte vor allem sein Interesse hiervon zu befriedigen hat.

10) Vgl. GA. XIX: 1907, § 82, HG. § 483 usw.

11) Grosschmid I 749ff.

12) Siehe weiter.

Leistung anzusehen. Hier seien zunächst jene behandelt, die als besondere gesetzliche oder aber als in der Praxis oft übliche rechtsgeschäftliche Sicherungen sich eine gewisse Unabhängigkeit von den Folgen der Nichterfüllung errungen haben.

2. Diese Sicherungen können auf Ereignissen (auf dem Gesetze) oder auf Handlungen, und zwar Rechtsgeschäften, beruhen.

Auf Ereignissen beruhen die gesetzlichen Pfandrechte[1]). Von den Rechtsgeschäften begründet werden das Zurückbehaltungsrecht, die Draufgabe, die Vertragsstrafe, das Reugeld[2]) und Kaution.

Mit Ausnahme des gesetzlichen und rechtsgeschäftlichen Pfandrechtes, das übrigens auch nur den Zweck verfolgt, die dadurch gesicherte Leistung dem Gläubiger zugänglicher zu machen, jedoch im großen und ganzen sachenrechtlichen Grundsätzen untersteht, ferner der als besondere Forderungsart behandelten Bürgschaft sollen die erwähnten übrigen Sicherungen der Leistung im folgenden etwas näher betrachtet werden.

§ 9. Das Zurückbehaltungsrecht.

Stehen zwei oder mehrere Forderungen entgegengesetzter Richtung, doch gemeinsamen Ursprunges einander gegenüber, d. h. entstammen sie demselben rechtlichen Verhältnis[3]), so kann der Schuldner seine geschuldete Leistung verweigern, bis die ihm gebührende Gegenleistung[4]) bewirkt wird, es sei denn, daß sich aus dem Schuldverhältnis etwas anderes ergibt, oder daß das Zurückbehaltungsrecht durch die Natur der Forderung ausgeschlossen ist[5]).

Hierdurch ist der Schuldner dazu berechtigt, die von ihm geschuldete Leistung erst dann zu vollbringen, wenn gleichzeitig die ihm geschuldete Gegenleistung erfüllt wird[6]).

Voraussetzung des Zurückbehaltungsrechtes sind entweder zweiseitige Verträge, deren geschuldete[7]) bzw. die wegen ihrer Ungültigkeit[8]) und Unwirksamkeit[9]) zurückzustellende Leistungen die Forderungen entgegengesetzter Richtung verwirklichen, oder aber ein sonstiges Rechtsverhältnis, das den Schuldner unmittelbar[10]) bzw. mittelbar mit Auslagen[11]), Kosten[12]), Verwendungen[13]) belastet, diese Lasten aber in letzter Reihe von dem Gläubiger zu tragen sind. Das Zurückbehaltungsrecht ist

---

[1]) Siehe im Sachenrecht.

[2]) Siehe die folgenden §§.

[3]) So DBGB. § 273 und EUG. §§ 901—905. Grosschmid II 611 ff. spricht von derselben rechtlichen Grundlage.

[4]) Arg. HG. § 335, Mj. Dt. X 341, K. 3448/1913, VIII 138, K. 3991/1913, VIII 139 usw.

[5]) Arg. HG. § 335, Satz 2.

[6]) Arg. HG. § 335 und die soeben angeführten Entscheidungen. Klage und Urteil haben Zug um Zug zu lauten.

[7]) HG. § 335.

[8]) Mj. Dt. X 1341, K. 1916, RP. I 4419; daselbst VIII 139; siehe oben.

[9]) Eadem ratione.

[10]) Auftrag.

[11]) Herstellungskosten des gutgläubigen Besitzers.

[12]) Futterkosten von Tieren usw.

[13]) Bauten, Versicherungssummen derselben.

ein aufschiebendes Gegenrecht des Schuldners, welches mit der einseitigen, rechtsgeschäftlichen Willenserklärung entsteht, kraft welcher er die von ihm geschuldete Leistung zeitweilig, bis zur Entgegennahme der ihm geschuldeten Gegenleistung verweigert[1]). Nach diesem das Zurückhaltungsrecht zum Entstehen bringenden einseitigen Rechtsgeschäfte wird der Verzug sowie alle übrigen Folgen der Nichterfüllung der Leistung des das Zurückbehaltungsrecht ausübenden Schuldners für die Dauer des Zurückbehaltungsrechtes aufgehoben, was wegen der hiermit verbundenen Nachteile die Gegenpartei bewegen soll, die ihrerseits geschuldete Leistung zu vollbringen. Damit dies um so wirkungsvoller erfolge, kann das Zurückbehaltungsrecht auch auf jene Vermögensgüter ausgeübt werden, die von der Zwangsvollstreckung ausgenommen, dem Zugriffe der Gläubiger sonst nicht zugänglich sind[2]). Alles in allem ist das Zurückbehaltungsrecht daher als eine materielle Sicherung der dem Schuldner zukommenden Gegenleistung des Gläubigers zu betrachten.

Daher kommen die dem Schuldner kraft des Zurückbehaltungsrechtes zur Verfügung stehenden Befugnisse[3]) ihm auch den schuldrechtlichen[4]) und dinglichen[5]) konstitutiven und translativen, ferner sowohl den Gesamt-[6]) als auch den Einzelnachfolgern[7]) des Gläubigers gegenüber zu.

Das Zurückbehaltungsrecht wird betreffs seines Umfanges, sowie seines Bestandes durch jene rechtlichen Tatsachen betroffen, die eine der einander gegenüberstehenden Forderungen berühren[8]). Es liegt m. E. kein Hindernis vor, die Übertragbarkeit desselben anzunehmen, natürlich nur dann, wenn die seine Voraussetzung bildenden Forderungen bzw. Schulden ebenfalls übertragen wurden[9]).

§ 10. Die Draufgabe.

1. Draufgabe ist die aus dem Anlässe und zum Zeichen des Abschlusses eines Vertrages, ferner zur Sicherung der vertraglichen Leistung übergebene Geldsumme oder der zu demselben Zwecke überantwortete sonstige Vermögenswert[10]).

---

[1]) Arg. HG. § 335.

[2]) Vgl. meine Gegenrechte (1900) S. 25—32. Die Ausnahmen der Zwangsvollstreckungsgesetze sind m. E. einengend auszulegen und nicht auch auf das Zurückbehaltungsrecht zu erstrecken.

[3]) Verweigerungsrecht, Abkehr des Schuldnerverzuges usw.

[4]) Klar bei der Zession der ihn belastenden Forderung. Sonst hätten die jedes Gegenrecht betonenden richterlichen Entscheidungen, z. B. Grill Dt. II 2, S. 740, K. 4824/1898 wenig Sinn.

[5]) Dies muß auch gegenüber den gerichtlich pfändenden Gläubiger gelten. Arg. der selbst der Konkursmasse gegenüber die wichtigsten Arten des Zurückbehaltungsrechtes in Betracht ziehende GA. XVII: 1881, § 57, Punkt 1, 2, 5, 6.

[6]) Den Nachfolgern von Todeswegen steht der Schuldner grundsätzlich ebenso gegenüber, wie dem Erblasser.

[7]) Arg. Konkursgesetz § 57.

[8]) Besonders durch Teilleistungen, die naturgemäß auch den Umfang des Zurückbehaltungsrechtes verringern.

[9]) Grosschmid II 672, 692, der das Zurückbehaltungsrecht als eine Eigenschaft der betreffenden Schuldrechte auffaßt, hält dies für ausgeschlossen.

[10]) So dem Sinne nach Grill Dt. II 2, S. 601, K. 1897, I G. 392, K. betont in der Entscheidung, daß die Draufgabe auch tatsächlich übergeben werden muß. Ebenso K. 1919, P. IV 916, Hj. Dt. XIII 92, F. 52. Wurde die Übergabe nicht

Die durch die Draufgabe zu sichernde Leistung kann sowohl auf einem endgültigen, als auch auf einem Vorvertrage beruhen[1]). In dem letzteren Falle soll sie den Abschluß des endgültigen Vertrages sichern[2]).

Als Zeichen des Vertragsabschlusses soll die Draufgabe den Tatbestand des Rechtsgeschäftes bloß beweisen, nicht aber verstärken, sie hindert daher weder die Anfechtung, noch die Nichtigkeitserklärung des abgeschlossenen Vertrages[3]).

Die Draufgabe ist im Zweifel kein Reugeld[4]), sondern die von den Parteien für den Fall des Vertragsbruches festgelegte Summe, die dem Gläubiger ohne weiteren Beweis als Ersatz des von den Parteien vorweg abgeschätzten Schadens dienen kann[5]). Dies hindert jedoch die Bestellung und Geltendmachung eines den Wert der Draufgabe[6]) übersteigenden weiteren Schadens nicht, auf den aber die Draufgabe anzurechnen ist.[7])

2. Das Gericht hat zu entscheiden, ob die von dem Schuldner dem Gläubiger gegebenen Summen oder Werte als Draufgabe, oder aber als Teilerfüllungen der vertraglich verpflichteten Leistungen zu betrachten sind[8]). Hierbei ist nicht von dem Wortlaute, sondern von dem Sinn der gebrauchten Ausdrücke auszugehen. Die Praxis betrachtet im Zweifel Summen, die verhältnismäßig in spätere Teilleistungen des Schuldners einzurechnen sind, nicht als Draufgabe, sondern als Vorleistungen[9])

3. Liegt ein Vertragsbruch des Schuldners vor, d. h. ein Tatbestand, bei dem er aus ihm zur Last fallenden Gründen die Leistungen nicht erfüllt, so hat er, gleichgültig, ob es sich um einen Schuldnerverzug, eine von ihm zu vertretende Unmöglichkeit oder einen hierdurch verursachten Interessenverlust des Gläubigers handelt[10]), die erhaltene Draufgabe im doppelten Werte zurückzuerstatten, die gegebene hingegen dem Gläubiger zu belassen[11]).

Die zweifache Summe der Draufgabe ist der ungarischen Praxis nach der Gegenpartei nicht zu verzinsen[12]).

War der Vertragsbruch ein zweiseitiger, so ist die die zweifache Rückgabe bzw. den Verlust der Draufgabe berteffende Vorschrift gegenstandslos[13]). Dasselbe gilt auch dann, wenn der Vertrag durch gegen-

---

bewerkstelligt, so genügt es nicht, daß der Vertrag einen Teil der Kaufsumme als Angabe bezeichnet (daselbst).

[1]) Mj. Dt. IX 93, Bpester T., G. 1250/1914.

[2]) Daselbst.

[3]) Arg. (der aus dem Gebiete des ÖBGB. stammende Fall) Grill Dt. II 2 603, Temesvárer Tafel, G. 5/1902. Der Grundsatz muß auch für das Gesetz der JKK. gelten.

[4]) Vgl. EUG. 823.

[5]) Arg. Jog. Közl. Dt. Bd. 98, S. 53, K. 8514/1905. Mj. Dt. XVI 6, F. 5 scheint die Möglichkeit einer gerichtlichen Ermäßigung anzunehmen.

[6]) Bezüglich des doppelten Wertes der Draufgabe siehe weiter.

[7]) Grill Dt. II 2, 603, Szegeder Tafel, G. 225/1898. Jogt. Közl. Dt. Bd. 98, S. 53, K. 8154/1904 usw.

[8]) Arg. Grill Dt. II 2 602, K. 341/1901; ferner K. 1919, P. IV 916, Hj. Dt. XIII 92, F. 52.

[9]) Daselbst.

[10]) Arg. HG. § 277.

[11]) Daselbst.

[12]) Grill Dt. II 2 604, Bpester Tafel 1899, II, G. 23.

[13]) Grill Dt. 602, K. 1899, I, G. 25.

seitigen Rücktritt oder sonst in Übereinstimmung der Parteien für kraftlos erklärt wurde[1]).

Ist ein Grund, die Draufgabe zu behalten oder doppelt zurückzuerstatten nicht vorhanden, so ist sie dem Schuldner entweder zurückzugeben oder aber auf seine Leistung anzurechnen[2]). Wurde die Leistung aus Gründen, die dem Gläubiger zur Last fallen, unmöglich, oder aber für den Schuldner ohne Interesse, so hat der Gläubiger ebenfalls die erhaltene Draufgabe zweifach zurückzuerstatten, die gegebene hingegen seiner Gegenpartei zu belassen[3]).

5. Wurde die Draufgabe von seiten des Gläubigers gegeben, was mit Ausnahme der zweiseitigen Verträge, bei denen ja jeder Gläubiger zugleich auch Schuldner ist, äußerst selten vorkommt, so hat er hierdurch bekundet, daß er seine Gläubigerrechte zugleich als Schuldnerpflichten betrachtet wissen will. Auf einen solchen Gläubiger trifft daher vom Standpunkt der Draufgabe aus das hinsichtlich des Schuldners Gesagte entsprechend zu[4]).

§ 11. Die Vertragsstrafe.

1. Die Vertragsstrafe ist der von dem Schuldner dem Gläubiger für den Fall der Nichterfüllung, oder der nicht gehörigen Erfüllung der geschuldeten Leistung versprochene Vermögenswert[5]).

Die Bestimmung der Vertragsstrafe ist ein Nebenvertrag, der von dem Bestande des Hauptvertrages materiell abhängt[6]). Formell kann er auch einen selbständigen Vertrag bilden, welcher nicht der Förmlichkeiten des ersteren bedarf[7]). Hingegen ist die Auslegung und besonders die Feststellung des durch die Vertragsstrafe gesicherten Interesses dem Inhalte des Hauptvertrages zu entnehmen[8]).

2. Die Vertragsstrafe wird mit dem vertragswidrigen Verhalten des Schuldners fällig[9]). Demnach bei Verträgen auf Tun und Geben mit dem Verzuge des Schuldners[10]), bei denen auf Unterlassen mit dem ihm zur Last fallenden Zuwiderhandeln[11]). Sie braucht der Gegenpartei — der

---

1) Arg. HG. § 276, Absatz 2.

2) Daselbst Absatz 1.

3) Nicht aber, wenn der Gläubiger das unbegründete Zurverfügungstellen der Ware mit Wahrung seiner Rechte annahm.

4) Arg. HG., welches a. a. O. etwas unklar ganz allgemein von dem Vertragsbruch der „Partei" handelt.

5) Arg. HG. § 274.

6) Arg. Mj. Dt. V 235, F. 133 a minore.

7) Er kann ja auch später vereinbart werden, als der Hauptvertrag.

8) Grill Dt. II 2 605, K. 1900; II G. 334. Laut Mj. Dt. VIII 48, K. 1957/1913 und daselbst 49, K. 564/1913 ist seine Bedingung als Belastung des Verpflichteten einengend auszulegen.

9) Arg. HG. § 274.

10) Daselbst. Dieses muß aber unter Umständen auch dann noch angenommen werden, wenn man von Schuldnerverzug im technischen Sinne nicht gut sprechen kann. So urteilte K. die Vertragsstrafe auch dann noch zu, als die Schauspielerin wegen ihrer späteren Heirat und der fehlenden Einwilligung ihres Mannes nicht willig war, die verpflichtete Rollen zu übernehmen. Mj. Dt. 100, S. 127, K. 10386/1904.

11) HG. § 274. Daselbst. Grill Dt. II 2, S. 612, K. 7961/1895, 1899, II, G. 271, 4032/1901 usw.

Praxis nach — nicht verzinst zu werden. Ist sie im Verhältnis des geschützten Interesses, welches bei Geldschulden auch den Zinsenschranken unterliegt[1]), zu hoch bemessen, so kann sie gerichtlich ermäßigt werden[2]). Und zwar auch dann, wenn die Parteien dies nicht bestimmt[3]), ja sogar, wenn sie es ausdrücklich ausgeschlossen hatten[4]).

Trotz dieses richterlichen Ermäßigungsrechtes ist aber die Vertragsstrafe im Grunde genommen als eine durch die Parteien im voraus von jeder Beweispflicht enthobene durchschnittliche Schadenssumme zu betrachten, was daraus erhellt, daß sie auf den eventuell erwiesenen Schaden des Gläubigers anzurechnen ist[5]), ferner, daß sie im Zweifel nicht als Reugeld betrachtet werden darf[6]).

Nichtige oder gerichtlich nicht erzwingbare Verträge können wirkungsvoll auch nicht mit einer Vertragsstrafe erzwungen werden[7]).

Die Vertragsstrafe kann nur von dem Gläubiger eingefordert werden, der die Erfüllung des Vertrages seinerseits weder vereitelte[8]), noch auch verhinderte[9]). Schon aus dem Grundsatze, daß die Vertragsstrafe im Zweifel nicht als Reugeld zu betrachten ist, folgt, daß neben derselben auch noch die dem ursprünglichen Schuldverhältnisse entsprechende Leistung eingefordert werden kann[10]). Hat der Gläubiger jedoch diese ohne besonderen[11]), das Recht der Vertragsstrafe betonenden Vorbehalt angenommen[12]), so geht damit auch die Vertragsstrafe verloren.

§ 12. Reugeld.

1. Reugeld ist der der Gegenpartei für das Rücktrittsrecht versprochene Vermögenswert[13]).

Wurde das Reugeld von dem Gläubiger versprochen, so bewirkt es nicht eine Sicherung der Leistung, sondern im Falle der Ausübung des Rücktritts eine Befreiung des Schuldners. War hingegen der Schuldner der verpflichtende Teil, so kommt dem Reugeld dieselbe Rolle zu wie der Draufgabe und der Vertragsstrafe.

---

[1]) GA. VIII: 1877, § 2, Grill Dt. II 2, S. 612, K. 204/1897.

[2]) Mj. Dt. X 70, K. 1915, P. VIII 5, § 162 daselbst 103, K. 9120/1915. Maßgebend ist das Interesse der Gläubiger und der Grad des Verschuldens des Verpflichteten. Das. IX 96, K. 1919, G. 82.

[3]) Arg. der in der nächsten Anmerkung angeführte Fall.

[4]) Jogt. Közl. Dt. 97, S. 1, K. G. 703/1904.

[5]) Die Schadensersatznatur der Vertragsstrafe betont Grill Dt. II 2, 609, K. G. 496 ex 1898, K. 80/1091, G. 160/1902. Die Einrechnungspflicht folgt aus HG. § 273, Absatz 2.

[6]) HG. § 273, Absatz 1.

[7]) Arg. Mj. Dt. V 235, Fall 133, wo die Verpflichtung eines jüdisch rituellen Scheidungsbriefes (Get.) nicht als durch eine Vertragsstrafe erzwingbar erkannt wurde.

[8]) Nicht dann, wenn der Vertragsbruch die Folge eines ähnlichen Verhaltens der Gegenpartei war. Mj. Dt. II 28, K. 7370/1907.

[9]) Arg. der in der vorigen Anmerkung angeführte Fall.

[10]) Arg. HG. § 273, Absatz 3.

[11]) Es genügt nicht, sich das Recht zum Schadenersatz wegen verspäteter Erfüllung im allgemeinen vorzubehalten. Arg. Mj. Dt. IX 251, K. 3973/1914.

[12]) Mj. Dt. IX 137, K. 3903/1914.

[13]) Der Gläubiger will hier die Verpflichtung des Schuldners lockern.

Das Reugeld kann, braucht aber bei dem Vertragsabschlusse nicht der Gegenpartei übergeben zu werden[1]). Es kann sowohl die Leistung eines endgültigen, als auch die eines Vorvertrages sichern[2]), ja es kann sogar für einzelne Bestimmungen des beabsichtigten Vertrages ausbedungen werden[3]).

Wird der Vertrag aus Gründen gegenstandslos, die dem zur Zahlung des Reugeldes Verpflichteten nicht zur Last fallen, so ist das Reugeld dem Verpflichteten zurückzuerstatten[4]). Dasselbe gilt, sobald die gesicherte Leistung erfüllt wurde[5]).

Übt hingegen der das Reugeld Versprechende sein Rücktrittsrecht aus, was ohne Einwilligung der Gegenpartei[6]) nur bis zur Annahme der Leistung oder einer Teilleistung zu erfolgen hat[7]), so hat er das versprochene Reugeld der Gegenpartei zu gewähren, das gegebene hingegen ihr endgültig zu belassen.

2. Die Sicherung der Leistung hinsichtlich der dem Gläubiger vorteilhaften Erfüllungszeit bezweckt die bei langfristigen bankmäßigen Geldschulden gewöhnliche Bedingung der Ristornogebühr, welche sich jedoch von dem Reugeld in mancher Hinsicht unterscheidet.

Vor allem darin, daß die Stornogebühr nicht das Entgelt eines das ganze Rechtsgeschäft umfassenden Rücktrittsrechtes, sondern der einer ordnungsgemäßen, wenn auch vorzeitigen Beendigung der Verpflichtung des Schuldners bedeutet. Sodann darin, daß die Stornalgebühr dem Schuldner ein subjektives Recht verleiht, den Vertrag für die Zukunft zu beendigen. Eine gültige Verpflichtung der Stornogebühr erfordert außer der Innehaltung der allgemeinen Inhaltsschranken der schuldrechtlichen Rechtsgeschäfte noch einen Schutz der Interessen des Gläubigers[8]), ferner eine längere Dauer der gesicherten Geldschuld in dem Sinne, daß deren Verkürzung der einseitigen Verfügung des Gläubigers entzogen sein muß[9]), endlich die Bestimmung dieser längeren Dauer im Interesse des Gläubigers, oder wenigstens auch im Interesse des Gläubigers[10]).

---

[1]) HG. § 278 unterscheidet noch zwischen dem Geben und dem Versprechen des Reugeldes, das letztere ist aber der weitere Begriff.

[2]) Arg. der in der nächsten Anmerkung angeführte Fall.

[3]) Mj. Dt. III 330, K. 141/1909, in welcher Entscheidung das Reugeld auch zugesprochen wurde, trotzdem die Parteien sich noch nicht über alle Punkte geeinigt hatten, der Rücktritt aber infolge eines Punktes eintrat, betreffs dessen eine Einigung schon erzielt war.

[4]) Arg. HG. § 279.

[5]) Daselbst.

[6]) Siehe weiter, Punkt 2.

[7]) K. 1917, PV. 5154, Mj. Dt. XII, S. 51, F. 42. Einer Annahme der Leistung gleich wirkt auch die Rechtskraft des zur Erfüllung verpflichtenden Urteils, weshalb der Rücktritt nach dem Eintritt der Rechtskraft desselben nicht mehr zulässig ist, K. 1918, PV. 2081, Mj. Dt. XII 238, F. 175.

[8]) Dies ist aus der Begründung der ersten Rechtseinheitsentscheidung zu entnehmen.

[9]) Arg. K. 1916, P. VIII 1901/14, ferner K. 2493/1914 usw. (die Fälle wurden bisher nicht publiziert).

[10]) Arg. K. 2224/1911, Mj. Dt. V 61. Hat der Gläubiger aber die Verkürzung durch sein vertragswidriges Verhalten hervorgerufen, etwa — wie in dem angeführten Falle durch einseitige unbegründete Erhöhung des Zinsfußes — so braucht der Schuldner die Stornogebühr nicht zu entrichten (daselbst).

Die Ristornogebühr kann daher als das Entgelt dessen betrachtet werden, daß nur der Schuldner, der Gläubiger hingegen nicht berechtigt sei, die ursprünglich bestimmte vertragliche Dauer der längeren Geldschuld zu verkürzen[1]).

Trotzdem diese Natur der Stornogebühr in der Praxis ganz deutlich zu erkennen ist[2]), und besonders daraus sich ergibt, daß die Kurie in ihrer ersten Rechtseinheitsentscheidung aussprach, daß die Stornogebühr nicht den Zinsschranken unterworfen sei[3]), kann sich die Selbständigkeit derselben dennoch schwer Geltung verschaffen. Daher die auffallende Erscheinung, daß die ungarischen Obergerichte daran festhalten, die Stornogebühr nach den Grundsätzen der Vertragsstrafe zu ermäßigen, wo sie übermäßig erscheint.

Die Ungültigkeit der Bedingung der Ristornogebühr hat die Nichtigkeit der hierauf bezüglichen Verabredung[4]), nicht aber auch die des Hauptvertrages zur Folge[5]).

§ 13. Kaution.

Unter Kaution versteht man den dem Gläubiger für den Fall der Nichterfüllung, oder der nicht gehörigen Erfüllung der vertraglich übernommenen Leistung zu dem Zwecke ihrer Deckung überlassenen Vermögenswert[6]).

Die Kaution kann in individuell[7]) bestimmten, in vertretbaren[8]) Sachen als solche, oder in sonstigen verwertbaren Gegenständen[9]) bestehen. Sie stammt gewöhnlich von dem Schuldner selbst[10]), kann aber auch zu seinen Gunsten von einem Dritten hinterlegt werden[11]).

Während es ungewiß ist, ob und wie der Verpflichtete erfüllen wird, ist die Kaution — soweit nichts anderes[12]) vereinbart wurde — in den Besitz des Gläubigers zu bringen. Ist die Leistung vollbracht, so ist die Kaution zurückzuerstatten, oder wo dies angebracht erscheint[13]), in dieselbe einzurechnen.

---

1) Arg. Hiteljogi Dt. II 282, K. 1913, G. 5.

2) Mj. Dt. VI, S. 184, wo die erste Rechtseinheitsentscheidung dies sehr deutlich betont.

3) Ermäßigung der Stornogebühr: K. 1913, G. 5 usw.

4) Daher Löschung der betreffenden Einbuchung K. 1915, RPV. 3476, K. 1916, P. 1901/14.

5) Wenigstens sind die Spuren einer solchen Auffassung in der Praxis nicht auffindbar.

6) Arg. Mj. Dt. VI 220, K. 3901/1911, ferner K. 1917, P. I 4952, Mj. Dt. XII 15, F. 13.

7) Verpacktes und versiegeltes Geld, oder Wertpapiere, Arg. Grill Dt. II 2, 797, K. 1052/1898.

8) In diesem Falle muß auch der Austausch derselben erlaubt sein.

9) Schuldbriefe, Antiquitäten usw.

10) Dies ist das weitaus Übliche.

11) Eigentümer der Wertpapiere, Bpester Tafel 1898, I G. 225. Grill Dt. II 2, S. 798. Es gibt sogar Banken, deren Geschäftsgebahren sich hauptsächlich auf die zu gunsten ihrer aus Pächtern bestehenden Klientel zu erlegenden Kautionen erstreckt.

12) Hinterlegung zu Händen eines öffentlichen Notars, einer großen Bank, eines gemeinsamen Bevollmächtigten usw.

13) Bei Geldkautionen Grill Dt. II 2, 798, K. 1052/1898.

Wurde es sicher, daß der Verpflichtete nicht[1]), oder nicht vertragsmäßig leisten will[2]), so kann der Gläubiger die Kaution in Anspruch nehmen, doch nur insoweit, als dies nötig ist[3]), demnach nicht, wenn er in anderen demselben Verhältnisse entstammenden und dem Verpflichteten zukommenden Werten Deckung finden kann[4]).

Will der Gläubiger zu diesem Zwecke einen Zugriff auf Wertsachen erlangen, so hat er deren Versilberung — soweit nicht anderes vorgesehen wurde — auf dem Prozeß- und Zwangsvollstreckungswege vorzunehmen[5]).

Handelt es sich um Schadenersatz, so muß der Gläubiger den eingetretenen Schaden beweisen[6]). Die Kaution ist demnach in dieser Beziehung kraft Gesetzes weder als Draufgabe, noch als Vertragsstrafe zu behandeln, obzwar es der Praxis nach nicht ausgeschlossen erscheint[7]), ja sogar oft vorkommt.

Die Nutzungen der Kaution kommen während ihres Schwebezustandes gewöhnlich dem, der die Sicherheit leistet, zu[8]).

Abweichendes muß ausdrücklich vereinbart werden[9]).

Verbleibt nur hinsichtlich eines Teiles der Leistung ein Zweifel, ob der Schuldner, wie vorgesehen, leisten wird, so kann nunmehr jener Teil der Kaution zurückbehalten werden, der zur Sicherung der ausstehenden Leistung erforderlich ist[10]).

Die Rückgabe der Kaution erfolgt gewöhnlich mit der vollständigen Abwicklung des Rechtsverhältnisses. Sie bedeutet daher, wenn nicht anderes vereinbart, auch eine Beendigung des Rechtsverhältnisses. Demnach hält die Praxis sie im Zweifel für ein Zeichen dessen, daß Schadenersatzansprüche wegen Nichtleistung, oder nicht entsprechender Leistung nicht vorliegen und spricht solche nach der Rückgabe der Kaution nur dann zu, wenn sie ausdrücklich, oder sonst doch aus den Umständen unzweifelhaft erkennbar, besonders vorbehalten wurden[11]).

§ 14. Erfüllung der Leistung.

1. Die Erfüllung ist die dem objektiven und subjektiven Schuldrechte entsprechende Vornahme der Leistung[12]). Die Erfüllung der Forderungen

---

[1]) Nach der Erfüllung der ganzen Leistung: Beendigung des Pachtverhältnisses Grill Dt. II 2, 982, K. 1903, I, G. 149, der Garantiezeit bei Bauverträgen Mj. Dt. V 202, K. 297/1911 usw.

[2]) Die dem Gläubiger von vornherein verkündete Absicht, den Vertrag nicht einzuhalten, steht einem Vertragsbruche in jeder Hinsicht gleich.

[3]) Gegebenen Falles also nur einen Teil der Kaution K. 297/1911, Mj. Dt. V 202.

[4]) Etwa aus seiner Bezahlung, soweit diese einbehaltbar erscheint (bei Kassafehlbeträgen gegenüber dem Kassierer). Mj. Dt. VI 74, K. 2417/1911.

[5]) Arg. Grill. Dt. II 2, 798, K. 1901, G. 241, wo das Eigentum und das Verfügungsrecht des die Kaution Erlegenden betont wird, was nur diesen Sinn haben kann.

[6]) Arg. Grill Dt. II 2, 799, K. 5793/1901.

[7]) Daselbst ferner II 2, 607, K. 1898, I, G. 44, 1900, I, G. 384 usw.

[8]) Grill Dt. II, 2, 798, K. 1902, I, G. 212.

[9]) Siehe den in der vorigen Anmerkung angeführten Fall.

[10]) K. 297/1911.

[11]) So Mj. Dt. V 201, K. 3611/1910.

[12]) Vgl. EUG. §§ 856ff. Bevor die dort angeführten Vorschriften in das Corpus juris hungarici eindringen, muß sich die Praxis, sofern sie dieselben nicht vorweg-

ist bei solchen auf Geben heute schon unzweifelhaft als Rechtsgeschäft zu betrachten[1]). Bei Unterlassungen ist dies ebenso unzweifelhaft nicht der Fall[2]). Hinsichtlich der übrigen, auf ein Tun gerichteten Forderungen kann man sich nach dem jetzigen Stande der Theorie und Praxis[3]) noch kein abschließendes Urteil bilden. Die allgemeine Auffassung neigt eher der negativen Antwort zu.

2. Die Leistung muß den Umständen des Falles, der Auffassung des Lebens und den Anforderungen der Billigkeit gemäß vorgenommen und entgegengenommen werden[4]). Dies hat sowohl hinsichtlich der sie vornehmenden Personen, als auch der Zeit und des Ortes, an welchem sie erfolgen muß, gewisse Folgen[5]), die aber grundsätzlich nur dann zur Anwendung gelangen, wenn die Parteien vertraglich nichts anderes bestimmten.

3. Die Leistung hat der Schuldner zu erfüllen[6]). Bei allen Leistungen, die eine Vertretung zulassen, können seine gesetzlichen[7]) und rechtsgeschäftlichen Vertreter erfüllen[8]); für ihr Vorgehen bleibt der Schuldner verantwortlich[8]) [9]).

Unter den rechtsgeschäftlichen Vertretern muß hier besonders auf den Geschäftsführer ohne Auftrag verwiesen werden, der nach der Genehmigung des Schuldners dem rechtsgeschäftlichen Vertreter in jeder Hinsicht gleichsteht[10]).

Er muß hier deshalb hervorgehoben werden, weil die Anforderungen des Verkehrs den bei der Geschäftsführung ohne Auftrag angeregten Ge-

---

nehmen will, mit den die Handelsgeschäfte betreffenden Vorschriften HG. §§ 321 ff. begnügen, die m. E. (anders aber Grosschmid I 765 betreffs der Geldschulden), soweit sie nicht ausgesprochen und ausschließlich handelsrechtliche Verhältnisse betreffen, auch auf die Schuldverhältnisse des Privatrechtes anzuwenden sind. Dasselbe muß auch von den leitenden Grundsätzen des PG., bezüglich dessen hier einschlägigen Vorschriften behauptet werden. Allerdings nur in ganz großen Umrissen. Wem dies auch als zu weitgehend erscheint, der bedenke, daß in einem gewohnheitsrechtlichen Rechtssystem auf anderen Wegen eine beruhigende Lösung der zahllosen Einzelfragen des Schuldrechtes m. E. unmöglich gefunden werden könnte.

1) Sind diese doch unzweifelhaft oft dingliche Rechtsgeschäfte.

2) Voraussetzungen, Rechtsfolgen und Tatbestandsfehler sind bei den meisten von ihnen sozusagen unanwendbar.

3) Daher die Erscheinung, daß bei ihnen nach der Erfüllung wohl Bereicherungsansprüche, aber wenigstens betreff der Erfüllung keine Ungültigkeitserklärungen üblich sind.

4) Sehr prägnant und von dem § 242 BGB. m. E. vorteilhaft abweichend EUG. § 856, welcher aber nur die Tätigkeit des Schuldners regelt. Die Kriegserfahrungen haben es gezeigt, daß auch die des Gläubigers denselben Schranken unterworfen werden muß.

5) Siehe das Folgende.

6) Ist doch dies der Zweck der Obligation.

7) Vgl. das hierüber bei der Handlungsfähigkeit, Geschäftsfähigkeit und bei den gesetzlichen Vertretern am Familienrechte Gesagte.

8) Besonders beachtenswert die schon mehrfach erwähnte 84 VE. der Kurie kraft der die zur Verrichtung gewisser Angelegenheiten Bestellten auch durch die Verantwortung des dominus negotii u. U. gedeckt werden.

9) Vgl. auch die dies betonende 84 VE. der kgl. K. Mj. Dt. XI 65, F. 52.

10) Es scheint daher angemessen, den Geschäftsführer ohne Auftrag von der Genehmigung des Geschäftes an auch unter die Sätze der 84. VE. zu stellen. Natürlich gilt dies für den unten zu behandelnden ohne Wissen des Schuldners leistenden Dritten nicht.

danken weiter entwickeln und für die erwähnten der Vertretung zugänglichen Schuldrechte eine besondere gesetzliche Geschäftsführung ohne Auftrag zulassen, indem sie es jedem interessierten Dritten[1]) erlauben, statt des Schuldners zu erfüllen[2]). Dies kann auch ohne Wissen des Schuldners erfolgen und ist mit den Wirkung der Erfüllung verbunden[3]), bewirkt daher auch einen Übergang der dinglichen Sicherungen auf den Erfüllenden[4]).

Diese Wirkungen treten allerdings nur dann ein, wenn der Schuldner gegen die Erfüllung von seiten des Dritten dem Gläubiger gegenüber nicht rechtzeitig Einspruch erhoben hatte[5]), was eben beweist, daß man es hier mit einem Falle der gesetzlich besonders anerkannten Geschäftsführung ohne Auftrag zu tun hat.

Ob eine Leistung der Vertretung zugänglich ist, oder nicht, ist ihrem Inhalte und der Entstehungsgeschichte der Forderung zu entnehmen[6]).

4. Der Schuldner hat dem Gläubiger zu leisten[7]). Ist die Entgegennahme der Leistung nicht an die Person des Gläubigers gebunden, so kann diese auch an die beim Schuldner erwähnten[8]) Personen erfolgen. Geschieht dies, so hat selbstverständlich der Schuldner die Pflicht[9]), sich darüber zu vergewissern, ob der als Vertreter des Gläubigers auftretende auch zur Entgegennahme der Leistung tatsächlich befugt ist.

5. Ist die Zeit der Erfüllung weder der Begründungstatsache[10]), noch dem Inhalte der Verpflichtung zu entnehmen, so hat man davon auszugehen, daß die Leistung sofort nach Beendigung der Begründungstatsache vorgenommen werden kann und auch muß[11]) (Fälligkeit der Leistung).

Hinsichtlich der Erfüllungsfristen, ihrer Berechnung und den damit zusammenhängenden Fragen kann auf das im allgemeinen Teile bei den

---

[1]) Dieser Zusatz fehlt in den meisten Äußerungen der Rechtsliteratur. Grill Dt. II 2, 657: Szegeder Tafel 1899, G. 111, die sogar soweit geht, die Erfüllung der Unterhaltspflicht unter dieselbe Vorschrift zu stellen, enthält ihn ebenfalls nicht, wie er auch in EUG. § 858 nicht zu finden ist. Dennoch muß es eine Grenze dessen geben, daß sich fremde, dem Schuldner mißbeliebige Personen unaufgefordert und ohne ein rechtlich zu schützendes Interesse in seine Angelegenheiten eindrängen. Erfordert man zu dem Begriffe der Forderung sogar von seiten des Gläubigers ein rechtlich beachtliches Interesse, so liegt wahrlich keine Notwendigkeit vor, dieses Dritten zu erlassen. Das soll die Interessen des Gläubigers nicht beeinträchtigen, nur die des Schuldners schützen und ihn ausnahmsweise z. B. seinem Todfeinde gegenüber, der ihn hinterrücks in eine Geldklemme versetzen will, schützen.

[2]) Vgl. den in der vorigen Anmerkung angeführten Fall.

[3]) Die Schuld ist getilgt.

[4]) EUG. § 859, Absatz 2. Arg. eadem ratione die Befriedigung von seiten eines Mitschuldners oder Mitverpflichteten, z. B. Mj. Dt. III 36, Fall 27.

[5]) So auch EUG. 858. Er muß auch für das bestehende Recht behauptet werden, will man nicht anders den Schuldner eines Teiles seiner Verfügungsmacht unnützerweise berauben.

[6]) Vgl. das hierüber bei der Vertretungsmacht des Vaters Bd. 1, S. 222, Gesagte.

[7]) Dies folgt aus dem Begriffe der Forderung.

[8]) Siehe oben. (Vertreter!)

[9]) Da er aus dem Vorgehen des Vertreters für sich Vorteile ableitet. Arg. PG. § 269.

[10]) Hauptsächlich dem Rechtsgeschäfte.

[11]) Siehe S. 133, Anmerkung 8.

Ereignissen Gesagte verwiesen werden[1]). Hinzuzufügen ist noch, daß die Erfüllung soweit nicht anderes bestimmt wurde[2]), in den verkehrsüblichen Tagesstunden zu erfolgen hat[3]). Dies ist insofern ein relatives Maß, als Beschäftigung[4]), Stand[5]) oder Organisation der Parteien verschiedene Tagesstunden als verkehrsübliche bestimmen können[6]).

6. War eine Erfüllungszeit von vornherein bestimmt, so kann diese sowohl in dem Interesse des Gläubigers, als auch des Schuldners festgelegt sein[7]).

Ob das eine oder das andere der Fall ist, ist den Umständen zu entnehmen[8]). Die Festlegung des Erfüllungszeitpunktes zugunsten des Schuldners berechtigt denselben zwar zur früheren Erfüllung, nicht aber — sofern das Gesetz nicht anderes vorschreibt[9]) — auch zum Abzuge der Zwischenzinsen einer nicht verzinsten Forderung[10]).

7. Eine der Auslegung bedürftige unbestimmte[11]) Umschreibung der Erfüllungszeit, z. B. durch „in paar Tagen, Wochen, Monaten oder Jahren"[12]) „sobald es möglich sein wird, „sobald mir Gott dazu verhilft, es abzahlen zu können"[13]) ist den Umständen des Falles gemäß von dem Gericht klarzustellen.

Gewöhnlich ist die Erfüllungszeit ein zwar wichtiger, doch nicht unabänderlicher Bestandteil der Leistung[14]). Ist diese aber den Umständen des Falles gemäß als unabänderlicher Bestandteil der Leistung zu betrachten, was besonders bei rechtsgeschäftlichen Schuldverhältnissen vorkommt,

---

[1]) Der Inhalt der Leistung bestimmt die Erfüllungszeit u. a. auch bei den sog. Saisonleistungen. Es wurden z. B. Winterkleider bestellt. Sie sind so zu verfertigen, daß sie noch während des Winters getragen werden können. Grill Dt. II 2, 659, K. 3996/1894.

[2]) Etwa die Lieferung eines Parfaits zu einem Abendessen.

[3]) Arg. HG. § 332 eadem ratione.

[4]) Kaufleute haben andere verkehrsübliche Stunden, als Advokaten, Schauspieler wieder andere, als Spielzigeuner usw.

[5]) Ist die Leistung einem Beamten gegenüber zu erfüllen, so muß sich der Schuldner eine andere Zeit aussuchen, als einem Mitgliede der Hocharistokratie, oder der haute finance gegenüber.

[6]) Ist der Gläubiger eine juristische Person, so gelten die verkehrsüblichen Stunden der Organe, die die Leistung entgegenzunehemn haben.

[7]) Arg. HG. § 334, ferner die betreffs der Ristornogebühr entwickelte und oben bei dem Reugelde angeführte Praxis.

[8]) Arg. HG. § 334. K. 1921, P. 2299, Hj. Dt. XV 40, F. 26, wonach jeder Schuldner bei Fehlen anderer Bestimmungen, oder anderer den obwaltenden Umständen zu entnehmender Absicht der Parteien berechtigt ist, auch vor Fälligkeitszeit zu erfüllen, scheint mir etwas zu allgemein aufgefaßt und weitgehend.

[9]) Z. B. im Konkurse GA. XVII: 1881, § 14, bei der Zwangsversteigerung der Grundstücke GA. LX: 1881, § 192.

[10]) Nach den angeführten Gesetzesstellen ist, wenn dieser zugelassen erscheint, hierbei die allbekannte Hoffmannsche Methode zu befolgen.

[11]) Z. B. Grill Dt. II 2, S. 660 „nach Belieben" Nagyvárader Tafel 1902, G. 4 fand: die Erfüllungszeit gegebenenen Falles mit der Erhebung der Klage abgelaufen.

[12]) Arg. HG. § 331, der hinzufügt, daß hierunter je zwei Tage, Wochen, Monate, Jahre zu verstehen seien. Trotzdem in der Praxis ein Wiederhall dieses § aufzufinden ist, kann man die letzterwähnte Vorschrift dennoch nicht im allgemeinen gelten lassen.

[13]) Besonders bei Zahlungsunfähigkeit an der Börse gebräuchliche „Gotthelfbriefe".

[14]) Z. B. in Verträgen, die den Handelsgeschäften entrückt sind.

so liegt eine fixe Forderung vor. Sie untersteht betreffs der Unmöglichkeit der Leistung gewissen Besonderheiten, die darauf zurückzuführen sind, daß eine zur Unzeit angebotene Leistung bei ihr unter Umständen schon mit den Folgen der Unmöglichkeit versehen sein kann[1]).

8. Die Erfüllung der Leistung hat an einem bestimmten Orte: dem Erfüllungsorte zu erfolgen, der auch noch in anderer Hinsicht in Betracht kommt[2]).

Der Erfüllungsort ist der Begründungstatsache des Schuldverhältnisses[3]), subsidiär dem Inhalte der zu erfüllenden Leistung[4]) zu entnehmen. Im Zweifel ist der zur Zeit der Begründung der Forderung vorhandene Wohnort des Schuldners als Erfüllungsort zu betrachten[5]). Für Geldschulden gilt aber der in der Zeit der Vollendung der Begründungstatsache der Forderung vorhandene Wohnort des Gläubigers[6]) als Erfüllungsort.

Ist die Forderung an mehreren Orten zugleich zu erfüllen und ihrem Inhalte nichts anderes zu entnehmen, so muß die teilbare Leistung geteilt an den einzelnen Erfüllungsorten[7]), die unteilbare, gleichgültig wo, an einem dieser Orte erfüllt werden[8]).

9. Bezüglich der Art, wie die Leistung zu erfüllen ist, kann außer dem schon gegebenen allgemeinen Grundsatze wenig hinzugefügt werden. Der Schuldner hat dann, dort und so zu leisten, wie es die Forderung der Lebensauffassung nach gemäß den Anforderungen der Billigkeit vorschreibt[9]). Das besagt auch, daß der Gläubiger — von gesetzlichen Ausnahmen abgesehen — nicht verpflichtet ist, eine Teilleistung anzunehmen[10]).

Belasten den Schuldner mehrere Leistungen, oder ist es sonst zweifelhaft, welche unter den mehreren Schulden er eigentlich tilgen wollte, so hat der Gläubiger das Geleistete vor allem auf die dem Schuldner

---

[1]) Vgl. Grosschmid II 14, 15.

[2]) Nach Grosschmid I 770, hinsichtlich der Vornahme, der Entsprechlichkeit, der Beendung der Leistung, der Gefahr, der Bestimmung des Interesses, der ungerechtfertigten Bereicherung usw.

[3]) Der Vertrag pflegt ihn gewöhnlich zu enthalten. Vgl. auch PG. § 29, welcher hierauf einen Gerichtsstand gründet.

[4]) Etwa die Verpflichtung der Wiederherstellung vernachlässigter Pachtgebäude usw.

[5]) Arg. HG. § 322, ferner PG. § 19, da man nicht gut davon ausgehen kann, daß das Prozeßrecht einen nicht dem allgemeinen Erfüllungsorte des Schuldners entsprechenden allgemeinen Gerichtsstand bestimmen wollte.

[6]) Arg. eadem ratione HG. § 324. Anderer Meinung Grosschmid I 762 und 765.

[7]) Arg. eadem ratione HG. § 325.

[8]) Daselbst.

[9]) Als nicht entsprechende Leistung wurde z. B. angesehen, daß der Eigentümer einer Erziehungsanstalt, in welcher eine Diphtherie ausgebrochen war, die Zöglinge nach Ablauf derselben in den nämlichen Räumlichkeiten wohnen ließ, in denen die Erkrankungen vorkamen. Grill Dt. II 2, 656. Szegeder Tafel 1897, G. 49.

[10]) So innerhalb der Zwangsversteigerung Arg. GA. LX: 1881, § 190, 116, 189, letzter Absatz, des Konkurses GA. XVII: 1881, §§ 61, 62, bei den Wechselschulden GA. XXVII: 1876, § 38 usw. Die Praxis ist schwankend. Vgl. K. 1921, P. VI 4567, Mji. Dt. XV 60, F. 42, etwas anders K. 1921, P. I 2315 (daselbst 45, F. 31).

lästigere Forderung[1]), bzw. auf den ihn mehr belastenden Teil derselben zu verwenden[2]).

10. Nach der Erfüllung kann der Schuldner eine Bescheinigung verlangen, was hauptsächlich die ihm hinsichtlich der Tilgung obliegende Beweispflicht erleichtern soll. Die Praxis legt hierbei hauptsächlich auf die Ausfolgung einer Quittung bei Geldschulden Gewicht[3]).

§ 15. Gerichtliche Hinterlegung.

1. Kann der Schuldner aus Gründen, die in der Person des Gläubigers liegen[4]), z. B. dessen Unbestimmtheit[5]), die Unsicherheit seiner Berechtigung[6]), sein Aufenthalt an einem unbekannten[7]), oder an einem unzugänglichen[8]) Orte die Leistung überhaupt nicht[9]), oder wenigstens nicht ohne Gefahr vornehmen, so ist er berechtigt, den Gegenstand der Leistung sofern dieser dazu geeignet ist, mit der Wirkung der Erfüllung gerichtlich zu hinterlegen[10]).

Zur Hinterlegung geeignet erscheinen kraft positiver Vorschrift: Bargeld, und zwar je nach der Natur der Schuld als Geldsumme überhaupt[11]), als Geldsorte einer bestimmten Gattung[12]), endlich als Schuld individuell bestimmter Geldstücke[13]), ferner Wertpapiere[14]), besonders Wechsel[15]),

---

[1]) Auf die Kosten Jogt. Közl. Dt. Bd. 99, S. 204, K. 1905, G. 337, auf die fälligen Zinsen Mj. Dt. X 256, K. 1915, PV. 6341, auf Wechselschulden Jogt. Közl. Dt. Bd. 100, S. 304, K. 1267/1905 usw. Im Zweifel sind die Erklärungen des Schuldners in diesem Sinne auszulegen, K. 1918, P. IV 2999, Mj. Dt. XIII 14, F. 9.

[2]) Siehe die vorige Anmerkung.

[3]) Mj. Dt. VI 304, K. 1912, G. 53 usw. Die Kosten hat der Gläubiger zu tragen. Grill Dt. 2, 751, Bpester Tafel 1895 I. G. 7. War die Forderung hypothekarisch eingebüchert, so hat die Quittung auch eine buchgemäße Löschungserklärung der Hypothek zu enthalten, andernfalls hat der Schuldner bloß die Pflicht die geschuldete Summe gerichtlich zu hinterlegen, K. 1918, P. 3006, Mj. Dt. XII 284, F. 205.

[4]) Siehe weiter. Etwa die Unmöglichkeit, eine Löschungserklärung des Gläubigers der hypothekarisch versicherten Forderung zu beschaffen (z. B. wegen Kriegsgefangenschaft desselben) K. 1918, P. 3006, Mj. Dt. XII 284, F. 205.

[5]) Er kann sich nicht vergewissern, wer der Erbe des Gläubigers sei. Grill Dt. III 519, K. 1790/1896, I, G. 486/1899. Unsicherheit wegen der Bedingtheit der Forderung, oder wegen Unklarheiten der sie betreffenden Zession, K. 1917, P. VIII 4425, Mj. Dt. XII 128, F. 104 usw.

[6]) Mj. Dt. X. 109, K. 1915, RP. II 7022, PG. § 92, Absatz 1.

[7]) Besonders bei Bringschulden ist ohne Kenntnis des Aufenthaltes des Gläubigers eine Leistung nicht möglich.

[8]) Wegen Krieges, Arg. eadem ratione PG. §§ 469, 471.

[9]) Es muß dem Schuldner die Möglichkeit geboten werden, sich seiner Pflicht zu entledigen. Arg. PG. § 92, GA. LX: 1881, § 41, dessen Vorschriften auch vor der Verurteilung des Schuldners Geltung haben müssen. Ferner Mj. Dt. IX 230, K. 6162/1914, X 109, K. 1915, PR. II 7022.

[10]) Arg. VJM. 39421/1881 und GA. LX: 1881, § 41.

[11]) Arg. VJM. § 1.

[12]) Daselbst § 1, Absatz 3.

[13]) Daselbst; in den beiden letzten Fällen wird die Geldsumme von der Hinterlegungsstelle nicht verzinst.

[14]) VJM. § 1.

[15]) Daselbst zwar nicht besonders angeführt, jedoch ist der Wechsel auch ein geldwertes Dokument. Vgl. auch Mj. Dt. X 109, K. 1915, RP. II 7022, wo das Urteil auf Hinterlegung eines Wechsels lautet.

Schuldbriefe[1]), geldwerte Dokumente[2]), Schmuck[3]), Kostbarkeiten[4]), sowie überhaupt Gegenstände, die ihrer Beschaffenheit und ihrem Umfange nach geeignet sind, in gerichtliche Obhut gegeben zu werden[5]).

Die Hinterlegung anderer Gegenstände, sowie die Erwirkung einer gerichtlichen Verwahrung des Gegenstandes der Leistung als eine die Wirkung der Erfüllung herbeiführende Handlung des Schuldners ist in dem gegenwärtigen Rechte Ungarns nicht anerkannt[6]).

2. Die Hinterlegung muß nicht zu Händen eines bestimmten Gerichtes erfolgen[7]). Sie soll jedoch an dem Erfüllungsorte[8]), oder an dem Orte des allgemeinen Gerichtsstandes des Schuldners[9]) und soweit dies nur möglich erscheint, zu Händen eines inländischen Gerichtes[10]) erfolgen. Geschieht dies anders, so hat der Schuldner die hierdurch verursachten Mehrkosten zu tragen, sonst belasten die Kosten der nötigen gerichtlichen Hinterlegung den Gläubiger[11]).

Die Hinterlegung muß zu Händen des Gerichtes erfolgen. Eine Hinterlegung zu Händen Privater kann wohl andere, den Schuldner erleichternde Folgen haben[12]), als Erfüllung, welche das Schuldverhältnis aufhebt, gilt sie aber nicht[13]).

3. Die gerichtliche Hinterlegung bewirkt die der Erfüllung der Leistung[14]) gleiche Aufhebung des Schuldverhältnisses nur dann, wenn sie dem Gläubiger ein unwiderrufliches Recht verleiht, den Gegenstand der Leistung bei der Hinterlegungsstelle abzuholen[15]). Demzufolge muß der hinterlegte Gegenstand von einer derartigen Beschaffenheit und in einem

---

[1]) Daselbst § 1.

[2]) Daselbst.

[3]) Daselbst.

[4]) Daselbst.

[5]) GA. LX: 1881, § 41, letzter Absatz.

[6]) Anders in dem EUG. § 1022ff., welcher beide Arten der Surrogationshandlungen der Erfüllung ausführlich behandelt.

[7]) Arg. das Fehlen einer diesbezüglichen Vorschrift, die wie Grosschmid II 114ff. hervorhebt, andernfalls unbedingt nötig wäre.

[8]) Dies folgt daraus, daß die gerichtliche Hinterlegung ein institutioneller Ersatz der Erfüllung ist, daher insoweit es möglich ist, nach den Vorschriften derselben vorzunehmen ist.

[9]) Aus der allgemeinen Bedeutung dieses für die öffentlichrechtlichen (PG. § 19) und privatrechtlichen Handlungen gleich wichtigen Ortes, kann wohl kaum anderes gefolgert werden.

[10]) Es ist ein selbstverständlicher Zug jedes Rechtssystems, daß es, wo es überhaupt eine materielle Wirkung gerichtlicher Handlungen feststellt, in erster Reihe seine eigenen Gerichte berücksichtigt.

[11]) Vgl. EUG. § 1029. Arg. HG. § 351 eadem ratione und die ständige Praxis, die die Hinterlegungskosten dem Hinterleger sogar (natürlich auf dessen eigene Gefahr) auf Wunsch sofort von der hinterlegten Summe anweist. Arg. auch GA. LX: 1881, § 41, Absatz 4, wo in Ermangelung eines Urteiles unter der „gewinnenden Partei" die zur Hinterlegung berechtigte zu verstehen ist.

[12]) Siehe weiter bei dem Schuldnerverzuge.

[13]) Mj. Dt. IX 5, K. 931/1914, P. IX.

[14]) Vgl. EUG. § 1022, letzter Absatz. Arg. GA. LX: 1881, § 41 und Wechselgesetz § 40. So bei begründeter Hinterlegung Grill Dt. II 2 754, K. 1897, I, G. 111, daselbst K. 1900, I, G. 346 usw.

[15]) Arg. GA. LX: 1881, § 41, Absatz 3, welcher die Unwiderruflichkeit der Hinterlegung betont. Dieselbe ist auch in PG. § 92 betont, welcher den Verzicht auf das Rücknahmerecht fordert.

derartigen Zustande[1]) sein, daß er in dem Falle der Übernahme seitens des Gläubigers als Erfüllungsgegenstand dienen kann. Die Hinterlegung bewirkt die vorgeschriebenen Folgen von dem Zeitpunkte der Abgabe des Gegenstandes bei der Hinterlegungsstelle[2]). Die Einsendung kann aber auch durch die Post erfolgen[3]). Unwiderruflich wird das Recht des Gläubigers mit der rechtskräftigen Annahme der Hinterlegung durch das Gericht[4]), welches in dieser Hinsicht als gesetzlicher Bevollmächtigter des Gläubigers zu betrachten ist, daher auch statt seiner und in seinem Namen dingliche Rechte an der hinterlegten Sache, oder an dem aufgelassenen und in der hinterlegten Urkunde als solchen umschriebenen Grundstücke erwirbt[5]). Allerdings bedeutet die Unwiderruflichkeit der Hinterlegung keineswegs auch eine Unmöglichkeit die Folgen der erwähnten Vertretung nachträglich umzustoßen, doch gelten diesbezüglich durchaus die allgemeinen die Ungültigkeit und Unwirksamkeit der Rechtsgeschäfte betreffenden Grundsätze[6]).

Handelt es sich um eine verzinste Forderung, so tritt die befreiende Wirkung der Hinterlegung nur dann ein, wenn der Schuldner — soweit es überhaupt möglich war[7]) — den Gegenstand der Leistung verzinsbar hinterlegte[8]).

Das Recht des Gläubigers, die hinterlegte Sache zu fordern[9]), unterliegt der Verjährung[10]). Ist diese eingetreten, so fällt die Sache dem Fiskus zu[11]), der jedoch hierdurch außer bei Wertpapieren kein Recht erwirbt, kraft des hinterlegten Dokumentes vorzugehen[12]).

---

[1]) Ist daher z. B. ein Wechsel an den Wechselvorgänger zu übergeben, so muß er mit dem entsprechenden Proteste versehen sein; eine Löschungsurkunde hat den Grundbuchsförmlichkeiten zu genügen; eine dem Ehegatten anzubietende Vollmacht muß der für sie vorgeschriebenen Form entsprechen usw. Wichtig bei Wertpapieren hinsichtlich deren Kupons (unverjährte und uneingelöste!).

[2]) Arg. VJM. 39421/1881, § 7.

[3]) Arg. VJM. 39421/1881, § 8.

[4]) Arg. daselbst § 10, VJM. gemäß der das Gericht über die Annahme entscheidet. Selbstverständlich ist eine Verständigung des Gläubigers, oder seines ad hoc Pflegers nötig.

[5]) Anders Grosschmid mit der Begründung, daß die Hinterlegung nur eine Offerte des dinglichen Rechtsgeschäftes ist. II 120. Dies läßt jedoch die materielle Wirkung der gerichtlichen Annahme außer Acht.

[6]) Etwa bei Irrtum betreffs der Voraussetzungen der Hinterlegung usw.

[7]) Nicht bei Geldart und Geldstückschulden, ferner bei Schuldscheinen usw. VJM. 39421/1881, § 2.

[8]) Vgl. daselbst § 2, Absatz 2. Gegenwärtig wurde die Verzinsung der gerichtlich hinterlegten Summen durch die Kriegsverordnung MER. 598/1920, § 3 vom 1. I. 1920 an interimistisch aufgehoben. Insolange diese Kriegsverordnung in Kraft bleibt, ist es dem Schuldner nicht möglich, die geschuldete Summe gerichtlich verzinsbar zu hinterlegen, er wird daher auch durch unverzinsliche gerichtliche Hinterlegung befreit.

[9]) Dies ist bald ein Forderungsrecht [bei dem depositum irregulare], bald ein dinglicher Anspruch [bei dem depositum regulare].

[10]) Eine abweichende Vorschrift müßte quellenmäßig begründet werden können.

[11]) Arg. siehe die vorige Anmerkung.

[12]) Der Fiskus kam nur in den Besitz der Urkunde; von den Wertpapieren abgesehen, bei denen hiermit auch eine sachenrechtliche Herrschaft über das in ihnen verbriefte Recht enthalten ist, kann ihm daher über dieselbe hinaus kein weiterer Rechtserwerb zugesprochen werden.

§ 16. Leistung an Erfüllungsstatt.

Die Wirkungen der Erfüllung der Leistung treten unmittelbar kraft Gesetzes ein. Das will besagen, daß es den Parteien des Schuldverhältnisses zwar frei steht, darüber zu entscheiden, ob der Schuldner zu erfüllen hat, oder nicht, nicht aber auch darüber, ob in dem Falle der Erfüllung die hieran sich kraft Gesetzes knüpfenden Rechtsfolgen eintreten. Immerhin kann dieser Satz nur in dem Sinne aufgestellt werden, daß nach der Erfüllung der Leistung die mit derselben verbundenen Wirkungen nicht mehr ungeschehen gemacht werden können, was seine guten Gründe hat und nicht zuletzt in der Rücksicht auf den gutgläubigen Verkehr und auf die Rechte Dritter begründet ist. Bevor aber die Leistung vorgenommen wurde, steht es den Parteien frei, die mit derselben verbundenen Wirkungen in gemeinsamer Übereinstimmung an eine andere Leistung zu knüpfen. Tritt dies ein, so liegt eine Leistung an Erfüllungsstatt vor. Leistung an Erfüllungsstatt ist daher die durch die Übereinstimmung der Parteien mit der Wirkung der Erfüllung anstelle der ursprünglichen vereinbart erfolgende Leistung.

Die Leistung an Erfüllungsstatt beruht auf einem zweiseitigen, die ursprüngliche Forderung teilweise abändernden Vertrage. Ihre Bestimmung untersteht daher in allem den Voraussetzungen und Erfordernissen der zweiseitigen vermögensrechtlichen Verträge[1]).

Sie ändert bloß die Tilgung des früheren Schuldverhältnisses, das im übrigen im Zweifel m. E. bis zu dem Zeitpunkte der Erfüllung der neu bestimmten Leistung in voller Kraft aufrecht bleibt[2]). Die neu bestimmte Leistung kann — ebenso wie die alte es war — sowohl auf ein Geben, als auch auf ein Tun, oder Unterlassen gerichtet sein. Wurde die zweite Leistung erfüllt, so wirkt sie so wie die Erfüllung der ersten, hebt daher das erste Schuldverhältnis in jeder Beziehung auf[3]). Stellen sich daher Tatbestandsmängel der Bestimmung der zweiten Leistung, oder der Erfüllung ein, so kann der frühere Zustand und mit ihm das Wiederaufleben der ersten Forderung nur in den Fällen der Ungültigkeit angenommen werden, wo hingegen Unwirksamkeit, ferner die Fälle der Gewährleistung wegen Mängel der geleisteten Sache, oder des geleisteten Rechtes die einmal eingetretene Aufhebung der früheren Forderung nicht weiter berühren.

Was diese Mängel selbst betrifft, so sind auf sie wegen der zweiseitigen Natur des die Leistung an Erfüllungsstatt begründenden Vertrages wohl die entsprechenden Grundsätze des Kaufes anzuwenden[4]).

---

[1]) Dies erhellt auch schon daraus, daß das Gesetz sie dort, wo die Gefahr einer Ausbeutung zu ungunsten des wirtschaftlich schwächeren Vertragsschließenden vorliegt, geradezu ausschließt, so von ganz vereinzelten Ausnahmen abgesehen zwischen Fabrikeigentümer und dem Arbeiter bei dem Arbeitsvertrage. GA. XVII: 1884, § 118, welcher durch § 135 GA. XII, 1922 nicht abgeändert wurde.

[2]) Ändert der Vertrag mehr, so ist er schon mehr oder minder eine Novation. Grosschmid unterscheidet bei der L. a. E. mehrfache Fälle und Wirkungen, II 619, 871, m. E. kann man sie alle in die im Texte gegebene Formel fassen.

[3]) Grosschmid II 874 findet zwischen dem animus novandi und animus in solutum dandi keinen Unterschied.

[4]) Vgl. EUG. § 1011.

Es ist zwar nicht mit Bestimmtheit zu beweisen, doch in Betracht der dies erhärtenden Praxis bei dem Prolongationswechsel[1]) immerhin mit großer Wahrscheinlichkeit zu behaupten, daß, wenn die Bestimmung der Leistung an Erfüllungsstatt in der Begründung einer Forderung bestand, die Wirkung derselben nur mit ihrer Erfüllung eintritt.

§ 17. Wegfall der Leistung.

Die Erfüllung der Leistung oder deren Surrogate bringen das Schuldverhältnis zu seiner verkehrsmäßigen Aufhebung. Entfällt hingegen die Erfüllung, so treten Veränderungen ein, die unter Umständen zwar auch eine Aufhebung des ganzen Schuldverhältnisses bewirken können, ohne daß man jedoch von einer verkehrsmäßigen Abwicklung sprechen könnte.

Diese Veränderungen hängen von den Tatsachen und besonders von den Ursachen der Tatsachen ab, die zu dem Wegfall der Leistung führten, müßten daher folgerichtig eigentlich unter den Bewegungstatsachen der Forderungen behandelt werden. Da sie jedoch samt und sonders auf die Leistung zurückzuführen sind und in erster Reihe diese berühren, muß es schon der Übersicht und des inneren Zusammenhanges halber für richtiger gehalten werden, sie hier auszuführen.

Die Folgen des Wegfalles der Leistung hängen davon ab, ob der Wegfall ein endgültiger oder ein zeitweiliger ist, ferner, ob dessen Ursachen auf den Schuldner, den Gläubiger oder auf keinen der beiden zurückführbar sind. Sie werden in den hier folgenden Rechtsinstituten des Schuldnerverzuges, des Gläubigerverzuges, der Unmöglichkeit der Leistung und der positiven Forderungsverletzungen[2]) ausgeführt.

§ 18. Schuldnerverzug.

1. Unter Schuldnerverzug versteht man: die Gesamtheit der Folgen des dem Schuldner zur Last fallenden Ausbleibens der Leistung[3]).

Die Voraussetzungen des Schuldnerverzuges sind demnach: das Ausbleiben der fälligen, d. h. forderbaren Leistung und die Verantwortlichkeit des Schuldners für dasselbe[4]). Die Erfüllung der fälligen Leistung wird als ausgeblieben betrachtet bei kalendermäßig bestimmten Leistungen mit dem erfolglosen Ablauf der für sie festgelegten Zeit[5]), bei anderen nach der dem Schuldner gegenüber laut den Vorschriften der einseitigen Willenserklärungen vorzunehmenden rechtzeitigen Mahnung des Gläubigers[6]).

---

[1]) Der alte Wechsel kann der Praxis nach im Zweifel vor der Befriedigung auch nach Übergabe des Prolongationswechsels eingeklagt werden. Grill Dt. V 257, K. 574/1883, Grill Mj. Dt. Wechselrecht S. 393, K. 709/1897, 136/1897, 1641/1904 usw.

[2]) Dieser von Enneccerus [Schuldrecht 6. Aufl. 150] gebrauchte Ausdruck scheint zutreffender zu sein, als die Benennung Staubs.

[3]) Grosschmid nennt den Verzug einen Daseinsabschnitt der Forderung [II 9], der mit besonderen Folgen versehen wurde.

[4]) Siehe weiter.

[5]) Vgl. EUG. § 923, welcher auch mit der Auffassung des heutigen ungarischen Rechtes harmoniert (Arg. z. B. HG. § 282). Grill Dt. II 2, S. 699, K. 164/1898, 1900 I, G. 599, S. 700, K. 1091 I, G. 450.

[6]) Arg. HG. § 282, welcher durchaus keine speziell handelsrechtliche Vorschrift enthält. So Grill Dt. II, S. 701, K. 1896 I, G. 84.

Der Schuldner ist für das Ausbleiben der Leistung verantwortlich, wenn er nicht beweist, daß dasselbe auf einen Grund zurückführbar ist, den er laut den für die Begründungstatsache der Forderung[1]), oder für die Unmöglichkeit[2]) der Leistung geltenden Vorschriften nicht zu vertreten hat.

Enthalten diese keine besonderen Vorschriften, so gilt die allgemeine Regel, daß der Schuldner für Vorsatz und Fahrlässigkeit einzustehen hat[3]). Der Grad der zu verantwortenden Fahrlässigkeit ist bei unentgeltlichen Rechtsgeschäften gewöhnlich ein niederer[4]), als bei den übrigen Forderungsarten.

2. Die Folgen des Verzuges sind einmal allgemeine, d. h. solche, welche bei allen dem Schuldnerverzuge überhaupt unterstehenden[5]) Forderungen eintreten, sodann die besonderen Folgen des Schuldnerverzuges bei zweiseitigen Verträgen.

3. Die allgemeinen Folgen des Schuldnerverzuges sind die Vergütung des durch denselben verursachten Schadens[6]), ferner die Verpflichtung, bei Geldforderungen während der Dauer des Verzuges Verzugsszinsen[7]) zu entrichten[8]), deren Höhe in der der gesetzlichen[9]), bei höheren rechtsgeschäftlichen Zinsen jedoch in der Höhe der rechtsgeschäftlich festgelegten[10]) Zinsen bestimmt ist[11]), endlich die Erhöhung der Verantwortlichkeit des Schuldners. Der letztere wird nämlich während der Dauer des Verzuges ohne Rücksicht auf die Begründungstatsache der Forderung nicht bloß für jede Fahrlässigkeit verantwortlich[12]), sondern hat auch den Zufall zu tragen, welcher dem Gegenstande der Leistung während des Verzuges zustößt[13]). Nebst all diesen Vorteilen verliert jedoch der Gläubiger durch den Verzug des Schuldners nicht das Recht, die noch mögliche Leistung zu verlangen[14]).

---

[1]) Hauptsächlich der Verträge.

[2]) Siehe weiter.

[3]) Arg. eadem ratione HG. § 271. Vgl. EUG. § 906.

[4]) Siehe das bei der Schenkung Gesagte.

[5]) Grosschmid (II 10) hebt eine Anzahl von Forderungen hervor bei denen dies nicht der Fall ist, so Deliktsobligationen, an fixe Zeit gebundene, auf Tun gerichtete, negative, Kondiktionen, dingliche Ansprüche usw.

[6]) Grill Dt. I 53, K. 293/1906.

[7]) Grill Dt. II 2, 699, K. 164/1898, daselbst 701, K. 1896, I, G. 84.

[8]) U. U. hat er auch einen größeren Schaden zu vergüten, dann nämlich, wenn es unbillig wäre, daß der Gläubiger den durch den Schuldnerverzug verursachten und die Verzugszinsen übersteigenden Schaden trage; die Beweispflicht obliegt dem Gläubiger, der Geldgläubiger ist von dem Ersatz dieses Schadens auch nicht ausgeschlossen. K. 1921, P. II 2608, Hj. Dt. XV 71.

[9]) Daselbst 699, K. 1900, I, G. 599.

[10]) GA. XXXV: 1895, § 1, Absatz 2. Selbstverständlich nur dann, wenn bezüglich der Form (Schriftlichkeit über 5%) und der Inhaltsschranken (8%) die gesetzlichen Vorschriften eingehalten wurden.

[11]) Die zuletzt angeführte Vorschrift gibt auch über den Anwendungskreis der Verzugszinsenpflicht Aufschluß, indem § 2 die Zinsen des zu „zahlenden" Kapitals hervorhebt, von einer „Zahlung" des Kapitals aber nur bei Geldschulden die Rede sein kann.

[12]) Vgl. EUG. § 928, hinsichtlich des bestehenden Rechtes Grosschmid II 56ff. Eine diesbezügliche Praxis konnte ich nicht auffinden.

[13]) Daselbst.

[14]) Dies folgt daraus, daß der Verzug des Schuldners den Gläubiger seiner Rechte nicht berauben kann.

Die Folgen des Schuldnerverzuges beruhen auf der Grundlage, daß die Leistung zwar zeitweilig weggefallen sei, jedoch weder unmöglich, noch aber — was ja diesem so ziemlich gleich erachtet werden kann — für den Gläubiger interessenlos geworden sei. Tritt dies ein, so greifen die Folgen der Unmöglichkeit Platz[1]).

4. Bei zweiseitigen Verträgen kann die dem Vertrage treugebliebene Partei außer der Ausübung der soeben umschriebenen Rechte noch unter gleichzeitiger Anbietung der ihr obliegenden Leistung dem in Verzug geratenen Schuldner zur Erfüllung seiner Pflichten eine entsprechende Frist setzen[2]), und bei Nichteinhaltung derselben, vorausgesetzt, daß eine spätere Erfüllung das Interesse des Gläubigers überhaupt nicht, oder nur in sehr geringem Maße befriedigen würde[3]), auch von dem Vertrage zurücktreten[4]). Waren schon Teilleistungen vorgenommen worden und erheischt das Interesse des Gläubigers nicht das Gegenteil, so kann der Rücktritt bei teilbaren Leistungen nur betreffs der noch nicht vollbrachten Teilleistungen erfolgen[5]).

Der so ausgeübte Rücktritt stellt den früheren Zustand wieder her, ist daher dann ausgeschlossen, wenn die frühere Rechtslage nicht wieder hergestellt werden kann[6]).

5. Der Schuldnerverzug dauert solange, als der Wegfall der Leistung dem Schuldner zur Last fällt. Demnach wird er aufgehoben: wenn die Leistung zeitweilig aus Gründen, die der Schuldner nicht zu verantworten hat, unmöglich wurde[7]), wenn dieselbe aus ebensolchen Gründen, seien diese nun rechtsgeschäftlicher Natur[8]), oder aber auf eine Rechtsvorschrift zurückzuführen, nachträglich gestundet wurde[9]), und endlich, wenn der

---

[1]) Siehe weiter unten.

[2]) Arg. Mj. Dt. X, 44, K. 1915, RP. I 5285. Die treugebliebene Partei hat die ihr obliegende Leistung anzubieten. Daselbst IX 57, K. 1914, G. II 202. Aus dem an erster Stelle angeführten Falle erhellt, daß jene Partei die Leistung zuerst vorzunehmen hat, die eine Gegenleistung erheischt.

[3]) Arg. Mj. Dt. XII 29, K. 1916, P. II 7084, ferner daselbst XI 111, K. 1916, PR. IX 5929.

[4]) Vgl. die in der letzten Anmerkung angeführten Fälle. In dem Bereiche des Privatrechts ist das Rücktrittsrecht zwar nicht unbestritten, doch m. E. unbedingt anzunehmen. K. 1918, P. VI 4018, Mj. Dt. XIII, S. 13 F. 8 anerkennt dasselbe wohl grundsätzlich bei dem privatrechtlichen (nicht dem HG. unterstehenden) Kaufe nicht, ohne jedoch andererseits die Wirkung des Rücktritts bei den rein privatrechtlichen Käufen von Liegenschaften zu versagen (z. B. 1917, RP. III 2049, Mj. Dt. XII 33, F. 27 usw.). Ja K. betont das Rücktrittsrecht gegenüber dem im Leistungs- bzw. Schuldnerverzuge befindlichen Liegenschaftskäufer sogar sehr eindringlich (z. B. 1921, PV. 2372, Ü. L. Mj. Dt. 1, 6, F. 5) usw. Die Praxis schwankt daher, die Frage ist noch als eine offene zu behandeln, richtig aber wohl in dem Sinne der an letzter Stelle angeführten Entscheidung bejahend zu lösen.

[5]) Arg. HG. § 358 eadem ratione.

[6]) Vgl. den vorher angeführten Fall Mj. Dt. XII 29, K. 1916, P. II 7084.

[7]) Kriegsverbote usw.

[8]) Arg. Jogt. Közl. Dt. XXIX: 184, K. 1215/1891, wo die Folgen des Gläubigerverzuges mit der Begründung abgelehnt wurden, daß der Schuldner von demselben eine Stundung erlangt hatte. Dies muß natürlich noch viel eher für den Schuldnerverzug gelten.

[9]) So den verschiedenen Moratorialverordnungen der Kriegszeit zu entnehmen. K. 1921, PV. 2509, Mj. Dt. XV 40, F. 27 nimmt sogar an, daß die Geldschulden während der sog. Proletarierdiktatur gesetzlich gestundet wurden, was m. E. zu weit führt.

Schuldner die Leistung dem Gläubiger gehörig, d. h. tatsächlich und der Forderung entsprechend[1]) samt den durch den bisherigen Verzug verursachten Akzessorien anbietet, dieser aber sie nicht annimmt[2]).

Die dem Gläubiger infolge des Schuldnerverzuges zukommenden Rechte entfallen außer den allgemeinen Aufhebungsgründen der Forderungen auch dann, wenn der Gläubiger die ihm während des Verzuges angebotene Leistung ohne einen sie betreffenden besonderen Rechtsvorbehalt annimmt[3]).

§ 19. Gläubigerverzug.

1. Unter Gläubigerverzug versteht man die Gesamtheit der Folgen des dem Gläubiger zur Last fallenden Ausbleibens der Leistung[4]).

Voraussetzung des Gläubigerverzuges ist das entsprechende[5]) — abgesehen von wenigen Ausnahmen — tatsächliche[6]) und rechtzeitige Anbieten der Leistung[7]) und das Unterbleiben derselben aus Gründen, die dem Gläubiger zur Last fallen.

Der Umkreis der Tatbestände, die dem Gläubiger zur Last fallen, ist jedoch bedeutend größer, als der entsprechende Tatbestandskreis des Schuldnerverzuges. Er erstreckt sich nicht bloß auf die Verweigerung der Annahme[8]), sondern auch auf deren anderweitige Vereitlung, ohne Rücksicht darauf, ob diese aus einer Unterlassung ihrer Vorbereitung[9]), einer Vorausleistung[10]), Gegenleistung[11]) oder einer sonstigen erforderlichen Mitwirkung[12]) des Gläubigeres besteht. Bezüglich der Tatbestände, die dem Gläubiger zur Last fallen, muß noch hervorgehoben werden, daß sie nicht entschuldbar sind[13]), wenigstens nicht in dem Sinne, daß der Gläubiger einen beliebigen noch so hohen Grad der Sorgfältigkeit nachweist, die er angewendet hatte, um die Annahme und die Vornahme der Leistung zu ermöglichen[14]). Der Grund, weshalb der Schuldner nicht fähig war, die dem Gläubiger angebotene Leistung zu vollbringen, kommt von dem Standpunkte des Gläubigerverzuges aus demnach nur insoweit in

---

[1]) Siehe das hinsichtlich der Erfüllung der Leistung Gesagte.

[2]) Grill Dt. II 2, 704, K. 1898, I, G. 235, daselbst I. G. 164/1901, 363/1901 usw.

[3]) Daselbst.

[4]) Das Wegbleiben ist hier eben so zu verstehen, wie bei dem Schuldnerverzuge, also innerhalb der Grenzen der Unmöglichkeit und des Interessenverlustes.

[5]) Grill Dt. II 2, K. 706, K. 1899, I, G. 251.

[6]) Daselbst.

[7]) D. h. nach der Fälligkeit oder wenigstens nach dem Zeitpunkte, an dem die Leistung vom Schuldner vorgenommen werden kann.

[8]) Arg. HG. § 351, Grill Dt. II 2, 704, K. 1898, I, G. 235, Jogt. Közl. Dt. XIX 184, K. 1251/1891.

[9]) Beendigung eines die Übergabe des verpflichteten Grundstückes hindernden Rechtsverhältnisses (Besitz), Jogt. Közl. Dt. XXXV 280, K. 1092/1892 usw.

[10]) Vorausleistung Arg. HG. § 335, der Grundsatz ist bei den zweiseitigen Verträgen dadurch verdunkelt, daß bei ihnen wegen der doppelten Stellung der Parteien Gläubiger- und Schuldnerverzug mit einander eng verquickt sind.

[11]) Mj. Dt. I 53, K. 293/1906, II 46, K. 7888/1906.

[12]) Überlassen der nötigen Räumlichkeiten, Ermöglichung des an Ort und Stelle erforderlichen Abwägens, Auswahl des Musters eines zu liefernden Stoffes usw.

[13]) Arg. Jogt. Közl. Dt. XXIX 184, K. 1215/1891.

[14]) Vgl. die in den vorherigen Anmerkungen angeführten Fälle, die von einer Exkulpation des Gläubigers nichts erwähnen. Anders EUG. § 939, Absatz 2.

Betracht, ob er in der Rechtssphäre des Gläubigers zu suchen ist[1]). Ist es aber auch gleichgültig, ob die Vornahme der Leistung durch einen in der Rechtssphäre des Gläubigers eingetretenen Zufall[2]) verhindert wurde, so kann deren absichtliche Vereitlung von seiten des Gläubigers dennoch von Wichtigkeit sein. Sie vermag es nämlich zu bewirken, daß der Schuldner sich mit einem wörtlichen — statt eines tatsächlichen — Anerbietens der Leistung begnügen kann. Dies ist dann der Fall, wenn der Gläubiger im voraus erklärt, die Leistung nicht entgegennehmen[3]) oder hierbei nicht pflichtgemäß mitwirken zu wollen.

2. Die Wirkungen des Gläubigerverzuges sind einmal den Schuldner entlastende, sodann den Gläubiger belastende.

Den Schuldner entlastet vor allem der Übergang der Gefahr auf den Gläubiger: von dem Zeitpunkte des Gläubigerverzuges an hat der Gläubiger die Verschlechterung oder Vernichtung des Gegenstandes der Leistung zu tragen[4]). Bei Leistungen unbestimmten Inhaltes kann dies selbstverständlich nur nach der Bestimmung eintreten[5]).

Sodann ist als Entlastungsfolge des Gläubigerverzuges auch die Verminderung der Sorgfalt des Schuldners hervorzuheben, die sich mit dem Eintritt des Gläubigerverzuges von der Begründungstatsache der Forderung loslöst und in eine Verantwortlichkeit für Vorsatz und grobe Fahrlässigkeit verringert[6]). Dementsprechend hat der Schuldner dem Gläubiger von Geldschulden für die Zeit des Gläubigerverzuges keine Zinsen[7]), von anderen Schulden hingegen nur jene Nutzungen zu vergüten, die er tatsächlich gezogen hatte[8]). Ist der Gegenstand der Leistung dazu geeignet, so kann der Schuldner ihn gerichtlich[9]) hinterlegen oder der Obhut einer zuverlässigen Privatperson anvertrauen[10]) und, sofern es das Interesse des Gläubigers erheischt[11]), bei leicht verderblichen Sachen, möglichst mit behördlicher[12]) oder wenigstens unter Mitwirkung einer Urkundenperson[13]), auch

---

[1]) Liegt er in der des Schuldners, so wird es sich gewöhnlich um Schuldnerverzug handeln.

[2]) Vgl. K. 1215 ex 1891. Jogt. Közl. Dt. XXIX 184.

[3]) Arg. HG. § 335. Vgl. EUG. § 935.

[4]) Arg. die Begründung der Entscheidung Mj. Dt. IX 57, K. 1914, G. 202, ebenso K. 1920, P. IV 1243, Hj. Dt. XIII 126, F. 81 II.

[5]) Vgl. das hierüber Gesagte und EUG. § 939, welcher bei Gattungsschulden diese Regel nur von der Absonderung des zu leistenden Gegenstandes an anwendet.

[6]) Grosschmid kennzeichnet die kraft des Gläubigerverzuges zu gunsten des Schuldners eingetretene Veränderung sehr charakteristisch als einer gesetzlichen Geschäftsführung ohne Auftrag ähnlich II 110.

[7]) Mj. Dt. IX 241, K. 4890/1914 usw.

[8]) Vgl. EUG. 941. Der Grundsatz folgt daraus, daß den Nutzungen unmöglich eine andere Behandlung zuteil werden kann, als den Zinsen.

[9]) Siehe das daselbst über die gerichtliche Hinterlegung Gesagte, Arg. auch HG. § 351.

[10]) Arg. daselbst.

[11]) Der Schuldner muß diesem trotz des Gläubigerverzuges Rechnung tragen. Arg. eadem ratione HG. § 347, welcher auch in dem allgemeinen Privatrechte — doch mit einer gewissen Vorsicht — angewendet werden muß.

[12]) Arg. daselbst und hinsichtlich der leicht verderblichen Sachen GA. LX: 1881, § 104.

[13]) Arg. HG. § 347. Der Schuldner hat in dem folgenden Prozeß die Richtigkeit seines Vorgehens zu behaupten und zu beweisen.

veräußern. In all diesen Fällen muß der Gläubiger von den Maßnahmen des Schuldners[1]) tunlichst vorher verständigt werden[2]).

Ist der Verzug des Gläubigers einmal eingetragen, so kann die Nichtleistung dem Schuldner nicht zum Nachteil gereichen, was besonders hinsichtlich der Sicherungen der Verträge von Wichtigkeit ist[3]).

Den Gläubiger belastende Folge seines Verzuges ist die Ersatzpflicht der Kosten, die durch das erfolglose Angebot der Leistung[4]), ferner durch die während des Verzuges vorgenommenen berechtigten Maßregeln des Schuldners verursacht sind[5]).

3. Der Gläubigerverzug wird aufgehoben: durch Rechtsgeschäfte der Parteien[6]), durch Handlungen des Gläubigers, die das Hindernis der Erfüllung der Leistung wegräumen[7]), endlich durch alle juristischen Tatsachen, die den Bestand der Forderung berühren und hierdurch den Gläubigerverzug gegenstandslos machen[8]).

§ 20. Unmöglichkeit der Leistung.

1. Ist der Inhalt der Leistung nach den Erfahrungs- und Naturgesetzen unmöglich, so treten je nach den einzelnen Begründungstatsachen der Forderungen, je nach der Zeit und den Gründen des Eintritts der Unmöglichkeit verschiedene Rechtsfolgen ein.

2. Handelt es sich um rechtsgeschäfliche Forderungen und war die Unmöglichkeit der Leistung schon bei dem Abschluß des Begründungsgeschäftes vorhanden, so wird dasselbe ungültig.

Trat hingegen die Unmöglichkeit der Leistung erst später ein, so wird hierdurch nicht die Gültigkeit, sondern bloß die Verwirklichung des Rechtsgeschäftes berührt[9]). Und zwar bei der auf den Schuldner zurückführbaren, durch ihn zu vertretenen Unmöglichkeit dadurch, daß an die Stelle der Leistungspflicht des Schuldners dessen Ersatzpflicht betreffs des durch die Unmöglichkeit verursachten Schadens des Gläubigers tritt[10]). Diese Ersatzpflicht erstreckt sich in erster Reihe auf die Leistung dessen, was dem Schuldner von der ursprünglichen Leistung trotz der Un-

---

[1]) Arg. HG. § 347, letzter Absatz.

[2]) Arg. daselbst.

[3]) Vgl. hinsichtlich der Draufgabe und der Vertragsstrafe HG. §§ 274, 277. Vgl. auch Grosschmid II 108.

[4]) Arg. eadem ratione HG. § 343, welcher die durch die Übergabe entstandenen Kosten dem Verkäufer als Schuldner aufbürdet, natürlich nur dann, wenn sie ihren Zweck erfüllten; anderfalls bilden sie einen Teil des laut § 353 HG. ihm zu vergütenden Schadens. Vgl. auch EUG. § 943.

[5]) Arg. HG. § 353.

[6]) Stundung Jogt. Közl. Dt. XXIX 184, K. 1215/1891.

[7]) Nachträgliche Erklärung des Gläubigers, daß er die Leistung nun schon annehme, samt dem Bereitsein der Zahlung der hierdurch erwachsenen Kosten, Öffnen der Magazine, in die das zu liefernde Korn eingelagert werden soll, Auflösung der Nachnahme, mit welcher die Ware unrechtmäßig belastet war usw.

[8]) Untergang der Forderung, Verjährung, Aufrechnung usw.

[9]) Anders und selbst in diesem Falle Ungültigkeit nimmt an K. 1918, P. VII 5160, Hj. Dt. XIII 25, F. 16 (m. E. wohl kaum stichhaltig).

[10]) Arg. Grill Dt. II 2, 694. Szegeder Tafel 1901, G. 119. Die Begründung dieser Entscheidung ist nur auf Grund dieses Rechtssatzes zu verstehen.

möglichkeit verblieben[1]) oder gar ihrzufolge neu zugekommen[2]) war. Hierüber gelten übrigens die allgemeinen Grundsätze der Leistung von Schadensersatz[3]).

Kann hingegen die nachträgliche Unmöglichkeit nicht auf solche vom Schuldner zu vertretende Umstände zurückgeführt werden, so wird der Schuldner durch sie von der Leistung befreit[4]) und — sofern es in seinem Interesse liegt — der Gläubiger dazu befugt, von dem Rechtsgeschäfte zurückzutreten[5]). Tritt der Gläubiger nicht zurück, so gilt betreffs dessen, was trotz der Unmöglichkeit dem Schuldner verblieben und was er erst dadurch erlangt hat, der eben ausgeführte Grundsatz[6]).

2. Bei den übrigen Begründungstatsachen der Forderungen können hinsichtlich der ursprünglichen Unmöglichkeit keine allgemeinen Regeln aufgestellt werden. Handelt es sich um auf Handlungen oder Ereignissen begründete Forderungen, so bleiben die Folgen eine Auslegungsfrage der betreffenden Quellenstellen, die allein darüber Aufschluß geben können, ob die Analogie der rechtsgeschäftlichen Unmöglichkeit anwendbar und wo die Grenze einer solchen Anwendung zu finden ist[7]).

Hingegen scheint es m. E. angemessen, die Rechtssätze der nachträglichen Unmöglichkeit im Zweifel auch auf Forderungen, die anderen Begründungstatsachen entstammen, anzuwenden, soweit dies eben geht[8]), d. h. soweit die Natur der Begründungstatsache es nicht ausschließt. Dies ist aber — sofern man es heute schon zu überblicken vermag — bei den den verbotenen Handlungen entstammenden Forderungen der Fall, bei denen auch nachträgliche unverschuldete Unmöglichkeit der Leistung den Schuldner kaum seiner Pflichten entbinden kann[9]).

3. Während der Kriegspraxis entwickelte sich der früher zweifelhafte Rechtssatz[10]), daß ein Unterschied zwischen den Wirkungen der objektiven und der bloß für den Schuldner in betracht kommenden subjektiven Unmöglichkeit nicht vorliege.

---

[1]) Arg. Mj. Dt. XI 14, K. 916, RP. IX 3564, wo der Verkäufer verpflichtet wurde, den Mehrwert auszuliefern, den er durch die von seiten der Kriegsleitung beschlagnahmte Ware erhielt.

[2]) Siehe den in der Anmerkung 1 angeführten Fall.

[3]) Siehe dort.

[4]) Arg. der in Anmerkung 10 S. 145 angeführte Fall, ferner Grill Dt. II 2, 694. Debreczener Tafel 1899, G. 35.

[5]) Besonders bei zweiseitigen Rechtsgeschäften, Mj. Dt. X 26, K. 1915, P. II 6013 usw. in der Form, daß der zur unmöglichen Leistung Verpflichtete das Recht zur Gegenleistung verliert.

[6]) Eadem ratione. Während und nach dem Kriege war dies besonders hinsichtlich des Entgeltes der requirierten Sache überaus praktisch, z. B. K. 1916, P. IX 3564, Mj. Dt. XI 14, F. 9, K. 1917, P. VII 304, Mj. Dt. XI 196, F. 145 usw.

[7]) Besonders während der Kriegsgesetzgebung kamen Fälle vor, in denen gesetzliche (Überlassungs-, Vorkaufs- und ähnliche) Rechte der verschiedenen Zentralen kraft Gesetzes also durch ein Ereignis entstanden, doch betreffs der Leistung schon zurzeit der Entstehung unmöglich waren.

[8]) Rücktrittsrecht ist z. B. ausgeschlossen.

[9]) Es gelten hier vielmehr dieselben Grundsätze, wie wenn die Unmöglichkeit aus Gründen eingetreten wäre, die der Schuldner zu verantworten hat. Sonst hätte der Schuldner Vorteile, die einer Rechtswidrigkeit unmöglich entsprießen dürfen.

[10]) Vgl. recht scharf Mj. Dt. X 26, K. 1915, P. II 6013, so auch EUG. § 909.

Ebenfalls als das Ergebnis der Kriegspraxis kann der Grundsatz erwähnt werden, daß in den Fällen der Unmöglichkeit und besonders in denen der Unmöglichkeit der Leistung zweiseitiger Rechtsgeschäfte, die Partei, innerhalb deren Machtsphäre die Unmöglichkeit eingetreten war[1]), oder die früher von ihr Kenntnis erhielt, bei sonstiger Schadensersatzverpflichtung gehalten sei, diesen Umstand der Gegenpartei kund zu tun. Handelt es sich hierbei um ursprüngliche Unmöglichkeit, so wird dem Gegenstand des Schadensersatzes das negative Interesse bilden[2]), sonst das positive.

4. Die Grundsätz der Unmöglichkeit und besonders die der nachträglichen Unmöglichkeit[3]) werden durch die Praxis auch auf die Fälle der rechtlichen[4]), der sittlichen[5]) und der wirtschaftlichen Unmöglichkeiten[6]) angewendet. Über die beiden ersteren sei nur so viel gesagt, daß dies die Anwendung der für die schuldrechtlichen Geschäfte gezogenen Inhaltsschranke auf alle Forderungen bedeutet.

Wirtschaftliche Unmöglichkeit liegt vor, wenn der Schuldner infolge der unvorhersehbaren und offensichtlichen Verschiebung der allgemeinen wirtschaftlichen Lage[7]) die an sich mögliche Leistung nur mit unverhältnismäßig großen und seine wirtschaftliche Existenz gefährdenden Vermögensopfern erfüllen könnte[8]) oder wenn er durch die Leistung infolge der schon erwähnten Verschiebungen der wirtschaftlichen Lage unverhältnismäßigen Nachteil erleiden, der Gläubiger hingegen durch sie eines eben solchen Vorteils teilhaftig werden würde[9]).

Lag sie schon bei der Begründung der Forderung vor[10]), so beeinflußt die wirtschaftliche Unmöglichkeit die Gültigkeit des Begründungsgeschäftes nicht[11]). Besonders dann nicht, wenn sie der Schuldner kannte, oder bei der dem Begründungsgeschäfte entsprechenden Umsicht kennen mußte[12]). Eine nachträgliche wirtschaftliche Unmöglichkeit hingegen kann, wenn sie nicht vorauszusehen war und es sich um solche Leistungen

---

[1]) So K. 1915, P. IV 11003, Hiteljogi Dt. X 214, vgl. auch EUG. § 909.

[2]) In dem angeführten Falle ging zwar die Kurie sogar so weit, bei ursprünglicher Unmöglichkeit das positive Interesse zuzusprechen. Dies ist jedoch für das Privatrecht des Friedens kaum zu behaupten.

[3]) Der Grundsatz wird gewöhnlich nur bei dem Inhalte der schuldrechtlichen oder anderen Rechtsgeschäfte aufgestellt. Die Kriegspraxis bewies es, daß man ihn hier auch benötigt. Vgl. meine Wirkung des Krieges auf das Privatrecht S. 149 bis 185.

[4]) Nachträgliches Verbot einzelner Rechtsgeschäfte, etwa des Verkaufes von Lederwaren, V. des Gesamtministeriums 448/1916, des Alteisens 454/1916, der Wolle 1250/1916 usw.

[5]) Etwa der preistreibenden Rechtsgeschäfte, selbst wenn sie den Tatbestand des GA. IX: 1916, XV: 1920 nicht verwirklichen.

[6]) Der Ausdruck findet sich in der trefflichen Entscheidung Hiteljogi Dt. X 243, K. 1915, P. II 10495.

[7]) So zutreffend K. 1921, P. V 3926, MT. III 81, F. 59 usw.

[8]) A. a. O., ferner Mj. Dt. XI. 128, Bpester Tafel 1916, P. III 7284 usw.

[9]) K. 1921, P. V 449, Mj. Dt. XIV 38, F. 40, K. 1921, P. V 1934, Mj. Dt. XV 1, F. 1 usw.

[10]) Daher die Außerachtlassung der wirtschaftlichen Unmöglichkeit bei Verträgen, die während des Krieges entstanden. Mj. Dt. XI 129.

[11]) Anders nur dann, wenn sich der Umfang der wirtschaftlichen Unmöglichkeit auch weiterhin in unvorhersehbarem Maße erweitert hatte. K. 1918, P. II 4449, Mj. Dt. XIII 42, F. 35, K. 1918, P. VII 2844, Mj. Dt. XIII 8, F. 6 usw.

[12]) So besonders bei Handelsgeschäften HG. § 271.

handelte, bei denen der Schuldner nicht unbedingte Garantie für seine Leistungsfähigkeit übernommen hatte[1]), mit den Wirkungen der nachträglichen, unverschuldeten Unmöglichkeit[2]) versehen werden.

Allerdings bei zweiseitigen Verträgen nur dann, wenn der Geldschuldner der Gegenpartei, deren Leistung wirtschaftlich unmöglich wurde, nicht das Angebot stellt, seine Leistung den veränderten Verhältnissen anzupassen und zugunsten des Nichtgeldschuldners zu erhöhen, oder aber sonstwie abzuändern[3]).

4. Die Praxis modifizierte diese Rechtssätze dahin, daß sie die auf den Krieg zurückführbare, nachträgliche wirtschaftliche Unmöglichkeit zwar ihrer den Schuldner befreienden Rolle nicht beraubte, jedoch den sich hieraus ergebenden unverhältnismäßigen Schaden und Nutzen mit dem Schlagworte, daß der Krieg keiner vertragsschließenden Partei zum Verderben gereichen könne, unter den erwähnten Parteien verteilte[4]).

Dieser Grundsatz aber kann wohl für die gesamten unvorhergesehenen und auffälligen Massenverschiebungen der Werte verursachenden wirtschaftlichen Krisen[5]) behauptet werden und erweitert in diesem Sinne auch die Leitsätze der Unmöglichkeitslehre des allgemeinen Privatrechtes[6]).

5. Bei periodisch wiederkehrenden Leistungen (Unterhaltsverpflichtungen K. 1922, P. III 949, Mji. Dt. XV 168, F. 111), besonders bei solchen, die auf auf periodische Leistungen lautenden Verträgen beruhen, entwickelten zum Teil die Spruchpraxis (so Mj. Dt. XII, S. 50, 242. XIII, S. 7, S. 42, Hiteljogi DT. Bd. XII, S. 23, Mj. Dt. XIII No. 6. Kurie P. 1918 VIII, No. 2844 usw.) zum Teil aber die sich hauptsächlich mit Pachtverträgen, Wald- und Bergwerksausbeutungen usw. befassenden Sonderverordnungen VO. No. MER. 820/1919. 5440/1920. 111000/1920. 6270/1921. 5776/1922 usw.) langsam, doch unverkennbar den Grundsatz, daß eine massenhafte und auffällige Veränderung ker ganzen wirtschaftlichen Konstellation der Partei, die durch die Folgen der wirtschaftlichen Unmöglichkeit unverhältnismäßig geschädigt würde, das Recht verleihe, diesen Folgen dadurch zu entgehen, daß sie eine zeitgemäße Änderung der unerträglichen Vertragsbedingungen durch das Gericht vornehmen lasse.

Das Durchdringen dieses Grundsatzes ist zwar noch in seinen Anfängen, doch kann er als erster und voraussichtlich leitender Gedanke des Vertragsrechtes der Krisenzeiten heute schon nicht mehr mit Schweigen übergangen werden.

---

[1]) Geldschulden usw. Die Kriegspraxis zeigt auch hiervon Abweichungen, so betreffs des Pächters K. 1916, P. IX 2668 (Mj. Dt. X 263), ferner K. 1915, P. II 11006 usw.

[2]) Mj. Dt. X 260, K. 1915, P. II 10495, Hiteljogi Dt. X. 213, K. 1915, P. IV 10149 usw.

[3]) So bei periodisch wiederkehrenden Leistungen (Milchlieferungen K. 1918 P. VIII 2654, Mji. Dt. XIII 10, F. 7 usw.), bei Werkverträgen (Verfertigung von Möbeln K. 1921, P. IV 2175, Ü. L. Hji. Dt. I 3, F. 2), bei Kauf K. 1918, P. IV 5163, Mji. Dt. XII 197, F. 149 usw.

[4]) Mj. Dt. XI 128. Bpester Tafel 1916, P. III 7284.

[5]) Ist doch von dem Standpunkte des Privatrechtes und der Privatwirtschaft aus der Krieg nur ein Fall derselben.

[6]) Vgl. meinen Aufsatz: die Lehren des Krieges für das Privatrecht, Jogállam 1917.

6. Die Wirkungen der nachträglichen, von dem Schuldner zu vertretenden Unmöglichkeit greifen auch dann Platz, wenn der Gläubiger wegen des Schuldnerverzuges, der sein Interesse an der Leistung gegenstandslos machte, den Schuldner davon verständigt, daß er die Leistung nun nicht mehr annehme[1]). Unter Umständen kann auch das Gericht hierfür eine Frist setzen[2]). Allenfalls ist eine solche in der für die Erfüllung in dem Urteile festgelegten Frist zu erblicken[3]).

§ 21. Positive Forderungsverletzungen.

1. Eine positive Forderungsverletzung liegt vor, wenn die Leistung nicht entsprechend vorgenommen wurde.

Die positive Forderungsverletzung bildet eine selbständige Kategorie des Unterbleibens der forderungsgemäßen, regelrechten Leistung, sie kann daher nicht dort angenommen werden, wo entweder Unmöglichkeit, eventuell der dieser gleich zu erachtende Interessenverlust des Gläubigers, oder aber Schuldner- bzw. Gläubigerverzug vorliegen.

In den spärlichen Gesetzen privatrechtlichen Inhaltes sind die Tatbestände der positiven Forderungsverletzungen besonders bei den fehlerhaften Lieferungen des Handelskaufes[4]), bei den Übertretungen der gesetzlichen Konkurrenzverbote der Handelsangestellten[5]), der Gesellschafter der offenen Handelsgesellschaft[6]), bei den Unterlassungen, Nachlässigkeiten und nicht dem Arbeitsvertrage entsprechenden Verhalten der Arbeitnehmer[7]) zu beachten.

Aus all dem ist für das ungarische Privatrecht wohl der Schluß zu ziehen, daß verschuldete und vertretbare positive Forderungsverletzungen zum Schadensersatz[8]) verpflichten. Ist die Leistung nach der positiven Forderungsverletzung noch erfüllbar, was bei den einzelnen Forderungsarten je nach deren Inhalt verschieden beurteilt werden muß, so steht es dem hierauf nicht verzichtenden Gläubiger auch frei, statt der nicht entsprechenden die regelrechte Leistung zu verlangen[9]). Handelt es sich um ein Schuldverhältnis von längerer Dauer, so kann es ihm auch nicht ver-

---

[1]) Mj. Dt. XI 111, K. 1916, RP. IX 5929. Dies ist besonders dann der Fall, wenn es der wirtschaftliche Umschwung begründet (neuere Praxis siehe weiter).

[2]) Arg. Mj. Dt. X 44, III K. 1915, RP. IX, 1051, Mj. Dt. X 347, K. 1916, RP. IX 2292, XV 135, F. 90. Die Lehre entwickelte Grosschmid II 146ff. zuerst.

[3]) Arg. GA. LX: 1881, § 219. Vgl. Grosschmid a. a. O.

[4]) Arg. HG. § 347.

[5]) HG. § 53, 59, Absatz 2.

[6]) HG. § §74, 75, 76, 100, Punkt 2.

[7]) So sind die Aufhebungsgründe der verschiedenen Arbeitsverträge laut GA. XIII: 1876, § 51a, b, c, d, e, § 52a—d,e—r, e, m; II: 1898, §§ 22a, b, 25a, b, GA. XII, 1922 § 97. P. 5, § 98 P, 1 usw. positive Forderungsverletzungen.

[8]) Arg. besonders HG. § 273, Absatz 3, ferner § 347, und § 59, ferner die Schadensersatzfolge der positiven Forderungsverletzungen scharf hervorhebend K. 1918, P. VI 4018, Mj. Dt. XIII 13, F. 8.

[9]) Die mangelhafte Erfüllung konsumiert dieses Recht nur dann, wenn der Gläubiger sie ohne Rechtsvorbehalt angenommen hatte. Grill Dt. II 2, 692, K. 6901/1890.

wehrt bleiben, von demselben für die Zukunft zurückzutreten, was dem Schuldner besonders bei zweiseitigen Verträgen nachteilig sein kann[1]).

2. Die Grundsätze des Schuldnerverzuges, der von dem Schuldner zu vertretenden Unmöglichkeit sowie der positiven Forderungsverletzungen einerseits, andererseits der Rechtssatz, der einen Dritten, welcher den Schuldner zu der Außerachtlassung der ihn kraft des Schuldrechtes belastenden Pflichten bewog, ebenfalls zum Schadensersatze verpflichtet[2]), beweisen hinlänglich, daß der schuldhaft verursachte Wegfall bzw. die Beeinträchtigung der Leistung durch den Schuldner, wie auch durch den Dritten als besonders geregelte Fälle der verbotenen Handlung zu betrachten sind, betreffs derer in erster Reihe wohl ihre eigenen Grundsätze in Anwendung kommen, in zweiter aber auch die allgemeinen Vorschriften der verbotenen Handlungen.

Dies gibt nicht nur hinsichtlich der Voraussetzungen und des Tatbestandes, sondern auch der Rechtsfolgen gar manchen nützlichen Fingerzeig. So ist hieraus zu erklären, daß materielle Sicherungen der Leistung wie Draufgabe und Vertragsstrafe bei positiven Vertragsverletzungen nur dann in den Rechtskreis des Verletzten gelangen, wenn dies den besonderen Abmachungen der Parteien[3]) oder sonstigen Quellenäußerungen zu entnehmen ist.

Bewegungstatsachen der Forderungen.

§ 1. Allgemeines.

1. Das subjektive Schuldrecht kann durch jede Art rechtlicher Tatsachen begründet, geändert oder aufgehoben werden. Insoweit die Bewegungstatsachen der Forderungsrechte mit der Leistung in engem Zusammenhange stehen, wurden sie schon behandelt. Bevor die allgemeinen Lehren der übrigen Bewegungstatsachen der Forderungen dargestellt werden können, muß bemerkt werden, daß der besondere Teil des Schuldrechtes die nach den Begründungstatsachen gruppierte Aufzählung der einzelnen gebräuchlichsten Forderungsarten enthält; genauer müßte man sagen, er enthält die Aufzählung aller erlaubten und der gebräuchlichsten freien Forderungsarten.

Bewegungstatsachen der Forderungen, d. h. rechtliche Tatsachen, bzw. Tatbestände, durch welche Schuldrechte begründet, geändert und aufgehoben werden, sind Handlungen und Ereignisse[4]). Von den ersteren kommen in Betracht einmal und hauptsächlich Rechtsgeschäfte[5]), dann aber auch die übrigen erlaubten[6]), endlich die verbotenen Handlungen.

---

[1]) So bei einem Vorspannvertrage wegen Unzulässigkeit (Trunksucht) des Kutschers, Grill Dt. II 2, 693, Bpester Tafel 1901, I, G. 135.

[2]) Der Grundsatz kommt am schärfsten in dem Rechtssatz zum Ausdruck, daß der zweite bösgläubige Käufer einer Liegenschaft diese trotzdem sie schon auf seinen Namen gebucht wurde, dem ersten gutgläubigen Erwerber auszufolgen hat. Vgl. auch EUG. § 1486.

[3]) Arg. HG. § 273, Absatz 3, wo für die Vertragsstrafe bei positiven Vertragsverletzungen eine besondere Verabredung erfordert wird.

[4]) Vermischung, Verlust einer Sache zu gunsten des Finders usw.

[5]) Siehe den besonderen Teil des Schuldrechtes.

[6]) Z. B. Verwendungen des Besitzers usw.

Die wesentlichste Art der Rechtsgeschäfte, die Verträge, sind allgemeine Bewegungstatsachen der Schuldrechte. Das will besagen: innerhalb der schon im allgemeinen Teil behandelten[1]) negativen Inhaltsschranken der Rechtsgeschäfte vermögen die Parteien Schuldrechte sowohl betreffs ihrer Art als auch ihres Inhaltes nach ihrer Wahl in unabsehbaren Variationen und Modifikationen durch Verträge frei begründen, verändern, oder auch aufheben.

Hingegen können die übrigen Bewegungstatsachen der Forderungen nur als besondere rechtliche Tatsachen des Schuldrechtes in Betracht kommen, können demnach weder innominate Forderungsarten noch die in den Quellen vorkommenden auf eine daselbst nicht zugelassene Weise bewegen[2]).

3. Da die Eigenschaften der Begründungstatsachen der Schuldrechte schon im allgemeinen Teil ausgeführt wurden, der Inhalt derselben hingegen den besonderen Teil des Schuldrechtes angehört, können diese hier übergangen werden. Dies gilt auch für jenen Teil der Änderungs- und Aufhebungstatsachen, der mit dem Inhalte des Forderungsrechtes oder der Leistung zusammenhängt. Diese Bewegungstatsachen der Schuldrechte erledigen sich nämlich entweder in der Leistungslehre, oder in dem besonderen Teile des Schuldrechtes. Vor der Behandlung des letzteren bleiben daher nur jene Änderungs- und Aufhebungstatsachen der Schuldrechte zu betrachten, die von dem Inhalte der Forderungen unabhängig sind und sozusagen ohne Ausnahme bei allen Arten der Schuldrechte vorkommen können.

§ 2. Die Zession.

1. Die Zession ist die rechtsgeschäftliche Übertragung der Gläubigerrechte[3]).

Die Voraussetzungen und Tatbestandsfehler der Zession richten sich, sofern aus den folgenden Ausführungen nichts anderes zu ersehen ist, nach denen der zweiseitigen Rechtsgeschäfte[4]). Von dem Standpunkte des Gläubigers aus ist der Zessionsvertrag ein belastender, ja der ungarischen Praxis nach sogar im Zweifel ein grundsätzlich entgeltlicher Vertrag[5]). Daher, trotz einer gegensätzlichen Vollendscheidung der Kurie[6]), auch der Rechtssatz, daß im Zweifel der frühere Gläubiger dem späteren sowohl für

---

[1]) Bd. I, S. 135.

[2]) Dies hindert z. B. die Anerkennung der G. m. b. H. ohne besondere Erlaubnis des Gesetzes, oder die Gültigkeit gesetzlich nicht zugelassener Wertpapiere als einseitiger Begründungsgeschäfte der Forderungen usw.

[3]) Mj. Dt. XII 43, K. 1916, P. VI, 7011 nennt die Zession die privatrechtliche Übertragung der Forderungen, dies trifft jedoch nicht zu, da ja die §§ 483, HG oder 82. Absatz 4, GA. XIX: 1907 ebenfalls privatrechtliche, wenn auch auf dem Gesetze beruhende und auf Ereignissen herrschende Übertragungen enthält. Nicht aber auch der hiermit etwa verbundenen Schuldnerpflichten. Arg. betreffs der Kaufes Mj. Dt. XII 33, K. 1917, RP. III 2049.

[4]) Siehe das hierüber in dem allgemeinen Teile Gesagte.

[5]) Entfernt er doch die Forderung aus dem Vermögenskreise des Gläubigers.

[6]) XIV. VE der Kurie, welche bezüglich der eingebuchten Forderung in Anbetracht dessen, daß sich der Zessionar hier von der Eintreibbarkeit aus dem Grundbuche überzeugen konnte, selbst bei einer entgeltlichen Zession das Gegenteil annahm.

den Bestand[1]) als auch für die Eintreibbarkeit der übertragenen Forderung haftet[2]).

2. Der Tatbestand der Zession ist mit der Vereinbarung des früheren und des neuen Gläubigers abgeschlossen[3]). Eine Verständigung des Schuldners ist nicht um der Vollständigkeit willen, sondern bloß deshalb nötig, um die Lage des Schuldners und des neuen Gläubigers zu sichern[4]).

Tatbestandsfehler der Zession[5]), sowohl als auch die der Begründungstatsachen der zedierten Forderung kommen nur soweit in Betracht, als der Schuldner die Zession nicht anerkannt[6]) oder bezüglich der zedierten Forderung keinen dem neuen Gläubiger vorgezeigten Schuldbrief ausgestellt hatte. Sonst kann der Schuldner sich nur auf jene Tatbestandsfehler beider berufen, die wegen der zwingenden Natur der ihnen angefügten versagenden Rechtssätze jedermann gegenüber gelten müssen[7]).

3. Der Zessionsvertrag ist keinem Formzwang unterworfen[8]).

4. Gegenstand der Zession sind die ihr nicht ausdrücklich entrückten Forderungsrechte, vorausgesetzt und insoweit dieselben überhaupt übertragbar sind[9]).

Die Zession erstreckt sich auf die gesamten Rechte des Gläubigers,

---

[1]) Grill Dt. II 2, 741, K. 1902, I, G. 474.

[2]) Grill Dt. II 2, 735, K. 1109/1890, 9405/1895, Bpester Tafel 1897, II, G. 17 usw.

[3]) Mj. Dt. XI 265, K. 1917, P. VII 630. Weder die Benennung „Zession", noch eine Erwähnung des Rechtsgrundes der Zession ist erforderlich, K. 1917, P. VIII 6917, Mj. Dt. XII 281, F. 203. Trotzdem kann man die Zession in der ungarischen Praxis nicht als abstrakten Vertrag ansprechen.

[4]) Siehe weiter. Z. B. wegen Bestimmung dessen, daß die vor der Verständigung des Schuldners dem Zedenten gegenüber zum Entstehen gelangten Forderungen des Schuldners auch dem Zessionar gegenüber kompensiert werden können. Mj. Dt. XV 18, F. 15, K. 1921, P IV 1627.

[5]) Arg. betreffs der exceptio non adimpleti contractus Mj. Dt. XI 321, K. 1917, P. VII 259, hieraus folgt a minore auch das betreffs der Ungültigkeit Behauptete.

[6]) So betreffs der Scheingeschäfte Grill Dt. II 2, 740, K. 1900, I, G. 184.

[7]) Die Zession kann, da sie nicht öffentlich registriert wird, höchstens jene Tatbestandsfehler heilen, die der freien Verfügung des Schuldners unterstehen. Innerhalb dieser Grenzen allerdings nicht nur die Tatbestands-, sondern auch die Erfüllungsfehler der zedierten Forderung. So wurde auf Grund der im Texte vorgebrachten Einrede in der Entscheidung Mj. Dt. XI 107, K. 1916, P. VIII 2331 mit Erfolg geltend gemacht, daß die Anerkennung des Schuldners ihm von der Einrede ausschließe, daß er die dem zedierten Kaufpreise entsprechenden Waren von dem Zedenten nicht erhalten habe.

[8]) Arg. Grill Dt. II 2, 730, 731, K. 633/1894, K. 1897, I, G. 291, 5764/1900 usw.. Dies gilt natürlich nur insoweit als die Übertragung der betreffenden Forderung durch besonderen Rechtssatz keinem Formzwang unterworfen ist. Daher ist jetzt die Zession der Forderung auf Übereignung einer Liegenschaft laut § 77 GA. XXXVI 1920 und § 1 VO. MER. 4420/1918 an Schriftform gebunden.

[9]) Grill II 2, 732, K. 1902, I, G. 153. Ist zur Übertragung der Forderung, oder eines Teiles derselben die Einwilligung des Schuldners erforderlich, was nach dem Inhalte der betreffenden Forderung beurteilt werden muß, so kann eine Zession derselben behördlich ohne Genehmigung des Schuldners nicht anerkannt werden, daher die Verweigerung der grundbücherlichen Eintragung der Zession einer gebuchten Miete oder Pacht an Liegenschaften, wenn die Einwilligung des Vermieters, bzw. Verpächters nicht nachgewiesen wurde. K. 1921, PK. V 6127, Mj. Dt. XV 64, F. 45.

daher auch auf die materiellen[1]) und besonders auf die dinglichen Sicherungen[2]) derselben.

5. Handelt es sich jedoch um buchlich gesicherte Forderungen, so geht die Buchsicherung erst mit der Eintragung der Zession[3]) über, dann jedoch allerdings nach den sich auch auf den Umfang und die Kraft der gebuchten Forderung erstreckenden Regeln des gutgläubigen Bucherwerbs[4]).

5. Der Schuldner kann von der Benachrichtigung an, die durch den früheren oder nebst Beurkundung der Zession durch den neuen Gläubiger zu erfolgen hat, die Leistung nicht mehr dem alten Gläubiger (Zedent), sondern nur dem neuen Gläubiger (Zessionar) gegenüber erfüllen[5]). Die Verständigung ist von seiten des Zedenten nicht widerrufbar[6]). Ist der Schuldner im Zweifel, ob der dem Zedenten oder dem Zessionar zu leisten hat, so muß er den Gegenstand der Leistung gerichtlich hinterlegen[7]).

6. Das Verhältnis des Zedenten und des Zessionars bestimmt sich nach dem Inhalte der Zession, der besonders über deren Entgeltlichkeit oder Unentgeltlichkeit weiterhin über die Mitwirkungs- und Haftpflichten des Zedenten Aufschluß gibt[8]). Im Zweifel ist jedoch bezüglich der letzteren davon auszugehen, daß sie sich nach den Grundsätzen der entgeltlichen Verträge und besonders des als Basis der Analogie sehr naheliegenden Kaufes erledigen[9]).

7. Der Schuldner kann dem Zessionar gegenüber alle Gegenrechte geltend machen, die ihm bis zur Zession dem früheren Gläubiger gegenüber zustanden[10]), ferner auch jene, die er gegen diesen vor seiner gehörigen Verständigung gutgläubig erworben hatte[11]). Hierunter sind aber auch solche Gegenrechte zu verstehen, deren Begründungstatsachen zwar n a c h der Zession bzw. nach der Verständigung des Schuldners eingetreten, deren Voraussetzungen jedoch schon in dem früheren, der Zession, oder der Verständigung vorausgegangenen Verhältnisse des Schuldners und des Zedenten vorhanden gewesen waren[12]).

---

1) Angabe, Reugeld, Vertragsstrafe usw.

2) Arg. Mj. Dt. III 321, K. 4350/1909, wo allerdings wegen der eigenartigen Natur der Buchsicherung Vorbehalte gemacht werden. Trotz dieser gilt daselbst der Zessionar als bevollmächtigt, die zedierte Forderung einzutreiben.

3) Bis hahin liegt bloß eine rechtliche Grundlage der Buchungen der Zession vor. Mj. Dt. III 321, K. 4350/1909.

4) Bezüglich der entgeltlichen Zession und der dem Grundbuche nicht zu entnehmenden Einreden Mj. Dt. III 247 (F. 161), Bpester Tafel, G. 232/1909.

5) Grill Dt. II 2, 739, K. 4196/1895 usw.

6) Mj. Dt. IX 114, K. 1914, G. 130. Arg. Mj. Dt. XV 18, F. 15, K. 1921, P. IV 1627.

7) Mj. Dt. XI 319, F. 221. Arg. auch PG. § 92.

8) Vgl. die bezüglich der Haftbarkeit wegen des Bestandes und der Eintreibbarkeit der Forderung angeführten Fälle.

9) Die entgeltliche Zession ist ja eigentlich ein Kauf der Forderungen.

10) Mj. Dt. XI 139, K. 1916, RP. V 5564. Daselbst XVI 9, F. 9.

11) Mj. Dt. IX 164, K. 4641/1914.

12) Etwa Nachlaß des Pachtzinses, bei welchem die ihn begründenden Umstände erst nach der Verständigung eintraten, oder den Parteien erst in diesem Zeitpunkte bekannt wurden. K. 1921, P. IV 1627, Mj. Dt. XV 18, F. 15 oder Schadensersatzforderungen aus nicht entsprechend vorgenommenen Leistungen, wenn die Fehlerhaftigkeit der Leistung erst später entdeckt wurde. Arg. Mj. Dt. XV 18, F. 15, K. 1921, P. IV 1627.

Dasselbe gilt auch für jede andere Einwendung, die kein materielles Gegenrecht begründet, doch die gerichtliche Geltendmachung der zedierten Forderung ausschließt[1]).

Die Zession kann demnach die Lage des Schuldners nicht verschlechtern, doch unter Umständen verbessern, wenn ihm nämlich dem Zessionar gegenüber ein Gegenrecht[2]) oder eine Einwendung[3]) zusteht, die er dem Zedenten nicht entgegenhalten konnte.

Kann der Zessionar aus irgendeinem der Natur der Forderung entstammendem Grunde: etwa des Verbotes der gänzlichen Übertragung der Rechte des Gläubigers[4]), oder wegen des Fehlens einer förmlichen Legitimation z. B. bei Geschäften aus Wertpapieren[5]), oder bei durch Buchhypotheken gesicherten Forderungen[6]), nicht in eigenem Namen gegen den Schuldner vorgehen, so ist der Zession auch eine Bevollmächtigung zu entnehmen, die Forderung zwar in dem Namen des Zedenten, doch für eigene Rechnung eintreiben zu dürfen[7]).

8. Die Grundsätze der Zession gelten im Zweifel auch für die Übertragung anderer Rechte, sofern für diese keine besonderen Vorschriften vorhanden sind.

9. Wird eine Forderung nicht durch Rechtsgeschäft, sonders als Reflexwirkung anderer Tatsachen und besonders als solche von Ereignissen übertragen, so liegt ein gesetzlicher Forderungsübergang zwischen Lebenden vor. Auf diesen sind aber nicht die Vorschriften des Zessionsvertrages anwendbar, besonders nicht diejenigen, die sich auf die Geltendmachung der dem Zedenten gegenüber begründeten Gegenrechte beziehen[8]), sondern es gelten die den Umständen der gesetzlichen Forderungsübertragung entsprechenden und aus den betreffenden Quellenstellen mittels Auslegung zu entnehmenden anderen Vorschriften[9]).

§ 3. Schuldübernahme.

1. Schuldübernahme ist die rechtsgeschäftliche Einzelnachfolge in die Schuldnerpflichten[10]).

---

1) Z. B. Nichterfüllung der Ersatzpflicht der Kosten eines früheren Prozesses des Zedenten. PG. § 180, Punkt 7.

2) Eine bloß ihm gegenüber bestehende aufrechenbare Forderung.

3) Sei diese nun eine prozeßrechtliche, oder eine dem materiellen Rechte entnommene.

4) Hauptsächlich bei Nutznießungsrechten und aus diesen sich ergebenden Forderungen.

5) Arg. Grill Dt. II 2, 742, K. 5280/1902, wo eine solche Bevollmächtigungszession anerkannt wurde.

6) Mj. Dt. III. 321, K. 4350/1909.

7) Arg. Grill Dt. II 2, 742, K. 5280/1902.

8) Arg. Mj. Dt. XII 43, K. 1916, P. VI 7011, welche Entscheidung scharf zwischen der „privatrechtlichen" und den gesetzlichen Zessionen unterscheidet.

9) Vgl. die angeführte Entscheidung, die § 82, GA. XIX: 1907 in dem Sinne auslegt, daß Vereinbarungen des Zwangszedenten und des Schuldners die Rechte des Zwangszessionars nicht berühren können. Ähnlich müßte gegebenenfalls auch HG. § 482 (Übergang der Ersatzforderung auf die Versicherungsanstalt) ausgelegt werden.

10) Vgl. EUG. § 1003ff.

Sie ist als ein Vertrag des Nachfolgers mit dem Gläubiger anerkannt[1]) und kann in dem heutigen ungarischen Privatrechte als ein kausaler entgeltlicher[2]) Vertrag angesprochen werden. Dies gilt aber nur von dem Standpunkte des Gläubigers und des Übernehmers der Schuld[3]). Zwischen diesen beiden und dem Schuldner hingegen muß die Schuldübernahme als Vertrag zugunsten des früheren Schuldners (als Dritten) betrachtet werden[4]), untersteht daher unter Umständen auch den Grundsätzen der unentgeltlichen Zuwendungen[5]).

2. Die Schuldübernahme ist formlos[6]), kann sich auf jede Art der nicht mit nur persönlich zu erfüllenden Leistungen versehenen Forderungen erstrecken[7]) und ergreift gewöhnlich die gesamte Lage des Schuldners[8]).

Ihr Tatbestand ist mit der Vereinbarung des Gläubigers und des Übernehmers vollendet[9]).

3. Die Wirkung der Schuldübernahme besteht — soweit sich ihr Umkreis erstreckt[10]) — in dem Austritt des ursprünglichen und dem Eintritt des neuen Schuldners in das sonst unverändert verbleibende Schuldverhältnis[11]). Demzufolge verbleiben auch dem Übernehmer alle Gegenrechte[12]) des Schuldners und dem Gläubiger alle Sicherungen der Forderung[13]), bloß die Person des Schuldners wird ausgetauscht und der frühere Schuldner persönlich befreit[14]).

Daß der Schuldübernehmer die Ungültigkeit der übernommenen

---

[1]) Arg. Jogt. Közl. Dt. Bd. 98, S. 84, K. 1904, G. 613, Mj. Dt. X 351, K. 1916, P. IX 1053.

[2]) Der Schuldübernehmer erlangt die Befreiung des ursprünglichen Schuldners, der Gläubiger hingegen die Verpflichtung des neuen als Entgelt.

[3]) Wichtig in dem Konkurse eines der beiden.

[4]) Dies folgt daraus, daß die Befreiung des Schuldners ohne dessen Zutun erfolgt.

[5]) Sie kann in diesem Zusammenhange auch Schenkung sein, sie muß es aber nicht.

[6]) Folgt aus der allgemeinen Formlosigkeit der schuldrechtlichen Verträge und dem Fehlen einer gegenteiligen Quellenstelle.

[7]) Da die Person des Schuldners hier ein unablöslicher Teil des Schuldverhältnisses ist.

[8]) Sie muß es nicht immer. Dann nicht, wenn der Übernahmevertrag sich nicht auf alle Verpflichtungen des früheren Schuldners erstreckt, was den Umständen des Falles zu entnehmen ist. So läßt Mj. Dt. IX 118, K. 1914, P. VIII 1307 trotz der Schuldübernahme des Gutkäufers bzw. der weiteren Anstellung des bei dem früheren Gutsbesitzer bediensteten Försters den Käufer nicht auch für die Pension des Försters haften usw.

[9]) Mj. Dt. X 351, K. 1916, P. IX 1053.

[10]) Siehe den in Anmerkung 8 angeführten Fall.

[11]) Aus den weiter unten anzuführenden Fällen kann nur dies gefolgert werden. Siehe auch Anmerkung 8.

[12]) Grill Dt. II 2, 746, Bpester Tafel 1899, G. 249.

[13]) Dann nicht, wenn die Entlassung des früheren Schuldners dem Bürgen gegenüber z. B. eine Fahrlässigkeit bedeutet.

[14]) Hatte dieser jedoch dem Gläubiger auch eine dingliche Sicherheit geleistet, so bleibt diese unberührt. Arg. Mj. Dt. IX 12. K. 1914, P. V 316, wo allerdings der Grundsatz mehr von dem Standpunkte des ursprünglichen Schuldners und seiner Nachfolger zu dem Übernehmer wirkt (Gutskauf mit Hypothekenübernahme). Die Hypotheken verbleiben trotz der Übernahme der Schuld auf den Grundstücken der mit dem Übernehmer zugleich von dem ursprünglichen Schuldner Kaufenden.

Forderung bzw. der sie begründenden Tatsache geltend machen kann, bedarf wohl keiner besonderen Erwähnung[1]).

4. Auf dem Gebiete des Handelsrechtes wird der Übernahme des Handelsgeschäftes und dem Eintritt in eine offene Handelsgesellschaft oder in eine Kommanditgesellschaft[2]) kraft Gesetzes die Wirkung bald einer beschränkten[3]), bald einer unbeschränkten Schuldübernahme[4]) beigelegt. Hinsichtlich dieser sind — soweit sich aus den besonderen Vorschriften des Gesetzes nichts anderes ergibt — die Grundsätze der Schuldübernahme des Privatrechtes anzuwenden. Immerhin bedeutet der GA. LVII: 1908 eine Annäherung an die Auffassung, laut welcher das Handelsgeschäft ein Sondervermögen des Kaufmannes bildet. Ist es doch für solche Vermögensübernahmen charakteristisch, daß sie kraft Gesetzes auch eine Schuldübernahme enthält[5]).

Dies erscheint deshalb erwähnenswert, da es als Richtschnur dazu dienen kann, um auch bei anderen Vermögensübernahmen trotz des Fehlens einer dies ausdrücklich betonenden Quellenstelle ebenfalls bis zur Höhe des übernommenen Vermögens eine gesetzliche Schuldübernahme anzunehmen. Dies ist m. E. um so nötiger, als der Gläubiger des ursprünglichen Schuldners sonst auf die unzulängliche Basis der unentgeltlichen Übertragungen angewiesen bleibt[6]). welche ihm zum Schaden des Verkehrs sowohl betreffs der Voraussetzungen[7]), als auch der Wirkungen der Übertragung[8]) in eine bedeutend schlechtere Lage versetzt.

§ 4. Verjährung.

1. Die in diesem Abschnitte bisher behandelten Bewegungstatsachen der Forderungen betreffen bloß die persönlichen Teile derselben. Nun sind diejenigen zu erwähnen, die ohne den Bestand des Schuldrechtes selbst zu berühren, doch wichtige objektive Änderungen herbeizuführen vermögen. Außer den in der Leistungslehre schon erwähnten[9]) gehören hierher die Verjährung und die Kündigung der Forderungen.

2. Die Verjährung ist die auf Zeitablauf beruhende, begründete Verweigerung einer geschuldeten Leistung[10]).

---

[1]) Vgl. Grill Dt. II 2, 745, K. (richtiger wohl Bpester Tafel) 1899 I, GA. 249 betreffs der Simulation.

[2]) GA. LVII: 1908, §§ 1,4.

[3]) Hinsichtlich des Umfanges der übernommenen Schulden, der auf die dem Übernehmer bekannten oder aus Fahrlässigkeit nicht bekannten Schulden beschränkt wurde.

[4]) Falls der Übernehmer mit einem Familienmitglied oder mit dem Übertragenden verschwägert ist, daselbst § 2.

[5]) Hierauf beruht ja auch in letzter Reihe die Haftung der Erben.

[6]) Er muß daher früher oder gleichzeitig auch gegen den ursprünglichen Schuldner vorgehen. Grill Dt. II 2, 896, K. 3617/1901.

[7]) Unentgeltlichkeit, Unzulänglichkeit des Vermögens des ursprünglichen Schuldners usw.

[8]) Der Beschenkte ist ein Schuldner ganz anderer Art, als es der ursprüngliche gewesen war.

[9]) Siehe besonders bei dem Verzuge, der Unmöglichkeit und den positiven Forderungsverletzungen.

[10]) Vgl. das hinsichtlich der Gegenrechte in dem allgemeinen Teile Gesagte.

Ihre Voraussetzungen sind: 1. die Einforderbarkeit der Leistung (actio nata)[1]), gleichgültig, ob sie einem Schuldrechte oder aber irgend einem anderen subjektiven Privatrechte, bzw. Anspruche[2]) entstammt. Ausnahmen sind die in den Quellen als nicht verjährbar bezeichneten Ansprüche oder Leistungen, z. B. bei den Grenzüberschreitungen der Grundstücke[3]), der Eigentumsgemeinschaft[4]), dem Fahrnispfandrechte, einzelnen Familienrechten[5]) und Persönlichkeitsrechten[6]);

2. der Ablauf der Verjährungszeit. Als allgemeine Regel wird eine zweiunddreißigjährige Verjährungsfrist erfordert[7]), und ist diese dem Rechtsbewußtsein so fest eingeprägt, daß sie selbst dort in Anwendung gelangt, wo es sich um Erscheinungen des Rechtslebens handelt, die der Verjährung nur dem Namen nach ähnlich sind. Dennoch fehlt es in dem ungarischen Rechte nicht an einer ganzen Reihe der verschiedensten und einzeln höchstens zu erwähnenden Verjährungsfristen[8]). Nebst diesen, die auf der Natur, der Begründungstatsache und dem Zufalle der gesetzlichen Regelung der betreffenden Forderung beruhen und demnach als objektive Ausnahmen[9]) von der allgemeinen Verjährungsfrist zu betrachten sind, kommen auch noch die subjektiven Ausnahmen von derselben in Frage, die mit der Person des zur Entgegennahme der Leistung Berechtigten[10]) zusammenhängen.

Ist nämlich der zur Leistung Berechtigte der Staat[11]), so beträgt die Verjährungsfrist 100 Jahre, bei der katholischen Kirche 40 Jahre.

Die Verjährungsfrist wird nach den allgemeinen Grundsätzen berechnet[12]). Zugunsten des Verpflichteten kommt die verflossene Verjährungsfrist des Vorgängers dem Rechtsnachfolger zugute[13]);

3. der ungestörte Verlauf der Verjährungsfrist. Ungestört ist der Verlauf der Verjährungsfrist, wenn weder ein Unterbrechungs- noch

---

[1]) Arg. Mj. Dt. XI, 188, K. 1916, P. V 7166.

[2]) Die ungarische Praxis spricht noch immer von der Verjährung des „Klagerechtes". Mj. Dt. X 249, K. 1915, RP. I 8299. Hier wird richtig hervorgehoben, daß der Anspruch, welcher der Verjährung unterworfen ist, sowohl einem Sachenrechte als auch einer Forderung entstammen kann.

[3]) Trip. I 84, 85.

[4]) Anspruch auf die Beendigung derselben Mj. Dt. IX 49, K. 1914, P. I 1018.

[5]) Die Wiederherstellung der dem subjektiven Familienrechte entsprechenden Lage. Arg. EHG. § 77, welcher die gerichtliche Rückberufung des Ehegatten selbst dann noch ermöglicht, wenn der Grund der Aufhebung der ehelichen Lebensgemeinschaft wegen Verjährung nicht mehr geltend gemacht werden kann.

[6]) Etwa Wiederherstellung der den Bestimmungsrechten entsprechenden Lage, Arg. eadem ratione, wie bei den Familienrechten.

[7]) Trip. I 78, § 2.

[8]) 20 Jahre bei von öffentlichen rechtlichen juristischen Personen ausgegebenen Wertpapieren. GA. XXXIII: 1881, § 37, 3 Jahre bei Schadensersatzansprüchen aus Bahnbetriebsunfällen. GA. XVIII: 1874, § 9, und Luftfahrtsbetrieben VOME. 10270/1922 § 19, sechs Monate bei Flurschäden, GA. XII: 1894 usw.

[9]) Soweit sie daher nicht in besonderen Vorschriften geregelt sind, unterstehen sie auch den allgemeinen Grundsätzen.

[10]) Tip. I, 78, § 2.

[11]) Daselbst.

[12]) Siehe das hierüber bereits Bd. I, S. 152, Gesagte.

[13]) Arg. eadem ratione Grill Dt. II 2, 779, Temesvárer Tafel 1896, G. 45, daselbst Györer Tafel 1897, G. II 82.

ein Hemmungsgrund vorliegt. Ersterer beseitigt den Verlauf der Verjährung rückwirkend, die Frist muß daher neu zu laufen beginnen[1]); der letztere hingegen wirkt nur für die Zukunft und für die Dauer seines Vorhandenseins. Liegt daher ein Hemmungsgrund der Verjährung vor, so kann die Verjährungsfrist weder anfangen noch laufen, oder zu Ende gelangen[2]). Entfällt er aber, so wird der Verlauf der erwähnten Frist gerade so fortgesetzt wie vorher.

Unterbrechungsgrund der Verjährung ist vor allem das gerichtliche Geltendmachen der Forderung[3]) und zwar auch dann, wenn es auf nicht vorgeschriebene Weise erfolgte, doch dieser Fehler in der hierfür gesetzlch festgelegten 30tägigen Frist behoben wurde[4]). Gewöhnlich wird zwar ein Prozeß erfordert, doch finden sich auch Entscheidungen, welche z. B. die Unterbrechungswirkung der grundbuchlichen Vormerkung einer Hypothek[5]), sowie der Anmeldung der Forderung bei dem Nachlaßgerichte des Schuldners[6]) zuerkennen[7]).

Ein weiterer Unterbrechungsgrund für die Verjährung ist das offene, oder wenn auch mittelbare, doch unzweifelhafte Anerkenntnis des Schuldners[8]).

Hemmungsgrund der Verjährung ist in erster Reihe das Fehlen eines gesetzlichen Vertreters eines handlungsunfähigen oder beschränkt handlungsfähigen Berechtigten[9]), dem gegenüber die Verjährungsfrist ruht.

Nach den PG. §§ 469 und 471 sowie der Kriegsgesetzgebung[10]) muß als Hemmungsgrund auch der Umstand angesehen werden, daß die Rechtspflege wegen eines Krieges[11]), wenigstens am Aufenthaltsorte des Berechtigten des verjährenden Rechtes, zeitweilig aufgehoben war;

4. die entsprechende Geltendmachung der Verjährung erfolgt durch einseitiges Rechtsgeschäft. Sie ist dem Berechtigten gegenüber

---

[1]) Vgl. das hierüber bei der Ersitzung Gesagte.

[2]) Vgl. daselbst.

[3]) Erfolgreicher Prozeß Mj. Dt. VII 211, K. 318/1912, doch genügt schon die Einhändigung der Klage, Grill Dt. II 778, K. 2, 1070/1905, ja selbst diese wird nicht erfordert, daselbst K. 1578/1889, 508/1890, Arg. auch K. 1917, P. V 7091, Mj. Dt. XII 147, F. 115.

[4]) Arg. PG. § 147.

[5]) Grill Dt. II 780, K. 8415/1891.

[6]) Daselbst K. 7235/1895.

[7]) Vgl. auch daselbst K. 1898, G. 65; z. B. bei Sicherungspfändungen EPG. § 50.

[8]) Mj. Dt. VII 211, K. 318—1912.

[9]) Mj. Dt. X 319, F. 196. Arg. a contrario. Hierher gehört auch der Fall, wenn der gesetzliche Vertreter der Verpflichtete war, dem gegenüber der Berechtigte eben deshalb nicht entsprechend vorgehen konnte. Hierzu war nämlich nach der VMG. § 30, Punkt a die Bestellung eines besonderen Pflegers nötig.

[10]) GA. IV: 1916, § 3 bevollmächtigt die Regierung, dies in Verordnungen zu bestimmen, der Grundsatz selbst muß m. E. jedoch schon in dem bestehenden Rechte auch enthalten sein. K. 1921, P. V 2509, Mj. Dt. XV 40, F. 27 legt den § 3 der VO. MER. 3038/1919 sogar dahin aus, daß durch die sog. Proletarierdiktatur die rechtsgeschäftlich festgelegten Lieferungszeiten gehemmt, d. h. daß deren Ablauf mit der Dauer der Diktatur verlängert wurde.

[11]) Oder eines ähnlichen Umstandes, z. B. Revolution.

als Gegenrecht des Schuldners gewöhnlich[1]), doch keineswegs unbedingt[2]) im Prozesse vorzunehmen[3]).

3. Die Voraussetzungen der Verjährung sind, soweit das Gesetz nichts anderes vorschreibt, zwingenden Rechtes. Anders hält es die Praxis bezüglich der Dauer der Verjährungsfrist, deren Verkürzung — nicht aber auch deren Verlängerung — sie gestattet[4]).

4. Die Wirkung der Verjährung besteht in dem Wegfall der Erzwingbarkeit der Leistung. Die Leistung bleibt zwar auch weiter geschuldet, doch wird die Forderung zur Naturobligation. Nach der Verweigerung des Schuldners liegt für die Zukunft kein Verzug des Schuldners vor, erfolgt jedoch eine freiwillige Leistung, so kann diese nicht als Schenkung, sondern muß als Erfüllung der verjährten Schuld gelten; dies schließt eine Rückforderung von selbst aus[5]).

Die Verjährung bewirkt demnach eine Abschwächung der bindenden Kraft der Forderung, in letzter Reihe also auch ihre inhaltliche Veränderung.

§ 5. Die Kündigung.

1. Die Kündigung ist die durch einseitiges Rechtsgeschäft erfolgende Bestimmung des Zeitpunktes der Beendigung eines Schuldverhältnisses[6]).

Die Voraussetzungen und Tatbestandselemente der Kündigung sind die der einseitigen empfangsbedürftigen Willenserklärungen[7]).

Die Kündigung ist grundsätzlich an keine Form gebunden[8]), muß aber unbedingt und mit Feststellung des Zeitpunktes erfolgen, von welchem an der Kündigende das Schuldverhältnis beendet haben will[9]).

Manchmal ist auch in der Erhebung einer Klage eine Kündigung zu sehen[10]).

Sind mehrere Beteiligte vorhanden, so muß die Kündigung eines unteilbaren Schuldverhältnisses von allen und gegenüber allen vorgenommen

---

[1]) Die Praxis steht noch auf diesem Standpunkte.

[2]) Dies ist schon deshalb ausgeschlossen, weil die Aufrechnung selbst die Aufhebung der Forderung außerhalb des Prozesses ermöglicht, und es gar nicht zu begründen ist, weshalb die schwächere Wirkung der Verjährung eines Prozesses bedürfen müßte.

[3]) Ausnahmen sind quellenmäßig bestimmt und wohl nur Verjährung benannt.

[4]) Grill Dt. II 2, 767, K. 1895, G. 45, betreffs des Verbotes der Verlängerung, Jogt. Közl. Dt. Bd. 100, S. 111, Bpester Tafel 717/1900, betreffs der Zulassung der Verkürzung.

[5]) Vgl. EUG. § 1080, dessen Inhalt wohl jetzt auch als geltendes Recht anzusprechen ist.

[6]) Grill Dt. II 2, 615, K. 1902, I, G. 636, EUG. §§ 851ff.

[7]) Die Geschäftsfähigkeit des Kündigenden und des Empfängers hat laut Grosschmid II 8 den Anforderungen der vollen Geschäftsfähigkeit zu genügen. Dies scheint jedoch nur für das Gebiet der zweiseitigen Verträge zu gelten, da es nicht gut angeht, von dem Eigentümer des Grundstückes, der den Besitz desselben unentgeltlich überlassen hatte, inzwischen jedoch etwa wegen Verschwendung entmündigt wurde, das Recht der Kündigung dieses Verhältnisses zu versagen.

[8]) PG. §§ 621ff. sind Ausnahmen.

[9]) Vgl. PG. § 622, Punkt 3.

[10]) Grill Dt. II 2, 616, K. 1289/1886. Andere Handlungen [Mitteilung eines die Entlassung bezweckenden verwaltungsbehördlichen Beschlusses Mj. Dt. II 13, K. 8161/1900] können ebenfalls eine solche Deutung erfahren.

werden[1]). War die Kündigung, die sowohl auf einer rechtsgeschäftlichen Vereinbarung[2]), als auch auf durch das Gesetz unmittelbar bestimmten Ereignissen beruhen kann[3]), als Folge einer Pflichtverletzung der Partei vorgenommen werden, der sie zum Nachteil dient, so muß sie auch diese Ursache der Kündigung angeben[4]).

Der Gegner hat sich auf die Kündigung — soweit das Gesetz nichts anderes vorschreibt — nicht zu äußern[5]), kann jedoch zur Annahme derselben in manchen gesetzlich hervorgehobenen Fällen gerichtlich[6]), in anderen hingegen durch einen öffentlichen Notar angehalten werden[7]). Verhindert er die Annahme der Kündigung, so hat er sie als erfolgt gelten zu lassen[8]).

2. Die Wirkung der Kündigung ist eine zweifache. Einmal macht sie das bis dahin zeitlich unbegrenzte, oder anders begrenzte Schuldrecht zu einem durch sie eng begrenzten. Dies bedeutet eine objektive Änderung des Inhaltes. Sodann bewirkt sie bei Eintritt des Endpunktes der Kündigungsfrist mittelbar auch die Beendigung des ganzen Schuldverhältnisses.

§ 6. Die Konfusion.

1. Unter Konfusion versteht man die nach der Begründung der Forderung eintretende Vereinigung der Gläubiger- und Schuldnereigenschaft in einer Person[9]).

Die Konfusion kann auf verschiedenen rechtlichen Grundlagen beruhen, die häufigsten sind die die Gesamtnachfolge herbeiführenden und die Verträge.

2. Die Wirkung der Konfusion besteht in der Aufhebung des Schuldverhältnisses[10]). Diese Wirkung tritt von selbst ein und kann durch eine rechtsgeschäftliche Verfügung der Parteien nicht ausgeschlossen werden[11]). Sie beruht jedoch auf der Voraussetzung, daß die Gläubiger- und Schuldnereigenschaft innerhalb derselben, oder wenn auch innerhalb verschiedener, doch nicht scharf voneinander abgegrenzten Vermögensmassen vereinigt werde. Ist daher die Forderung der Bestandteil der allgemeinen Vermögensmasse der fraglichen Person und wurde die geschuldete Leistung Bestandteil eines Sondervermögens derselben Person (oder umgekehrt), so

---

1) Grill Dt. II 2, 618, K. 1092, I, G. 668, Mj. Dt. X 62, K. 1915, P. II 6062.

2) Diese kann auch dann noch vorliegen, wenn für das ganze Schuldverhältnis eine gewisse Zeitspanne vereinbart wurde, doch innerhalb derselben den Parteien eine kürzere Kündigungszeit gesichert verblieb. Mj. Dt. II 9, K. 8767/1906.

3) Z. B. GA. 1898 II, § 22 hinsichtlich der landwirtschaftlichen Arbeiter, GA. XIII: 1876, § 52 hinsichtlich der Dienstboten usw.

4) So z. B. hinsichtlich der Kündigung eines wirtschaftlichen Beamten auf Grund GA. XXVII: 1900, § 16, K. 6585/1905 (Mj. Dt. I, 298).

5) Arg. PG. § 628, welcher betreffs der gerichtlichen Kündigung der Miete eine Äußerung des Mieters vorsieht und nicht anders als eine starke Ausnahme betrachtet werden kann.

6) Vgl. a. a. O. §§ 621ff.

7) GA. XXXIV: 1874, § 101.

8) Dies folgt aus den allgemeinen Grundsätzen der einseitigen Rechtsgeschäfte.

9) Vgl. EUG. § 1050.

10) Entfällt doch das persönliche Hauptererfordernis der Obligation.

11) Die Entstehung und Aufhebung der Schuldverhältnisse ist im Zweifel als jus publicum zu betrachten.

kann es sich von einem gewissen Standpunkte aus und besonders in dem Verhältnisse zu den Gläubigern des einen, oder des anderen Vermögens ergeben, daß die Konfusion als nicht eingetreten betrachtet wird[1]).

Eine ähnliche Erscheinung ist auch dann zu beobachten, wenn die zur Konfusion führende Vereinbarung der Parteien, sei es innerhalb des Konkurses des einen Vertragsschließenden, sei es wegen eines absolut wirkenden Ungültigkeitsgrundes nachträglich entkräftet wird[2]).

In Ermangelung anders verfügender Quellenstellen und Zweckmäßigkeitsgründe, die die gegenteilige Lösung als wünschenswert erscheinen ließen, muß hier ebenfalls auf die allgemeinen Grundsätze der Rechtsgeschäfte verwiesen werden.

§ 7. Die Aufrechnung.

1. Die Aufrechnung ist die durch einseitiges[3]) Rechtsgeschäft des Schuldners[4]) erfolgte Aufhebung der Forderung des Gläubigers und einer gegenüberstehenden Forderung des Schuldners[5]).

Voraussetzung der Aufrechnung sind zwei einander gegenüberstehende, gleichartige[6]) Forderungen, von denen eine, und zwar die Forderung des Schuldners fällig, die andere — die des Gläubigers — hingegen wenigstens erfüllbar sein muß[7]).

Hierin ist schon das Erfordernis enthalten, daß die Forderung des Schuldners nicht verjährt, durch eine Einrede gehemmt oder eine bloße Naturalobligation sein darf[8]).

Die Voraussetzungen der Aufrechnung müssen in dem Zeitpunkte ihrer Vornahme vorhanden sein[9]).

2. Die Aufrechnungserklärung ist ein einseitiges, empfangsbedürftiges Rechtsgeschäft, das trotz der ganz allgemeinen gegenteiligen Auffassung nach dem ungarischen Privatrechte nicht im Prozesse ausgeübt zu werden braucht, aber kann. Die Prozeßaufrechnung unterscheidet sich materiell von der außerprozeßualen nur darin, daß sie auch bedingungsweise, für den Fall der sonstigen Verurteilung des Aufrechnenden vorgenommen werden

---

[1]) Allgemeine Praxis. Arg. auch GA. LX, 1881 § 92, Abs. 2, eadem ratione.

[2]) Vgl. EUG. § 1050, Abs. 2.

[3]) Arg. HG. § 96, welcher die Aufrechnung als Schuldnerrecht betrachtet.

[4]) Die Praxis hielt sich früher streng an die prozessuale Aufrechnung, letzthin finden sich jedoch schon Entscheidungen, die die außerhalb des Prozesses vorgenommene, rein privatrechtliche Aufrechnung ebenfalls anerkennen.

[5]) Arg. Wechselgesetz § 94, ferner K. 1907, I, G. 224 (Márkus III 225).

[6]) Arg. Grill Dt. II 2, 755, K. 1901, I, G. 162.

[7]) Da ja die Aufrechnung der Erfüllung gleich ist und in derselben Zeit vornehmbar, wie jene. Vgl. EUG. § 1035. Arg. auch K. 1921, P. IV 1627, Mj. Dt. XV 18, F. 15 usw.

[8]) Grill Dt. II 2, 755, K. 1901, I, G. 162, wo (unrichtig) für beide Forderungen behauptet wird, daß „nur gegenseitig bestehende und rechtmäßig geltend zu machende Forderungen den Gegenstand der Aufrechnung bilden können".

[9]) Arg. GA. XVII: 1881, § 38 a contrario, vgl. auch K. 1922, P. V 54, Mji. Dt. XVI 9, F. 9. Aus dem in dem Texte ausgeführten Grundsatze folgt aber nicht, daß der Schuldner wegen der Pfändung der Forderung gegen dieselbe nicht aufrechnen könne. Sind doch die Voraussetzungen der Aufrechnung schon von dem Gegenübertreten der beiden Forderungen an, demnach auch schon vor der Pfändung der den Schuldner belastenden Forderungen vorhanden gewesen.

darf[1]), wohingegen die außerprozeßuale unbedingt und unbefristet sein muß[2]).

3. Die Wirkung der Aufrechnung besteht in der Aufhebung der beiden einander gegenüberstehenden Forderungen, und zwar von dem Momente an, in welchem sie einander gegenübergetreten waren[3]). Die Aufrechnung wirkt daher zurück und hebt alle bis zu ihrer Vornahme zu gunsten des Gläubigers und zu Ungunsten des aufrechnenden Schuldners schon eingetretenen Rechtsfolgen: etwa Verzug, Verfall von Vertragsstrafen u. dgl. mehr auf[4]).

Infolge dieser Wirkung ist es ganz gleichgültig, ob die Aufrechnung im Prozesse vorgenommen wurde und wenn ja, ob in der Form einer Widerklage oder einer Einrede erfolgte[5]).

4. Hinsichtlich der Aufhebungswirkung der Aufrechnung ist davon auszugehen, daß sie alle Forderungen zu tilgen vermag, die hiervon quellenmäßig nicht ausgeschlossen erscheinen. Ausgeschlossen sind: Unterhalts- und ähnliche Forderungen, deren gesetzlicher[6]) Zweck eine Erfüllung erfordert; ferner Forderungen, deren rechtsgeschäftlich bestimmter Zweck eine Tilgung durch Erfüllung benötigt[7]), endlich solche, die ihrem Inhalte nach dem Schuldner keine Erleichterungen gewähren[8]).

§ 8. Aufhebungsgeschäfte.

1. Die Forderung kann auch durch andere einseitige und zweiseitige Rechtsgeschäfte aufgehoben werden und zwar, je nach dem Inhalte des fraglichen Geschäftes, bloß für die Zukunft oder auch für die Vergangenheit.

Aufhebungsgeschäfte sind: Anfechtung, Rücktritt, Verzicht, Erlaß und Novation.

2. Die Anfechtung der Begründungstatsache des Schuldverhältnisses setzt voraus, daß irgendein Anfechtungsgrund vorliegt. Ist dies der Fall, so erfolgt die Anfechtung in der Form eines einseitigen Rechtsgeschäftes und bewirkt die unmittelbar durch Gesetze eintretende, dingliche Aufhebung der dem Schuldverhältnisse entstammenden Rechte und Pflichten[9]).

3. Der Rücktritt kann auf einer rechtsgeschäftlichen Bestimmung beruhen[10]), oder aber die gesetzliche Folge katastrophaler wirtschaftlicher Umwälzungen[11]) oder vertragswidrigen Verhaltens[12]) sein. Im Zweifel

---

[1]) Allgemeine Praxis.

[2]) Sonst wäre die Lage der beiderseitigen Schuldner eine gar zu unsichere. Vgl. EUG. § 1036.

[3]) Arg. Konkursgesetz § 41.

[4]) Vgl. EUG. § 1045. Der Satz muß auch für das bestehende Recht angenommen werden, da die gegenteilige Auffassung zu ungerechten Folgen führt.

[5]) Arg., wie auch für die Unabhängigkeit der Aufrechnung von dem Prozesse Grill Dt. II 2, 756, K. 1897, I, G. 45, ferner PG. § 412.

[6]) Mj. Dt. IX, 166, K. 1915, G. 372.

[7]) Daselbst IX 193, K. 1917, G. 46.

[8]) Arg. eadem ratione GA. LX: 1881, § 72, Abs. 2 vgl. EUG. § 1040.

[9]) Siehe Bd. I, S. 130—140.

[10]) Vgl. das über das Reugeld Gesagte.

[11]) Vgl. das über die wirtschaftliche Unmöglichkeit Gesagte Bd. II, S. 145 z. B. K. 1916, P. II 7084, Mj. Dt. XII 29, F. 26, K. 1921, P. V 3926, Mj. Dt. XV 71, F. 48 usw.

[12]) Z. B. HG. §§ 352, 353 (Verzug des Verkäufers und des Käufers, bei dem Handelskaufe), GA. X, 1923 § 6 (Verletzung der Gewährleistungspflicht des Verkäufers) usw.

sollen — obwohl eine diesbezügliche Quellenäußerung nicht nachzuweisen ist — auf beide[1]) die gleichen Grundsätze angewendet werden.

Die Voraussetzungen des Rücktrittes sind der Begründungstatsache der Forderung zu entnehmen[2]). Subjektiv bildet die Ausübung des Rücktrittes ein empfangsbedürftiges, einseitiges, grundsätzlich formloses Rechtsgeschäft[3]). Seine Vornahme bewirkt die Aufhebung des Schuldrechtes und zwar im Zweifel mit all seinen Folgen[4]). Jedoch tritt dies nicht mit dinglicher Wirkung kraft Gesetzes ein, sondern die Parteien haben — insoweit dies überhaupt noch möglich ist — denselben Zustand herzustellen, der vor dem Eintritt der Begründungstatsache der Forderung bestanden hatte[5]).

Dritten und besonders gutgläubigen Erwerbern des Gegenstandes der Forderung gegenüber kann der Rücktritt weder ausgeübt noch geltend gemacht werden[6]).

3. Der Verzicht ist ein einseitiges, empfangsbedürftiges Rechtsgeschäft, durch welches der Gläubiger sich seiner Rechte zugunsten des Schuldners begibt[7]).

Er bedeutet dem Schuldner gegenüber eine Zuwendung, kann daher durch diesen zurückgewiesen werden. Der wirksame Verzicht entfernt das Recht, auf welches verzichtet wurde, aus dem Rechtskreise des Verzichtenden, erfordert daher von seiner Seite volle Geschäftsfähigkeit[8]). Dementsprechend verleihen die kritischen Bestimmungen des Konkursgesetzes[9]) dem Konkursverwalter die Möglichkeit, Verzichte des Gemeinschuldners der Konkursmasse gegenüber als relativ unwirksam erklären zu lassen[10]).

4. Die bisher entwickelten Aufhebungsgeschäfte kommen nicht nur von dem Standpunkte der Forderungen, sondern auch von dem der übrigen subjektiven Privatrechte in Betracht[11]). Sie mußten dennoch hier erwähnt werden, weil sie in der Praxis meist bei Forderungen vorkommen, ferner, weil Praxis und Theorie der rechtlichen Tatsachen jetzt noch keines-

---

[1]) Eadem ratione.

[2]) Gewöhnlich wird in dem Vertrage hierfür vorgesorgt.

[3]) Arg. HG. §§ 352, 353, welche von einer Form nichts erwähnen. Arg. auch Grill Dt. II 2, 613, K. 397/ G. 1902 (Rücktritt per facta concludentia).

[4]) Vgl. HG. a. a. O. „wie wenn der Vertrag nicht geschlossen worden wäre".

[5]) Vgl. Grill Dt. II 2, 613, K. 127/1900, K. 1900, I, G. 328. Der Rücktritt ist ausgeschlossen, wenn der Schuldner schon ganz bzw. teilweise geleistet und der Gläubiger die Leistung angenommen hat (K. 1917, P. V 5154, Mj. Dt. XII 51, F. 42), ferner wenn er auf Grund einer Leistungsklage ein ihm günstiges, die Leistung zusprechendes Urteil erlangt hat und das letztere schon in Rechtskraft erwachsen ist (K. 1918, P. V 2081, Mj. Dt. XII 238, F. 175).

[6]) In diesem Falle kann der frühere Zustand nicht wiederhergestellt werden. Arg. a minore Grill Dt. II 2, 614. Pécser Tafel 1897, G. 73. (Es handelt sich um Kastrierung des gekauften Pferdes von seiten des Käufers.)

[7]) Arg. Konkursgesetz § 28, Punkt 1.

[8]) Vgl. das über die Geschäftsfähigkeit in dem allgemeinen Teile Gesagte.

[9]) KG. § 28, Punkt 1.

[10]) Außerhalb des Konkurses vgl. §§ 17ff. der Zwangsvergleichsverordnung, welche die Unwirksamkeit ipso jure eintreten läßt (allerdings ohne den Rückritt besonders hervorzuheben).

[11]) Besonders der Sachenrechte, der [entfernteren] vermögensrechtlichen Ausstrahlungen der Immaterialrechte usw.

wegs so fortgeschritten sind, um allen Tatsachen den ihnen ein für allemal zukommenden Platz zuzuweisen[1]).

5. Der Erlaß ist eine von dem Schuldner angenommene vertragliche Vereinbarung desselben Inhaltes wie der Verzicht[2]).

Der Unterschied zwischen Verzicht und Erlaß liegt darin, daß beim Erlaß der Schuldner nicht bloß das Objekt, sondern das den rechtlichen Erfolg nach den Grundsätzen der schuldrechtlichen Verträge herbeiführende oder wenigstens mit herbeiführende Subjekt des Aufhebungsgeschäftes ist[3]).

Sowohl Erlaß als auch Verzicht sind formlos[4]) und erreichen den durch sie bezweckten Erfolg, die Aufhebung der Forderung für die Zukunft, soweit sich aus dem Tatbestande nichts anderes ergibt, mit ihrer Vollendung[5]). Diese Wirkung der erwähnten Aufhebungsgeschäfte ist eine dingliche[6]).

6. Durch die Novation wird unter den Parteien ein Schuldverhältnis vereinbart, welches an die Stelle des alten tritt[7]); es wird also die alte Forderung in eine neue umgewandelt.

Nach der ungarischen Praxis ist die Novation ein kausaler[8]), zweiseitiger Vertrag, der wohl als eine Art Erweiterung der Leistung an Erfüllungsstatt[9]) angesprochen werden kann. Nur tritt an die Stelle der Leistung ein ganz neues Schuldverhältnis, das sowohl die rechtliche Grundlage als auch den Gegenstand des alten auslöscht, somit seine Aufhebung bewirkt. Die Novation kann nicht zur Umgehung der den Zweck der früheren Forderung verbietenden Rechtssätze benutzt werden, daher steht dem Schuldner selbst nach der Vornahme derselben die Möglichkeit offen, sich auf die materielle Nichtigkeit der ursprünglichen Forderung zu berufen[10]).

Der Zusammenhang zwischen der alten und der neuen Forderung wird durch ihre positive Heranziehung als Kausa und durch ihre negativen Inhaltsschranken ziemlich aufrecht erhalten, was vielleicht auch zu der

---

[1]) Wäre schon eine allgemeine Lehre der Bewegungstatsachen der subjektiven Rechte fest begründet, so brauchten sie bloß daselbst erwähnt zu werden.

[2]) Vgl. EUG. § 1049.

[3]) Daher Verpflichtung des Schuldners nach dem wahren Inhalte eines simulierten Erlaßvertrages Grill Dt. II 2, 763, K. 266/1899, während ein einseitiger Verzicht bei gleichem Tatbestande seinem erkennbaren Inhalte nach gültig ist.

[4]) Erlaß per facta concludentia Grill Dt. II 761, K. 1898, I, G. 235. Auch dann, wenn die Eingehung der Verpflichtung an Schriftform gebunden war, K. 1921, P. V 812, Mj. Dt. XIV 92, F. 72.

[5]) Arg. daselbst über einen entgeltlichen Verzicht entscheidende Urteil Grill Dt. I 2, 764, K. 7265/1902.

[6]) Demnach auch Dritten, etwa den Gläubigern des Gläubigers gegenüber. Eine andere Frage ist, ob dieselben sich hiermit endgültig abfinden müssen.

[7]) Grill Dt. II 2, 759, K. 1901, I. G. 393, daselbst 756, K. 1898, G. 190.

[8]) Arg. Grill Dt. II 2, 758, K. 466/1898. Kausa ist die Aufhebung der früheren Forderung, das neue Schuldversprechen erfolgt eben liberandi causa.

[9]) Grosschmid II 872 betrachtet umgekehrt die Leistung an Erfüllungsstatt als eine Art Novation. Die im Texte gegebene Auffassung geht davon aus, daß bei der Leistung an Erfüllungsstatt bloß ein Teil der früheren Forderung mit einer anderen vertauscht wird, während bei der Novation der Austausch sich auf die ganze Forderung erstreckt, die letztere scheint daher der weitere Begriff zu sein.

[10]) Arg. das betreffs der turpis causa (außereheliches Verhältnis) entscheidende Urteil K. 1898, I, G. 494 (Grill Dt. II 2, S. 761).

Annahme berechtigt, daß die dinglichen und sonstigen Sicherungen der alten Forderung auch der neuen zugute kommen[1]).

Die Novation ist mit der grundsätzlichen formlosen Vereinbarung der Parteien abgeschlossen[2]).

Der Praxis nach wird im Zweifel die Wechselprolongation[3]), die Abrechnung und der Abschluß des Kontokorrents eines länger andauernden Schuldverhältnisses[4]), die Anerkennung eines solchen[5]) und der gerichtliche Vergleich nicht als Novation betrachtet[6]).

Einzelne Forderungen.

§ 1. Allgemeines.

Die einzelnen Forderungsarten unterscheiden sich nach ihren Begründungstatsachen und nach ihrem Inhalte. Gewöhnlich beeinflußt aber die Begründungstatsache auch den Inhalt, und wenn das nicht der Fall ist, so bietet sie doch eine durchaus übersichtliche, wenn auch nur mechanische Handhabe für die einzelnen Forderungsarten, weshalb die beiden Unterscheidungsmerkmale der Forderungen in den weiteren Ausführungen so gruppiert werden, daß von den Begründungstatsachen derselben ausgegangen wird, und innerhalb der einzelnen Begründungstatsachen die Forderungen verwandten Inhaltes nacheinander behandelt werden.

Zu bemerken ist — was schon im allgemeinen Teil wiederholt betont wurde —, daß bloß durch Vertrag die in den Quellen nicht vorkommenden Forderungsarten begründet werden können, und ferner, daß die in den Quellen genannten Forderungsarten nur auf vertraglichem Wege in nicht quellenmäßiger Weise begründet und geändert werden können. Die schuldrechtlichen Verträge sind daher allgemeine rechtliche Tatsachen des Schuldrechtes, während die übrigen Begründungs-[7]), Änderungs- und Aufhebungstatsachen der Forderungen nur als besondere, in den Quellen sowohl hinsichtlich ihres Tatbestandes als auch ihrer Wirkungen geregelte und auch zu regelnde rechtliche Tatsachen bilden.

---

[1]) Vgl. EUG. § 1048.

[2]) Es fehlen Formvorschriften. Erfordert aber der Inhalt der Novation eine Form (jetzt etwa die Übereignung von Liegenschaften), so muß dieselbe natürlich eingehalten werden.

[3]) Mj. Dt. XI 266, K. 1916, P. VIII 5074, IX. 320, K. 1915, RP. II 783, IX 321, K. 1914, G. 296.

[4]) Arg. Grill Dt. II 2. 758, K. 466/1898.

[5]) Mji. Dt. VII 168, K. 4496/1912.

[6]) Mji. Dt. IX 140, K. 1914, P. VII 4664.

[7]) Dies tritt ganz klar in der Entscheidung zutage, die die privatrechtlichen Wirkungen (das Recht auf Lohn, Pension usw.) der von der Seite der Bahndirektion erfolgten einseitigen Ernennung zum Bahnbeamten bloß von dem Zeitpunkte anerkennt, in welchem das Ernennungsdekret dem Ernannten zugestellt wurde. Vorher war eben kein Vertrag, sondern bloß ein einseitiges, wenn auch in dem offiziellen Blatt der Bahn veröffentlichtes Rechtsgeschäft vorhanden, das die Praxis bisher privatrechtlich noch nicht anerkannt hat. K. 1921, P. II 2366, Mj. Dt. XV 78, F. 52 begründet die Entscheidung damit, daß vor diesem Zeitpunkte trotz der Veröffentlichung bloß ein interner Privatakt der Bahnverwaltung vorlag, was m. E. kaum zutrifft.

In erster Reihe sollen die auf Handlungen, und zwar die auf Rechtsgeschäften, verbotenen Handlungen und Rechtshandlungen im engeren Sinne, sodann die auf Ereignissen begründeten Forderungen behandelt werden, wobei jedoch bemerkt werden muß, daß Handlungen Dritter dem Schuldverhältnisse fernstehender Personen als Ereignisse wirken.

I. Auf einseitigen Rechtsgeschäften beruhende Forderungsarten.

§ 2. Das Schuldanerkenntnis.

1. Das Schuldanerkenntnis ist ein formloses, einseitiges, empfangsbedürftiges Rechtsgeschäft, in dem der Anerkennende das Bestehen einer ihn belastenden Schuld erklärt[1]).

Der Tatbestand des Schuldanerkenntnisses ist mit dem Zugange der Erklärung an den Gläubiger gegeben[2]).

2. Die Wirkung des Schuldanerkenntnisses ist die selbständige Begründung einer Forderung, und zwar einer Forderung des anerkannten Inhaltes ohne Rücksicht darauf, ob eine solche zwischen den Parteien früher bestanden hatte oder nicht[3]). Obzwar das Schuldanerkenntnis demnach von einer früheren Forderung gewissermaßen unabhängig wird, kann der anerkennende Schuldner dennoch Einwendungen und demzufolge wohl auch Gegenrechte geltend machen, die ihm aus der früheren Forderung zustehen[4]). Das Schuldanerkenntnis wirkt daher nicht mit der Kraft einer Novation, sondern fügt sich im Zweifel — und insofern dies möglich ist[5]) — der früheren Forderung als neue hinzu.

3. In dem ungarischen Privatrechte muß besonders nach den Bestimmungen des PG, die eine andere Deutung meines Erachtens gar nicht zulassen, als bestehender Rechtssatz behauptet werden, daß das Schuldanerkenntnis nicht als Vertrag, sondern in erster Reihe als einseitiges Rechtsgeschäft anerkannt ist. Dies muß umso mehr betont werden, als ja im gegenwärtigen Rechte eine auf das abstrakte einseitige Schuldversprechen bezügliche Vorschrift auch fehlt und das letztere daher ebenfalls nur in der Form und mit dem Inhalte eines Schuldanerkenntnisses Geltung erlangen kann[6]).

---

[1]) Mj. Dt. VII 168, K. 4496/1912.

[2]) Arg. PG. § 390, wo selbst im Prozeß nichts anderes erfordert wird, als die Erklärung des Anerkenntnisses vor Gericht.

[3]) Arg. der in der ersten Anmerkung angeführte Fall laut dem „das Anerkenntnis zur Leistung zwar selbständig verpflichtet, ihm gegenüber kann sich aber der Schuldner dennoch von der Erfüllung der Verpflichtung befreien, wenn er beweist, daß die zur Grundlage des Anerkenntnisses dienende Obligation gerichtlich nicht geltend zu machen war, oder nicht bestanden hat".

[4]) Siehe die vorige Anmerkung.

[5]) Dann nicht, wenn die Inhaltsschranken der früheren Forderung dies verhindern. Sind die Voraussetzungen eines akzessorischen Anerkenntnisses nicht vorhanden (etwa weil die betreffende Schuld überhaupt nicht vorhanden war, oder schon getilgt wurde, K. 1919, P. III 1623, Mj. Dt. XIII 115, 91), so wirkt das Anerkenntnis nicht kausal sondern abstrakt bzw. bloß als neue Causa.

[6]) PG. § 390 nennt das Anerkenntnis in einem Atem mit dem Rücktritt (von dem Prozesse) und dem Verzicht auf das gerichtlich geltend gemachte Recht, kann

Dies will selbstverständlich weder die Geltung des Anerkenntnisvertrages, noch die eines vertraglichen, abstrakten Schuldversprechens, sofern das letztere sich als Schuldanerkenntnis gibt, in Frage stellen. Ist es ja eine allgemeine Regel, daß die auf einem einseitigen Rechtsgeschäfte beruhenden Forderungen, insofern sich aus ihrer besonderen Regelung nichts anderes ergibt, auch auf dem Wege eines Vertrages begründet werden können [1]). Immerhin bleiben jedoch als Grundtypen der Schuldanerkenntnisse in dem heutigen ungarischen Privatrechte die auf einseitigen Geschäften beruhenden.

§ 3. Die Ausstellung von Wertpapieren.

1. Die Ausstellung eines Wertpapiers ist ein einseitiges, an die Schriftform gebundenes Rechtsgeschäft, durch welches eine in der als Wertpapier dienenden Urkunde verkörperte Forderung entsteht [2]).

Trotzdem das Gesetz den Inhalt der Wertpapiere nicht auf eine gewisse Art von Leistungen beschränkt [3]), kann man den gesetzlich geregelten Wertpapierarten doch so viel entnehmen, daß die in einem Wertpapier versprochene Leistung keine Unterlassung sein kann [4]).

Der Tatbestand des die Forderung begründenden Geschäftes ist mit der Ausstellung des Papieres vollendet, doch kann eine widerrechtliche Aneignung desselben hier ebenso wenig Rechte verleihen, wie die einer anderen beweglichen Sache [5]). Der enge Zusammenhang zwischen der Forderung und dem Wertpapier äußert sich darin, daß das sachenrechtliche Schicksal des Papieres auch die Gläubigereigenschaft beeinflußt [6]), ferner, daß ein Verlust desselben zur Sperre und demnach zur zeitweiligen Schmälerung der Gläubigerrechte führt, die erst mit der Nichtigkeitserklärung des verlorenen und der Ausstellung eines neuen Wertpapieres ihr Ende erreicht [7]). Dies bildet aber bloß die Regel. Einige in dem Gesetze einzeln aufgezählte Wertpapiere [8]) dulden ein Auseinanderreißen der dinglichen Schicksale der Urkunde von den der schuldrechtlichen Forderung überhaupt nicht, weshalb bei ihnen eine Nichtigkeitserklärung ausgeschlossen ist.

---

daher nicht an einen Vertrag denken. Aus der notwendigerweise anzunehmenden Harmonie zwischen dem Prozeß- und dem Privatrechte muß daher dasselbe auch für das letztere angenommen werden.

[1]) Nicht z. B. die Wertpapiere.

[2]) Vgl. das über die Wertpapiere des ungarischen Verkehrs in dem Handelsrechte Franz v. Nagy's (VII. Aufl. II, 85ff.) vorzüglich Ausgeführte. Entsprechend EUG. § 1460.

[3]) Vgl. jedoch HG. §§ 294, 295.

[4]) Vgl. HG. §§ 294—298 usw.

[5]) Höchstens auf dem Wege eines gutgläubigen Rechtserwerbs zu gunsten eines Dritten. Vgl. auch die Begründung der 25. REE der K. (Ü. L. Mj. Dt. I 25, F. 23).

[6]) Vgl. HG. § 294ff. Franz v. Nagy II. 89ff.

[7]) Vgl. PG. §§ 749ff., besonders § 751.

[8]) Vgl. Franz v. Nagy a. a. O. II 112, der folgende Papiere als der Nichtigkeitserklärung entzogen betrachtet: staatliche, verzinsliche Kassenscheine, Pfandscheine der kgl. Pfandleihanstalten, Kupons und Kuponanweisungen der Wertpapiere, Lose der staatlichen, oder der Privatunternehmungen, vorausgesetzt, daß sie einen wohltätigen oder gemeinnützigen Zweck verfolgen, Banknoten der ö.-u. Bank, Papiergeld, Wertpapiere, die dies in ihrem Texte ausschließen.

2. Nach der Bezeichnung des Gläubigers, die übrigens auch auf die Art der Übertragung des Wertpapieres und der mit ihm verbundenen Forderung Einfluß hat, sind zu unterscheiden: Inhaberpapiere, in denen der Gläubiger ungenannt bleiben muß und der Eigentümer als Gläubiger gilt[1]), die Indossamentpapiere, die als Gläubiger den in dem Papiere oder ihm angefügten Indossament Genannten bezeichnen[2]), endlich die Rektapapiere, die den Gläubiger namentlich bezeichnen[3]).

3. Die gesetzlich geregelten Wertpapiere bilden teils ausdrücklich[4]), teils wenigstens der Absicht des Gesetzes nach einen Gegenstand des Handelsverkehrs[5]). Ihre Ausstellung, noch mehr aber ihr rechtliches Schicksal: der Inhalt, die Änderungen und die Aufhebung der in dem Papiere verbrieften und verkörperten Forderung gehören mehr oder minder in das Gebiet der Handelsgeschäfte, weshalb sie auch gewöhnlich dort behandelt werden[6]).

Hier muß daher die kurze oben gegebene Charakterisierung genügen. Ihr ist jedoch noch beizufügen, daß die Ausstellung von Wertpapieren von dem Standpunkte des allgemeinen Privatrechtes aus durchaus als eine besondere, schuldrechtliche Tatsache zu behandeln ist, weshalb weder betreffs des Inhaltes, noch betreffs der Person des Gläubigers, der Legitimierung des Schuldners, der diesem obliegenden Pflichten und der dem Gläubiger zukommenden Rechte eine erweiternde Auslegung oder gar eine Analogie am Platze erscheint.

Darauf muß umso mehr hingewiesen werden, als ja sowohl die Form wie der Kreationsakt und besonders das in ihm enthaltene förmliche und betreffs des materiellen Verhältnisses etwas starre, einseitige Begründungsgeschäft der Wertpapierforderung dem heutigen Privatrechte, als einer der neuesten Zweige der Schuldrechte begründenden Tatsachen gewissermaßen noch immer fremd geblieben ist[7]).

§ 4. Die Auslobung.

1. Die Auslobung ist das öffentlich bekanntgemachte Versprechen einer Leistung an den, der eine gewisse Handlung vornimmt oder unterläßt[8]).

---

[1]) Etwa eine Versicherungspolize auf Inhaber, Theaterkarten, Rundreisebillets vor der Unterfertigung der Legitimation usw.

[2]) HG. §§ 294, 295, WG. § 8ff. usw.

[3]) Einlagebücher der Sparkassen, sofern sie auf Namen lauten.

[4]) HG. § 258, Punkt 3, welcher den Kauf und sonstigen Erwerb der Wertpapiere auf breitester Grundlage zu einem objektiven Handelsgeschäft stempelt.

[5]) Vgl. HG. § 259, Punkt 2. Bilden doch die Wertpapiergeschäfte den wichtigsten Teil der Bankgeschäfte.

[6]) Vgl. HG. §§ 294ff. Nagy a. a. O. usw.

[7]) Es geht daher m. E. nicht an, eine neue in dem Verkehr bisher noch nicht eingebürgerte Art von Wertpapieren ohne gegebenenfalles erst einzuholende gesetzliche Ermächtigung auszustellen, ebensowenig wie etwa eine in Ungarn wegen der Gesellschaftsform nicht anerkannte G. m. b. H. zu gründen.

[8]) Vgl. auch Artur Meszlény: Auslobung im öffentlichen Interesse (Jogállam I, S. 536ff.). Die beiden Möglichkeiten werden gleich behandelt, weshalb im Folgenden nur die Handlung erwähnt ist. Der Grundsatz des Textes folgt aus Mj. Dt. I 334, K. 613/1906. Anders, doch unrichtig Mj. Dt. V 55, K. 5108/1910, wo der Versuch

Die Auslobung ist ein einseitiges Rechtsgeschäft mit noch unbestimmtem Geschäftsgegner[1]). Ihr Tatbestand ist mit der öffentlichen Bekanntmachung des Versprechens vollendet[2]). Was eine öffentliche Bekanntmachung ist, ist nach der allgemeinen Auffassung des Lebens zu entscheiden[3]). Wurde hinsichtlich der Auslobung eine gewisse Form der Bekanntmachung gewählt, so ist diese, sofern in der ersten Bekanntmachung nichts anderes enthalten ist[4]), auch für ihre Änderungen einzuhalten.

Der Inhalt der durch die Auslobung zu fördernden Handlung ist den allgemeinen Inhaltsschranken der rechtlich zulässigen Handlungen unterworfen[5]). Dasselbe gilt auch betreffs der Anfügung einer Belohnung an die Handlung[6]).

Gleichgültig ist es, ob die Handlung erst in der Zukunft vorzunehmen ist, oder schon in der Vergangenheit vorgenommen war; gleichgültig ist auch, ob sie in der Kenntnis und mit Berücksichtigung der Auslobung oder ohne Rücksicht auf sie vollbracht wurde[7]).

Dem zu Belohnenden gegenüber ist die Auslobung insbesondere, wenn ihr keine nennenswerte Gegenleistung des zu Belohnenden als Grundlage dient, als unentgeltliche Zuwendung zu betrachten[8]). Dies ist besonders von dem Standpunkte der Gläubiger der Auslobenden[9]), ferner des Umkreises der Tatbestandsfehler der Auslobung wichtig[10]).

Solange Dritte keine Rechte erworben hatten und besonders solange die durch die Auslobung geförderte Handlung noch nicht vorgenommen

---

gemacht wird, die Auslobung auf der Grundlage eines unwiderruflichen Antrages und einer von seiten der die Handlung vollbringenden erfolgten Annahme zu konstruieren.

[1]) Diese werden erst durch den späteren Verlauf der Ereignisse bestimmt.

[2]) Arg. Mj. Dt. I 334, K. 613/1906.

[3]) Diese ist keineswegs mit der Schriftlichkeit zu verwechseln. Arg. K. 5108 1910: „die Kurie teilt zwar die Ansicht laut der den Anlobenden bloß die den Aufgeforderten schriftlich mitgeteilten Bedingungen verpflichten, nicht . . .".

[4]) Eine Ausbedingung anderer Arten von Bekanntmachungen muß erlaubt sein.

[5]) Sind dies doch die allgemeinen Schranken sowohl der Vornahme als auch der Erfüllung der Rechtsgeschäfte.

[6]) Eadem ratione. Vgl. das über die unsittlichen Geschäfte in dem allgemeinen Teile Bd. I, S. 135, Gesagte.

[7]) Arg. Mji. Dt. I 334, F. 224.

[8]) Die Zulassung der Auslobung beruht auf der dem Einzelnen überlassenen Förderung des öffentlichen Interesses, es geht daher nicht gut an, die Vornahme der fraglichen Handlung als Entgelt aufzufassen. Hieraus folgt auch das unter 3 Gesagte. Anders wohl bei dem Preisausschreiben.

[9]) Etwa in dem Konkurse des letzteren auf Grund KG. § 28, oder bei der wegen der Unzulänglichkeit des Vermögens des Auslobenden erfolgten Inanspruchnahme der Beschenkten desselben usw.

[10]) In letzter Reihe ist es darauf zurückzuführen, daß die K. 613/1906 eine Anfechtung wegen Irrtum in dem Beweggrunde als wirksam anerkannte, als eine Belohnung für die Ermöglichung des Rückerwerbes von Wertpapieren und Schmucksachen ausgelobt wurde und es sich ergab, daß die als gestohlen angenommenen Wertsachen durch Betrug abhanden gekommen waren (fingierter Einbruch, zwecks der Erlangung der Versicherungssumme, siehe Bd. I, S. 129, Punkt 2). So wurde kürzlich eine namhafte Summe für die Ermittlung des Täters eines Verbrechens durch öffentliche Auslobung bestimmt. Die Ermittlung erfolgte nach einer gewissen Zeit nicht, worauf der Widerruf der Auslobung ebenfalls öffentlich (durch Zeitungsnachrichten) kundgegeben wurde.

wurde, ist die Auslobung nach den Vorschriften der einseitigen Rechtsgeschäfte widerrufbar[1]).

Das Recht desjenigen, der die in der Auslobung festgelegte Handlung oder Unterlassung vollbringt, entsteht mit der Vollendung ihres Tatbestandes[2]). Haben mehrere die Handlung vollbracht, so erlangen sie gleiche Rechte, doch nur in dem Falle, wenn die Vornahme der Handlung eine gleichzeitige war, oder wenn wenigstens nicht festzustellen ist, welche früher vollbracht wurde[3])[4]). Sonst kommt die in der Auslobung bestimmte Leistung dem zu, der die Handlung zuerst vorgenommen hatte[5]).

2. Eine besondere — wohl die wichtigste — Art der Auslobung ist das Preisausschreiben, in welchem die Leistung des Auslobenden nicht an die bloße Ausführung einer Handlung, sondern außerdem noch an weitere Bedingungen und besonders daran geknüpft wird, daß eine gewisse, gewöhnlich einem öffentlichen Interesse dienende Handlung innerhalb einer gewissen Zeit von mehreren vollbracht wird, und daß ein hierfür eingesetztes Organ bestimmt[6]), wem die in der Auslobung festgelegte Leistung zukommt[7]).

Der, welcher die Leistung vorgenommen hat und sich um den Preis bewerben will, muß sich unbedingt der Entscheidung der Preiskommission bzw. des Entscheidungsorganes unterwerfen. Er kann daher die getroffene Entscheidung nur auf Grund dessen anfechten, daß die Entscheidung nicht in der in den Preisbedingungen vorgeschriebenen Weise getroffen wurde[8]). Gegenüber einer materiellen Ungerechtigkeit steht ihm hingegen nur im Falle der Verübung einer verbotenen Handlung und nur gegen die bei der Entscheidung mitwirkenden Personen ein Recht auf Schadensersatz zu[9]).

3. Weder bei der allgemeinen Auslobung, noch bei dem Preisausschreiben erlangt der Auslobende — wenn hierfür in den Bedingungen nicht besonders vorgesorgt wurde — ein Vollrecht[10]) an den infolge der Vornahme der Handlung hervorgebrachten Sachen[11]) oder sonstigen Rechtsgütern[12]).

---

[1]) Siehe dort.

[2]) Vgl. in dem soeben angeführten Falle Mj. Dt. I 335.

[3]) Die Bedingung der Auslobung wurde schon mit der ersten Vornahme erfüllt.

[4]) Arg. selbst der unrichtig als Vertrag konstruierte Fall Mj. Dt. V. 55, K. 5108/1910.

[5]) Es liegt kein Grund vor, den einen oder den anderen zu bevorzugen, besonders kann in Ermangelung einer positiven Vorschrift unmöglich angenommen werden, daß der Zufall einer früheren Klage entscheidet.

[6]) Der Auslobende kann als das entscheidende Organ auch sich selbst bezeichnen, er kann hierfür eine Kommission ernennen, die dann mit Stimmenmehrheit entscheidet, er kann endlich die Entscheidung einer juristischen Person oder einer wissenschaftlichen usw. Körperschaft (z. B. der ungarischen Akademie Mj. Dt. VII 274, K. 4878/1912) anheimstellen.

[7]) „Ob die Arbeit als wissenschaftliche Arbeit gelten könne", s. Mji. Dt. VII 274 usw.

[8]) S. a. a. O. besonders 275, 276, ferner Mj. Dt. V. 56.

[9]) Selbst wenn er behauptet, daß die Preisrichter die Preisarbeit nicht durchgelesen, ja nicht einmal aufgeschnitten hatten. Mj. Dt. VII, S. 274, 275. Die Verantwortlichkeit der Preisrichter ergibt sich außer den allgemeinen Grundsätzen auch noch aus den die Verantwortlichkeit der Schiedsrichter feststellenden Vorschriften PG. §§ 2, 773, die eadem ratione auch für die Preisrichter gelten müssen.

[10]) Eigentum, Autorrecht, Patentrecht usw.

[11]) Modelle, Handschriften, Zeichnungen.

[12]) Patente, Warenzeichen, Wahlsprüche. „Groß ist das Glück des Bankhauses Klein". Dieser Wahlspruch bewirkte als Ergebnis einer Auslobung eine große

§ 5. Die Anweisung.

1. Die Anweisung ist ein nach zwei Richtungen vorgenommenes, aber dennoch einseitiges Rechtsgeschäft, durch welches der Anweisende einerseits den Angewiesenen bevollmächtigt, statt seiner zu Händen eines Dritten: des Anweisungsempfängers zu leisten, andererseits diesen dazu ermächtigt, die Leistung entgegenzunehmen[1]). Die ungarische Praxis und Theorie faßt zwar die Anweisung — die beide nur dann als vollendet ansehen, wenn sie von dem Angewiesenen angenommen wurde[2]) — als Vertrag auf, doch ist dies meines Erachtens weder in den hier in Betracht zu ziehenden Verfügungen des Handelsgesetzes noch aber in den praktischen Folgen begründet, die man anders nicht erklären zu können vermeint[3]). Eine Form ist für die Anweisung[4]), für die Änderung[5]) und ihre Annahme durch den Angewiesenen nicht vorgeschrieben[6]).

2. Der Tatbestand der Anweisung ist mit der Vollendung der beiden Vollmachtserklärungen und mit deren Zugang an den Angewiesenen und den Anweisungsempfänger vollständig[7]). Nach diesem Zeitpunkte kann die Anweisung den Vorschriften der einseitigen Rechtsgeschäfte gemäß und, solange der Angewiesene weder geleistet[8]), noch die Anweisung angenommen hatte[9]), noch immer widerrufen werden[10]).

Wurde die Anweisung von seiten des Angewiesenen angenommen, so verwandelt sich der den Angewiesenen betreffende Teil des in ihr enthaltenen einseitigen Rechtsgeschäftes in einen zwischen dem Angewiesenen und dem Anweisenden[11]) zugunsten des Anweisungsempfängers als Dritten geschlossenen Vertrag[12]).

Popularität des betreffenden Bankhauses. Die Benutzung war dem Auslobenden in den Bedingungen vorbehalten, oder mußte es wenigstens sein.

[1]) Die Auffassung der Anweisung von Enneccerus (Schuldrecht S. 558) scheint m. E. nicht bloß für das formale und abstrakte Rechtsgeschäft des BGB. §§ 783ff., sondern auch für das heutige Recht Ungarns die entsprechendste. Hängt ja ihre Richtigkeit nicht davon ab, ob die in der Anweisung enthaltene Bevollmächtigung auf das früher vorgelegene Verhältnis der Parteien zurückgreift oder nicht.

[2]) So Grill Dt. II 2, 1094, K. 1896, I G. 1, K. 1897, I, G. 32 (Staud. 515) usw.

[3]) Besonders HG. § 292 betont es scharf, daß die Anweisung schon vor deren Annahme vollständig ist, und daß sie in einer „Anordnung", also unzweifelhaft in einem einseitigen Rechtsgeschäfte besteht.

[4]) Anders im Handelsrecht, das (§ 291) Schriftform erfordert.

[5]) Eadem ratione.

[6]) Annahme der Anweisung durch Übernahme der Anweisungsurkunde, K. 1897, I, G. 32 (Staud. S. 515).

[7]) Die Praxis nennt aber eine vollständige Anweisung diejenige, welche von dem Angewiesenen angenommen wurde. Grill Dt. II 2, 1904, K. 1896, I, G. 1, K. 1903, G. 376 (Staud. a. a. O.).

[8]) Die Erfüllung muß wenigstens ebensolche Wirkung haben, wie die Annahme der Anweisung.

[9]) K. 1903, I, G. 376 a. a. O.

[10]) Siehe das hierüber bei den einseitigen Rechtsgeschäften Bd. I, S. 128, Erwähnte.

[11]) Das HG. § 292 meint, daß durch die Annahme der Angewiesene gegenüber dem Anweisungsempfänger und dessen Nachfolger verpflichtet wird, die Anordnung der Anweisung zu erfüllen. Das HG. läßt aber die Frage unberührt, ob der Anweisende hierzu durch die Annahme kein Recht erlangt. Tritt dies aber ein, und hierüber kann m. E. gar kein Zweifel obwalten, so muß wohl ein Vertrag zu gunsten Dritter angenommen werden.

[12]) Vgl. das weiter unter 4 Gesagte.

Die Beendigung und Aufhebung der Anweisung erledigt sich im übrigen nach den Grundsätzen der Vollmacht. Besonders gilt dies hinsichtlich des Todes oder des Verlustes der Geschäftsfähigkeit einer der Parteien[1]).

4. Der Angewiesene ist zur Vornahme der ihm angeordneten Leistung kraft der Anweisung wohl ermächtigt[2]), nicht aber verpflichtet; vollbringt er die Leistung, so ist die Erfüllung dem Innenverhältnisse[3]) des Anweisenden und des Angewiesenen gemäß zu beurteilen. Lag zwischen ihnen kein früheres Rechtsverhältnis vor, so gelten die Vorschriften der rechtsgeschäftlichen Vollmacht, die auch über die Sorgfalt und die der Erfüllung entstammenden Rechte des Angewiesenen Aufschluß erteilen[4]).

Nimmt der Angewiesene die Anweisung an, so entsteht zwischen ihm und dem Anweisenden ein Vertrag zugunsten des Anweisungsempfängers als Dritten[5]). Dies gilt auch dann, wenn der letztere bei dem Angewiesenen vorsprach bzw. wenn er diesem die Anweisung anzeigte, oder wenn die Anweisungsurkunde dem Angewiesenen von dem Anweisungsempfänger zur Unterzeichnung vorgelegt wurde[6]), was meines Erachtens daraus zu folgern ist, daß der Anweisungsempfänger hierbei als Bevollmächtigter des Anweisenden vorgeht.

5. In einer ähnlichen Lage befindet sich der Anweisende auch dem Anweisungsempfänger gegenüber. War zwischen ihnen schon früher ein Rechtsverhältnis vorhanden, das die Anweisung begründete, so sind betreffs der Entgegennahme der Leistung und deren Wirkungen zwischen dem Anweisenden und dem Anweisungsempfänger die Grundsätze dieses Rechtsverhältnisses maßgebend[7]). Sonst gilt der Anweisungsempfänger im Innenverhältnisse zu dem Anweisenden als dessen Bevollmächtigter[8]).

6. Das Verhältnis des Angewiesenen zu dem Anweisungsempfänger wird — wohl unter dem Einflusse des BGB. und des EUG. — als das Ergebnis eines abstrakten Versprechens des Angewiesenen gegen-

---

[1]) Nach HG. ist im Zweifel weder durch den Tod der Parteien, noch aber durch die Verminderung der Geschäftsfähigkeit — Arg. §§ 293, 289 — an der Anweisung etwas geändert worden. Dasselbe dürfte wohl auch für das Privatrecht gelten. Es wäre denn, daß der Anweisungsempfänger geschäftsunfähig geworden war und demzufolge überhaupt nicht fähig bleibt, Erklärungen abzugeben oder entgegenzunehmen.

[2]) Arg. HG. § 292 a contrario.

[3]) Dies ist den gesamten bei Grill Dt. I, 2, 1093—1095 angeführten Fällen zu entnehmen. Sie gehen allerdings zumeist von der Auffassung aus, daß Anweisung notwendigerweise mit der Schuldübernahme des Angewiesenen verbunden sein müsse.

[4]) Das Nähere siehe bei dem Auftrage.

[5]) Eine andere Lösung ist in einem Rechtssystem, das von der kausalen Verpflichtung ausgeht, nicht gut möglich. Hiermit erledigt sich m. E. auch die Frage der bankmäßigen Akkreditierungen. Annahme und Verständigung des Dritten verleihen diesem gegenüber der Bank unmittelbare Rechte, Vgl. Schuster, Jogállam XXI, S. 265, und Maszlény, Keresk. Jog. 1922.

[6]) Siehe HG. § 292.

[7]) Anderes ist aus den schon angeführten Fällen, die übrigens sozusagen alle auf der unrichtigen Voraussetzung beruhen, als ob die vollständige Anweisung mit einer Schuldübernahme des Angewiesenen verbunden sein müßte, nicht herauszulesen.

[8]) Im Zweifel ist daher die Anweisung in dem Sinne der Verhältnisse des Anweisenden wie Angewiesenen als der Gegenstand eines kommissionellen Inkassos zu betrachten.

über dem Anweisungsempfänger dargestellt. Trotzdem sich vielleicht aus dem Wortlaute des HG.[1]) eine Stützpunkt für diese Auffassung ergibt, scheint sie meines Erachtens in einem Rechtssystem, das den abstrakten Vertrag selbst unter den unmittelbar einen solchen bezweckenden Parteien nur zögernd anerkennt[2]), zu erkünstelt. Die praktische Folge dieser Konstruktion, um derentwillen sie wohl angenommen wurde, daß nämlich der Angewiesene durch die Annahme der Anweisung dem Anweisungsempfänger unmittelbar verpflichtet werde, ist auch daraus zu erkennen, daß mit der letzteren Tatsache zwischen dem Angewiesenen und dem Anweisenden — eventuell zu Händen des Bevollmächtigten desselben, als welcher der Anweisungsempfänger ja anzusehen ist — durch die Annahme der Anweisung ein Vertrag zugunsten des Anweisungsempfängers als Dritten zur Entstehung gelangt[3]). Dies erklärt dann auch, weshalb der Angewiesene dem Anweisungsempfänger gegenüber nur solche Einwendungen vorbringen kann, die aus dem angenommenen Anweisungsvertrage, oder aus den persönlichen Verhältnissen der beiden fließen. Die Grenzen des Vertrages zugunsten Dritter beschränken sich eben auch nur auf jenes Gebiet, das die Parteien in denselben einbezogen hatten[4]).

7. Verdeckt die Anweisung eine Schuldübernahme, so sind selbstverständlich die Grundsätze der letzteren anzuwenden[5]).

II. Forderungen aus Verträgen.

§ 6. Die Vorverträge.

1. Die Struktur der schuldrechtlichen Verträge wurde schon im allgemeinen Teile[6]) ausführlicher besprochen. Zu ergänzen ist dies jedoch mit einigen die Vorverträge betreffenden Bemerkungen, die deshalb zu erwähnen sind, weil die Vorverträge — welcher Art immer auch der endgültig abzuschließende Vertrag sein mag — bloß einen Anspruch auf dessen Vornahme begründen können[7]).

2. Der Vorvertrag ist eine Vereinbarung der Parteien, daß sie ein Rechtsgeschäft bestimmten Inhaltes vornehmen werden[8]).

Er ist an keine Form gebunden[9]), kann sich auf alle Rechtsgeschäfte

---

[1]) Besonders HG. § 292.

[2]) Vgl. das über das Schuldanerkenntnis Gesagte.

[3]) Demnach kein abstrakter, sondern auf die Kausa des Innenverhältnisses des Anweisenden zum Angewiesenen begründeter und innerhalb dieser auf den dem Anweisungsempfänger mitgeteilten Teil beschränkter, kausaler Vertrag.

[4]) Siehe das über den Vertrag zu gunsten Dritter Gesagte.

[5]) Siehe dort.

[6]) Vgl. Bd. I, S. 123ff.

[7]) Er wird in der Praxis auch oft (ungenau) Punktation genannt.

[8]) Z. B. Kauf mit diesen oder jenen Zahlungsbedingungen Mj. Dt. III 330, K. 141/1909.

[9]) Es sei denn, daß diese an die Person der vertragsschließenden Parteien gebunden sei. Z. B. Ehegatten GA. VII: 1886, §§ 21ff. oder daß die Förmlichkeit des endgültigen Vertrages auch auf den Vorvertrag erstreckt wurde, z. B. Schriftform auf den Vorvertrag der Übereignung von Liegenschaften, § 77 GA. XXXVI, 1920, MER. 4420/1918 § 1 und die in diesem Sinne entscheidenden Urteile K. 1920. P. III 1513, Mj. Dt. XIV 1, F. 2, K. 1921, P. III 832, Mj. Dt. XIV 90, F. 71.

beziehen, die eine vorherige Bindung grundsätzlich nicht ausschließen[1]) und muß alle oder doch wenigstens die wichtigsten Bestimmungen des endgültigen Vertrages enthalten[2]).

3. Der Vorvertrag kommt nach denselben Grundsätzen zum Entstehen, wie jeder endgültige, schuldrechtliche Vertrag auch[3]).

Heute, wo alle schuldrechtlichen Verträge eigentlich konsensuale Vereinbarungen sind, ist es schwer, zwischen dem endgültigen Abschlusse und dem Vorvertrag eines schuldrechtlichen Vertrages die Grenzen eng abstecken zu wollen[4]). Handelt es sich ja z. B. bei dem pactum de mutuo dando nunmehr schon um dieselbe Forderung wie bei dem Darlehen selbst, wenn sie auch bei dem pactum wegen der ihr innewohnenden aufschiebenden Bedingung der Übergabe der Sache noch in Schwebe ist und erst durch die Erfüllung dieser aufschiebenden Bedingung zu einer unbedingten wird.

Immerhin hat der Vorvertrag als schuldrechtliche Vorstufe der Verträge nicht schuldrechtlichen Inhaltes, besonders in einem Rechtssystem, das den abstrakten dinglichen Vertrag nicht anerkennt[5]), nicht nur theoretische, sondern auch praktische Bedeutung, weil die Vorverträge im Schuldrechte ziemlich gebräuchlich und in dem Sachenrechte sogar als die die Kausa enthaltenden Vereinbarungen über den in der Zukunft der Grundbuchform gemäß auszustellenden und die clausula intabulandi enthaltenden dinglichen Vertrag gang und gebe sind[6]).

4. Der Vorvertrag kann mit allen materiellen Sicherungen umgeben werden, wie der endgültige Vertrag selbst[7]). Überhaupt sind auf ihn im Zweifel die Grundsätze des endgültigen schuldrechtlichen Vertrages anzuwenden.

5. Die Wirkung des Vorvertrages besteht in der Verpflichtung des Schuldners, bzw., wenn es sich um zweiseitige Verträge handelt, der Parteien, den endgültigen Vertrag oder das sonst umschriebene endgültige Rechtsgeschäft abzuschließen[8]). Kann dieses seiner Natur nach widerrufen werden, so ändert an dieser Eigenschaft der Vorvertrag nichts[9]). Dasselbe ist auch bezüglich des endgültigen Abschlusses des zweiten Vertrages

---

[1]) Z. B. die Eingehung der Ehe EHG. § 1. Das Verlöbnis bedeutet keinen solchen Vorvertrag, siehe Familienrecht.

[2]) Arg. Mj. Dt. III 330, K. 149/1909, wo auch schon betreffs einzelner Bestimmungen des Hauptvertrages mit einer materiellen Sicherung (Reugeld) versehene Vorverträge anerkannt werden.

[3]) Durch Antrag und Annahme siehe den allgemeinen Teil, Bd. 1, S. 123ff.

[4]) Vgl. jedoch V. MER. 4420/1918 § 1, welcher, obzwar er augenscheinlich in erster Reihe schuldrechtliche Rechtsgeschäfte regeln will, dennoch den endgültigen und den Vorvertrag scharf auseinanderhält.

[5]) Siehe das über das dingliche Rechtsgeschäft in dem allgemeinen Teil und im Sachenrechte Gesagte.

[6]) Die Häufigkeit dieser Vorverträge zwang die ungarische Gesetzgebung zu den verschiedenen mit dem GA. XXIX: 1886 anhebenden und die Buchung des tatsächlichen Besitzers der Grundstücke bezweckenden Gesetzen.

[7]) Reugeld Mj. Dt. III 330, K. 141/1909, Angabe Mj. Dt. IX 93, Bpester Tafel 1250/1914, eadem ratione muß auch dasselbe für Vertragsstrafe, Bürgschaft, Pfand gelten.

[8]) Arg. der in der vorigen Bemerkung angeführte Fall.

[9]) Z. B. Vorvertrag über die gemeinsame Errichtung einer Stiftung.

dann anzunehmen, wenn der Vorvertrag an einem Tatbestandsfehler litt[1]). Der letztere kann unter Umständen eben nur die noch nicht vorgenommene Umwandlung des vorläufigen in einen endgültigen Vertrag beeinflussen bzw. verhindern[2]).

Verweigert der hierzu Verpflichtete den Abschluß des endgültigen Vertrages, oder sonstigen Rechtsgeschäftes, so kann der Berechtigte die rechtsgeschäftliche Erklärung der Gegenpartei durch ein gerichtliches Urteil ersetzen lassen. Es scheint jedoch ausgeschlossen, eine derartige Ergänzung auch dort zuzulassen, wo die rechtsgeschäftliche Erklärung höchst persönlich vorzunehmen war.[3]).

4. Unmöglichkeit, Interessenverlust, Verzug und positive Vertragsverletzungen der Vorverträge sind nach den Grundsätzen der schuldrechtlichen, endgültigen Verträge zu beurteilen.

§ 7. Verträge zugunsten Dritter.

1. Wird in einem Vertrage die Leistung zugunsten einer bei seinem Abschlusse nicht als Partei mitwirkenden Person bedungen, so entsteht ein Vertrag zugunsten Dritter[4]).

2. Der Tatbestand des Vertrages zugunsten Dritter ist mit seinem Abschlusse vollständig, er erfordert daher weder von seiten des Verpflichteten noch von seiten des Versprechensempfängers[5]) die Verständigung des Berechtigten. Trotzdem ist diese Verständigung — wie sich aus dem weiteren ergeben wird — ein in dem Tatbestand des Vertrages zugunsten Dritter sehr bedeutsames Moment, das jedoch die Rechtslage des Dritten bloß befestigt, nicht begründet[6]).

3. Der Vertrag zugunsten Dritter bedarf keiner Form[7]). Seine Tatbestandsfehler sind nach seinem Inhalte zu beurteilen[8]). Hat der Dritte

---

[1]) Der Vorvertrag wird zwar nichtig, doch kann ja die Vornahme des endgültigen Vertrages auch selbständig betrachtet werden und trotzdem aufrecht bleiben. Ob dies möglich ist, ist den Umständen des Falles zu entnehmen.

[2]) Vgl. das über die Inhaltsfehler und Willensfehler der Rechtsgeschäfte Gesagte.

[3]) Z. B. betreffs der Vornahme eines Erbvertrages, sofern man der Ansicht beipflichtet, daß diesser unbedingt persönlich abzuschließen sei. Vgl. jedoch das über die Erbverträge im Erbrechte Gesagte. Bd. I, S. 305ff.

[4]) Arg. Grill Dt. II 2, 599, K. 2975/1892

[5]) Wenigstens begrifflich nicht K. 403/1905, Márkus III 71, Mj. Dt. IV 217, Fall 141, Mj. Dt. VIII 43, K. 868/1913. Aus dem im Texte Gesagten ist es auch zu erklären, daß die — wenn auch ohne ihre Einwilligung, oder Verständigung — zu gunsten Dritter eingebücherten Rechte nur mit deren Genehmigung geändert werden können. Hat daher der Mann seiner Frau eine Liegenschaft mit einem Belastungs- und Veräußerungsverbot und unter der im Grundbuch gebuchten Bedingung geschenkt, daß dieselbe nach ihrem Tode den zur Zeit der Schenkung noch ungeborenen gemeinsamen Kindern der beiden zukommen soll, so ist ein Widerruf dieser Schenkung oder Bedingung ohne rechtsgültige Einwilligung der Abkömmlinge nicht gestattet. K. 1921, PK. V 3846, Mj. Dt. XV 13, F. 10.

[6]) Siehe weiter.

[7]) Arg. der Frachtvertrag, der gemäß HG. § 407 ein Vertrag zu gunsten Dritter ist und obzwar der Frachtbrief ihn einem schriftlichen Vertrage annähert, laut §§ 393 und 394, ferner laut Arg. HG. § 311, dennoch als formloses Rechtsgeschäft gelten muß.

[8]) Besonders Irrtum im Beweggrunde usw.

bereits ein unmittelbares Recht durch den Vertrag erhalten, so muß es ihm auch erlaubt sein, dessen Tatbestandsfehler geltend zu machen, ferner müssen sie auch ihm gegenüber geltend gemacht werden können[1]).

4. Der Inhalt des Vertrages zugunsten Dritter ist mit dem erlaubten Inhalte jedes anderen schuldrechtlichen Vertrages konform[2]). Da denselben demnach bloß die allgemeinen Grenzen des rechtlichen Handelns umschließen, kann auch nicht behauptet werden, daß der Vertrag zugunsten Dritter eine bloß vermögensrechtliche Erscheinung bildet[3]).

5. Die Bezeichnung des Dritten kann eine namentliche[4]) sein, oder nach einem Kennzeichen[5]), mit Bezug auf ein Ereignis[6]), auf eine Rechtsvorschrift[7]) oder auf sonstige Weise erfolgen.

6. Das dem Dritten zukommende Recht wird ihm entweder ohne weiteres oder von einem Zeitpunkte[8]), von einer Bedingung[9]), von dem später zu äußernden Belieben des Versprechenempfängers abhängig zugesichert[10]). In der Spruchpraxis sind Stützpunkte für irgendwelche Vermutungen[11]) darüber, wann ein ausschließliches bzw. ein mit dem des Versprechensempfängers konkurrierendes Recht des Dritten vorhanden sei[12]), nicht aufzufinden. Liegt jedoch kein Hindernis einer solchen Annahme vor, so muß auch dem Versprechensempfänger ein Recht zugesprochen werden, die Leistung an den Dritten vornehmen zu lassen[13]).

7. War keine sofortige Berechtigung des Dritten beabsichtigt, so kann der Versprechensempfänger den Vertrag vor der Verständigung des Dritten widerrufen[14]). Hat aber der Dritte schon ein endgültiges Recht erlangt,

---

[1]) Arg. K. Márkus III 71, 403/1905, wo die Kraftloserklärung aus dem Grunde abgewiesen wurde, weil der Dritte nicht dem Prozesse zugezogen war.

[2]) Arg. Grill Dt. II 2, 599, K. 2975/1892, wo die Ausbedingung aller Arten von Rechten als erlaubt betrachtet wird.

[3]) Praktisch kommt aber der Vertrag zugunsten Dritter doch wohl nur bei vermögensrechtlichen Leistungen vor.

[4]) Frachtvertrag HG § 395, Punkt 4.

[5]) Auch ganze Kategorien von Menschen, z. B. Schuldner, die in Zahlungsschwierigkeiten geraten und mit dem Kreditorenverein X. in Ausgleichsverhandlungen treten. Jogt. Közl. Dt. Bd. 96, S. 347, K. 70/1904. (Der Vertrag ist in den Statuten des Vereins enthalten und bezieht sich auf die Annahme der durch die Mehrheit des Vereins angenommene Ausgleichsquote.) „unseren zukünftigen gemeinsamen Abkömmlingen", K. 1921, Pk. V. 3846, Mj. Dt. XV 13, F. 10.

[6]) Auf den Tod des Versprechensempfängers, der den Dritten auf diese Weise für ihm geleistete Dienste inter vivos belohnen will, etwa den Pfleger, der ihn in seiner letzten Krankheit behütete (Arg. Mj. Dt. VIII 43, K. 868/1913 eadem ratione).

[7]) Die Versicherungssumme ist den gesetzlichen Erben auszufolgen usw.

[8]) Von dem Zeitpunkte der Ankunft der verfrachteten Ware, HG. § 407.

[9]) Dem Ableben des Versprechensempfängers Mj. Dt. VIII 43, K. 868/1913.

[10]) Arg. Mj. Dt. IV 217, F. 141.

[11]) Solche sind bloß in einem Rechtssystem möglich, das auf gesetzten Rechtssätzen beruht.

[12]) Ein solches nimmt an Grill Dt. II 2, S. 601, Kassaer Tafel 3. G. 1895.

[13]) Kassaer Tafel nimmt a. a. O. zwar für alle Fälle ein konkurrierendes Recht des Versprechensempfängers an, doch geht dies m. E. zu weit. Es können sich Umstände ergeben, wo dieses Recht ausschließlich dem Dritten zukommt.

[14]) Mj. Dt. VII 127, K. 3610/1912. Ob auch anderweitig, etwa durch Bezeichnung eines anderen Dritten oder Bestimmung darüber, daß die Leistung nunmehr an ihn selbst erfolgen soll, (was im Zweifel wohl anzunehmen sein wird), muß den Umständen des Falles entnommen werden.

was mit der Verständigung desselben eintritt[1]), so ist das Verfügungsrecht über den Vertrag dem Machtkreise der Vertragschließenden entzogen[2]).

8. Der Dritte wird sowohl dem Versprechensempfänger als auch dem Schuldner gegenüber aus dem Vertrage berechtigt, muß sich daher von dem letzteren[3]) und gegebenenfalls auch von dem Empfänger des Versprechens alle Einreden, Gegenrechte usw. entgegenhalten lassen, die in dem Vertrage des Versprechensempfängers und des Schuldners begründet sind[4]). Es ist aber hierbei nicht ausgeschlossen, daß die Vertragsschließenden eine Grenze ziehen und jene Seite des Vertrages, welche sie dem Dritten gegenüber als bestehend betrachtet wissen wollen, von solchen, die weder der Dritte vorbringen kann, noch die ihm gegenüber vorgebracht werden dürfen, abgrenzen. Bei einzelnen Verträgen zugunsten Dritter nimmt diese Abgrenzung das Gesetz selbst vor[5]).

Der Dritte braucht den Vertrag weder anzunehmen noch zurückzuweisen[6]). Beides ist ihm aber gestattet[7]). Weist er den Vertrag zurück, so wird derselbe hinsichtlich seines Vermögenskreises so betrachtet, wie wenn er nie vorgenommen worden wäre[8]), der Vertragsempfänger dagegen kann — wo es die Sachlage sonst begründet erscheinen läßt — über das fragliche Recht wieder verfügen. Zu bemerken ist jedoch, daß die Zurückweisung keine Schenkung an den Versprechensempfänger bedeutet, also nicht etwa in dem Konkurse des Dritten angefochten werden kann[9]). Das Verfügungsrecht des Versprechensempfängers kann vor der Zurückweisung des Dritten auch nicht als Bestandteil und besonders nicht als ein dem Zugriffe seiner Gläubiger zugänglicher Bestandteil seines Vermögens betrachtet werden[10]).

Das Verhältnis des Dritten zu dem Versprechensempfänger ist — sofern sich aus der Sachlage, die sehr wohl auch eine Erfüllungspflicht verdecken kann, nichts anderes ergibt — das eines durch entgeltslose Zuwendung Bedachten[11]).

---

[1]) S. a. a. O.

[2]) Arg. K. 605/1902, Márkus III 71 und 403/1905 daselbst.

[3]) Der Vertrag zugunsten Dritter ist eben kein abstrakter, sondern ein kausaler Vertrag.

[4]) Die Zuwendung wird in dem Verhältnisse zwischen dem Schuldner und dem Versprechensempfänger dem materiellen Verhältnisse entsprechen, als dessen Erfüllung sie beabsichtigt war. Fehlt ein früheres Rechtsverhältnis, so muß man wohl Schenkungsabsicht annehmen.

[5]) Z. B. hinsichtlich des Frachtvertrages, wo laut HG. § 407 der Adressat bloß die aus dem Frachtbriefe sich ergebenden Pflichten zu erfüllen hat, hingegen nicht alle demselben entstammenden Rechte geltend machen kann.

[6]) Arg. Mj. Dt. IV 217, Fall 141.

[7]) Der Versprechensempfänger kann ihm die Zuwendung unmöglich gegen seinen Willen aufoktroyieren.

[8]) Arg. eadem ratione, die Ablehnung einer Zuwendung von Todeswegen vgl. EUG. § 822.

[9]) Im Gegenteil die Abwehr einer ihm zugedachten Schenkung.

[10]) Der Gläubiger des Versprechensempfängers kann daher nicht gerichtlich erklären lassen, daß sein Schuldner es unterlasse, ein ihm zustehendes Verfügungsrecht über die Bestimmung eines Dritten auszuüben. Er kann höchstens gegen diesen unbekannten Dritten auf Herausgabe der unentgeltlichen Zuwendung, oder auf Duldung seiner Befriedigung klagen, doch nur dann, wenn die Zuwendung wenigstens rechtlich schon eingetreten war

[11]) Dies folgt daraus, daß der Vertrag zugunsten Dritter nicht als abstrakter Vertrag anerkannt wurde.

§ 8. Der Kauf.

1. Der Kauf ist ein zweiseitiger Vertrag, durch den die eine Partei: der Verkäufer an die andere: den Käufer für Geld das Eigentum an einer Sache oder ein sonstiges Recht überträgt[1]).

2. Der Tatbestand des Geschäftes ist mit der Vereinbarung der Parteien abgeschlossen[2]).

Diese ist vorhanden, wenn die Vertagsschließenden über den Gegenstand des Kaufes[3]), über die in Betracht kommenden Einzelheiten des Rechtsüberganges sowie der mit demselben zusammenhängenden Fragen[4]) über den Kaufpreis, dessen Höhe, Fälligkeit und sonstige Einzelheiten seiner Tilgung einig geworden[5]) sind, wobei jedoch mehrfach teils den allgemeinen Grundsätzen der zweiseitigen Geschäfte[6]), teils den besonderen des Kaufes entnommene gesetzliche Ergänzungsvorschriften herangezogen werden[7]).

Eine Form ist wohl bei dem Kaufe von Liegenschaften[8]), nicht aber bei den übrigen Arten des Kaufes erforderlich[9]).

Vor Einführung des Schriftzwanges[10]) konnte es sich trotz der bis dahin ganz allgemeinen Formfreiheit des Kaufes von Liegenschaften, selbst abgesehen von den Fällen des subjektiven Formzwanges, der sich besonders aus familienrechtlichen Beziehungen des Verkäufers und des Käufers ergibt[11]), hierbei um ein derartig verwickeltes Rechtsgeschäft handeln, daß die Natur und der Inhalt desselben eine Vermutung begründete, laut welcher die Parteien sogar stillschweigend und mit den

---

1) Arg. HG. § 336 betrifft Sachen (obzwar auch Rechte Gegenstände des Handelsverkehrs bilden können) Mj. Dt. V 280, F. 162, K. 5209/1909, wo die entgeltliche Übertragung des Bergwerksrechtes als Kauf und nicht als Pacht qualifiziert wurde, betreffs der Rechte.

2) Arg. eadem ratione HG. § 336,

3) Dieser kann individuell, oder aber der Gattung, dem Maß usw. nach bestimmt sein.

4) Bei Grundstücken etwa über den Umfang des gekauften Grundstückes Mj. Dt. IX 227, K. 1914, P. IX 5169, die Besitzverhältnisse und die Besitzübergabe, Anfang der Nutzungsbefugnis usw.

5) Besonders die Folgen der Nichtinnehaltung der bestimmten Zahlungsfristen in bezug auf die Nutzungen usw.

6) Verzinsung, Verrechnung der Kaufpreiszinsen mit den Nutzungen der gekauften Sache usw.

7) Hauptsächlich die Zug-um-Zugleistung, Mj. Dt. IV 248, 268, Fall 161 (die Löschung der eingebuchten Lasten kann nur nach dem Maßstabe der ihnen gleich hohen fälligen Kaufpreisraten gefordert werden). Vgl. z. B. die weiter zu besprechende 39. VEE. der Kurie. Grill Dt. II 2, 844, gemäß der der Verkäufer den Kaufpreis zu eigenen Händen erst nach der Löschung der eingebuchten Lasten fordern kann usw.

8) § 77, GA. XXXVI, 1920, MER. 4420/1918, § 1. Die Praxis vgl. Bd. II S. 27, Anmerkung 3.

9) Vgl. EUG. § 1115, welcher eine Urkunde oder wenigstens durch Erfüllung (Übergabe) verstärkte grundbuchliche Eintragung erfordert. Bei Fahrnissachen kann der Formzwang nicht einmal in Frage kommen.

10) § 77 GA. XXXVI, 1920, VO. MER. 4420/1918, § 1, die Praxis siehe in der Anmerkung 3 Bd. II, S. 27.

11) Ehegatten, GA. VII: 1886, § 22.

Folgen der förmlichen Rechtsgeschäfte[1]) eine Urkundsform vorschreiben wollten.

Seitdem hierfür Schriftform vorgeschrieben wurde, müssen alle wichtigen Bestandteile des Liegenschaftskaufes in einer Urkunde enthalten sein[2]).

3. Gegenstand des Kaufes ist jeder verkehrsfähige Gegenstand: Sache oder Recht[3]). Gleichgültig ist, ob die betreffende Sache in dem Eigentum des Verkäufers steht oder nicht[4]), sie darf nur nicht das Eigentum des Käufers bilden, wenigstens, da diesbezüglich auch Ausnahmen gestattet sind, darf sie es gewöhnlich nicht[5]).

Daß die Sache schon in dem Zeitpunkte des Kaufes vorhanden sei, ist nicht nötig. Bezieht sich der Kauf auf künftige Sachen[6]), so kann er zugleich die Bedingung enthalten, daß diese in dem Machtbereiche des Käufers entstehen[7]), oder wenigstens daß sie dahin gelangen sollen[8]). Diese Bedingung ist bei dem Gattungskaufe aber nur so zu verstehen, daß der Verkäufer die Möglichkeit haben soll, sich eine dem Kaufe entsprechende Sache mit den ihm zumutbaren Kosten zu verschaffen[9]). Liegt diese Entstehungsbedingung vor, so kann auch der Umfang oder die Quantität der gekauften Sache in dieselbe einbezogen werden, woraus sich eine übrigens auch anderweitig gestattete Unbestimmtheit des Kaufgegenstandes minderer Art ergibt[10]).

---

[1]) Mj. Dt. X 131, F. 86 spricht von der Höhe des Preises und dem großen Umfange des Grundstückes, kraft derer die Schriftlichkeit des Vertrages als Gültigkeitsfordernis stillschweigend und der Natur der Sache nach ausbedungen zu betrachten sei.

[2]) Vgl. die Praxis Bd. II, S. 27. Besonders wichtig sind die Tilgungsmodalitäten der Kaufsumme, der Übergang des Besitzes, die Verfügungen betreffs der Übernahme bzw. der Löschung der dem Grundbuche zu entnehmenden und der sonstigen Lasten K. 1919, P. V 475, Mj. Dt. XIII 77, F. 64 usw.

[3]) Daher Nichtigkeit des Kaufes, wenn die Sache wegen des Wegfallens der Möglichkeit ihres verkehrsmäßigen Gebrauches dem Verkehr entzogen ist, daher die Unwirksamkeit der Weinkäufe infolge der Kriegsverordnung 4375/1919 usw., so betreffs der ausgespielten Lose K. 1112/1883, Grill Dt. II 2, S. 803.

[4]) Arg. Mj. Dt. VIII 81 (F. 62), wo bei dem Verkaufe eines Grundstückes, das nicht auf den Namen des Verkäufers eingebucht ist, nicht einmal die Einbeziehung des Bucheigentümers in den auf Grund des Kaufvertrages erhobenen Prozeß erfordert wird. Der Verkäufer einer Liegenschaft muß daher keineswegs auch ihr Eigentümer sein. Vgl. auch GO. § 120 P. a.

[5]) Der Zwangsvollstreckte darf bei der Versteigerung des versteigerten Grundstückes mitbieten, demnach auch sein eigenes Grundstück zurückkaufen, wenn er nur dinglicher Schuldner des betreibenden Gläubigers ist. GA. LX: 1881, § 169, Mj. Dt. X 347, F. 225, K. 1916, RP. VIII 3563.

[6]) Etwa auf die nächstjährige Weizenfechsung des Verkäufers, Mj. Dt. X 347. (F. 215).

[7]) Vgl. daselbst.

[8]) Hierauf beruhen die Lieferungsgeschäfte des Handelsverkehrs. Vgl. HG. § 258, Punkt 2.

[9]) Nicht aber zu solchen außerordentlich erhöhten Preisen, die sein wirtschaftliches Dasein gefährden würden. K. 1921, P. IV 2577 Ü. L., Hj. Dt. I 20, F. 17 u. v. a.

[10]) Vgl. den in Anmerkung 6 angeführten Fall, wo einmal die Unbestimmtheit der Fechsung, sodann aber auch die Bedürfnisse der Familie des Käufers für den Umfang der bestimmten gekauften Getreidemenge als maßgebend betrachtet wurden. K. bestimmte nämlich, daß der Produzent mit dem ohne nähere Bestim-

Gegenstand des Kaufes ist die Sache mit allen ihren Bestandteilen[1]), die bei Grundstücken auch die rechtlichen Affixe des Eigentumes[2]) umfassen, die in der Eigentumslehre als die dem Grundeigentümer von staatswegen zugesprochenen unselbständigen Privilegien behandelt wurden[3]) [4]). Es ist aber nicht ausgeschlossen, daß einzelne Bestandteile der Sache dennoch nicht übertragen werden, doch muß in diesem Falle ihre körperliche Abtrennung und nach oder durch dieselbe ihre Übereignung an einen anderen bzw. ihr Zurückfallen in das Eigentum des Verkäufers ausbedungen werden[5]).

Obzwar wegen der schuldrechtlichen Natur des Kaufvertrages an dieser Stelle dem engen Zusammenhange zwischen der sachenrechtlichen Einheit der übereigneten und der schuldrechtlichen der verkauften Sache nicht vollauf Rechnung getragen werden kann[6]), was um so auffallender ist, als der Kaufvertrag eigentlich einen ausgesprochen sachenrechtlichen Zweck verfolgt, sind doch keine Gegensätze der beiden Vertragsarten vorhanden, da ja die Übereignung an einen Dritten, oder die Übereignung des vorherigen Bestandteiles an den früheren Eigentümer nur nach der Absonderung von der Muttersache dann erfolgen kann, wenn die dingliche Einheitlichkeit der Sache ebenfalls schon ihr Ende erreicht hatte.

Das Zubehör der Kaufsache bildet im Zweifel ebenfalls mit den Gegenstand des Kaufes[7]). Mehrere Sachen, die ihrer Zusammengehörigkeit halber gemeinsam gekauft werden, sind auch dann ein einheitlicher Gegenstand des Kaufgeschäftes, wenn sie in dem Verkehre sonst, sei es wegen ihrer geringen Zahl[8]), sei es wegen der ihnen fehlenden Vertretbarkeit innerhalb des Geschäftes nicht als Sachgesamtheiten angesprochen werden können[9]).

4. Der Verkäufer hat aus dem Kaufe die Pflicht, den verkauften Gegenstand in den Machtbereich des Käufers zu bringen[10]). Das bedeutet bei Sachen die Pflicht, das Eigentum, bei anderen Kaufgegenständen hingegen das Vollrecht an ihnen zu verschaffen und dieses dem Käufer zu

---

mung erfolgten Verkauf seiner nächstjährigen Weizenfechsung bloß die Quantität verkauft habe, die ihm von seiner Fechsung nach Deckung des eigenen für seine ganze Familie berechneten ganzjährigen Bedarfes übrig geblieben war. (K. 1916, P. VIII 3563).

[1]) Vgl. das hierüber in dem allgemeinen Teile Gesagte, Bd. 1, S. 90. Eingemauerte Anlagen, Grill Dt. II 2, Pozsonyer Tafel 1898, G. 10, S. 811 usw.

[2]) Das Grundstück durchquerende Privatwege, daselbst 810, K. 1900, I, G. 255.

[3]) Die sog. kleineren Regalien: Mühlenrechte, Grill Dt. II 2, 812, K. 1900, I, G. 236, 539 usw.

[4]) Daher ohne besondere Vereinbarung nicht etwa bestehende Schurfrechte usw.

[5]) Sonst gehen sie als ungetrennte Bestandteile mit dem dinglichen Übereignungsakte in das Eigentum des Käufers.

[6]) Sonst wäre ja die Eigenschaft des Käufers und des Eigentümers untrennbar.

[7]) Fundus instructus einer Mühle, Debrecener Tafel 1895, G. 3, Grill Dt. II 2, 810, nicht aber der eines landwirtschaftlichen Grundstückes daselbst K. 1896, G. 6.

[8]) Z. B. ein Gespann, Mj. Dt. XI 328 (F. 227), daselbst 326 (F. 226) usw. Vgl. aber GA. X, 1923 § 10.

[9]) Eine Sachgemeinschaft erduldet, ja sie erfordert es oft, daß die einzelnen Sachen mit anderen gleichartigen vertauscht werden. Hj. Dt. XIII 95, F. 53, K. 1919, P. IV 1362.

[10]) Ist doch dies der Zweck des Kaufes.

überlassen[1]). Die Übertragungspflicht, nicht aber auch die Pflicht, sich das betreffende Recht zwecks der Übertragung zu verschaffen, kann durch gerichtliches Urteil substituiert werden[2]).

Der Verkäufer genügt dieser Pflicht nur dann, wenn er den Gegenstand des Kaufes sowohl in die rechtliche als auch, wo dies nicht ausgeschlossen wurde, in die tatsächliche Machtsphäre des Käufers bringt[3]). Handelt es sich daher um den Kauf von Sachen, so muß er einmal die betreffenden dinglichen Übertragungsgeschäfte: die Übergabe[4]), das Buchungsgeschäft[5]) vornehmen, sodann aber auch dem Käufer das volle Besitzrecht[6]) an denselben verschaffen.

Insoweit dies die hier in Frage stehenden dinglichen Übertragungsgeschäfte zulassen, steht einer in ihnen enthaltenen Bedingung und Befristung nichts entgegen[7]).

5. Der Verkäufer hat, falls er der Übertragungspflicht nicht nachkommt, zu gewärtigen, daß der Käufer von ihm Schadenersatz, und zwar je nach seiner Wahl wegen Nichterfüllung[8]), oder bei gleichzeitiger Forderung der nachträglichen Leistung wegen verspäteter Erfüllung[9]) verlangt. Dauert der Verzug des Käufers so lange, daß der Käufer das Interesse an dem Kaufe verloren hatte, oder aber, daß die Erfüllung dem Verkäufer unmöglich wurde, so hat der Käufer neben dem Schadensersatzanspruche auch ein Rücktrittsrecht[10]).

6. Der Übergabepflicht des Verkäufers entstammt auch seine Gewährleistungspflicht, die nichts anderes ist als die gesetzliche Feststellung dessen, in welchem Zustande der verkaufte Gegenstand dem Käufer übergeben werden muß[11]).

---

[1]) Arg. Mj. Dt. V. 280 (F. 162).

[2]) Ist der Verkäufer nicht Vollberechtigter, so kann dem Käufer nur ein Schadensersatzrecht zukommen.

[3]) Vgl. das über die Gewährleistungspflicht Gesagte.

[4]) Mj. Dt. I 71 (F. 37).

[5]) Daselbst I 69, F. 36.

[6]) Mj. Dt. V 244 (F. 139).

[7]) Arg. eadem ratione HG. § 354, der mit der hier gebotenen Vorsicht auch für das Privatrecht gelten muß.

[8]) Daselbst § 353.

[9]) Daselbst Mj. Dt. XI 111. F. 82, K. 1916, P. IX 5929.

[10]) Arg. eadem ratione Mj. Dt. I 71 (F. 37). Will er jedoch seiner Rechte nicht verlustig werden, so muß er den Verkäufer über seine Absicht rechtzeitig und zwar den jetzt ungemein rasch wechselnden wirtschaftlichen Verhältnissen entsprechend rechtzeitig verständigen. So erkannte K. schon nach einer Verzögerung der Verständigung von einigen (5) Monaten Rechtsverlust bei Kauf Furnierwaren K. 1921, P. IV 2577, Ü. L. Hj. Dt. I 23, F. 17. Allerdings handelte es sich hierbei um einen Handelskauf, doch ist der Entscheidung Hj. Dt. XIV 39, F. 29, K. 1921, P. IV 1108, die dies ausdrücklich betont, zu entnehmen, daß diesbezüglich das Handelsrecht mit dem Privatrecht in keinem Widerspruche steht. Ähnlich lautet übrigens auch die einen Liegenschaftskauf betreffende Entscheidung K. 1921, P. III 2293, Mj. Dt. XV 37, F. 26 u. a. m.

[11]) Das ist auch daraus zu erkennen, daß in dem Falle des privatrechtlichen Betruges die Vorschriften der Gewährleistungspflicht auch dann noch zur Anwendung gelangen, wenn sie ausdrücklich ausgeschlossen wurden. Mj. Dt. XII 20, K. 1917, P. VIII 3483. Vgl. auch GA. XIII, 1923 § 15.

Die Gewährleistungspflicht bezieht sich einmal auf die physischen, sodann auf die rechtlichen Eigenschaften des verkauften Gegenstandes[1]).

Die physischen Eigenschaften kommen selbstverständlich nur bei den verkauften Sachen in Betracht. Sie betreffen entweder die Ausdehnung[2]), die Brauchbarkeit[3]), bei lebenden Organismen die Gesundheit[4]), die Widerstandskraft[5]) oder ähnliche für den Verkehr wichtige Eigenschaften.

Die Mängel der Sachen hat der Verkäufer innerhalb der Verjährungszeit dann zu vertreten, wenn der Käufer sie ohne Fahrlässigkeit nicht kannte und wenn sie in dem Zeitpunkte des Verkaufes bzw. der Übergabe in einem gesetzlich oder sonst nach der Auffassung des Verkehrs erheblichen Maße vorhanden waren[6]); oder wenn sie dem Verkäufer ausdrücklich zugesicherte Eigenschaften des verkauften Gegenstandes betreffen. Liegt der letztere Fall vor, oder hat der Verkäufer die Sachmängel arglistig verschwiegen, d. h. handelt es sich um einen privatrechtlichen Betrug, so hat er auch jene Sachmängel zu vertreten, die der Käufer aus grober Fahrlässigkeit nicht kannte[7]).

Für den Kauf der Haustiere gelten besondere, jetzt neu erbrachte Vorschriften[8]).

---

[1]) Siehe weiter. Ein sie betreffender Gesetzentwurf wurde von der Nationalversammlung soeben angenommen und publiziert (GA. X, 1923, Gewährleistungspflicht beim Tierkauf).

[2]) Bedeutende Abweichung von dem dem Käufer zugesicherten Umfange des Grundstückes, Mj. Dt. IX 168 (F. 163).

[3]) Z. B. kastrierte Haustiere, Mj. Dt. V 160 (F. 94). Aus der Praxis ist hervorzuheben: Bezweckte der Kauf eines Grundstückes den Bau eines Familienhauses, und war dies dem Verkäufer bekannt oder gar das im Prospekte der Baugesellschaft betonte und später auch vertraglich festgelegte Ziel des Kaufes, so kann der Käufer wegen Vorhandenseins ihm unbekannter Schurfrechte, wegen Fehlens von Trinkwasser an dem gekauften Grundstücke und in dessen Nähe, wegen allzu weiter Entfernung der Liegenschaft von der Landstraße und ähnlicher Umstände von dem Kaufe zurücktreten K. 1919, RP. V 1178, Mj. Dt. XIV 9, F. 12.

[4]) Mj. Dt. II 160 (F. 93).

[5]) Bpester Tafel 1918, P. 1071, Hj. Dt. XII 44, F. 17 (Trächtigkeit bei Schlachtvieh), K. 1919, P. II 1441, Mj. Dt. XIII 66, F. 55 (Blindheit bei Pferden) usw.

[6]) Arg. Mj. Dt. XII 20, K. 1917, P. VII 3483, ferner daselbst XI 225 (F. 159).

[7]) Vgl. den an letzter Stelle angeführten Fall, der allerdings auch das Versprechen des Verkäufers betont, daß die Sache fehlerlos sei.

[8]) Der soeben erst seit Drucklegung dieses Bogens erbrachte GA X, 1923. Derselbe gilt für den Kauf und Tausch von Pferden, Eseln, Mauleseln, Hornvieh, Bullen, Schafen, Schweinen, Ziegen. Gleichgültig, ob es sich um ein Handelsgeschäft handelt oder nicht. Bei Handelskäufen kommen demnach die bezüglichen handelsrechtlichen Grundsätze nur insofern in Anwendung, als sie dem Gesetze nicht widersprechen. (§ 20.)

Voraussetzung der Gewährleistungspflicht ist einmal die nicht fahrlässige (§ 4), bei arglistigem Verschweigen oder bei schriftlichem Ausschluß der Fehler, ferner bei schriftlich zugesicherten Eigenschaften aber auch die fahrlässige Unkenntnis des Fehlers bei Vornahme des Kaufes (§ 5).

Eine fernere Voraussetzung der Gewährleistungspflicht ist, daß der Kauf ein frei vereinbarter Privatkauf sei. Käufe, die in dem Verlaufe der Zwangsversteigerung, oder infolge gesetzlicher Anordnung zu Lasten eines Dritten erfolgten, sind daher ausgeschlossen (§ 5).

Die Gewährleistungspflicht des Verkäufers erstreckt sich auf Krankheiten und Fehler, die Verordnungen des Ministeriums als Hauptmängel bezeichnen, dann auf solche, die während der Gewährsfrist die Verendung des Tieres oder dessen behördlich angeordnete Tötung verursachten, falls sie mit einer Vermin-

7. Die Gewährleistungspflicht für die rechtlichen Eigenschaften des verkauften Gegenstandes erstreckt sich auf die Freiheit desselben von solchen Rechten und Lasten, die das Eigentum oder das Vollrecht an dem gekauften Gegenstande beeinträchtigen.

---

derung des Wertes um mindestens $^1/_4$ des Kaufpreises verbunden waren (§ 2), endlich auf schriftlich zugesicherte Eigenschaften und ebenso ausgeschlossene Fehler der Tiere (§ 13).

Die gesetzliche Annahme der Fehlerlosigkeit des verkauften Tieres erweckt eine Vermutung, laut der die während einer (in ministeriellen Verordnungen festgelegten) Vermutungsfrist zutage tretenden Hauptmängel auch schon zur Zeit der Übergabe vorhanden waren. Der Käufer kann diese Vermutung zu seinen Gunsten allerdings nur in dem Falle anwenden, falls er den Verkäufer, und zwar wenn das Tier schon früher getötet wurde oder sonst verendete, von dem Eintritt dieses Ereignisses an, sonst aber spätestens innerhalb drei Tagen von dem Ablauf der Vermutungsfrist, von dem Hauptmangel verständigt hatte (§ 3).

Die Gewährfrist beträgt sechs Wochen von dem Tage der Übergabe des Tieres. Sie kann jedoch schriftlich verlängert oder auch gekürzt werden, eine gänzliche Ausschließung derselben ist ebenfalls nicht verboten (§ 2). Erleichterungen der Gewährfrist kommen jedoch bei arglistigem Verschweigen des Fehlers als unwirksame Verabredungen nicht in Betracht (§ 15).

Infolge der Gewährleistung kommen dem Käufer folgende Rechte zu:

1. Das Recht der Wandlung, nicht aber auch das der Minderung (§ 6).

Bei dem Kauf zusammengehöriger Tiere oder einer ganzen Herde ist im Zweifel, und insolange das Interesse des Käufers oder des Verkäufers hierdurch nicht geschädigt erscheint, eine Teilbarkeit des Rechtsgeschäftes anzunehmen, die das Recht auf Wandlung bloß auf das kranke oder durch dasselbe angesteckte Tier beschränkt (§ 10).

Ist das unteilbar, ferner bei ansteckenden Krankheiten, wenn der Käufer es wünscht, trifft die Wandlung das ganze Geschäft.

Die Ausübung des Wandlungsrechts verpflichtet die Parteien zur Wiederherstellung des früheren Zustandes. Infolgedessen hat der Käufer das Tier samt dessen Nachwuchs und den durch dasselbe erzielten, oder ohne Gefahr und Schwierigkeit erzielbar gewesenen Nutzungen, insoweit diese die Kosten der Fütterung und Wartung übersteigen, auszufolgen (§ 7).

Wird die Ausfolgung des Tieres durch behördliche Verfügung, oder durch andere, nicht durch den Käufer zu vertretende Umstände verhindert, so verbleibt es in der Verwahrung des Käufers. Das Verfügungsrecht und somit der mittelbare Besitz kommt jedoch nunmehr dem Verkäufer zu. Der Käufer hat das Tier mit der wirtschaftsgemäßen ordentlichen Sorgfalt vor jedem Schaden zu bewahren (§ 8). Er kann allerdings auch seinerseits die gerichtliche Hinterlegung des Kaufpreises von dem Verkäufer verlangen (§ 8).

Die Verendung oder Tötung des Tieres schließt das Recht auf Wandlung nicht aus. In diesem Falle hat der Käufer statt des Tieres die Surrogate (Erlös, oder wegen Unachtsamkeit des Käufers entgangener Erlös) desselben auszufolgen (§ 10). Der Verkäufer ist auch berechtigt, diesen Betrag gegen den rückerstattenden Kaufpreis aufzurechnen (§ 9).

Der Verkäufer hingegen hat dem Käufer den Kaufpreis samt dessen gesetzlichen Zinsen, die durch Eingehung des Vertrages, ferner durch die Übernahme, den Transport, die Fütterung und Wartung, die tierärztliche Untersuchung und Behandlung, sowie durch die Bemängelung des Tieres verursachten Auslagen und Kosten zu vergüten (§ 8).

2. Bei Gattungskäufen hat der Käufer alternativ auch das Recht, statt des fehlerhaften ein fehlerloses Tier mittlerer Gattung und Güte zu fordern (§ 6);

3. Anstelle der beiden vorigen kommt ihm endlich das Recht zu, Schadenersatz wegen Nichterfüllung der Leistung zu verlangen (§ 14).

Dieses jedoch nur bei arglistigem Verschweigen des Fehlers, bei schriftlicher Zusicherung der Fehlerlosigkeit, oder des Vorhandenseins einer Eigenschaft des Tieres (§ 14).

Die erwähnten Rechte verjähren innerhalb 15 Tagen nach Ablauf der Gewähr-

Kraft dieser Gewährleistungspflicht hat der Verkäufer dafür zu sorgen, daß der Käufer in das volle und ungestörte Besitzrecht der gekauften Sache gelangt[1]), und daß er aus Gründen, die die Person oder das Recht des Verkäufers oder seiner Rechtsvorgänger betreffen, auch nachträglich nicht gestört werde[2]).

Besonders wichtig ist dies bei den Lasten der verkauften Grundstücke und Buchrechte, betreffs derer die Praxis lange schwankte, ob die Gewährleistungspflicht nicht den aus der Öffentlichkeit des Grundbuches sich ergebenden Pflichten des Käufers zu weichen habe, die ihn dazu zwingen, sich wenigstens mit dem Inhalte des Grundbuches bekannt zu machen. Endlich kam aber die Auffassung zu Geltung, daß in dem vertraglichen Verhältnisse des Kaufes der Käufer sich weder um die gebuchten[3]) oder auch nicht gebuchten Lasten des gekauften Grundstückes bzw. Buchrechtes zu kümmern habe und daß der Verkäufer im Zweifel für diese auch dann mit der Gewährleistungspflicht behaftet ist, wenn der Käufer sie kannte, oder aus welchem Grunde immer nicht kannte[4]). Bei öffentlich rechtlichen Lasten[5]) sowie bei gebuchten oder dem Käufer sonst bekannten Reallasten besteht die hier besprochene Gewährleistungspflicht des Verkäufers aber nur insofern, als die Lasten schon vor dem Kaufe begründet und fällig waren[6]).

8. Die Folgen der Gewährleistungspflicht sind dem Käufer verliehene alternative Rechte, deren Inhalt und Umfang die Praxis nur zögernd und oft nicht ganz klar entwickelte. Als Ergebnis läßt sich aber meines Erachtens für die gesetzlich nicht geregelten Fälle folgendes feststellen: Dem Käufer kommt vor allem das Recht der Minderung zu, d. h. der Kaufpreis ist in dem Verhältnis herabzusetzen, in dem zurzeit des Kaufes der Wert der Sache (bzw. des Rechtes) in mangelfreiem Zustande zu dem tatsächlichen

---

frist. Die Verjährung wird durch das Einleiten eines auf die Gewährleistungspflicht bezüglichen Beweisverfahrens unterbrochen (§ 16). Schriftliche Vereinbarung kann die Dauer der Verjährungsfrist verlängern oder kürzen (§ 16).

Hat er sich diese Möglichkeit vor Ablauf der Verjährungszeit durch Anzeige des Fehlers oder durch ein hierauf bezügliches behördliches Verfahren gesichert, so kann der Käufer die Fehler und Krankheiten des Tieres auch später auf dem Einredewege geltend machen (§ 17).

[1]) Mj. Dt. IX 261 (F. 254), Hj. Dt. XIII 95, F. 53, K. 1919, P. IV 1362.

[2]) Daselbst.

[3]) Die Begründung der 39. VE. der Kurie läßt hierüber keinen Zweifel, sie erkennt nur solche Ausnahmen an, bei denen, sei es aus den Bedingungen des Vertrages ausdrücklich, sei es aus dem ganzen Tatbestande des Rechtsgeschäftes, mittelbar eine entgegengesetzte Absicht der Parteien herauszulesen ist.

[4]) 39. Vollentscheidung der königlichen Kurie Grill Dt. II 2, 844, die aussprach, daß der Verkäufer vor der Löschung der Hypotheken selbst ohne Vereinbarung der Parteien den Kaufpreis nur zu Händen des Gerichtes fordern könne. Die Begründung dieser Vollentscheidung, sowie viele spätere Urteile, z. B. Mj. Dt. I 223 (F. 144) bezüglich des Tausches Mj. Dt. XI 121 (F. 92) u. a. m. lassen nur die in dem Texte gegebene Deutung zu.

[5]) Z. B. öffentlicher Lasten: Kanalgebühren, die vor dem Kaufe von der Verwaltungsbehörde bestimmt wurden, ebensolche Pflasterungsbeiträge. 10 RE. der Kurie Mj. Dt. X 200 usw. Vgl. GA. LX. 1881, § 189.

[6]) Z. B. zeitweilig wiederkehrende Entwässerungsgebühren Grill Dt. II 2, 855. Bpester Tafel 1900, I, G. 199. Aus dem Urbarialverhältnisse stammende Rentenablösungen daselbst 857, K. 1900, I, G. 86. Betreffs der Reallast des Ausgedinges Lebensrente, K. 1920, P. 1852, Mj. Dt. XIV 10, F. 13 usw.

Wert der mangelhaften Sache gestanden haben würde[1]). Bei dem Kauf von Grundstücken und Buchrechten wird das Minderungsrecht gewöhnlich in der Form ausgeübt, daß der Käufer den Wert der Lasten bis zur Vornahme ihrer Löschung zurückbehält, oder den Verkäufer zur gerichtlichen Hinterlegung des Wertes der noch nicht gelöschten Lasten anhält[2]), was eine mittelbare Verringerung bis zu dem Werte des ganzen Kaufpreises, ja wenn dieser den Verkehrswert des verkauften Grundstückes übersteigt, sogar auch einen diesen überragenden effektiven Verlust des Verkäufers bedeutet[3]).

Außer der Minderung kann der Käufer kraft seines Alternativrechtes auch Wandlung verlangen, d. h. nach Bemängelung des Kaufgegenstandes von dem Kaufe zurücktreten[4]). Es steht nichts entgegen, dieses Recht auch nach dem erfolglosen Versuche auszuüben, die Lasten des Grundstückes durch den Verkäufer löschen zu lassen[5]).

Endlich muß dem Käufer sowohl bei der Wandlung als auch bei der Minderung auch noch das Recht zugesprochen werden, die Vergütung des ihm aus den Sach- oder Rechtsmängeln erwachsenen Schadens zu fordern[6]).

Die Ausübung der erwähnten Rechte erfolgt auf dem Wege einer an den Käufer zu richtenden[7]) einseitigen, empfangsbedürftigen Willenserklärung. Die letztere hat bei sonstigem Verlust aller Rechte rechtzeitig zu erfolgen[8]). Eine Konkurrenz der erwähnten Rechte mit den dem Käufer aus dem Schuldnerverzuge des Verkäufers zukommenden Rechten läßt sich nicht nachweisen und muß daher als unzulässig betrachtet werden[9]).

Liegt ein Tatbestandsfehler des ganzen Rechtsgeschäftes vor und wird dieser mit Erfolg von dem Käufer oder dem Verkäufer geltend gemacht, so entfällt die Vorbedingung der Gewährleistungspflicht: das gültige Kaufgeschäft und demgemäß auch die Möglichkeit, die Gewährleistungspflicht des Verkäufers geltend zu machen[10]).

---

[1]) Arg. eadem ratione HG. § 348. Anders bei Haustieren, GA. X, 1923 § 6.

[2]) Oder daß er den Kaufpreis bis zur Höhe der ungelöschten bzw. sonst bestehenden Lasten zurückhält. Gerichtliche Hinterlegung ist dort erforderlich, wo der Käufer bereits in dem Besitze und in dem Genusse der Nutzungen der gekauften Sache ist. Arg. die schon oben angeführte 39. Vollentscheidung der Kurie, ferner die ständige Praxis. Vgl. Mj. Dt. V 244 (F. 139) usw.

[3]) Vgl. Mj. Dt. X 123 (F. 78) usw.

[4]) Bei unteilbaren Leistungen kann dies nur hinsichtlich der ganzen Leistung erfolgen, bei teilbaren hingegen auch bloß in Ansehung des nicht entsprechenden Teiles derselben. Mj. Dt. XI 326 (F. 226) und daselbst 328 (F. 227).

[5]) Ist es doch möglich, daß die Unfähigkeit des Verkäufers erst während oder nach dem Prozesse der die Minderung bezweckte, klar wird. Es kann hier dem Käufer unmöglich zugemutet werden, bei dem für ihn das Interesse verlorenen Kaufe zu verharren.

[6]) Vergütung des Kaufpreises, Mj. Dt. I 193 (F. 130) des sonstigen Schadens, daselbst XII, 109, K. 1917, P. V 6524, der dem Käufer von seiten Dritter verursachten Kosten, ferner Ersatz für die entgangenen Nutzungen. Mj. Dt. IX 261 (F. 254) usw.

[7]) Vgl. die in der Anmerkung 6 angeführten Fälle.

[8]) Ändern sich die wirtschaftlichen Verhältnisse rasch und auffällig, so kann dies schon sehr bald eintreten, K. 1921, P. IX 2577, Ü. L. Hji. Dt. I 25, F. 17. Arg. ferner GA. X, 1923 § 3, Abs. 2.

[9]) Der Hauptunterschied in den Voraussetzungen ist die Unentschuldbarkeit der Sachmängel und Rechtsmängel, während der Schuldnerverzug und jene Rechtsinstitute, die auf denselben Grundgedanken ruhen, entschuldbar bleiben.

[10]) Materiell kann sich dennoch ein ähnliches Ergebnis zeigen, besonders, wenn der Tatbestand einen Ersatz des negativen Vertragsinteresses begründet.

9. Der Verkäufer hat seiner Übertragungspflicht in dem hierfür bestimmten Zeitpunkte Genüge zu leisten[1]. Ist kein besonderer Zeitpunkt festgelegt, so hat die Übergabe sofort nach Abschluß des Vertrages[2], jedoch falls nichts anderes bestimmt war, nach den Grundsätzen der zweiseitigen Verträge, nun Zug um Zug zu erfolgen.

Die Übergabe ist Schuldnerpflicht des Verkäufers[3]. Ihr Wegfall regelt sich daher, sofern sich aus dem Bisherigen nichts anderes ergibt[4], nach den Voraussetzungen und den Folgen des Schuldnerverzuges, der ihm zur Last fallenden Unmöglichkeit und der Forderungsverletzungen[5].

Die Übertragung der Sachen hat nach den Vorschriften des Sachenrechtes zu erfolgen, die Übertragung der Gegenstände, zu deren Besitz ein verkauftes Recht berechtigt, nach den das fragliche Recht betreffenden Grundsätzen[6].

Die Kosten der Übergabe bzw. der Auflassung hat der Verkäufer zu tragen, die der Übernahme, bezüglich der Ergreifung des betreffenden Rechtes, der Käufer[7].

Bei der Übergabe hat der Verkäufer mit der bei den entgeltlichen Verkehrsgeschäften erforderlichen Sorgfalt vorzugehen[8], gegebenenfalls wohl auch die Anweisungen des Käufers zu befolgen[9]. Erwachsen ihm hierbei, oder sonst in der Ausübung seiner Pflichten, oder seiner dem Verzuge des Käufers entstammenden Rechte Auslagen bzw. Verwendungen, so hat der Käufer diese, sofern sie nötig waren, zu ersetzen[10].

Die Übergabe hat an dem Erfüllungsorte zu geschehen[11]. Dem allgemeinen Privatrechte ist ein in dem Sinne des HG. § 344 zu verstehender Distanzkauf unbekannt. Bis zu dem Übereignungsakte, d. h. bis die Übergabe durch den Käufer[12] vollbracht wurde, belastet ihn die Gefahr des zufälligen Verlustes oder der Verschlechterung, von da ab geht sie auf den Käufer[13] über.

---

[1] Besonders bei Kauf eines Grundstückes wird hierfür eine gewisse Zeitspanne bestimmt. Mj. Dt. V 244 (F. 139).

[2] Arg. Mj. Dt. XI 322 (F. 223).

[3] Arg. eadem ratione HG. § 353.

[4] Anderes gilt betreffs der Gewährleistungspflichten.

[5] Diese sind daher als Ergänzungsquellen dieser Rechtsmaterie zu betrachten.

[6] So z. B. die Übergabe einer Unternehmung: eines Theaters, Mj. Dt. X 70, F. 40.

[7] Bahnspesen Grill Dt. II 2, 815, K. 36/1900, Aufstellungskosten, Mj. Dt. I 97 (F. 58), Messungskosten, Wägetaxen Arg. HG. § 341 usw.

[8] Übt er doch Schuldnerpflichten aus.

[9] Soweit solche besprochen waren, oder der Natur der Sache nach unerläßlich sind.

[10] Dies folgt aus den Grundsätzen der Geschäftsführung, des Auftrages und des Verzuges.

[11] Grill Dt. II 2, 815, K. 36/1900, ferner Mj. Dt. I 97 (F. 58).

[12] Gefahr der Konfiskation, Grill Dt. II 2, 815, K. 2886/1893. Demgemäß urteilt die Praxis den infolge der behördlichen Requirierung erzielten höheren Preis bloß dem als Eigentümer anerkannten Käufer zu, K. 1917, P. VII 304, Mj. Dt. XI 196, F. 145. Etwas weniger klar, weil nur den Kauf hervorhebend K. 1916, Rp. IX 3564, Mj. Dt. XI 14, F. 9. Richtig wohl der im Text angegebene Standpunkt, den die Praxis jetzt allerdings ganz entsprechend durch die gleichmäßige Verteilung des Kriegsgewinnes zwischen den Parteien einigermaßen mildert.

[13] Bezüglich der Grundstücke und Buchrechte gilt diese Regel von der Einbuchung an nur dann, wenn dieselben dem Käufer nicht früher tatsächlich über-

10. Pflicht des Käufers ist es, die gekaufte Sache bzw. den gekauften Gegenstand zu bezahlen. Der Kaufpreist ist in Geld, und zwar im Zweifel sofort, doch immerhin, sofern nichts anderes vereinbart wurde, ebenfalls nach den Grundsätzen der zweiseitigen Verträge Zug um Zug zu entrichten[1]).

War für die Entrichtung des Kaufpreises ein späterer Zeitpunkt vereinbart, so kann der Verkäufer auch ohne besondere Vertragsbestimmung eine gesetzliche Verzinsung des Kaufpreises verlangen und zwar von dem Zeitpunkte der Übergabe an[2]), der aber im Zweifel auch als der Zeitpunkt zu gelten hat, von dem ab die Nutzungen dem Käufer zukommen[3]).

Hat der Verkäufer den Gegenstand des Kaufes dem Käufer übergeben, so tritt als Folge der Nichtinnehaltung der Zahlungsfrist nach den allgemeinen Vorschriften der Geldschulden aus zweiseitigen Verträgen bloß der Schuldnerverzug des Käufers ein[4]). Im entgegengesetzten Falle hat aber der Verkäufer nach den Grundsätzen der zweiseitigen Verträge ein Schadensersatzanspruch-[5]) und ein Rücktrittsrecht[6]).

11. Gewöhnlich wird als zweite Pflicht des Käufers seine Übernahmepflicht aufgezählt. Trotzdem auch das ungarische Handelsgesetz diesen Ausdruck gebraucht[7]) kann man die Übernahme des Kaufgegenstandes dennoch nur als Gläubigerrecht, nicht aber auch als Schuldnerpflicht des Käufers ansehen. Sonst wäre es unausweichlich, den Wegfall derselben als Schuldnerverzug aufzufassen, was wieder zu der ganz unannehmbaren Konsequenz führt, eine Entschuldbarkeit derselben anzunehmen[8]), ferner den Käufer auch für den Schaden verantwortlich zu machen, den der Verkäufer dadurch erlitten hatte, daß er darauf vertraute, daß der Käufer die verkaufte Sache übernehmen werde.

Davon kann meines Erachtens keine Rede sein, weshalb die Übernahme, ferner die sie vorbereitenden Handlungen[9]), oder Erklärungen[10]) als Teile der Gläubigertätigkeit des Käufers zu betrachten, und die Folgen ihres Wegfalles nach den Grundsätzen des Gläubigerverzuges[11]) zu behandeln sind. Demgemäß ist die Voraussetzung[12]) dieser Folgen nach dem schon

---

geben wurden. Vgl. den in der vorigen Anmerkung an erster Stelle angeführten Fall.

[1]) Grill Dt. II 2, 815, K. 1127/1898.

[2]) Mj. Dt. IX 127 (F. 121).

[3]) Arg. Mj. Dt. VI 239, F. 156.

[4]) Arg. Mj. Dt. VII 239 (F. 156). Es blieb aus dem Kaufe nur eine Geldschuld ungetilgt. Es finden sich zwar auch Entscheidungen, welche dem Geldgläubiger auch den die Verzugszinsen übersteigenden Schaden ersetzen lassen. Z. B. 1921, P. II 2608, Hj. Dt. XV 71, F. 40, es bleibt jedoch vorsert abzuwarten, ob sich dies in der Praxis einbürgen wird.

[5]) Arg. eadem ratione HG. § 352. Der Deckungsverkauf ist aber nicht gestattet.

[6]) Vgl. das bei dem Schuldnerverzuge Gesagte.

[7]) Anders EUG. § 1114.

[8]) Sollte § 1114 des EUG. unverändert bleiben, so wird man sich in der neuen Rechtsordnung mit diesen Folgen auseinanderzusetzen haben, bis dahin kann man sie aber unmöglich annehmen.

[9]) Vgl. das hierüber bei dem Gläubigerverzuge Gesagte.

[10]) Siehe daselbst.

[11]) Siehe S. 143.

[12]) Siehe S. 143.

Gesagten das Angebot der Übernahme durch den Verkäufer[1]); die Folgen selbst hingegen sind teils entlastende: Übergang der Gefahr auf den Käufer, Verringerung der Sorgfalt und der Nutzungsherausgabepflicht des Verkäufers, die ihm verliehenen Rechte der gerichtlichen, oder der privaten Hinterlegung bzw. des Anvertrauens an eine Privatperson und unter Umständen sogar auch das Recht der Versteigerung des Kaufgegenstandes[2]), teils belastende: Ersatzpflicht der durch das erfolglose Angebot und durch sonstige berechtigte Schritte des Verkäufers verursachten Kosten[3]) des Gläubigerverzuges.

Den entlastenden Folgen muß außer den schon erwähnten auch noch das Recht des Verkäufers hinzugefügt werden, sich des Gegenstandes des Kaufes auf nicht verbotene oder unmoralische Art zu entledigen[4]).

12. Die besonderen Arten des Kaufes beruhen entweder auf der eigenartigen Bestimmung der Verpflichtungen der Parteien, z. B. das Ratengeschäft bezüglich der Wertpapiere[5]), oder in einer Verstärkung der Lage des Verkäufers oder des Käufers.

Die Lage des Käufers wird verstärkt beim Kauf auf Probe, beim Kauf nach Probe und bei dem Vorkauf, die des Verkäufers beim Wiederkauf und bei dem Kauf mit Vorbehalt des Eigentums.

Diese Fälle müssen etwas eingehender behandelt werden.

13. Da weder der Kauf nach Probe noch der auf Probe besonders gesetzlich geregelt sind, und sich auch für sie noch keine besondere Praxis entwickelt hat, kommen bei diesen beiden Rechtsinstituten die Grundsätze des Handelsrechtes in Anwendung[6]).

Danach ist der Kauf auf Probe ein bedingtes Rechtsgeschäft[7]). Die Bedingung besteht darin, daß der Käufer nach Besichtigung oder nach dem Ausprobieren der gekauften Sache erklärt, ob er das Geschäft eingehen will oder nicht.

Die Übernahme des gekauften Gegenstandes ist daher eine bedingte und wird erst mit der zustimmenden Erklärung des Käufers, die im Zweifel als aufschiebende Bedingung des Geschäftes zu betrachten ist[8]), zu einer unbedingten. Schweigt der Käufer, so gilt dies nach Ablauf der rechts-

---

[1]) Es mutet ganz eigentümlich an, daß der Zusammenhang zwischen den allgemeinen Voraussetzungen und Folgen des Verzuges und den Rechten des dem Kaufvertrage entsprechend vorgehenden Käufers, bezüglich des Verkäufers in den Lehr- und Handbüchern des ungarischen Privatrechtes sozusagen ganz unaufgeklärt bleibt. Ohne diesen Zusammenhang aber ist das Wesen der entgeltlichen Verträge und der bei ihnen vorkommenden Vertragsverletzungen nur sehr schwer darstellbar.

[2]) Siehe S. 144.

[3]) Siehe S. 144.

[4]) So kann er in Kriegszeiten, z. B. Sachen, die Massenbedürfnissen dienen, nicht auf die Straße werfen. Arg. GA. IV 1916, XV 1920. Hingegen ist es dem Verkäufer erlaubt, Grundstücke eigenmächtig auf den Namen des Käufers buchen zu lassen, Arg. GO. § 119, Absatz 1.

[5]) Dieses ist in dem GA. XXXI 1883 ausführlich geregelt.

[6]) Vgl. HG. §§ 359—363.

[7]) HG. § 359.

[8]) Daselbst Satz 2.

geschäftlich bestimmten oder geschäftsüblichen Zeit als Zustimmung[1]), und das Geschäft wird zu einem unbedingten.

Fand überhaupt noch keine Übernahme statt, so gilt das Schweigen des Käufers nach Ablauf der erwähnten Frist als Ablehnung und bedeutet den Ausfall der aufschiebenden Bedingung[2]).

Ist dem Tatbestand zu entnehmen, daß die Äußerung des Käufers eine auflösende Bedingung des Kaufes bedeute, so besteht das Geschäft bis zu seiner Erklärung[3]). Die Bedeutung des Schweigens des Käufers ist in diesem Falle auch dieselbe, wie bei dem der aufschiebenden Bedingung[4]). Beiden Fällen ist auch gemeinsam, daß eine Aufforderung des Verkäufers, sich über die Annahme oder über die Zurückweisung des übergebenen Gegenstandes zu äußern, den Käufer zu einer sofortigen Erklärung verpflichtet. Die Außerachtlassung dieser Aufforderung gilt vor der Übergabe der Sache als Verweigerung, nach derselben jedoch als Zustimmung zum Geschäftsabschluß[5]).

14. Der Kauf nach Probe ist ein Kauf mit gewissen zugesicherten Eigenschaften der gekauften Sachen, und zwar sind sämtliche Eigenschaften des übergebenen Musters als zugesichert anzusehen[6]). Die Sache hat daher, in Anbetracht der sonstigen Folgen der Gewährleistungshaftung bezüglich aller erheblichen Eigenschaften, dem Muster zu entsprechen[7]). Kann der Käufer das Muster nicht vorzeigen, so gilt die übergebene Sache als entsprechend[8]).

15. Der Vorkauf ist eine Vereinbarung, nach der der Verkäufer verpflichtet wird, den Gegenstand des Kaufes dem Vorkaufsberechtigten unter denselben Bedingungen zu überlassen, die er mit einem anderen Käufer vereinbaren wird[9]).

Das Vorkaufsrecht kann sowohl bei einem Kaufgeschäfte, wie der neueren Praxis nach auch bei einem anderen Geschäfte[10]) vereinbart werden, und zwar sowohl unter den beteiligten Parteien selbst, als auch zugunsten eines dritten Verkäufers[11]). Handelt es sich um ein Vorkaufsrecht an Grundstücken oder Buchrechten[12]), so kann dieses mit der gewöhnlichen Wirkung der Bucheintragungen auch gebucht werden[13]) (dingliches Vorkaufsrecht).

---

[1]) § 360.

[2]) § 361.

[3]) Arg. HG. § 359, gemäß dem die Bedingung nur im Zweifel als aufschiebende gilt.

[4]) §§ 360, 361.

[5]) HG. §§ 359—363.

[6]) Arg. HG. § 362.

[7]) Daselbst

[8]) HG. § 363.

[9]) Arg. Grill Dt. II 2, 880, K. 10384/1895.

[10]) Z. B. in einer Schenkung oder in einem Pachtvertrage, Mj. Dt. XI 174 (F. 129).

[11]) Nur müssen Dritte namentlich angegeben werden, oder wenigstens unzweifelhaft sein. Mj. Dt. X 51 (F. 28).

[12]) Die Praxis erfordert hier laut § 77 GA. XXXVI 1920 Schriftform (z. B. Mji. Dt. XV 179, F. 121). Sie betont die Folgen der wirtschaftlichen Unmöglichkeit ebenfalls sehr scharf (Mji. Dt. XV 1, F. 1, 109, F. 74 usw.).

[13]) Arg. JKK. I §§ 21, 156 und ÖBGB. § 1073 (Diesbezüglich gilt nur dieser § auf dem Gebiete der JKK!). Die Buchungspflicht des Verkäufers kann sich auch

Der Verkäufer hat den geplanten Verkauf[1]) dem Vorkaufsberechtigten anzuzeigen, der sich über die Ausübung des Vorkaufsrechtes innerhalb einer Frist zu äußern hat[2]). Schweigen muß als Ablehnung des Vorkaufes gelten[3]).

16. Der Wiederverkauf ist eine Vereinbarung, die den Verkäufer dazu berechtigt, den Gegenstand des Kaufes unter den hierfür im voraus bestimmten Bedingungen käuflich wieder zu erwerben[4]).

Das Wiederverkaufsrecht kann sowohl in dem Kaufvertrage selbst[5]), als auch in einem anderen selbständigen Rechtsgeschäfte vereinbart werden. Es kann dem Käufer nur auf seine Lebenszeit eingeräumt werden[6]) und ist kraft Gesetzes[7]) nicht vererblich. Es wirkt nur unter den Parteien. Ist jedoch das Vorkaufsrecht an einem Grundstück, oder einem Buchrechte im Grundbuche eingetragen[8]), so kommen ihm die Wirkungen der grundbuchlichen Eintragungen auch gegenüber Dritten zu[9]).

Der Wiederverkäufer übt sein Recht mit der einseitigen, an den Käufer gerichteten, empfangsbedürftigen Willenserklärung aus, daß er den Kaufgegenstand wieder zu erwerben beabsichtige[10]). Der Käufer hat die Kaufsache in dem jetzigen Zustande nach den für den gutgläubigen Besitzer geltenden Grundsätzen zurückzuerstatten.[11])

17. Ein Kauf mit Vorbehalt des Eigentums ist die Verschiebung des dinglichen Rechtsüberganges bis zu dem Zeitpunkte der vollständigen Tilgung des Kaufpreises[12]). Die Praxis wollte das Rechtsinstitut, das reich-

---

ohne besondere Vereinbarung aus den Umständen ergeben. Vgl. den in der vorigen Anmerkung angeführten Fall. Der Rang des Vorkaufsrechtes kann auch anderen überlassen werden, So anerkennt K. die Gültigkeit eines solchen Rechtsgeschäftes 1918, P. V 3106, Mj. Dt. XII 207, F. 155.

[1]) Arg. eadem ratione GA. V: 1894, § 17.

[2]) Arg. daselbst, wo 60 Tage für die Äußerung des hinsichtlich der staatlichen Ansiedlungen mit einem gesetzlichen Vorkaufsrechte versehenen Fiskus vorgeschrieben sind.

[3]) Arg. eadem ratione daselbst.

[4]) Arg. Grill Dt. II 2, 879, K. 344/1890. Gültig ist sowohl der Wiederkauf von Fahrnissen, K. 1917, P. V 3889, Mj. Dt. XII 52, F. 44, als auch der von Grundstücken, K. 1921, P. V 3306, Mj. Dt. XV 61, F. 43. Für beide gelten auch die Grundsätze des gutgläubigen Sacherwerbs (Arg. K. 1917, P. VI 3889).

[5]) Mj. Dt. III 117 (F. 80). Jetzt ist bei Liegenschaften hierzu Schriftform erforderlich, K. 1921, P. V 3306, Mj. Dt. XV 61, F. 43.

[6]) Mj. Dt. IX 13, (F. 12). Es erlischt mit dem Tode des Berechtigten, waren mehrere vorhanden, erst nach dem Tode aller, wurde es jedoch durch Willenserklärung ausgeübt, so ist der hieraus sich ergebende Anspruch verkehrsfähig und kann auch von den Rechtsnachfolgern ausgeübt werden, K. 1919, P. V 1541, Mj. Dt. XIII 109, F. 85.

[7]) Die Parteien können es aber als vererblich betrachten, Grill Dt. II 2, 879, K. 918/1900.

[8]) Arg. JKK. I, §§ 1, 21, 156 und Ö. BGB. § 1070, der jedoch als § des Ö. BGB. nur betreffs der Einbuchungsmöglichkeit gilt.

[9]) Folgt aus den soeben angeführten Quellenstellen.

[10]) Eadem ratione GA. V: 1894, § 17. Der Grundsatz ist in der Entscheidung K. 1919, P. V 1541, Mj. Dt. XIII 109, F. 85 überaus klar gefaßt.

[11]) Der Wiederkäufer ist schuldrechtlicher Nachfolger des Verkäufers, hat daher keinen Anspruch auf die Erlangung der früheren Buchlage, sondern bloß auf grundbuchliche Nachfolge, mithin auf eine diese verwirklichende neue Buchlage, K. 1921, P. V 3306, Mj. Dt. XV 61, F. 43.

[12]) Grill Dt. II 2, 823, K. 2292/1891.

lich Gelegenheit zur Umgehung der Befriedigung der Gläubiger des Käufers bietet, zuerst nicht anerkennen; heute muß der Kauf unter der aufschiebenden Bedingung des dinglichen Rechtsüberganges mit der Tilgung des Kaufpreises für bewegliche Sachen als zulässig betrachtet werden[1]).

Vor der Tilgung des Kaufpreises erlangt der Käufer trotz der Übergabe kein Eigentum, er ist daher auch nicht berechtigt, dasselbe weiter zu übertragen[2]), oder die Kaufsache sonstwie dinglich zu belasten[3]). Natürlich gelten aber auch in diesem Zusammenhange die Grundsätze des gutgläubigen Sacherwerbs vom Nichtberechtigten[4]).

Im übrigen kommen die allgemeinen Grundsätze des Kaufes in Betracht. Fraglich ist aber, ob die Gefahr der unter dem besprochenen Vorbehalt übertragenen und übergebenen Sache bei dem Verkäufer verbleibt, oder auf den Käufer übergeht?

Eine diesbezügliche Praxis hat sich meines Wissens bisher noch nicht entwickelt. So scheint es denn, dem geltenden[5]) Rechte angemessen, den Gefahrübergang an die Erfüllungshandlung des Verkäufers: an die Übergabe der Sache zu knüpfen, ganz unabhängig davon, ob diese mit einer die dinglichen Folgen des Kaufes betreffenden aufschiebenden Bedingung verbunden war oder nicht[6]).

§ 9. Der Tausch.

1. Der Tausch ist ein zweiseitiger Vertrag, durch den beide Parteien einander das Eigentum einer Sache oder ein anderes Recht übertragen[7]).

Der Unterschied zwischen dem Kauf und dem Tausch liegt in der Bestimmung des Entgeltes, der bei dem ersteren eine Geldforderung sein muß, bei dem Tausche hingegen es höchstens bis zur Hälfte des Wertes der bedungenen Leistung sein darf[8]). Dementsprechend sind Tatbestand, Inhalt, Umfang des Geschäftes, Rechte und Pflichten der Tauschenden — be-

---

[1]) Sie betonte zwar, daß die Außerachtlassung des Vorbehaltes keinen strafrechtlichen Tatbestand verwirkliche, doch betrachtete sie die aufschiebende Bedingung als nicht bindend und nahm den sofort mit der Übergabe eingetretenen Eigentumsübergang an. Vgl. daselbst II 2, 822, 823, K. 8262/1889; 1511/1891. Endlich gab sie aber diesen Standpunkt auf, und seit der in der Anmerkung 12 S. 190 angeführten Entscheidung gibt sie dem Vorbehalt Raum.

[2]) Das. 829, K. 5761/1895, der Käufer erwirbt das Besitzrecht, das. 825. Budapester Tafel 1903, I G. 163.

[3]) Eadem ratione.

[4]) Vgl. Grill. Dt. II 2, 829, K. 5761/1895.

[5]) Anders gemäß EUG. § 1119, das der aufschiebenden Bedingung im Zweifel auch die Wirkung beilegt, den Gefahrübergang hintanzuhalten.

[6]) Der Gefahrübergang ist meines Erachtens nicht die Folge des dinglichen Rechtsüberganges, sondern nach der Leistungs- und besonders der Lehre des Schuldnerverzuges, der Vollbringung der geschuldeten Leistung.

[7]) Grill. Dt. II 2, 881, K. 1686/1891.

[8]) Arg. eadem ratione HG. § 337. Andernfalls ist ein Kaufvertrag vorhanden. Bei Tausch von Grundstücken muß eine Vereinbarung über die Tauschobjekte, über die Löschung bzw. die Übernahme, oder sonstige Regelung der gebuchten und der übrigen Lasten, über den Übergang des Besitzes (Zeit und Einzelheiten der Übergabe usw.) vorhanden sein; vgl. K. 1918, P. V 2451, Mj. Dt. XIII 16, F. 11. Fraglich ist, doch wohl zu bejahen ist, ob bei Liegenschaftstausch durch § 1, V. MER. 4420/1918 und § 77, GA. XXXVI, 1920 Schriftform vorgeschrieben wurde.

sonders auch die Gewährleistungspflicht[1]), der Zeitpunkt des Gefahrüberganges[2]) — nach den Grundsätzen des Kaufes zu behandeln. Hierbei ist davon auszugehen, daß der Tauschende in bezug auf die von ihm geschuldete Leistung dem Verkäufer, in bezug auf die ihm selbst geschuldete dem Käufer gleich zu erachten ist, was selbstverständlich nur mit Berücksichtigung der Unterschiede zwischen Geldschuld und Nichtgeldschuld[3]) durchzuführen ist.

§ 10. Die Schenkung.

1. Die Schenkung ist ein einseitiger Vertrag, durch den die eine Partei der Schenker, ohne dazu verpflichtet zu sein, aus seinem Vermögen der anderen, dem Beschenkten, eine unentgeltliche Zuwendung zukommen läßt[4]).

Der Tatbestand der Schenkung ist nach den Grundsätzen der Verträge mit der Vereinbarung der Parteien gegeben.[5]) Es ist nur soviel hinzuzufügen, daß ein einseitiges Schenkungsversprechen auch nicht als Schenkungsantrag verpflichtet[6]), daß aber ein Vorvertrag, gemäß dem der Schenker eine bestimmte Schenkung vornehmen soll, gültig geschlossen werden kann[7]).

Abgesehen von der Schenkung einer Liegenschaft, die laut § 77 GA. XXXVI, 1920, und § 1, VO. MER. 4420/1918 Schriftform erheischt, und von dem subjektiven Formzwange, der in familienrechtlichen Beziehungen[8]) der Parteien seinen Grund hat, ist die Schenkung formfrei.

Gegenstand der Schenkung ist jedes übertragbare Vermögensrecht und Vermögensgut[9]).

2. Von den einzelnen Arten der Schenkung seien die gemischten, die Schenkungen von Todeswegen und die Schenkungen unter einer Auflage besonders erwähnt.

Eine gemischte Schenkung liegt dann vor, wenn äußerlich zwar ein entgeltliches Übertragungsgeschäft vorgenommen wurde, das formale Entgelt aber nach der zum Ausdruck gelangten Absicht der Parteien teilweise eine unentgeltliche Zuwendung enthält[10]). Dies ist der Fall, wenn der Wert der Zuwendung nach der Absicht der Parteien[11]) bedeutend größer ist als das Entgelt. Die gemischte Schenkung ist in Höhe des durch die

---

[1]) Mj. Dt. XI 121 (F. 92), GA. X 1923 § 1, Abs. 2.

[2]) Eadem ratione die Vorschriften des Kaufes.

[3]) Z. B. Entschuldbarkeit des Wegfalles der geschuldeten Leistung wegen Unvermögens der Geldbeschaffung usw.

[4]) Mj. Dt. III 347 (F. 230). Die Schenkung kann auch in ein andersartiges Geschäft gehüllt sein, z. B. sich äußerlich als Anerkenntnis darstellen; K. 1919, P. III 1623, Mj. Dt. XIII 115, F. 91 usw.

[5]) Arg. Mj. Dt. VI 111 (F. 65).

[6]) Mj. Dt. VI 111 (F. 65).

[7]) Wenigstens sind solche Verträge nicht ausgeschlossen und kommen in der Praxis bei Schenkungen von Todes wegen oft in Betracht.

[8]) S. das im Familienrechte bezüglich der Schenkungen der Ehegatten Gesagte.

[9]) Grill Dt. II 2, 882, K. 1901, I. G. 22 spricht von vermögensrechtlichen Vorteilen, diese können aber auch in der Überlassung oder Nichtausübung einer Unternehmung, einer Klientel, eines Berufes an einem gewissen Orte usw. bestehen.

[10]) Grill Dt. II 2, 886; K. 10964/1893, 1896. I. G. 125, 1903. I. G. 98.

[11]) Diese ist dem Begriffe der Schenkung wesentlich.

Gegenleistung nicht gedeckten Teiles der Zuwendung als Schenkung, in Höhe des gedeckten Teiles aber ihrem Inhalte nach als entgeltliche Zuwendung zu behandeln[1]). Kommen die Grundsätze der beiden Geschäftsarten in Widerspruch, so hat man jene zu befolgen, die sich auf den größeren Wert beziehen[2]).

Dies gilt jedoch nur dann, wenn das Geschäft unteilbar erscheint. Entgegengesetzten Falles sind die beiden Geschäftshälften zu sondern und ihrem Inhalte nach einer verschiedenen Behandlung zu unterwerfen[3]).

Die Schenkung von Todeswegen ist entweder ein Erbvertrag[4]) oder eine Schenkung mit der aufschiebenden Bedingung des Todes des Schenkenden[5]). Die erstere ist ein förmliches und im Erbrecht zu behandelndes Geschäft. Die letztere ist formlos und untersteht durchaus den allgemeinen Vorschriften der Schenkungen unter Lebenden.

Bezüglich der Schenkungen unter einer Auflage gilt das hierüber im Erbrechte Ausgeführte[6]).

3. Der Schenker ist verpflichtet, den geschenkten Vermögenswert in den Machtbereich des Beschenkten zu bringen[7]). Hierbei muß er aber nicht mit der im Verkehr erforderlichen, sondern nur mit der von ihm in eigenen Angelegenheiten gewöhnlich ausgeübten Sorgfalt vorgehen[8]). Gewährleistungspflichten belasten den Schenker weder betreffs der Sach- noch auch der Rechtsmängel[9]). Die Gefahr des Unterganges oder der Verschlechterung des geschenkten Gegenstandes trifft den Beschenkten[10]).

Sonst gelten die allgemeinen Grundsätze des Schuldner- und Gläubigerverzuges, der Forderungsverletzungen und der Unmöglichkeit der Leistung. Nur muß bezüglich der letzteren noch besonders bemerkt werden, daß Tatbestände, die nach den weiter unten auszuführenden Grundsätzen den Schenker zur Rücknahme der Schenkung berechtigen, auch als Gründe einer ursprünglichen bzw. nachträglichen, unverschuldeten Unmöglichkeit behandelt werden müssen[11]).

4. Die durch die Schenkung erfolgte Zuwendung ist — wenn unbedingt und unbefristet — eine endgültige. Dieser Grundsatz erleidet jedoch wichtige Ausnahmen, da gewisse Handlungen des Beschenkten,

---

1) S. die in Anmerkung 10 S. 192 angeführten Fälle.

2) Laut HG., § 338 scheint dieser Grundsatz bei allen gemischten Geschäften anwendbar zu sein.

3) Dies folgt aus der Teilbarkeit des Tatbestandes, der eine Teilung in zwei Geschäfte möglich macht.

4) Bd. I, S. 306, Punkt 6.

5) Es kann auch nur die dingliche Übereignung oder der Erwerb des Vollrechtes an der geschenkten Sache bis zum Tode des Schenkers verschoben werden. Grill Dt. II 2, 887; K. 7497/1902. Erfolgte die grundbuchliche Eintragung des Eigentums des geschenkten Grundstückes schon zu Lebzeiten des Schenkers, so liegt eine Schenkung unter Lebenden und nicht eine solche von Todes wegen vor. K. 1919, P. I 112, Mj. Dt. XIII 87, F. 70.

6) S. Bd. I 302, § 13.

7) Folgt aus der Anerkennung der Schenkung.

8) Arg. Die Unentgeltlichkeit des Vertrages.

9) S. vorige Anmerkung.

10) Arg. Die entgegengesetzte Auffassung führt zu Unbilligkeiten.

11) Es geht nicht an, diese als Einreden nicht zuzulassen, da sie ja als Gründe selbständiger Rückforderungsrechte denselben Zweck erreichen können.

ferner Ereignisse eintreten können, die sowohl dem Schenker als auch seinen Gesamt- und unter Umständen seinen Einzelnachfolgern die Möglichkeit verleihen, die Schenkung auch formell, oder wenigstens materiell umzustoßen.

Handlungen, die dies dem Schenker und seinen Gesamtnachfolgern ermöglichen, sind solche, die einen groben Undank dem Schenker gegenüber bezeugen[1]). Die Praxis schwankte erst bei der Bestimmung dieser Handlungen[2]) und Unterlassungen[3]). Heute darf vielleicht schon als festgelegt gelten, daß hierzu ein solches Verhalten des Beschenkten[4]) nötig ist, das den Schenker berechtigen würde, ihn wegen Unwürdigkeit zu enterben[5]).

Einzelnachfolger und besonders Gläubiger des Schenkers können auf dieser Grundlage[6]) gegen den Beschenkten und dessen Einzelnachfolger nicht vorgehen.

Ereignisse[7]), die eine Entkräftung der Schenkung bewirken können, sind die, welche den Schenker in eine Notlage versetzen. Als solche ist anzusehen einmal die Unfähigkeit des Schenkers, für seinen, sowie für den Unterhalt der auf die gesetzliche Unterhaltspflicht des Schenkers Angewiesenen anderweitig zu sorgen[8]). Sodann aber auch — obzwar dieser Fall gewöhnlich als ein ganz besonderes Rechtsinstitut angesehen und behandelt wird — die Unfähigkeit desselben, seinen entgeltlichen[9]) und gewissen privilegierten unentgeltlichen Verpflichtungen Genüge zu leisten. Die letzteren sind: die Ansprüche aus dem Pflichtteile[10]), aus dem Witwenrechte[11]) und aus dem Erbvertrage[12]).

Die Entkräftung können in dem Falle der Notlage gegenüber den

---

[1]) Grill Dt. II 893, K. 1438/1891.

[2]) Bei Ehebruch oder sonstigen schweren Eheverfehlungen arg. EHG. § 89.

[3]) Nichterfüllung der Unterhaltungspflicht Grill Dt. II 2, 894, K. 7301/1903.

[4]) Oder seines mit ihm gemeinsam beschenkten Angehörigen (z. B. des Gatten K. 1919, P. 1376; Mj. Dt. XIII 78, F. 65, K. 1917, P. I 5414; Mj. Dt. XII 74, F. 60, K. 1921, P. I 523; Mj. Dt. XIV 59, F. 51 usw.).

[5]) Arg. Grill Dt. II 2, 893, K. 1438/1891, wo von schweren Unwürdigkeitsgründen gehandelt wird. Es ist aber auch nicht zu begründen, warum die beiden vollständig parallelen Rechtsinstitute nicht auf gleichen Tatbeständen beruhen sollen. Es genügt hierzu auch schon leichte körperliche Verletzung, Mj. Dt. XII 76, F. 61, K. 1917, P. 4764 (wohl etwas zu weitgehend).

[6]) Arg. eadem ratione 17. REE. der Kurie. Die Gesamtnachfolger erlangen das Recht nur dann, wenn der Erblasser die Absicht geäußert hatte, die Schenkung anzufechten.

[7]) Fraglich doch wohl in bejahendem Sinne zu lösen, ob nicht auch wirtschaftliche Umwälzungen und Krisen, die die Lage des Schenkers erheblich verschlechtern (wirtschaftliche Unmöglichkeit der Schenkung), arg. K. 1917, P. I 6480; Mj. Dt. XII 155, F. 119).

[8]) Arg. Grill. Dt. II 2, 892. Györer, Tafel, 1897, G. II 62, wo die Abweisung nicht damit begründet wird, daß die Entkräftung nicht statthaft sei, sondern mit der besonderen Natur der Mitgift.

[9]) Vg. KG. § 28. Hierzu berechtigt eine zurzeit der Schenkung schon bestehende Schuld des Schenkers, Mj. Dt. X 10 (F. 4). Nicht aber, wenn der Gläubiger die Schuld in dem Bewußtsein begründete, daß ihr Gegenstand dem Beschenkten zukommen werde, Mj. Dt. VIII 176 (F. 137).

[10]) Bd. I, S. 308ff.

[11]) Bd. I, S. 258.

[12]) Bd. I, S. 305.

Gläubigern auch die letzteren[1]), in dem Falle der Unterhaltsnotlage hingegen nur der Schenker selbst vornehmen. Sie bewirkt entweder die Rückgabe des geschenkten Gutes in natura[2]), oder wenigstens die Duldung dessen, daß dasselbe den Zwecken des Schenkers bzw. seiner Gläubiger zugeführt werde[3]) Dem Beschenkten muß aber die Möglichkeit verliehen werden, die Rückgabe des geschenkten Gutes durch Zahlung des geschenkten Wertes[4]) abzuwenden.

§ 11. Das Darlehn.

1. Unter Darlehn versteht man einen Vertrag, durch den die eine Partei der anderen das Eigentum an vertretbaren Sachen mit der Verpflichtung überträgt, Sachen der gleichen Art, Güte und Zahl zurückzuerstatten[5]).

Das Darlehn ist ein Realvertrag, der mit der Hingabe der Sachen vollständig wird[6]). Bis dahin liegt nur ein Versprechen vor, das Darlehen zu gewähren, das, wenn es etwa angenommen, einen Vorvertrag zum Entstehen bringt. Es ist ein etwas archaistischer Zug der ungarischen Praxis, daß sie zwar nicht die Erfüllung, wohl aber den Schadensersatz wegen Nichterfüllung dieses Vorvertrages[7]) zuläßt.

Was den Tatbestand der Hingabe und der Übernahme betrifft, so sind die Grundsätze des dinglichen Übereignungsgeschäftes maßgebend, das hier allerdings auch die Rückgabepflicht des Darlehnsnehmers begründet.

Gleichgültig ist es, ob das Darlehn gegen ein Entgelt, oder aber unentgeltlich erfolgt[8]). Liegt ein entgeltliches Darlehn vor, so kommen die Zinsschranken in Betracht[9]).

2. Bezüglich der Tatbestandsfehler muß hier nachdrücklich auf die verbotenen Geschäfte und besonders auf die Wuchergeschäfte hingewiesen werden. Liegt ein solches[10]) vor, so hat der Gläubiger infolge der Nichtigkeit desselben all das zurückzuerstatten, was der Schuldner über das wirklich Kredidierte an ihn oder zu seinen Gunsten an Dritte ge-

---

[1]) Sie müssen erst gegenüber dem Schenker vorgehen, können aber für den Fall der Erfolglosigkeit dieses Vorgehens mit ihm zugleich gegen den Schuldner klagen. Mj. Dt. Bd. X 114 (F. 71), ferner Mj. Dt. XII 155, F. 119, K. 1917, P. I 6480.

[2]) Diese muß als Plus unbedingt statthaft sein.

[3]) Vgl. den in Anmerkung 1 angeführten Fall. Dies geschieht durch die Duldung dessen, daß der Gegenstand der Schenkung für die erwähnten Zwecke gerichtlich gepfändet und versteigert werde.

[4]) Arg. die pro viribus und cum viribus Haftung des Erben, die nach §§ 14, 15, 41, GA. LX, 1881, in letzter Reihe doch nur nach dem Belieben des Schuldners in eine pro viribus Haftung umgewandelt werden kann.

[5]) Grill Dt. II 2, 784. Szegeder Tafel 1896, G. 13, wo allerdings statt der vertretbaren Sachen verbrauchbare betont werden.

[6]) Das. 793, K. 5124/1897.

[7]) Das. der soeben angeführte Fall, ferner Kassaer Tafel 1898, G. II 84 und Mj. Dt. I 88. Wo selbst nach der Gewährung des verlangten Konvertionsdarlehns kein Recht auf die Übernahme desselben angenommen wurde (der Gläubiger verlangte, daß der Schuldner das langfristige Darlehn übernehme).

[8]) Betont in dem Fall der Anmerkung 5.

[9]) S. S. 116.

[10]) S. S. 117.

leistet hatte, wobei dem bewucherten Schuldner auch die gesetzlichen Zinsen der also rechtswidrig aufgenommenen Werte zu vergüten sind[1]).

3. Ist ein Rückgabetermin festgelegt, so hat der Darlehnsnehmer das Darlehn an dem hierfür bestimmten Tage, kann es aber im Zweifel auch früher zurückerstatten[2]). Hierüber gilt das in der Leistungslehre Gesagte[3]). Üblich ist es allerdings, daß bankgemäße Darlehn durch Ausbedingen der schon behandelten Ristornogebühr[4]), oder sonstwie[5]) die Zeit der Fälligkeit ganz oder auch zugunsten des Gläubigers feststellen, in welchem Falle der Schuldner nicht früher leisten kann, bzw. sich bei einer früheren Leistung Rechtsnachteilen zu unterwerfen hat. Die Praxis ist dem Schuldner insoweit entgegenkommend, als sie selbst bei zugunsten des Gläubigers festgelegten Fälligkeitsterminen in der Annahme der für eine spätere Zeitspanne gezahlten Zinsen eine stillschweigende Stundungsvereinbarung erblickt[6]).

4. Ob der Tatbestand eines Darlehns vorhanden ist oder nicht, ist, sofern die Parteien sich hierüber nicht äußerten, Auslegungsfrage, die oft auch nach der gebräuchlichen Zeitdauer der für die Rückerstattung bestimmten Zeitspanne beurteilt werden muß[7]).

Die Praxis geht bei dieser Auslegungsfrage um so liberaler vor, weil sie es ja auch zuläßt, daß die Parteien das Darlehn als eine Art Novation dazu benutzen, daß sie anderweitig auf die Hingabe vertretbarer Sachen gerichtete Verpflichtungen als Darlehnsschulden betrachtet wissen wollen. Von einer derartigen Vereinbarung an sind daher auf das Schuldverhältnis die Vorschriften des Darlehns anzuwenden[8]).

§ 12. Die Leihe.

1. Die Leihe ist ein einseitiger Vertrag, durch den die eine Partei, der Verleiher, seinem Kontrahenten, dem Entleiher, die unentgeltliche Benutzung einer Sache überläßt[9]). Der Tatbestand der Leihe ist durch die Vereinbarung gegeben[10]). Einer Form bedarf das Leihgeschäft nicht[11]).

---

[1]) GA. XXV: 1883, § 8.

[2]) S. S. 131.

[3]) S. S. 133.

[4]) S. S. 129.

[5]) Stillschweigend aus dem Tatbestande des Falles ersichtlich.

[6]) Dasselbe gilt auch bezüglich des ohne Mahnung eingebrachten Prozesses bis zu dem Zeitpunkte der Klageerhebung. Grill Dt. II 2, 789, K. 1898, G. 313.

[7]) Z. B. bezüglich des Darlehns von Säcken, das die Praxis in Verbindung mit dem Kaufe der darin enthaltenen Ware nur dann annimmt, wenn sich dessen Dauer nicht über das Geschäftsjahr erstreckt, in dem der Kauf erfolgte, sonst gilt der Kauf auch bezüglich der Säcke. Grill Dt. II 2, 793, K. 1902, I. G. 444 usw.

[8]) Daselbst S. 784. Budapester Tafel 1901, I. G. 262.

[9]) Er kommt in der Praxis äußerst selten vor, ist aber selbstverständlich anerkannt. Vgl. die in Grill Dt. II 2, 794—795 angeführten Fälle. Die Unentgeltlichkeit muß sich aber nicht auf alle, sie kann sich vielmehr nur auf die Hauptteile der Leistung erstrecken. Grill Dt. II 2, 794, K. 457/1898. In diesem Falle ist der Entleiher auch für den durch Zufall eingetretenen Verlust der entliehenen Sache verantwortlich. K. 1918, P. II 891, Ü. L. Jahrgang 1918, Nr. 39.

[10]) M. A. nach ist, da heute die Kategorien des römischen Rechtes schon von ihrer dogmatischen Bedeutung etwas verloren haben, der Realkontrakt die Ausnahme, welche in der Praxis bewußt betont werden muß. Wo dies nicht der Fall ist, muß ein Konsensualkontrakt angenommen werden.

[11]) S. das in der vorigen Anmerkung Gesagte, das hier ebenfalls entsprechend gilt.

2. Gegenstand des Vertrages sind gewöhnlich unverbrauchbare, aber nach der Absicht der Parteien auch unter Umständen als nicht verbrauchbare behandelte verbrauchbare Sachen[1]).

3. Der Verleiher muß die Benutzung der geliehenen Sache für die bestimmte Zeitfrist, ist keine solche bestimmt, für die dem in Aussicht genommenen Zwecke entsprechende Zeitspanne erlauben[2]). Seine Verpflichtung hat er mit der bei den unentgeltlichen Rechtsgeschäften erforderlichen Sorgfalt zu erfüllen[3]). Die Gefahr der durch ordnungsgemäße Benutzung erfolgten Verschlechterungen hat der Verleiher zu tragen[4]). Andere Schäden, die der Entleiher verursachte und zu vertreten hat, worüber die Grundsätze der unentgeltlichen Geschäfte gelten, muß der Entleiher ersetzen[5]).

4. Der Entleiher ist verpflichtet, sich bei der Benutzung der Sache innerhalb der vertraglich festgelegten Grenzen zu halten. Waren keine solchen bestimmt, so ist er verpflichtet, einen der Auffassung des Verkehrs entsprechenden, doch seine persönlichen Bedürfnisse nicht übersteigenden Gebrauch auszuüben[6]). Nach Ablauf der für die Leihe bestimmten Zeit muß die Sache dem Verleiher samt ihren inzwischen etwa zur Entstehung gelangten Früchten und Nutzungen zurückerstattet werden[7]). Hat der Entleiher auf die Sache Verwendungen gemacht, so kommen die für den Besitzer geltenden Grundsätze in Anwendung[8]).

5. Die Leihe kann außer den allgemeinen Beendigungstatsachen der Forderungen noch durch den Tod des Entleihers[9]), durch die unvorhergesehene Benötigung der geliehenen Sache, endlich durch die dem Entleiher verbotene Überlassung der geliehenen Sache an einen Dritten beendet werden[10]).

§ 13. Die Miete.

1. Die Miete ist ein zweiseitiger Vertrag, durch den die eine Partei der anderen den Gebrauch einer Sache zeitweilig gegen Entgelt überläßt[11]).

---

[1]) Z. B. Wertpapiere. Grill Dt. II 2, 794, K. 457/1898.

[2]) Dies ist ein gemeinsamer Zug aller den Gebrauch betreffenden Überlassungsgeschäfte; vgl. das über die Miete zu Sagende.

[3]) Arg. eadem ratione, wie bei der Schenkung.

[4]) S. das in der vorigen Anmerkung Gesagte.

[5]) Liegt jedoch eine Pflichtverletzung des Schuldners, etwa verbotene Überlassung des Gebrauches an Dritte vor, so ist er selbst für den Zufall verantwortlich; 1918, P. II 891, Ü. L.; Jahrgang 1918, Nr. 39.

[6]) Den ersten Grundsatz muß man wohl kaum begründen, der zweite folgt aus der unentgeltlichen Natur der Leihe, die eine Ähnlichkeit mit den Vermächtnissen aufweist und daher wohl auch den dort entwickelten Grundsatz anwendbar erscheinen läßt. Die Praxis — soweit mir bekannt ist — schweigt bezüglich dieser Fragen.

[7]) So betreffs der fälligen Kupons der verliehenen Wertpapiere, Grill Dt. II 2, 794, K. 457/1898.

[8]) Die Überlassung des Gebrauches enthält ja auch die Absicht des Überlassung des Besitzes.

[9]) So EUG. § 1096, dessen auf dem BGB. beruhende Vorschriften zwar in der Praxis bisher noch nicht hervorgehoben wurden, doch gegebenenfalls doch in Anwendung kommen würden.

[10]) Vgl. daselbst.

[11]) Der Begriff der Miete ist allen diesbezüglichen zahlreichen Entscheidungen zu entnehmen.

2. Der Tatbestand der Miete ist nach den Grundsätzen der Verträge mit der Vereinbarung der Parteien gegeben[1]). Der Mietvertrag ist — von den gesetzlichen und hier besonders wichtigen[2]) statutarischen Ausnahmen abgesehen — formfrei[3]).

3. Die Pflichten des Vermieters bestehen vor allem in der Überlassung des Gebrauches der Sache[4]). Sie hat den von dem Vermieter zugesicherten Eigenschaften, ferner den der Auffassung des Verkehrs gemäß dem Zwecke der Miete entsprechenden Anforderungen zu genügen. Dies begründet eine besondere Art der Gewährleistung des Vermieters[5]). Liegt ein Sach-[6]) oder ein Rechtsfehler[7]) der vermieteten Sache vor, so steht dem Mieter nach seiner Wahl das Recht zu einer Ermäßigung des Mietzinses[8]), zur Beseitigung des Fehlers durch den Vermieter[9]) und gegebenenfalls, wo dies nicht zu dem gewünschten Erfolge führt, wohl

---

[1]) Arg. Budapester Mietsstatut (aus dem Jahre 1909), § 2.

[2]) GA. LIV: 1912 gewährt den Munizipien das reichlich ausgeübte Recht, Mietsstatuten zu erlassen, die nach der Genehmigung des Justizministers und des Ministers des Inneren von den Gerichten angewendet werden müssen (§ 102). Hierdurch versinkt der größte Teil der hier fraglichen Rechtssätze in einen Wust von lokalen Rechtsvorschriften, die allerdings von dem allgemeinen Privatrecht überdacht und demgemäß in allen statutarisch ungeregelten Fragen auch ergänzt werden. So richtig Mj. Dt. IV 317, F. 201; ferner das. IX 299 (F. 291). Die traurigen Folgen der Kriegs- und Nachkriegsverhältnisse zeitigten in Ungarn eine Wohnungsnot von bisher ungeahntem Umfange. Die Wohnungsmiete mußte daher zeitweilig aus dem Bereiche des Privatrechts verschoben werden, was auch ausdrücklich in den Wohnungsverordnungen 2300/1921, § 1 und 8500/1921, Artikel 1 5555/1922 Einleitung ausgesprochen wurde. Heute kommt demnach die Wohnungsmiete durch mehr oder weniger in die Form von privatrechtlichen Rechtsgeschäften gekleidete behördliche Verfügungen (Anforderungen, Wohnungslegitimationen, behördliche Genehmigungen, §§ 8, 14, 13 der an erster Stelle, und Art. 6, 8 der an zweiter, §§ 16 ff. 11, 4, 8 der an dritter Stelle angeführten Verordnungen) zum Entstehen und ist selbst während ihrer Dauer hinsichtlich des Mietzinses §§ 28 ff. der MER. 2300/1921, der Herstellungskosten § 41, der Kündigung §§ 44 ff. bzw. der §§ 49 ff., 63, 68 ff. der VOMER. 5555/1922 überaus strenger behördlicher Kontrolle und unter Umständen tief eingreifenden und auf privatrechtlicher Grundlage nicht zu erklärenden behördlichen Verfügungen unterworfen. Die weiter unten zu entwickelnden privatrechtlichen Grundsätze der Miete kommen bei der heutigen Lage betreffs der Wohnungsmiete nur dann zur Anwendung, wenn die jetzt geltenden verwaltungsrechtlichen und der Notlage entstammenden besonderen Rechtssätze dies zulassen oder doch wenigstens nicht ausschließen.

[3]) Laut dem § 2 des Budapester Mietsstatutes wird bei den Verträgen, deren Dauer ein Jahr übersteigt, bei den bedingten, bei den bezüglich der Kündigungszeit von dem Statut abweichenden, den außer des Mietzinses noch zu anderen Zahlungen verpflichtenden, endlich bei den einen gewissen Zustand des gemieteten Lokales bedingenden Verträgen die Schriftform erfordert.

[4]) Grill Dt. II 2, 933, K. 1902, I. G. 39.

[5]) Klar, doch ohne den Ausdruck der Gewährleistung zu gebrauchen, Mj. Dt. X 309 (F. 187).

[6]) Ungeziefer, Grill Dt. II 2, 933, K. I. G. 39 usw.

[7]) Z. B. das Fehlen der Wohnbarkeitslizens, Mj. Dt. VI 306 (F. 176).

[8]) Arg. der an letzter Stelle angeführte Fall. Selbstverständlich kommen ihm diese Rechte nicht zu, wenn er den Mietsvertrag in dem Bewußtsein des Fehlers abgeschlossen hatte. Arg. Mj. Dt. VI 380 (F. 216). (Ausschließung des durch die behördliche Evakuation verursachten Schadens, wegen des dem Mieter bekannten Zustandes des gemieteten Hauses.)

[9]) Handelt es sich um Fehler minderer Art, so steht ihm nur dieses Recht zu, Mj. Dt. VIII 147 (F. 116).

auch durch ihn selbst[1]), endlich ein Beendigungsrecht des Mietverhältnisses, das sogenannte außerordentliche Kündigungsrecht, zu[2]). Dieses aber nur dann, wenn der Fehler einen wichtigeren Teil oder eine wichtigere Eigenschaft der gemieteten Sache betrifft[3]).

Eine weitere Pflicht des Vermieters ist die Versetzung[4]) und Erhaltung der gemieteten Sache in einen Zustand, der die vertragsmäßige Benutzung derselben ermöglicht[5]). Hierunter sind sowohl die Instandsetzung und Instandhaltung der gemieteten Sache mit Ausnahme der Fütterungskosten von Tieren[6]), das Tragen der ordnungsmäßigen Erhaltungskosten und öffentlichen Lasten[7]), als auch die Zusicherung einer ungestörten Benutzung zu verstehen[8]).

Es ist jedoch nicht ausgeschlossen, daß der Mieter eine oder mehrere dieser Pflichten und Lasten dem Vermieter abnimmt[9]).

Aufwendungen des Mieters, die nicht der Außerachtlassung seiner Pflichten entstammten, hat der Vermieter nur nach der Beendigung des Mietsverhältnisses und gemäß den Vorschriften der Geschäftsführung ohne Auftrag zu erstatten[10]).

4. Die Rechte des Vermieters ergeben sich aus den sogleich zu besprechenden Pflichten des Mieters, bei deren Verletzung er seine Ansprüche geltend machen kann.

Besonders hervorzuheben ist aber das gesetzliche Pfandrecht des Vermieters, das in dem des Zwangsvollstreckungsgesetzes § 72 besonders geregelt wurde.

Dem hierüber schon an anderer Stelle Gesagten[11]) ist noch folgendes hinzuzufügen. Das gesetzliche Pfandrecht des Vermieters erstreckt sich auf alle in dem Gebiete der gemieteten Örtlichkeit befindlichen Fahrnis-

---

[1]) Daselbst.

[2]) Budapester Mietsstatut, § 12.

[3]) Daselbst wird von den die Benutzung der gemieteten Örtlichkeit ausschließenden oder dieselbe in beträchtlichem Maße verhindernden Fehlern gehandelt. Dgl. auch Grill Dt. II 2, 949, K. 1900, I. G. 375.

[4]) Budapester Mietsstatut, § 12, Absatz 1, 11 usw.

[5]) Daselbst vgl. K. 1917, P. II 3962, Mj. Dt. XII 20, F. 17 (Ersatz des Schadens, der bei einem Umbau durch Einstürzen der Kellerwand verursacht wurde).

[6]) Vgl. EUG. § 1247, dessen Fassung auch diesbezüglich heute gelten muß.

[7]) Die dem Zwecke der Miete entsprechenden Wassergebühren, Budapester Tafel, Grill Dt. II 2, 917, 1901 II. G. 52; Mj. Dt. X 311 (F. 188). Instandhaltung des Kanales, Mj. Dt. IX 172 (F. 166). Ausbesserungen eines alten Hauses, Mj. D. V 316, (F. 187). usw. Besonders Pflasterungsgebühren, Mj. Dt. IX 130 (F. 123). Hat der Mieter alle Steuern auf sich genommen, so muß er laut der 58. VE. der Kurie (Grill Dt. II 2, 943) auch die Hauszinssteuer, der mit ihr verbundenen allgemeinen Einkommen- sowie die mit derselben zusammenhängenden Komitats- und Ortssteuern entrichten.

[8]) Nicht nur von seiten seiner selbst, sondern auch von seiten seiner Angehörigen, Mj. Dt. IX 319 (F. 303).

[9]) Üblich ist die Übernahme von Steuern (z. B. die eine Pacht behandelnde Entscheidung K. 1921, P. II 275, Mj. Dt. XIV 95, F. 75). (Bedungen war: „der Zins ist frei von allen öffentlichen Lasten unverkürzt zu bezahlen". K. verurteilte den Pächter auch zur Zahlung der nach Eingehung des Vertrages gesetzlich neu eingeführten Vermögenssteuer.)

[10]) Vgl. EUG. § 1247.

[11]) S. Bd. II S. 75. 78.

sachen, vorausgesetzt, daß diese nicht durch verbotene Handlung in den Besitz des Mieters gelangt waren[1]. Es sichert den halbjährigen Zins, ob dieser nun schon fällig war, oder aber erst während des nächsten halben Jahres fällig sein wird[2]. Nach längerem Schwanken ist die Auffassung der Praxis dahin gelangt, das gesetzliche Pfandrecht auch auf die nötigen Akzessorien des Mietzinses[3] zu erstrecken[4]. Gegen den Aftermieter kann das gesetzliche Pfandrecht des Vermieters nur bis zur Höhe des Aftermietzinses ausgeübt werden[5].

Das gesetzliche Pfandrecht besteht aus zwei Elementen: aus dem Zurückbehaltungsrechte, kraft dessen die Entfernung der Sachen, auf die es sich erstreckt, verhindert werden kann[6], sodann aus dem Befriedigungsrechte, das auf dem Wege der Zwangsvollstreckung und zwar entweder mittels eines besonderen Prozesses und einer ihr folgenden — oder aber in dem Verlaufe einer durch Dritte veranlaßten — Zwangsvollstreckung mittels Anmeldung einer Priorität ausgeübt wird[7]. Da beide Wege nur den Zweck der Befriedigung fördern sollen, müssen die Schranken der letzteren sich auch auf ihr Mittel, das Zurückbehaltungsrecht, beziehen, woraus folgt, daß die der Zwangsvollstreckung entzogenen Sachen auch keinen Gegenstand des gesetzlichen Pfandrechtes bilden können.

Das gesetzliche Pfandrecht geht auf den Erwerber der Mietsforderung auch ohne besondere Vereinbarung über[8]

5. Der Mieter hat dem Vermieter zurzeit der Fälligkeit, die in den Mietsstatuten ausführlich bestimmt ist, den Mietzins oder den sonstigen Entgelt der Miete zu leisten[9]. Üblich ist die Vorleistung, und soweit sich nichts anderes ergibt, die Leistung am Anfange eines jeden Quartals[10].

Die Zinsschuld des Mieters ist gewöhnlich eine dem zweiseitigen Vertrage der Miete entstammende Geldschuld, demnach bei Wegfall der Leistung ordnungsgemäß auch nicht entschuldbar[11]. Gegenüber den Hypothekengläubigern des Vermieters ist der Mieter auf Vorausleistungen bei der Miete an Grundstücken nur insofern berechtigt, als diese das

---

[1] GA. LX: 1881, § 72 letzter Satz.

[2] Daselbst Absatz 2.

[3] Grill Dt. I 598, K. 234/1882, das. K. 1897, I. G. 141 usw. In den letzten Jahren erbrachte die Kurie, wie ich aus unmittelbarer Erfahrung weiß, ebenfalls solche Entscheidungen (V. Senat), doch wurden diese, wie es scheint, nicht veröffentlicht.

[4] Eine Zeitlang schwankte sie.

[5] K. 1916, P. V 7140.

[6] Arg. Grill Dt. I 601, K. 1902, I. G. 184 (Vereitlung des Wegtragens von Blumen als Geltendmachen des gesetzlichen Pfandrechtes).

[7] GA. LX § 72, 119.

[8] Grill Dt. I 602 (Budapester Tafel 30199/1886).

[9] Arg. K. 1916, Pk. V 809/32, wo bezüglich der Pacht dieser Grundsatz auch auf die Nichtgeldleistungen des Pächters (Milchlieferung, Feldarbeit, Eiszufuhr, andere Fuhren) erstreckt wurde. Die letzteren sind demzufolge auch mit dem Privilegium des gesetzlichen Pfandrechtes versehen (a. a. O.).

[10] Bei Monats- und Wochenmieten am ersten Tage des Mietsabschnittes; Budapester Mietsstatut § 8.

[11] Während des Krieges gibt es auch hiervon Ausnahmen. Vgl. Mj. Dt. IX 299 (F. 291).

Maß einer Fristzahlung[1]) nicht übersteigen. Sonst muß er, wenn die Vorauszahlung aus dem Grundbuch nicht ersichtlich war, gegebenenfalls noch einmal leisten[2]).

Versäumt der Mieter die Zahlung des Mietzinses in gehöriger Zeit, so kommt dem Vermieter — sofern er sich dessen durch verspätete Annahme ohne Vorbehalt nicht entäußert hatte[3]) — das Recht zu, die Miete durch ein außerordentliches Kündigungsrecht zu beendigen[4]). Die Ausübung desselben erstreckt sich auch[5]) auf die Aftermieter[6]) und beendigt das ganze Verhältnis, setzt daher auch die etwa während der Mietszeit gewährte frühere Stundung des Mietzinses außer Kraft[7]).

Eine weitere Pflicht des Mieters zur Benutzung der Mietssache, welche für ihn ein Gläubigerrecht bildet[8]), besteht nicht. Andererseits hat er aber beim Gebrauch der Mietsache die den entgeltlichen Geschäften entsprechende Sorgfalt anzuwenden, insbesondere soll er kleinere Ausbesserungen selbst vornehmen, da diese wegen ihrer Geringfügigkeit[9]) dem Vermieter nicht zugemutet werden können[10]). Kraft dieser Sorgfalt hat der Mieter einen vertragsgemäßen Gebrauch von der Sache zu machen und dem Vermieter von allen Veränderungen und Verschlechterungen derselben Nachricht zu geben[11]).

Besteht kein Verbot[12]), so gilt die Aftermiete als erlaubt[13]), doch haftet der Mieter dem Vermieter für die infolge der Aftermiete entstandene Beschädigung der Mietsache[14]). Auch hat sich der Mieter bei der

---

[1]) Auf Grund JKK. I, §§ 21, 156 wurde diesbezüglich der § 1102 des Ö. BGB. in der Praxis als zu Recht bestehend betrachtet, Grill Dt. II 2, 938, K. 1901, G. 67, Mj. Dt. VIII 291 (F. 232). Die Dauer der Frist bestimmt sich nach dem Inhalte des Vertrages.

[2]) Sofern die Gläubiger aus dem Mietszinse Befriedigung erlangen wollen.

[3]) Arg. Grill. Dt. II 2, 925, K. 1898, I. G. 68 (Mietsstatut § 26).

[4]) Grill Dt. II 2, 923, K. 1897, I. G. 202 (Budapester Mietsstatut § 26). Versäumt der Mieter die Zahlung des Zinses, so ist der Vermieter, wenn dies vorgesehen war, zwar berechtigt, doch keineswegs verpflichtet, den Zins der bei ihm befindlichen Kautionssumme zu entnehmen, er kann daher, trotzdem die Kaution seine Zinsforderung deckte, dem Mieter wegen Wegbleibens der Zahlung kündigen. K. 1919, P. II 1660, Mj. Dt. XIII 70, F. 58.

[5]) Sofern keine entgegengesetzte Quellenvorschrift vorhanden ist, wie z. B. in den Moratorialverordnungen.

[6]) Mj. Dt. IX, S. 330 (F. 311).

[7]) Daselbst.

[8]) M. E. nicht ganz klar, PG. §§ 627, 631, die den Anschein erwecken, als ob die Üernahme der gemieteten Örtlichkeit eine Pflicht des Mieters wäre. Dies kann ja bedungen sein, aber ohne besondere Vereinbarung hat man von dem Gegenteil auszugehen.

[9]) Ausbesserungen der Wasserleitungshähne, der Gasuhren, wo diese dem Vermieter gehören, u. dgl. anderes mehr.

[10]) Z. B. Reparatur von Schlüsseln usw.

[11]) Grill Dt. II 2, 941, Budapester Tafel 1899, I. G. 311, Budapester Mietsstatut, §§ 12, 13, wo aber diese Pflicht nicht ganz klar als solche gekennzeichnet wird.

[12]) Grill Dt. II 2, 929. Pozsonyer Tafel 1902, G. 112.

[13]) Anders aber Budapester Mietsstatut § 24, wo eine Aftermiete ohne Bewilligung des Vermieters nur ausnahmsweise erlaubt wird.

[14]) Grill Dt. II 2, 946. Szegeder Tafel 1900, G. 59 (Explosion aus Unachtsamkeit des Angestellten eines Aftermieters).

Aftermiete nicht mit dem Zwecke und den Bestimmungen des Mietsvertrages in Widerspruch zu setzen[1]).

Sodann belasten den Mieter kraft des Mietsverhältnisses mancherlei Duldungspflichten, wie die Pflicht der Duldung des Benutzens der Außenwände des Mietgebäudes[2]), die der Vornahme der Verbesserungen und nötigen Veränderungen der Mietsache[3]) und bei gewissen Mieten[4]) die Duldung dessen, daß gegen Ende der Mietszeit, gewöhnlich schon nach der Kündigung der Vermieter zwecks der Möglichkeit ihrer späteren Verwertung die Mietsache anderen vorzeige[5]) usw.

Endlich hat der Mieter die Mietsache mit dem Ablaufe der Mietszeit dem Vermieter zurückzuerstatten. Die Rückgabe hat den Bestimmungen des Mietvertrages zu entsprechen; sonst gelten sowohl in bezug auf den Zustand, die Zeit und die Art der Übergabe die statutarischen[6]) Vorschriften, gegebenenfalls das Ortsübliche[7]).

All diese Pflichten greifen selbstverständlich nur insoweit Platz, als der Vertrag oder die ihn ergänzenden Statuten[8]) nichts anderes vorschreiben.

6. Liegt eine Pflichtverletzung der einen Partei vor, so kommen ergänzungsweise die Grundsätze des Schuldnerverzuges, der Unmöglichkeit und der Forderungsverletzungen in Anwendung, sofern sie dem bisher Dargelegten nicht widersprechen[9]). Daraus folgt andererseits, daß hier auch der Gläubigerverzug, die dem Gläubiger zur Last fallende Unmöglichkeit und Forderungsverletzung eintreten kann.

7. Erleidet die Sache aus Zufall solche Beschädigung, die die Fortsetzung der Miete unmöglich oder für den Mieter interessenlos macht, so kommt das Mietverhältnis zu einem vorzeitigen Ende, und der Vermieter hat dem Mieter den entsprechenden Teil des Mietzinses zurückzuerstatten[10]). Ihn trifft auch die Gefahr der Verschlechterungen minderer Art und die

---

[1]) Mj. Dt. VI 154 (F. 95): die Erlaubnis, ein ähnliches Geschäft in Aftermiete zu nehmen, berechtigt nicht zu der Aftermiete eines Unternehmens, das der Umgebung des Hauses nicht entspricht.

[2]) Arg. Grill Dt. II 2, 931, K. 6786/1891.

[3]) Z. B. Budapester Mietsstatut, § 18 usw.

[4]) Wohnungsmiete Grill Dt. II 2, 941, doch nur dann, wenn dies zu der fraglichen Zeit keinen Hindernissen begegnet, nicht wenn z. B. die Frau des Mieters zufällig im Negligee war; das. Budapester Tafel 1900, I. G. 33, oder wenn der Vermieter dies zu einer anderen Tageszeit verlangte, als in der hierfür vertraglich oder statutarisch vorgeschriebenen.

[5]) Budapester Mietsstatut, § 36.

[6]) Der Zustand der Mietsache hat, soweit nichts anderes bestimmt ist, dem bei der Übergabe, abgesehen von den Verschlechterungen des ordnungsgemäßen Gebrauches, zu entsprechen.

[7]) Besonders bei Wohnungsmieten wird sich leicht eine Ortsgewohnheit entwickeln, z. B. betreffs der Reinigung der Örtlichkeit vor der Übergabe.

[8]) Die Mietsstatuten, die betreffs der Auto-, Kutschen-, Reitpferden- usw. erlassenen Polizeivorschriften usw.

[9]) Die hier gewöhnlich besonders behandelte Schadensersatzpflicht regelt sich in allem nach den in dem Texte angeführten allgemeinen Vorschriften, erheischt daher keine weiteren Ausführungen.

[10]) Z. B. wegen der Kriegsereignisse, arg. Mj. X 264 (F. 157). Nicht aber auch wegen der schon beim Abschluß des Mietsvertrages vorhandenen Fehler der gemieteten Wohnung, K. 917, P. II 5375, Mj. Dt. XII 185, F. 140.

der zeitweiligen unverschuldeten Unmöglichkeit, die Mietsache zu gebrauchen. Dies berechtigt den Mieter zu einer Minderung des Mietzinses[1]).

Hingegen bleibt es für den Vermieter gleichgültig, ob der Mieter die Miete aus Gründen, die in seiner Person liegen, nicht ausüben kann, es sei denn, daß auch in dieser Beziehung gesetzliche Vorschriften auf das Mietverhältnis einwirken[2]).

8. Das Mietverhältnis kommt sehr oft durch Kündigung zu seinem Ende, weshalb für diese hier auch besondere Rechtssätze gelten.

Vor allem wird das Mietverhältnis von seiten der Mieter als unteilbares, also nur allen gemeinsam[3]) und in dem Umfange der ganzen Miete kündbares[4]) betrachtet, während es von dem Standpunkte des Vermieters aus als subjektiv teilbar angesehen wird, daher von jedem Miteigentümer der vermieteten Sache gekündigt werden kann[5]). Sodann kann die Kündigung unter Umständen gerichtlich erfolgen, was entweder zur Vollstreckbarkeit[6]) oder aber zu einem besonderen Rechtsstreite über die Gültigkeit derselben führen kann[7]).

Ferner schreiben einzelne Mietsstatuten die Annahme der Kündigung vor[8]). Bleibt diese aus, oder wird sie auch durch kein richterliches Urteil überflüssig gemacht, so gilt die Kündigung in diesen Fällen als nicht eingetreten[9]).

Endlich ist die Kündigungszeit, und zwar sowohl die ordentliche Kündigungszeit bei Mietsverhältnissen unbestimmter Dauer, als auch die der außergewöhnlichen Kündigung aller Mietsverhältnisse in der Regel

---

[1]) Z. B. der späten Ankunft der behördlichen Wohnungslizens, wenn der Vermieter die Möglichkeit dem Mieter gegenüber erwähnt hatte (sonst ist der Vermieter laut Mj. Dt. VI 306, F. 176 verantwortlich). Vgl. K. 1917, P. II 3363, Mj. Dt. XII 21, F. 18 („es ist ein Rechtssatz des Mietverhältnisses, daß bei ordnungsgemäßem Gebrauche jeder Schaden, der den Gegenstand der Miete trifft, zu Lasten des Vermieters fällt").

[2]) Nicht so während der Kriegszeit, wo besonders bei Pachtverträgen oft das Gegenteil ausgesprochen wurde, Mj. Dt. X 23 (F. 12) und das. 25 (F. 14).

[3]) Arg. Mj. Dt. IX 166 (F. 162). Die Unteilbarkeit bedeutet jedoch nur eine solche der Pflichten, Rechte kann und soll jeder Mieter, wo es angeht, selbständig ausüben. So z. B. das Recht, das Mietsverhältnis zu verlängern, Mj. Dt. XII 176, F. 132. Eine Verlängerung kann auch stillschweigend erfolgen, doch ist eine solche der bloßen Tatsache, daß der Vermieter für die Zeit, während der der Mieter in dem tatsächlichen Besitze der Wohnung war, hierfür eine dem früheren Zinse entsprechende Summe ohne weiteres annahm, nicht zu entnehmen. K. 1920, P. V 1689, Mj. Dt. XIV 16, F. 21. Der Umstand, daß mehrere voneinander übrigens ganz unabhängige Mieter von Wohnungen desselben Hauses sind, kann unter Umständen zu einer Art loser Rechtsgemeinschaft führen, z. B. betreffs des Betriebes und der Kosten der Zentralheizung, deren Aufrechterhaltung in krisenhaften Zeiten wohl dem Vermieter nicht zugemutet werden kann, die aber die Mehrheit der Mieter für alle übrigen Mieter verpflichtend beschließen dürfen, K. 1921, P. VI 5198, Mj. Dt. XV 53, F. 38 usw.

[4]) Mj. Dt. X 62 (F. 35).

[5]) Grill Dt. II 2, 922. Budapester Gerichtshof 1904, E. III 7. Objektiv in bezug auf den Abschluß des Mietvertrages gilt er auch hier unteilbar, welshalb ein Miteigentümer wohl kündigen, nicht aber auch allein vermieten kann.

[6]) PG. §§ 621ff.

[7]) PG. §§ 628, 631.

[8]) So Budapester Mietsstatut § 35, das den Kündigenden berechtigt, eine schriftliche Anerkennung derselben zu fordern.

[9]) Das. Absatz 2.

statutarisch festgelegt[1]). Andernfalls ist die Kündigungszeit im Zweifel den Fristen für die Mietzinszahlung zu entnehmen[2]).

9. Die Miete kann auch dadurch beendigt werden, daß der Vermieter die Mietsache vor Ablauf der Mietszeit an einen anderen verkauft[3]). Zwar wirkt diese Übertragung nicht schon von selbst als Beendigungsgrund des Mietverhältnisses, doch ist der Käufer dem Mieter gegenüber nicht verpflichtet, bei dem Mietverhältnisse zu verharren, sondern bei allen, demnach auch bei den Mieten bestimmter Dauer mit dem Ablauf des bei dem Verkaufe laufenden Zeitabschnittes für die Mietzinszahlung — gewöhnlich demnach eines Quartales — das Mietsverhältnis mit einem außerordentlichen Kündigungsrechte für das Ende des neuen Zahlungszeitabschnittes zu beendigen[4]). Tut er dies, so hat der Mieter die Sache herauszugeben, doch kann er sich mit seinem Schadensersatzanspruche an den früheren Vermieter halten[5]). Tritt dagegen der Käufer in das Mietsverhältnis ein, so gelten bezüglich der Rechte und Pflichten der Parteien die Bestimmungen des alten Vertrages, bloß die Person des Gläubigers ist eine andere[6]).

War aber das Mietrecht des Mieters in dem Grundbuche eingetragen, so muß der neue Käufer des Grundstückes die Miete auch gegen sich gelten lassen[7]).

§ 14. Die Pacht.

1. Die Pacht ist ein zweiseitiger Vertrag, durch den die eine Partei, der Verpächter der anderen, dem Pächter, gegen Entgelt den zeitweiligen Gebrauch und den Genuß einer fruchttragenden Sache, oder eines solchen Rechtes überläßt[8]).

2. Der Tatbestand des Vertrages ist mit der Vereinbarung gegeben[9]). Er ist — von Ausnahmen abgesehen — formfrei und wird grundsätzlich nach den Vorschriften der Miete behandelt.

3. Der Verpächter ist verpflichtet, den Gegenstand des Pacht-

---

[1]) Z. B. Budapester Mietsstatut §§ 26ff. Das Kündigungsrecht der Wohnungsmiete ist in den angeführten Kriegs- und Notverordnungen außerordentlich beschränkt. Dies entspricht zwar dem öffentlich-rechtlichen Charakter derselben, war auch nicht anders möglich, entfernt jedoch die heutige Notmiete erheblich von dem Privatrechte.

[2]) Arg. Mj. Dt. III 47 (F. 33).

[3]) Mj. Dt. VIII 212, F. 167.

[4]) Daselbst.

[5]) Grill Dt. II 2, 945, F. 1085.

[6]) Folgt aus den angeführten Entscheidungen, die das Verharren in dem Mietsverhältnisse, sofern sich hierzu Gelegenheit bietet, zur Pflicht des Mieters machen, deren Verletzung ihn um den Schadensersatzanspruch bringen kann.

[7]) Ö. BGB. 1095, welcher auf Grund des JKK. I, §§ 21 und 156 auch in Ungarn gilt.

[8]) Die Praxis hält daran fest, daß betreffs der Rechte keine Miet-, sondern nur Pachtverträge geschlossen werden können. So z. B. die Pacht eines mit dem Grundeigentum verbundenen Realapothekenrechts, Mj. Dt. XIII 70, F. 58, K. 1919, P. II 1660. Hingegen hebt GA. XII, 1922 (Novelle zum Gewerbegesetz) § 44, Abs. 3 die Miete der Gewerberealrechte (das Realrecht wird beendigt, wenn der Mieter, oder der Berechtigte es ein Jahr lang nicht ausübt) hervor.

[9]) Eine gegenteilige Praxis fehlt.

vertrages dem Pächter in einem nutz- und brauchbaren Zustand[1]) und zu ungestörter[2]) und ununterbrochener Ausbeutung zu überlassen[3]). Immerhin muß bemerkt werden, daß eine verhältnismäßig kurze Unterbrechung der Gebrauchs- und Nutzungsfähigkeit der Pachtsache unerheblich ist[4]).

Von dieser Ausnahme abgesehen, gilt sowohl bezüglich des Tatbestandes als auch der Folgen der Gewährleistungspflicht[5]) des Verpächters dasselbe wie bei der Miete.

Die Erhaltung der verpachteten Sache in einem Zustande, der die Ausbeutung derselben ermöglicht, ist zwar grundsätzlich die Pflicht des Verpächters, doch hat die ordnungsgemäßen Verbesserungen der Pächter zu bewerkstelligen[6]). Auch wird er des öfteren geneigt sein, die diesbezüglichen Pflichten des Verpächters vertraglich zu übernehmen[7]).

Aufwendungen, die der Pächter auf den gepachteten Gegenstand gemacht hat, muß der Verpächter nur in dem Maßstabe ersetzen, wie der Vermieter[8]); er hat aber wegen der verhältnismäßigen Höhe der hierbei erforderlichen Summen und der nötigen Arbeit dafür zu sorgen, daß der Pächter von seiner etwaigen Kündigungsabsicht noch zu der Zeit erfährt, in der er die Aufwendung noch nicht vorgenommen hatte[9]).

Übrigens ist die bezüglich der Aufwendungen hier gegebene Regel bloß eine dispositive, sie fällt daher fort, wenn in dem Vertrage für die Aufwendungen und das Maß ihres Ersatzes vorgesorgt war[10]).

---

[1]) Ihm gleich steht die Ausrüstung des Pachtgegenstandes mit den zur Ausbeutung nötigen Maschinen, Werkzeugen und anderen Hilfsmitteln: Wasserräder der verpachteten Mühlen, Grill Dt. II 2, 964, K. 1897, I. G. 86 usw.

[2]) Sie liegt auch dann schon nicht vor, wenn die Ausbeutung des Gegenstandes durch behördliche Verfügung ausgeschlossen wird, die der Verpächter verschuldet, oder auch nur wissentlich verursacht hat, Grill Dt. II 2, 968, K. 3809/1900.

[3]) Pachtzinsnachlaß wegen der durch den Krieg verursachten Verspätung des Beginnes der Ausbeutung, Mj. Dt. XI 194 (F. 144).

[4]) Arg. eadem ratione (es handelt sich um einen nicht nach dem Rechte der JKK., sondern des Ö. BGB. zu beurteilenden Fall), Mj. Dt. XI 234 (F. 163).

[5]) Z. B. wegen rechtlicher Mängel der gepachteten Sache (wegen Rechte Dritter an derselben), K. 1921, P. VI 2813, Ü. L. Mj. Dt. I 19, F. 19.

[6]) K. 1917, P. II 7027, Mj. Dt. XII 245, F. 178: „die außergewöhnlichen Verbesserungen und Herstellungskosten größeren Umfanges belasten den Verpächter". Vgl. auch EUG. § 1285.

[7]) Dies gab Anlaß zu mehreren Vollentscheidungen der Kurie: wie die 57, gemäß der der die staatlichen Komitats- und Ortssteuern tragende Pächter auch die Renten- und die allgemeine Einkommensteuer zu tilgen hat, die ferner den Pächter, wenn er die allgemeine Einkommensteuer übernommen hatte, mittelbar auch dazu anhält, daß er über ihre entsprechende Anmeldung von seiten des Verpächters wache usw. Hat der Pächter das Tragen aller öffentlichen Lasten auf sich genommen, so sind hierunter auch die nach Abschluß des Vertrages gesetzlich neu eingeführten zu verstehen. So z. B. die neu eingeführte Vermögenssteuer, K. 1921, P. III 275, Mj. Dt. XIV 95, F. 75. Die neuesten Gesetze zeigen die Tendenz, Steuern, welche die Liegenschaft betreffen, wenigstens teilweise dem Pächter aufzuerlegen.

[8]) K. [1921, P. VI 3082 (MT. Bd. 3 S. 177, F. 144)] urteilte diese in der der Geldentwertung entsprechenden Höhe zu.

[9]) Mj. Dt. XI 41, (F. 53).

[10]) Üblich ist die Bedingung, daß die von dem Pächter während der Dauer einer langfristigen Pacht aufgeführten Gebäude in das Eigentum des Verpächters übergehen usw.

4. Das gesetzliche Pfandrecht des Verpächters ist von dem des Vermieters in zwei Richtungen verschieden. Einmal deckt es eine Pachtschuld größeren Umfanges — erstreckt es sich doch auf eine einjährige, sei es schon fällige, sei es erst in der unmittelbaren Zukunft fällig werdende[1]) Pachtzinsrate — sodann ergreift es nicht alle auf dem Gebiete der gepachteten Sache befindlichen Sachen, sondern nur die dort vorfindbaren Erzeugnisse, wirtschaftlichen Ausrüstungen und Zugtiere[2]).

5. Den Pächter belastet vor allem die Pflicht der Zahlung des fälligen Pachtzinses.

Hierüber gelten zwar die bei der Miete ausgeführten Grundsätze, doch mit einigen der Natur der Pacht entsprechenden Abweichungen.

Nach den Erfahrungen der Kriegs- und Nachkriegszeit muß heute schon der Rechtssatz behauptet werden, daß ein plötzlicher, allgemeiner und krisenhafter Umschwung der wirtschaftlichen Verhältnisse den Parteien das Recht verleihe, für die Dauer desselben eine den tatsächlichen Verhältnissen entsprechende Modifizierung des Vertrages und besonders des in demselben bestimmten Pachtzinses zu erwirken[3]).

Da der Pachtvertrag die wirtschaftsgemäße Ausbeutung seines Gegenstandes bezweckt, kann eine Pachtermäßigung nur dann angenommen werden, wenn der Pachtgegenstand während einer wirtschaftsgemäßen Ausbeutungsfrist nicht brauchbar war[4]). Sodann ändert sich die ursprüngliche Natur der Geldschuld des Pächters insoweit, als bei der Unmöglichkeit, die Bearbeitung oder eine sonstige Ausbeutung des gepachteten Gegenstandes vorzunehmen, selbst dann eine Entschuldbarkeit der Nichterfüllung anzunehmen ist, wenn diese auf die subjektiven Umstände des Pächters zurückzuführen ist[5]).

Endlich umfaßt die Pachtzeit, ganz unabhängig von den Zahlungsfristen des Pachtzinses, im Zweifel ein Wirtschaftsjahr, was hinsichtlich der Kündigung zu der praktischen Folge führt, daß diese auf das Ende des Wirtschaftsjahres als der normalen Ausbeutungsfrist der gepachteten Sache zu beziehen ist[6]).

Da die Pacht das Mittel ist, die wirtschaftliche Ausbeutung der fruchttragenden Sachen nicht nur dem Pächter, sondern auch dem Verpächter und — wenn man nach den Kriegserfahrungen diese Behauptung wagen

---

[1]) GA. LX: 1881, § 72.

[2]) Daselbst, auch dann, wenn sie das Eigentum des Afterpächters sind, Grill Dt. II 2, 963, K. 1897, I. G. 473. Man muß aber auch hier die Grenze des Afterpachtzinses ziehen. Arg. der bei der Miete angeführte Fall, K. 1916, P. V 7140.

[3]) Jetzt ist dies gewöhnlich eine Erhöhung des Pachtzinses. Die Verordnungen 820/1920, 5440/1920, 6270/1921, 5776/1922, 8100/1922 usw., die eine derartige Änderung auf den Weg eines besonderen Verfahrens wiesen, sind instinktive Äußerungen der Wirkungen der clausula rebus sic stantibus und dürften wohl in der Praxis bleibende Spuren hinterlassen. Ihnen ist die Zulässigkeit einer Ermäßigung ebenfalls zu entnehmen.

[4]) Grill Dt. II 2, 976. Pozsonyer Tafel 1901, G. 55. Bei langfristigen Pachtverträgen selbst dann nicht. Das. Györer Tafel 1901, G. II 64, S. 982. Wurde eine Ermäßigung wegen Elementarschaden ausgeschlossen, so kann sie bei Schaden von katastrophalem Umfange dennoch Platz greifen (z. B. wegen Überschwemmung eines beträchtlichen Teiles des Pachtgutes. K. 1918, P. II 4278, Mj. Dt. XIII 49, F. 40).

[5]) Während der Kriegspraxis mehrfach ausgesprochen. So wegen Militärdienstes des Pächters bei der Pacht eines Apothekerrechtes, Mj. Dt. X 26 (F. 14).

[6]) S. weiter.

darf — sogar der Allgemeinheit zu sichern, muß die Ausbeutung des gepachteten Gegenstandes den Regeln der ordentlichen Wirtschaft gemäß[1]) als eine reine Schuldnerpflicht des Pächters angesprochen werden. Er hat sich hierbei selbstverständlich an den Vertrag zu halten, dessen diesbezügliche Vorschriften wegen ihrer Wichtigkeit im Zweifel als solche anzusehen sind, die unter dem Drucke des außerordentlichen Kündigungsrechtes eingehalten werden müssen[2]).

Besonders hat sich der Pächter davor zu hüten, die Art oder das Maß der Ausbeutung eigenmächtig zu ändern[3]), was umso mehr zu beachten ist, als die Praxis in dieser Beziehung — wie übrigens bei den meisten übrigen Rechten und Pflichten des Pächters — eine Gesamthaftung mehrerer Mitpächter annimmt[4]).

Daß die Ausbeutung der eigentliche in dem gemeinsamen Interesse des Verpächters und des Pächters liegende Kern des Pachtvertrages ist, ergibt sich auch aus der Auffassung der Praxis, nach welcher der partiarische Vertrag im Zweifel[5]) nicht als Dienst- oder Werkvertrag, sondern als Pachtvertrag betrachtet wird[6]). Dies beweisen auch die den Pachtverträgen durchaus eigentümlichen Meliorationsverpflichtungen, die sich besonders auf die Düngererzeugung und -verwertung beziehen. Sind jedoch keine anderen Vorschriften vorhanden, so kann der Pächter das in dem letzten Jahre erzeugte Stroh nach Ablauf der Pacht nur dann wieder fortschaffen, wenn die diesbezüglichen Erfordernisse des Pachtgrundstücks schon gedeckt sind[7]).

Im übrigen sind betreffs der Benutzung, der Afterpacht, der Duldungs- und anderen Pflichten des Pächters die Grundsätze der Miete entsprechend anzuwenden.

7. Bezüglich der Rückgabepflicht ist die Pacht mit Übernahme der landwirtschaftlichen Einrichtungen, Tiere und Ausrüstungen besonders hervorzuheben.

Handelt es sich um Sachen, die der Pächter bloß nach Zahl, Art, Güte und Gewicht zurückzuerstatten hat, so sind die bei der Beendigung der Pacht vorhandenen Sachen zu leisten, die nicht schlechterer, wohl aber besserer Art und Güte sein dürfen[8]), als die ursprünglich übernommenen. In diesem Falle ist zwar kein Eigentum des Pächters[9]) anzunehmen, wohl

---

1) Mj. Dt. VIII 151, (F. 119).

2) Daher Rücktritt des Vermieters wegen Versäumnis der Herbstsaat, Grill Dt. II 2, 1006, K. 1902, I. G. 108. K. 1921, P. VI 616, Mj. Dt. XIV 74, F. 59 (Kündigung wegen Vernachlässigung des Düngens und Strohausfuhr in einem Maße, welches den ordentlichen Wirtschaftsbetrieb gefährdet).

3) Arg. Grill Dt. II 2, 1002, K. 219/1904, das. 1008, K. 1902, I. G. 252 usw.

4) Arg. Grill Dt. II 2, 977, K. 1903, G. 566.

5) Mj. Dt. IX 196 (F. 192), das. V 94 (F. 54) usw.

6) Bei den Tabakarbeitern z. B., Mj. Dt. IX 266 (F. 258), K. 1920, P. II 491, Mj. Dt. XIII 97, F. 75.

7) Dünger, Stroh und Heu hat der Pächter nach den Bedürfnissen einer ordentlichen Wirtschaft zurückzubelassen, er kann jedoch die Erstattung ihres Wertes fordern, K. 1917, P. II 4090, Mj. Dt. XII 107, F. 86.

8) Daselbst Grill Dt. II 2, 989, K. 1902, I. G. 166.

9) Dies würde seinen Gläubigern auf Kosten des Verpächters, der nur hinsichtlich seines Pachtzinses durch das gesetzliche Pfandrecht gesichert erscheint, ein unbilliges Befriedigungsrecht verleihen.

aber ein Recht desselben, die erwähnten Sachen während der Dauer der Pacht zu veräußern[1]).

Die Rückgabe hat mit dem Ende der Pachtzeit, oder mit der Beendigung des Rechtes des Verpächters[2]), doch immer nur in entsprechender Zeit, also mit dem Ende des Wirtschaftsjahres[3]), oder wenigstens einer dem Pächter bewilligten und die Ausräumung des Pachtgebietes ermöglichenden Frist[4]) zu erfolgen

Die Vorbereitung der Übernahme hat der Pächter zu gestatten[5]) und der Verpächter rechtzeitig vorzunehmen[6]). Die Kündigungsfrist beträgt im Zweifel 6 Monate und läuft mit dem Ende des Wirtschaftsjahres ab[7]).

Der Verkauf der Pachtsache wirkt ebenso wie der der Mietsache[8]). Dies gilt sowohl hinsichtlich des gebuchten wie des ungebuchten Pachtvertrages an Grundstücken. Die Eintragung eines solchen ist durchaus nicht selbstverständlich, sondern muß ausdrücklich vereinbart werden[9]).

§ 15. Der Dienstvertrag.

1. Der Dienstvertrag ist ein zweiseitiger Vertrag, durch den die eine Partei, der Dienstverpflichtete, sich gegen Entgelt der anderen, dem Dienstberechtigten, zu einer seine körperliche oder geistige Arbeitskraft in Anspruch nehmenden Tätigkeit verpflichtet[10]).

Dem Dienstvertrage wurde im ungarischen Rechte bisher von allen schuldrechtlichen Verträgen die ausführlichste gesetzliche Regelung zuteil, doch geschah dies in Einzelgesetzen[11]), von denen jedes nur eine be-

---

[1]) Dies muß wohl angenommen werden.

[2]) Z. B. des Nutznießers, Grill Dt. II 2, 1007, K. 1902, I. G. 714.

[3]) Arg. Grill Dt. II 2, 1003, K. 1903, G. 138. Dann nicht, wenn der Verpächter infolge der Vertragsverletzung des Pächters den Vertrag durch außerordentliche Kündigung löste. In diesem Falle kommen die Nutzungen dem Verpächter zu, der Pächter hat bloß ein Recht auf Erstattung der nötigen und nützlichen Aufwendungen, K. 1919, P. II 491, Mj. Dt. XIII 97, F. 75.

[4]) Vgl. den in Anmerkung 3 angeführten Fall.

[5]) Er muß daher im letzten Pachtjahre die zur nächstjährigen ordentlichen Wirtschaft nötigen Arbeiten gestatten, hat den hierzu benötigten Tieren und Geräten Stall bzw. Räumlichkeiten anzuweisen, K. 1919, P. II 1607, Mj. Dt. XIII 72, F. 60 usw.

[6]) Soll die Kündigung als zeitgemäß anerkannt und wirksam werden, so hat der Verpächter seinen diesbezüglichen Entschluß rechtzeitig und so wissen zu lassen, daß der Pächter vor unnötigen Auslagen verschont bleibe und Gelegenheit habe, seine mit der Pacht zusammenhängenden Verhältnisse zu ordnen, K. 1918, P. II 1789, Mj. Dt. XIII 107, F. 83.

[7]) Grill Dt. 973, II 2, K. 1898, G. 62, K. 1917, P. II 5884, Mj. Dt. XII 24, F. 19.

[8]) Grill Dt. II 2, 997, K. 1899, G. 171, K. 1919, P. II 1789, Mj. Dt. XIII 107, F. 83.

[9]) Ohne besondere Verpflichtung gibt es keine Buchungspflicht, Mj. Dt. VIII 8 (F. 4).

[10]) Anders, doch für das geltende Recht wohl unanwendbar, EUG. § 1300, wo die Dienste hervorgehoben und zwischen den niederen und höheren Dienstverträgen (Intelligenzdienstverträge gehören im Zweifel nicht unter die Vorschriften des Dienstvertrages) unterschieden wird.

[11]) Dienstvertrag des Advokaten, GA. XXXIV: 1874, §§ 54 ff., der Dienstboten, XIII: 1876, der verschiedenen Arten der landwirtschaftlichen Arbeiter, Waldarbeiter, 1900, XXXVII, der Tabakarbeiter und Tabakgärtner, XXIX, 1900,

stimmte Art der Dienstverträge behandelt, so daß die allgemeinen Grundsätze des Dienstvertrages ihnen nur in ganz großen Umrissen zu entnehmen sind.

2. Der Tatbestand des Dienstvertrages ist mit der Vereinbarung, die oft nicht eine unmittelbare, sondern bloß dem ganzen Tatbestande zu entnehmende mittelbare ist, gegeben[1]). Eine Form des Vertrages ist — von ganz seltenen Ausnahmen abgesehen[2]) — nicht erforderlich.

3. Den Dienst- und Werkverträgen geht in der neueren Zeit sehr oft ein sogenannter Tarifvertrag voraus, der hauptsächlich die Höhe und die Berechnungsart des Arbeitslohnes aller künftigen Arbeitsverträge einer gewissen Art, an einem gewissen Orte und für eine bestimmte Zeit regelt. Die Natur dieser Tarifverträge ist noch nicht genügend geklärt. Man kann sie wohl als für die Zukunft wirkende, die Auslegung der umschriebenen Werk- und Dienstverträge feststellende Verträge zugunsten der Dienstverpflichteten betrachten. Ob man nun dieser Auffassung beipflichtet oder nicht, so bleibt doch unzweifelhaft, daß eine Korrektur der gegen die Tarifverträge verstoßenden Dienst- oder Werkverträge der fraglichen Art bisher, in Ermangelung einer diesbezüglichen Quellenstelle und Praxis, nicht anerkannt werden kann, daß aber auch die allgemeine Auffassung die Bestimmungen der Tarifverträge als gültig und maßgebend betrachtet, wenn die Vereinbarungen der Parteien sich ausdrücklich auf sie stützen oder sie stillschweigend voraussetzen.

4. Die Pflicht des Dienstberechtigten besteht in der Leistung des Entgeltes, der gewöhnlich im voraus bestimmt wird, sich aber oft aus den Umständen des Falles ergibt[3]).

Ist das Gegenteil nicht ausbedungen, so hat der Dienstberechtigte den Entgelt des Dienstvertrages: den Lohn nachträglich zu entrichten. Die Zahlungsfristen sind dem Vertrage, eventuell den Tarifverträgen oder der ortsüblichen Gewohnheit, zu entnehmen[4]).

---

der wirtschaftlichen Unternehmer und Hilfsarbeiter, XLII: 1899, des landwirtschaftlichen Beamten, XXVII: 1900, der landwirtschaftlichen Dienstboten, XLV: 1907, der Handelsangestellten und industriellen Angestellten GA. XVII: 1884 (Industriegesetz), ferner GA. XII, 1922. Novelle zum Gewerbegesetz, § 73ff.

[1]) Z. B. wenn jemand die Hauswirtschaft eines Hagestolzen in dem Bewußtsein versieht, daß er die betreffende Person testamentarisch bedenken wird, was dann wegen Fehlens eines Testamentes (oder wegen der Ungültigkeit desselben) nicht eingetreten ist, Mj. Dt. VI 333 (F. 193), oder wenn die Braut monatelang die Hauswirtschaft des Bräutigams führt und die beabsichtigte Heirat wegbleibt. In diesem Falle kann die ehemalige Braut für die geleisteten häuslichen und wirtschaftlichen Dienste Entlohnung beanspruchen, K. 1918, P. III 1599, Mj. Dt. XII 218, F. 162. Handelt es sich aber um eine Verwandte, die ähnliche Dienste geleistet hatte, so ist hierzu eine besondere Vereinbarung erforderlich, K. 1918, P. II 6415, Mj. Dt. XII 287, F. 209.

[2]) Z. B. bei den Arbeitsverträgen der Tabakgärtner, die vor dem Ortsvorstand in Schriftform abzuschließen sind, GA. XXIX: 1900, § 8 usw. Lehrlingsvertrag: Abschluß vor der Gewerbebehörde, §§ 76ff, G. A. XII, 1922.

[3]) Vgl. GA. XXXIV: 1874, § 54, der dem Advokaten für seine Mühewaltung ein „passendes Honorar" zuspricht. Fehlt die Verpflichtung hierzu, so liegt eben ein anderer Vertrag vor. So bei Familienmitgliedern, die in einem gemeinsamen Haushalte leben (z. B. Mj. Dt. XII 287, F. 209, K. 1918, P. II 6415), auch dann, wenn der Sohn mit seiner ganzen Familie in der väterlichen Wirtschaft arbeitete (ständige Praxis).

[4]) Arg. GA. XXIV: 1874, § 54, GA. II: 1898 (über landwirtschaftliche Arbeiter), § 11 usw., die von Vorschüssen sprechen, daher stillschweigend davon ausgehen, daß die Entlohnung des Dienstverpflichteten nachträglich erfolgt.

Der Inhalt der Lohnleistung wird gewöhnlich eine Geldschuld des Dienstberechtigten bilden. In Ermangelung einer gegenteiligen Vorschrift[1]) kann aber der Lohn auch in jeder anderen Vermögensleistung bestehen.

Die Pflicht, der Lohnforderung Genüge zu leisten, wird durch den Gläubigerverzug des Dienstberechtigten nicht berührt[2]). Sie bleibt unter Umständen auch dann aufrecht, wenn der Dienstverpflichtete seinen Pflichten aus anderen nicht durch ihn zu vertretenden Gründen nicht nachkommen kann[3]).

Dies ist besonders dann der Fall — doch nur für eine beschränkte und in den Quellen genau bestimmte Zeit — wenn der Dienstberechtigte durch Krankheit oder durch unverschuldete Beendigung des Dienstvertrages verhindert ist, die verpflichteten Dienste zu leisten[4]).

Da die Dienstleistungen des Vertrages mit der Person des Dienstverpflichteten in mehr oder minder festem Zusammenhange stehen, diese aber nach der modernen Rechtsauffassung ein den vermögensrechtlichen Werten in jeder Hinsicht überlegenes Rechtsgut darstellt, beschränkt sich der Pflichtenkreis des Dienstberechtigten nicht nur auf die Leistung des Entgeltes, sondern umfaßt auch sehr oft die Fürsorge für die Person des Dienstverpflichteten. Der Umkreis dieser Pflichten ist natürlich bei den einzelnen Arten des Dienstvertrages sehr verschieden. Er kann sich auf die kleinsten Einzelheiten, wie auf Wohnung, die Art der Beheizung, des Ein- und Ausziehens des Dienstverpflichteten beziehen[5]), oder aber sich in ganz großen Allgemeinheiten bewegen, wie etwa bei dem Dienstvertrage des Handelsangestellten[6]). Wie es aber auch in dem Gesetze ausgedrückt ist, der Dienstberechtigte hat besonders bei den länger andauernden und eine häusliche Gemeinschaft des Dienstverpflichteten voraussetzenden Verträgen alle diejenigen Anordnungen zu treffen, die in Rücksicht auf die Gesundheit und Sittlichkeit des Dienstverpflichteten erforderlich sind, ferner hat er bei manchen Dienstverträgen für die geistige Fortbildung des Dienstverpflichteten zu sorgen[7]).

Bei den Dienstverträgen niederer Art hat der Dienstherr dem Dienstverpflichteten und seinen Angehörigen eine über die allgemein übliche, stillschweigende Achtungspflicht[8]) insofern hinausgehende Achtung zu

---

[1]) Verboten ist er z. B. bei den landwirtschaftlichen Arbeitern, GA. II: 1898, § 32 usw. (Ausgenommen sind bloß partiarische Lohnvereinbarungen, § 10.)

[2]) Grill Dt. II 2, 1017. Kassaer Tafel 1901, I. G. 88. Wurde jedoch der Dienstberechtigte ohne seine Schuld durch unvorhersehbare katastrophale wirtschaftliche Umwälzungen daran verhindert, die Dienstleistungen weiter in Anspruch zu nehmen, mußte er z. B. das Zeitungsunternehmen infolge der Revolution und der Proletarierdiktatur, die seinen völligen wirtschaftlichen Zusammenbruch herbeiführten, auflassen, so wird hierdurch zugleich der Dienstvertrag, und zwar ohne Anspruch auf Schadensersatz, aufgehoben bzw. ihm ein Recht auf sofortige außerordentliche Kündigung verliehen, K. 1921, P. II 356, Mj. Dt. XIV 61, F. 52.

[3]) Z. B. wegen Krankheit, GA. XIII: 1876, § 56, wenn der Dienstbote ohne rechtlichen Grund entlassen wurde.

[4]) Krankheit, z. B. bei den Handelsangestellten, GA. XVII: 1884, § 94 e), f).

[5]) S. GA. II: 1898, § 34.

[6]) So GA. XVII: 1884, § 98, GA. XII: 1922, §§ 93, 94.

[7]) So besonders die Dienstverträge der Lehrburschen, §§ 93, 94, GA. XII: 1922.

[8]) S. das hierüber bei den angeführten Rechtsinstituten Gesagte.

erweisen[1]), als bei ihrer Verletzung zu Lasten des Dienstherrn das Dienstverhältnis beendet werden kann. Andererseits hat aber auch der Verpflichtete eine entsprechende Achtung dem Dienstherrn zu erweisen[2]).

Weiteres über die Pflichten der Dienstherren ließe sich nur noch bei der hier nicht möglichen Behandlung der einzelnen Arten der Dienstverträge sagen.

Der erwähnte Pflichtenkreis bezweckt die Erhaltung des Dienstverpflichteten, ist daher jus publicum[3]).

Sowohl der Dienstberechtigte als auch der Dienstverpflichtete haben der entgeltlichen Natur des Dienstvertrages entsprechend die ihnen obliegenden Pflichten mit der in dem Verkehr erforderlichen und üblichen Sorgfalt zu erfüllen[4]).

5. Der Dienstverpflichtete hat die übernommenen Dienste nach den Regeln einer ordentlichen Wirtschaft und wo die Verrichtung derselben eine gewisse Vorbildung voraussetzt und er dieselbe für sich behauptet hat, oder sie bei ihm vorausgesetzt werden konnte, auch nach den Regeln der betreffenden Sachkunde[5]) zu verrichten.

Läßt es die Art der Dienste zu, so muß der Dienstverpflichtete die Anweisungen des Dienstberechtigten befolgen, besonders dann, wenn dieser ein Fachmann ist, aber doch nur innerhalb der Grenzen des Schutzes seiner eigenen Person, also dann nicht, wenn er durch die Anweisungen des Dienstherren sich einer Gefahr aussetzen müßte[6]).

6. Eine Pflichtverletzung führt, wenn sie nicht weitere Folgerungen hat, zu dem Ersatz des durch die verursachten Schadens[7]). Ist sie schwerwiegend, so hat sie die Auflösung des Dienstvertrages zu Ungunsten des Pflichtverletzenden zur Folge[8]). Im übrigen finden die Vorschriften des Gläubiger- und Schuldnerverzuges, der Unmöglichkeit der Leistung und der Forderungsverletzungen nach den bei den zweiseitigen Verträgen geltenden Grundsätzen Anwendung.

---

[1]) GA. XIII: 1876, §§ 2, 39, 45, 46, 47, erfordern betreffs der Dienstboten noch viel mehr Unterordnung unter den Dienstberechtigten, die in dem Hausrechte des Dienstgebers, welches ihn zu einer Zurechtweisung des Dienstboten berechtigt, ihren Kulminationspunkt erreicht.

[2]) GA. XIII: 1876, §§ 2, 39, 45, 46, 67 (Dienstbote), GA. XII: 1922, § 95 (Lehrling).

[3]) Arg. GA. XVII: 1884, § 98, GA. XII: 1922, §§ 93, 94 usw., die unverkennbar jus publicum enthalten.

[4]) Arg. betreffs des Dienstverpflichteten, Grill Dt. 1018, II 2, K. 1902, I. G. 490 (Schadensersatz wegen Unachtsamkeit pflichtvergessener Nachtwächter), ferner betreffs des Dienstberechtigten, § 92, GA. XII: 1922, der deligentia boni patris familiae vorschreibt.

[5]) Arg. GA. XXXIV: 1874, §§ 68, 69, die die Lässigkeit als eine Pflichtverletzung des Rechtsanwaltes behandeln.

[6]) Nicht belastet ihn diese Pflicht, wenn er Fachmann ist und der Dienstberechtigte Laie. Arg. GA. XXXIV: 1874, § 49, der nichts darüber sagt.

[7]) GA. XIII: 1876, § 38 usw., betreffs des Dienstverpflichteten. Schadensersatz wegen unrechtmäßiger Kündigung von seiten des Dienstberechtigten, Grill Dt. II 2, 1024, 446/1899 usw. Kündigung, die aber die Angabe der als Kündigungsgrund dienenden Pflichtverletzung zu enthalten hat. Mj. Dt. I 298 (F. 194).

[8]) Manchmal wie in dem angerufenen Falle, wird schriftliche Kündigung erfordert, GA. XXVII: 1900, § 16 (bei wirtschaftlichen Beamten).

7. Von den Änderungstatsachen des Dienstvertrages[1]) sei die Verrichtung der Dienste durch einen Dritten und besonders durch einen Stellvertreter des Dienstverpflichteten erwähnt.

Sie ist zwar im Zweifel nicht gestattet, muß daher vereinbart sein, doch kann sich die Vereinbarung aus dem ganzen Tatbestande des Vertrages auch mittelbar ergeben.

8. Betreffs der Aufhebungstatsachen gilt das über die Beendigung der Schuldverhältnisse Gesagte; doch muß noch einiges über den Tod und die Kündigung als Aufhebungsgründe des Dienstvertrages gesagt werden.

Der Tod der Parteien beendigt im Zweifel[2]) den Dienstvertrag.

Die Kündigungszeit ist in den meisten Einzelgesetzen in dispositiven Rechtsvorschriften festgelegt[3]). Fehlt sowohl eine Vereinbarung der Parteien, als auch ein dispositiver Rechtssatz, so kommt vor allem die ortsübliche Kündigungszeit in Betracht. Ist auch eine solche Gewohnheit nicht vorhanden, so muß bei den höheren Intelligenzverträgen[4]) eine einjährige Kündigungszeit, bei Dienstverträgen mittelmäßiger Art[5]) eine dreimonatliche und bei den Dienstverträgen niederer Art[6]), eine ihren Lohnzahlungsterminen entsprechende Kündigungszeit angenommen werden.

9. Hie und da, doch keineswegs grundsätzlich und durchgreifend, erscheint ein besonderer Schutz der dem Dienstvertrage entstammenden Forderungen. Dieser äußert sich in Zurückbehaltungsrechten[7]), gesetzlichen Pfandrechten[8]) und in vorzugsweiser Befriedigung im Konkurse des Schuldners[9]).

Dieser besondere Schutz kann sowohl den Lohnforderungen des Arbeitsverpflichteten, als auch einzelnen Schadensersatz- und Rückforderungen des Dienstberechtigten zuteil werden.

§ 16. Der Werkvertrag.

1. Der Werkvertrag ist ein zweiseitiger Vertrag, durch den sich die eine Partei, der Unternehmer, der anderen, dem Besteller, für Entgelt zur Herstellung eines arbeitlichen Erfolges verpflichtet[10]).

---

[1]) S. dort.

[2]) GA. XII: 1922, § 96.

[3]) So GA. XIII: 1876, §§ 64ff., XVII, 1884, § 92 usw.

[4]) Mj. Dt. I 139 (F. 96) betreffs des ständig mit jährlichem Honorar angestellten Rechtskonsulenten (doch Mj. Dt. IX 121, F. 116 nur drei Monate, wenn sich die Tätigkeit eines angestellten Advokaten auf den Wirkungskreis eines Advokaturkandidaten beschränkte), ein Jahr bei dem Redakteur einer Zeitung, Budapester Tafel 1966/1899, Grill Dt. II 2, 1021 usw., ebenso Mj. Dt. XII 161, F. 123 (vertraglich bestellter Presseberichterstatter des Ministeriums) usw.

[5]) S. Anmerkung 4.

[6]) Ein anderer Anhaltspunkt ist schwer aufzufinden.

[7]) Des Dienstberechtigten betreffs des Lohnes bis zur Höhe des durch den Dienstberechtigten verursachten Schadens, z. B. GA. XXVIII: 1900, § 33 usw.

[8]) Des Dienstverpflichteten betreffs der Lohnforderung auf die infolge des Dienstvertrages in seinen Gewahrsam geratenen Sachen, GA. XLII:1899, § 10 usw.

[9]) KG. § 57, Punkt 2 verleiht den Künstlern, Fabrikanten, Industriellen und Arbeitern hinsichtlich ihres Lohnes und ihrer Ausgaben ein besonderes Befriedigungsrecht.

[10]) In der ungarischen Praxis wird dieser Vertrag noch immer mit Vorliebe locatio conductio operis genannt.

Der Tatbestand des Vertrages ist mit der Vereinbarung gegeben. Eine Form ist nicht erforderlich.

2. Der Unternehmer ist verpflichtet, den Erfolg und zwar, soweit das Gegenteil nicht ausbedungen wurde, mittels persönlicher Arbeit herbeizuführen[1]). Hierbei haftet er für die Mängel des Werkes[2]) nach den Grundsätzen der im Verkehr erforderlichen Sorgfalt[3]), und wenn es sich um die Herstellung eines Fachgewandtheit voraussetzenden Werkes handelt, sogar auch noch darüber hinaus. Es belastet ihn nämlich auch die Verpflichtung, den Besteller über die bei seinen Anordnungen befindlichen Unzweckmäßigkeiten und technischen Fehler aufzuklären[4]).

Hat das Werk Mängel, so kommt dem Besteller vor allem das Recht zu — vorausgesetzt, daß er es nicht durch unbedingte Annahme des Werkes auf dem Wege des stillschweigenden Verzichtes[5]) verloren hatte, die nachträgliche entsprechende Ausbesserung desselben zu fordern[6]), oder sofern der Unternehmer dies verweigert, auf dessen Kosten[7]) selbst vornehmen zu lassen[8]), sodann eine entsprechende Minderung des Arbeitslohnes zu bewirken[9]), und endlich hat er auch das Recht, wenn es sich um nicht zu beseitigende Mängel handelt, oder wenn der Unternehmer die Beseitigung[10]) verweigert, von dem Vertrage zurückzutreten. Liegt ein Vertragsbruch des Unternehmers vor, so kommt dem Besteller auch das Recht eines vollständigen Schadensersatzes zu[11]).

Handelt es sich um solche Mängel, die dem durch den Besteller gelieferten Stoffe entstammen, so haftet der Unternehmer nur dann für sie, wenn er sie bei Anwendung der erforderlichen Sorgfalt kennen mußte und es demnach unterließ, den Besteller auf sie aufmerksam zu machen[12]).

---

[1]) Dies folgt aus dem Zusammenhange der Leistung mit der Person des Unternehmers.

[2]) Vgl. die weiter unten zu besprechende 84. grundsätzliche Entscheidung der kgl. Kurie.

[3]) Arg. eadem ratione Grill Dt. II 2, 1018, K. 1902, I. G. 490.

[4]) Er hat daher den nicht sachverständigen Bauherrn über die Fehler des Bauplanes sowie auch darüber aufzuklären, daß das von dem Bauherrn gelieferte Baumaterial: Kalk, Erdmaterial, Zement usw. nicht entspricht. Versäumt er dies, so hat er die hierdurch und besonders die durch die nötigen Verbesserungen verursachten Unkosten und Ausgaben zu tragen, K. 1918, P. II 2634, Mj. Dt. XIII 22, F. 17.

[5]) So versagte die Kurie auf Grund dieser Versäumnis das Recht der nachträglichen Ausbesserung, Grill Dt. II 2, 1050, K. 1900, G. 158.

[6]) So hinsichtlich der mangelhaften oder vertragswidrigen Lieferung des Werkes, 84. grundsätzliche Entscheidung der Kurie, K. 1920, Rp. II 1883, Mj. Dt. XIV 12, F. 16, will sogar von einer diesbezüglichen Pflicht des Bestellers wissen. Versäumt er diese, so hat er den sich hieraus ergebenden Schaden selbst zu tragen (besonders bei Bauverträgen praktisch).

[7]) Arg. Mj. Dt. IV 25, F. 11.

[8]) S. daselbst.

[9]) S. Anmerkung 6.

[10]) S. 84. grundsätzliche Entscheidung der Kurie.

[11]) So schon bei dem Schuldnerverzuge des Unternehmers, Mj. Dt. IX 251, F. 244, wo die Vertragsstrafe für verfallen erklärt wird, wenn der Auftraggeber sich bloß das Schadensersatzrecht vorbehalten hatte.

[12]) Arg. Grill Dt. II 1047, Budapester Handels- und Wechselgericht 1899, E. 142, wo die Gefahr dessen, ob das zur chemischen Reinigung gegebene Kleid den chemischen Prozeß aushält, nur mit der Begründung, daß man dies vor dem

Den Umfang der zur Herbeiführung des Erfolges nötigen Arbeit hat der Unternehmer von vornherein zu kalkulieren, hat er sich hierbei geirrt, so kann er auf Grund dessen keine Mehrkosten anrechnen[1]). Handelt es sich jedoch um eine auf Grund des von dem Unternehmer zusammengestellten oder angenommenen Kostenvorschlages ausgeführte Arbeit und waren die zur Ausführung nötigen Arbeitsstoffe nach Einheitspreisen berechnet, so hat der Besteller auch die von ihm gekannten und gutgeheißenen Mehrarbeiten zu entlohnen[2]).

Eine weitere Verpflichtung des Unternehmers ist die Übergabe der Arbeit, d. h., wo dies etwa wegen der Beschaffenheit derselben nicht etwa schon in der Vollbringung der Arbeit enthalten ist, die Sorge dafür, daß der Erfolg in dem Machtbereiche des Bestellers nutzbar gemacht werden könne[3]).

Läßt es der Unternehmer oder der Besteller zu einem Schuldnerverzuge kommen, so gelten auch die allgemeinen Grundsätze der zweiseitigen Verträge[4]).

3. Der Besteller hat die Pflicht, die Arbeit dem Unternehmer zu vergüten[5]). Er muß die ganze Summe oder den sonstigen Entgelt im Zweifel nachträglich bei Herstellung des Erfolges tilgen[6]). Ein Zurückbehaltungsrecht kommt dem Besteller nur betreffs der noch nicht gelieferten, mangelhaft oder teilweise gelieferten Arbeit zu[7]), und zwar nicht über die Höhe der hierzu nötigen Summe hinaus, selbst dann nicht, wenn ihm für die Sicherung etwaiger Ansprüche eine Kaution zur Verfügung steht[8]).

Die Übernahme des Werkes ist nicht Schuldnerpflicht, sondern Gläubigerrecht des Bestellers, iher Versäumnis daher, sofern die Parteien nichts anderes vereinbart hatten, Gläubigerverzug[9]).

Daraus stammt auch das dem Besteller zustehende Recht, von dem

---

Färben nicht beurteilen könne, von dem Eigentümer des Stoffes getragen werden soll. Ebenso bezüglich des von dem Bauherrn gelieferten Baumaterials (Kalk, Erdmaterial usw.), K. 1918, P. II 2634, Mj. Dt. XIII 22, F. 17 usw.

[1]) Mj. VI 59, F. 35, wo der Umstand, daß der Unternehmer sich bezüglich des Umfanges der Arbeit aus Unerfahrenheit in seinem Fache geirrt hatte, dem Unternehmer zu Lasten gelegt wird.

[2]) Grill Dt. II 1056, K. 1901, I. G. 183.

[3]) Bei den Bauverträgen wird gewöhnlich eine Besichtigung und besondere Übergabe bedungen. Hat der Auftraggeber das Gebäude dabei bereits in Gebrauch genommen, so kann diese Besichtigung durch die während des Prozesses angehörten Sachverständigen als überflüssig angesehen werden, Mj. Dt. V 172, F. 101.

[4]) Arg. die 84. grundsätzliche Entscheidung der Kurie, die nur auf dieser Grundlage beruhen kann.

[5]) Dies folgt aus dem Begriffe des Werkvertrages.

[6]) Eadem ratione wie bei dem Dienstvertrage, ferner Mj. Dt. IV 25 (F. 11).

[7]) Vgl. den soeben angeführten Fall, ferner Mj. Dt. XIV 11, F. 15, K. 1920, Rp. 1822 (die Entscheidung betont die Zahlungspflicht aus der geleisteten selbst in dem Falle, wenn der Verpflichtete zum Ersatz wegen der noch nicht geleisteten Teilarbeit verpflichtet ist).

[8]) War hierfür nur die Kaution als Sicherheit ausbedungen, so darf er von dem Lohn nichts zurückbehalten.

[9]) Daher ist dieselbe nicht entschuldbar und verpflichtet wohl zur Vergütung der hierdurch verursachten Kosten und Auslagen, nicht aber etwa auch für den infolge des Verzuges eingetretenen Schadens.

Werkvertrage vor Fertigstellung des Werkes zurückzutreten[1]). Er muß jedoch dem Unternehmer den hierdurch entstandenen Schaden und entgangenen Gewinn vergüten[2]). Die Höhe desselben wird dadurch vermindert, daß der Unternehmer Kosten und Auslagen ersparte und seine Arbeitskraft während der sonst für die Fertigstellung des Werkes erforderlichen Zeit anderweitig verwendete, oder wenigstens bei verkehrsüblicher Sorgfalt ohne erhebliche Schwierigkeiten verwenden konnte[3]).

4. Die Gefahr der Verschlechterung und der Vernichtung des Werkes trägt vor der Übergabe der Unternehmer[4]), nach derselben der Besteller[5]). Ist jedoch eine Wiederherstellung oder Erzielung des beabsichtigten Erfolges ohne erhebliche Bemühungen des Unternehmers möglich, so wird derselbe in einigen Ausnahmefällen dazu verpflichtet sein, gegen Entschädigung der hierzu etwa nötigen Ausgaben, trotz der Übergabe, noch einmal zu leisten[6]).

5. Die Sicherung des Werkvertrages bezüglich der ihm entstammenden Forderungen durch gesetzliche Pfandrechte, besondere Befriedigungs- und Zurückbehaltungsrechte kommt vor, pflegt aber nicht die Regel zu bilden. Das Fehlen der entsprechenden Rechtssätze[7]) wird aber durch die bei dieser Vertragsart ziemlich oft vorkommenden Kautionsvereinbarungen ersetzt[8]).

§ 17. Der Maklervertrag.

1. Der Maklervertrag ist ein zweiseitiger Vertrag, durch den sich die eine Partei, der Makler, der anderen gegen Entgelt zum Nachweise einer

---

[1]) So z. B. Rücktritt von der Betrauung eines Advokaten auch dann, wenn sich derselbe zu der Herstellung eines Erfolges verpflichtete, Arg. § 55 des GA. XXXIV: 1874 usw.

[2]) K. 1918, P. 5758, Mj. Dt. XIII 50, F. 41. Verfertigung von Photographien des Bestellers und seiner Familie, Unterrichtsinstitute mit Internaten können das Kost- und Schulgeld für das ganze Jahr beanspruchen, wenn der Lehrvertrag während des Schuljahres von seiten des Schülers einseitig gelöst wurde, K. 1921, P. III 1146, Mj. Dt. XIV 72, F. 56.

[3]) S. die in der vorigen Anmerkung angeführte Entscheidung, vgl. ferner EUG. § 1349.

[4]) Arg. das betreffs des Verlagsvertrages so lautende HG., § 529 (Überlassung des Duplikates des Manuskriptes von seiten des Autors).

[5]) Budapester Handels- und Wechselgericht 1899, E. 142, Grill Dt. II 2, 1047.

[6]) Daselbst, vgl. auch betreffs des Verlagsvertrages HG. §§ 528ff. Erfolgte die Übergabe der zur Bewahrung, Ausbesserung, Reinigung oder Umarbeitung übergebenen Sachen im Rahmen der Berufstätigkeit des Verpflichteten auf entgeltlicher Grundlage, so belastet von da an die Gefahr ihrer Vernichtung oder Verschlechterung den Verpflichteten. Er kann sich dieser Verpflichtung bloß durch die Rückgabe der unversehrten Sachen oder durch den Beweis dessen entziehen, daß die Sache infolge höherer Gewalt vernichtet oder beschädigt wurde, K. 1921, P. VI 1546, Mj. Dt. XV 3, F. 3. In anderen Fällen hingegen ist der Verpflichtete bloß zur Ausübung verkehrsüblicher Sorgfalt verbunden.

[7]) Sie finden sich bloß gelegentlich, wie in dem KG. § 57, Punkt 2, in dem Zurückbehaltungsrechte, wenn dessen schon ausgeführter Tatbestand vorhanden ist usw.

[8]) Vgl. Mi. Dt. V 172 (F. 101), das. 202 (F. 116) usw.

Gelegenheit zum Abschluß eines mehrseitigen Rechtsgeschäftes[1]) oder aber zur Vermittlung eines solchen[2]) verpflichtet.

Der Tatbestand des Vertrages ist mit der Vereinbarung gegeben[3]). Eine Form ist nicht erforderlich.

Gegenstand des Maklervertrages kann jedes mehrseitige Rechtsgeschäft sein, dessen Natur und Inhalt nicht eine unbedingte Selbstbestimmung[4]) erfordert. Demgemäß ist ein Maklerlohn für die Eingehung einer Ehe[5]) und wohl auch für das Zustandekommen einer Adoption, eines Erbvertrages ausgeschlossen. Man geht nicht fehl, wenn man in den angedeuteten Fällen keine Naturalobligationen, sondern vielmehr unmoralische Rechtsgeschäfte annimmt.

3. Pflicht des Maklers ist es, die Gelegenheit des Abschlusses darzubieten, oder den Abschluß des mehrseitigen Rechtsgeschäftes zu vermitteln. Welche von diesen beiden vorliegen, hängt von dem Tatbestande des Maklervertrages ab. Handelt es sich um eine Gelegenheit zum Abschlusse des Vertrages, so hat der Makler nur dann erfüllt, wenn das betreffende Geschäft in absehbarer und verkehrsüblicher Zeit infolge der Anregung des Maklers zustande gekommen war[6]). Eine endgültige Unterbrechung der Verhandlungen berechtigt auch dann nicht zu der Forderung des Maklerlohnes, wenn das beabsichtigte Rechtsgeschäft später durch die Vermittlung eines Dritten zwischen den betreffenden Parteien zustande kam[7]).

Bei der Erfüllung hat der Makler mit der verkehrsüblichen Sorgfalt vorzugehen[8]). Er ist verpflichtet, den Auftraggeber von dem Stande der Verhandlungen — insofern dies durch den Inhalt des Maklervertrages nicht ausgeschlossen wurde — baldigst zu verständigen[9]). Ist er auch von der anderen Partei zu Maklertätigkeit aufgefordert worden, so hat er dies dem ersten Auftraggeber mitzuteilen[10]).

4. Pflicht des Auftraggebers ist es, den verdienten Maklerlohn,

---

[1]) So Maklertätigkeit zur Vermittlung von Vertragsabschlüssen mit Behörden, Mj. Dt. XI 259 (F. 182).

[2]) So K. 1916, P. VIII 6911, Mj. Dt. XI 259, F. 182, wo jedoch das Gebiet des Maklervertrages etwas zu eng auf das Gebiet des Handels beschränkt wird. EUG. § 1351 erwähnt nur den Vertrag, doch weshalb sollte der Maklervertrag nicht den Nachweis einer Gelegenheit der Begründung einer Handelsgesellschaft mitumfassen?

[3]) Arg. Grill Dt. II 2, 1060, K. 1896, I. G. 284, das. 1057, K. 1834/1896 usw. Im Zweifel ist dem Maklervertrag die letztere Art zu entnehmen. K. 1919, P. VII 1359, Mj. Dt. XIII 99, F. 77.

[4]) Allgemeine Regel der schuldrechtlichen Verträge. Der Maklervertrag ist im Zweifel ohne ausdrückliche Vereinbarung bloß dem Berufsmakler gegenüber anzunehmen, K. 1920, P. VII 54, Mj. Dt. XIV 12, F. 17.

[5]) Grill Dt. II 2, 1059, K. 921/1884 V.

[6]) Nicht dann, wenn der Kauf z. B. drei Jahre nach der Tätigkeit des Maklers abgeschlossen wurde, Grill Dt. II 1059, K. 1899, I. G. 275.

[7]) Mj. Dt. VIII 155 (F. 121).

[8]) Arg. HG. § 538, eadem ratione.

[9]) Ohne Annahme dieser Pflicht wäre der Auftraggeber in Anbetracht der weiter unten zu besprechenden Freiheit des anderweitigen Abschlusses immer der Gefahr ausgesetzt, das betreffende Geschäft unwissentlich doppelt abzuschließen.

[10]) In dem Privatrechte kann eine Pflicht der Geheimhaltung bezüglich des Auftraggebers nicht angenommen werden.

dessen Höhe entweder vereinbart wird[1]), oder dem billigen Ermessen des Auftraggebers anheimgestellt bleibt[2]), endlich aber die den Umständen des Falles zu entnehmende übliche Höhe erreichen kann[3]), dem Makler mit dem Zustandekommen des betr. Vertrages[4]) zu zahlen. Der Maklerlohn ist gewöhnlich in Geld bestimmt, er kann aber auch in jeder anderen Vermögensleistung bestehen[5]). Er ist bei Verträgen mit aufschiebender Bedingung mit dem Eintritt derselben fällig[6]), kann aber bei auflösenden Bedingungen im Zweifel durch den Eintritt derselben meines Erachtens nicht zurückgefordert werden[7]).

Der Maklerlohn enthält im Zweifel auch die mit dem Zusammenbringen der Parteien und mit dem Abschlusse des betreffenden Geschäftes dem Makler entstandenen Kosten[8]).

Vor Fälligkeit des Maklerlohnes ist der Auftraggeber noch immer berechtigt, das fragliche Rechtsgeschäft mit einem anderen abzuschließen[9]). In diesem Falle hat er jedoch dem Makler die ihm bis dahin erwachsenen Auslagen zu ersetzen und ihm seiner bis dahin entfalteten Tätigkeit entsprechend zu entlohnen[10]).

5. Im übrigen gelten für den Maklervertrag je nach seinem Inhalte die Grundsätze des Dienst- oder des Werkvertrages[11]).

§ 18. Der Auftrag.

1. Der Auftrag ist ein Vertrag, durch den sich die eine Partei, der Beauftragte, verpflichtet, die Angelegenheiten der anderen, des Auftraggebers, in dessen Interesse und seinem Willen gemäß zu besorgen[12]).

Grundsätzlich ist der Auftrag ein einseitiger Vertrag[13]). Da aber die ungarische Praxis auch einen entgeltlichen Auftrag nicht ausschließt[14]),

---

[1]) In diesem Falle kann nicht auf die ortsübliche Höhe desselben zurückgegriffen werden, Mj. Dt. IV 41, F. 23.

[2]) Auch aus den Umständen des Falles mittelbar zu entnehmen, besonders bei nicht gewerbsmäßigen Maklern, Grill Dt. II 2, 1060. Budapester Tafel 1897, G. 215.

[3]) Mj. Dt. IX 198 (F. 193).

[4]) Grill Dt. II 1060, K. 1896, I. G. 284.

[5]) Gegendienste, Naturalien usw.

[6]) S. K. 1919, P. VII 1359, Mj. Dt. XIII 99, F. 77.

[7]) Bei Rücktritt der Parteien kann er zurückgefordert werden. Arg. für beiderseitigen Rücktritt der Vertragschließenden, Mj. Dt. VI 362 (F. 206).

[8]) Mj. Dt. IX 198, F. 193.

[9]) Bei dem Maklervertrage betreffs eines Verkaufes, Mj. Dt. VII 252, F. 165.

[10]) Mj. Dt. VIII 156, F. 122.

[11]) Der Maklervertrag kann sowohl den einen als auch den anderen enthalten, und ist eigentlich als eine besondere Abart derselben zu betrachten. Dasselbe gilt von dem Verhältnisse des Verwahrungsvertrages zu dem Auftrage und dem Werkvertrage.

[12]) So treffend EUG. § 1365. Der Umfang des Auftrages ist den Umständen des Falles zu entnehmen. Der Auftrag, ein Vermögen zu verwalten, erstreckt sich nach K. 1917, P. III 6556, Mj. Dt. XII 115, F. 93 auf die Führung vermögensrechtlicher Prozesse (aus einem Unterhaltsanspruch) nicht.

[13]) Grill Dt. II 2, 1074, F. 1248, 1249.

[14]) Vgl. die angeführten Fälle, die davon handeln, daß der Auftrag gewöhnlich ein unentgeltlicher Vertrag sei; ebenso K. 1917, P. VII 5124, Mj. Dt. XII 99, F. 80, wo die Unentgeltlichkeit des Auftrages als ein Umstand behandelt wird, der bloß den Grad der erforderlichen Sorgfalt beeinflußt.

sind in ihr die Grenzen zwischen Auftrag, Dienstvertrag und Werkvertrag ziemlich verwischt. Diese Grenzverschiebung ist aber eine mehr äußerliche, denn die Praxis schreckt nur bei den Dienstintelligenzberufen vor dem Namen des Dienstvertrages zurück, wendet aber auf diese Auftrag genannten Dienst- und Werkverträge dennoch die Grundsätze der letzteren an. Berufsmäßige Beauftragte haben sich über den ihnen zugegangenen Auftragsantrag unverzüglich zu äußern[1]).

Der eigentliche Auftrag ist, von Ausnahmen abgesehen, formfrei[2]) und mit der Vereinbarung der Parteien vollständig.

2. Der Beauftragte hat die Angelegenheiten des Auftraggebers mit der verkehrsüblichen Sorgfalt zu besorgen[3]). Hierbei muß er die Anweisungen des Auftraggebers befolgen[4]) und hat sie — wo dies nötig erscheint — auch einzuholen[5]). Über den Stand der ihm anvertrauten Angelegenheit muß er den Auftraggeber benachrichtigen. Bei Ausübung dieser Pflichten ist er im Zweifel nicht berechtigt, sie an seiner statt durch einen Dritten ausführen zu lassen[6]). Darf er dies dennoch, so ist er nach den Grundsätzen der 84 VE. der Kurie für denselben verantwortlich[7]).

Hat er in Ausübung des Auftrages etwas erlangt, so muß er es dem Auftraggeber herausgeben[8]).

3. Der Auftraggeber muß die Abwicklung des Auftrages ermöglichen und die Ausführung desselben erleichtern. Daher die Pflicht, den Beauftragten mit den nötigen Vorschüssen zu versehen, dann die Erstattungspflicht der Auslagen und der nötigen Aufwendungen[9]), ferner die Verant-

---

[1]) Arg. GA. XXXIV 1874, § 41, XXXV 1874, § 56 usw.

[2]) Auch dann, wenn das von dem Beauftragten vorzunehmende Geschäft an eine Form gebunden ist. Z. B. Kauf von Liegenschaften, K. 1921, P. V 3016, Mj. Dt. XV 33, F. 24.

[3]) Grill Dt. II 2, 1071, F. 1239, 1240. Erfordert wird die Sorgfalt eines ordentlichen Menschen in gleicher Lage, worüber die allgemeine Lebensauffassung entscheidet. Es ist daher Pflicht des Beauftragten, sich dessen zu versichern, ob der Auftrag gehörig durchgeführt wurde, ob das ihm zur Beförderung übermittelte Gepäck tatsächlich, wie dies beabsichtigt war, der Eisenbahn als Eilgut und zu Händen des hierzu befugten Bahnangestellten übergeben wurde, ob es als Eilgut aufgenommen wurde, ein Aufgabeschein ausgestellt und den Angestellten oder dem Boten des Beauftragten übergeben wurde, K. 1917, P. VII 5124, Mj. Dt. XII 99, F. 80. — Der Beauftragte betätigt nicht die erforderliche Sorgfalt, wenn er, das Vertrauen des Auftraggebers mißbrauchend, für die Durchführung des Auftrages von der Gegenpartei oder Dritten ohne dessen Wissen Belohnung oder sonstigen Entgelt oder ein sich hierauf bezügliches Versprechen annimmt. Das Gericht hat gegebenenfalls von amtswegen zu prüfen, ob ein derartiger Vertrauensmißbrauch vorliegt, K. 1920, P. VII 54, Mj. Dt. XIV 12, F. 17.

[4]) Dies folgt daraus, daß der Beauftragte nicht in eigenem, sondern gewöhnlich in dem Interesse des Beauftragten handelt und ihn belastende Folgen zur Entstehung bringt.

[5]) Eadem ratione, wie bei dem Kommissionär HG. § 369, welcher auch den Ausdruck des Auftrages benutzt.

[6]) Arg. GA. XXXIV: 1874, § 62, Punkt b, wo dies den Advokaten als Beauftragten ausdrücklich erlaubt wird, woraus a contrario folgt, daß dies nicht die allgemeine Regel ist.

[7]) Arg. GA. XXXIV: 1874, § 62.

[8]) Ist es verboten, so trifft ihn für das Vorgehen des Dritten ex delicto volle Verantwortung.

[9]) Arg. GA. XXXIV: 1874, § 54.

wortung für den vom Beauftragten Dritten rechtswidrig verursachten Schaden; hier ist die 84. Vollentscheidung der Kurie maßgebend[1]).

4. Von den Aufhebungstatsachen des Auftrages ist hervorzuheben, daß er, da er ja in der Regel unentgeltlich ist, von beiden Parteien jederzeit gekündigt werden kann[2]). Die bis zur Kenntnisnahme der Kündigung durch den Beauftragten vorgenommenen Schritte muß der Auftraggeber gegen sich gelten lassen[3]).

Der Tod des Auftraggebers berührt den Auftrag im Zweifel nicht[4]), der des Beauftragten beendigt ihn hingegen[5]).

§ 19. Der Verwahrungsvertrag.

1. Der Verwahrungsvertrag ist eine Vereinbarung, durch die sich der Verwahrer zur Aufbewahrung und Rückgabe einer ihm von dem Hinterleger übergebenen beweglichen Sache verpflichtet[6]).

Da diesbezüglich keine feste Praxis besteht, liegt kein Grund vor, den Verwahrungsvertrag streng an die Hingabe der Sache zu knüpfen und die dieser vorangegangene Vereinbarung als bloßen Vorvertrag zu betrachten. Man kann daher von der konsensualen Natur des Verwahrungsvertrages ausgehen und höchstens daran erinnern, daß die Rückgabepflicht des Verwahrers erst mit der Hingabe ihren Anfang nehmen kann.

In diesem Sinne kann man den Vertrag mit der bloßen Vereinbarung der Parteien als vollendet ansehen.

Der Verwahrungsvertrag erfordert keine besondere Form.

3. Pflicht des Verwahrers ist die Übernahme und die Bewahrung der betreffenden Sache nach den Regeln einer ordentlichen Wirtschaft und mit der verkehrsüblichen Sorgfalt, wenn die Sache gegen Entgelt verwahrt wurde[7]). Sonst dürfte wohl die Sorgfalt, da ja der Verwahrungsvertrag in dem Interesse des Hinterlegers liegt, etwas leichter bemessen werden. Ob die Praxis sich bis zur Annahme nur grober Fahrlässigkeit vorwagen würde, ist vorderhand abzuwarten.

---

[1]) Schadensersatz.

[2]) Betreffs des Auftraggebers, Grill Dt. II 1074, F. 1247, ferner, trotz der vertraglichen Ausschließung der Widerrufbarkeit des Inkassoauftrages, K. 1917, P. VIII 4425, Mj. Dt. XII 128, F. 104, betreffs des Beauftragten arg. GA. XXXIV: 1874, § 41.

[3]) Folgt aus der Empfangsbedürftigkeit der Kündigung. Seine Person ist ja bei dem Auftrag, wenn er einmal gegeben ist, nicht mehr unerläßlich.

[4]) Vgl. auch HG. § 289, welcher eadem ratione auch für das allgemeine Privatrecht gelten muß.

[5]) Mit dem Beauftragten fällt das Fundament des Vertrages, arg. auch HG. a. a. O. a contrario.

[6]) Grill Dt. II 795, F. 780.

[7]) Arg. daselbst 796, F. 783, wo die Rückgabepflicht und die behufs ihrer Ermöglichung zu entfaltende Tätigkeit des Verwahrers mit der Entgeltlichkeit des Vertrages in Zusammenhang gebracht wird. Aus der neueren Praxis, die von dem Bewahrer den Beweis dessen erfordert, daß die Sache ohne sein Verschulden in Verlust geraten ist, z. B. Verlust der corpora delicti bei Gericht (K. 1921, P. V. 756, Mj. Dt. 63, F. 53 usw.) scheint ein strengerer Grad der erforderten Sorgfalt zu folgen. Dieser ist jedoch meines Erachtens bloß Verwahrungsanstalten, Betrieben, allenfalls auch dem Staate gegenüber begründet, dürfte jedoch bei Gelegenheitsverwahrungen zu unbegründeten Härten führen.

Erfolgt die Verwahrung innerhalb der berufsmäßigen Tätigkeit des Verwahrers auf entgeltlicher Grundlage, so ist derselbe für den Verlust und die Beschädigung der Sache haftbar und kann sich von dieser Haftung bloß durch den Beweis, daß der Schaden durch höhere Gewalt verursacht wurde, frei machen[1]).

Die Verwahrungspflicht hat der Verwahrer selbst auszuüben, er kann daher die Sache nicht einem Dritten überlassen[2]). Er hat sie in der Weise d. h. an dem Orte[3]) und in der Art auszuüben, wie es vereinbart wurde, und kann von dieser Vereinbarung nur im Notfalle[4]) und bei Verständigung des Hinterlegers abgehen[5]).

Verstößt der Verwahrer gegen die ihm obliegenden Pflichten, so ist er dem Hinterleger für den hieraus entstandenen Schaden verantwortlich[6]).

Nach Ablauf der Verwahrungszeit hat der Verwahrer die Sache dem Hinterleger — keinem Dritten — auszufolgen[7]). Ist während der Verwahrungszeit an Früchten und Nutzungen ein Zuwachs entstanden, so hat der Verwahrer auch diesen herauszugeben[8]). Fordern die Sache mehrere, so muß der Verwahrer sie entweder bis zu der Entscheidung des betreffenden Rechtsstreites in Verwahrung halten, oder aber gerichtlich hinterlegen[9]). Wurde die Sache ihm von Dritten, die nicht berechtigt erscheinen, abverlangt, so ist der Hinterleger zu verständigen[10]). Dasselbe gilt von einem bezüglich der verwahrten Sache gegen den Verwahrer erfolgten Prozesse[11]) sowie hinsichtlich aller tatsächlichen und rechtlichen Gefahren, die die Sache bedrohen[12]).

Die Rückgabe hat auf Anmeldung des Gläubigers bei dem Verwahrer zu erfolgen[13]).

Wurde das Gegenteil nicht vereinbart, so gilt der Verwahrungsvertrag als unentgeltlicher Vertrag[14]), er wird daher aus den Grundsätzen des Auftrages ergänzt. Ist er entgeltlich, so hat man ihn als eine Art des Werkvertrages zu betrachten und zu behandeln[15]).

---

[1]) Z. B. Teppichbewahrungsanstalten, Mji. Dt. XV 3, F. 3 usw.

[2]) Folgt aus dem betonten Vertrauenselemente des Vertrages.

[3]) Arg. Grill Dt. II 796, F. 785, wo das Mitnehmen des verwahrten Gegenstandes an den neuen Wohnort des Verwahrers ohne Wissen des Hinterlegers verboten wird.

[4]) Arg. HG. §§ 369, 370 eadem ratione.

[5]) S. die vorige Anmerkung.

[6]) Grill Dt. II 2. 796, F. 783, 784.

[7]) Daselbst F. 785. Handelt es sich um eine in Verlust geratene Sache, so ist, wenn ihr Wert dem Berechtigten zur Zeit seiner Verständigung von dem Verluste angeboten wurde, der damalige, sonst aber der zurzeit der gerichtlichen (während des Prozesses vorgenommenen) Schätzung vorhandene Wert zu erstatten, K. 1921, P. II 317, Mj. Dt. XIV 63, F. 54. Diese Praxis ist wohl eine Folgeerscheinung der wirtschaftlich rasch wechselnden Verhältnisse.

[8]) Folgt daraus, daß er weder Fruchtgenuß noch Nutzungsbefugnis hat.

[9]) Arg. PG. § 92, 93.

[10]) Dann nicht, wenn der Dritte in dem Besitze eines Legitimationspapieres war und der Verwahrer die Sache ihm gutgläubig ausfolgte. Arg. Mj. Dt. XII F. 76, wo dies bezüglich der Garderobenkarten ausgesprochen wurde.

[11]) Arg. PG. §§ 92, 93.

[12]) Eadem ratione.

[13]) Arg. Grill Dt. II 796, F. 785.

[14]) Daselbst. Seinem Inhalte nach.

[15]) S. vorige Anmerkung.

Im Zweifel darf der Verwahrer die verwahrte Sache nicht benutzen[1].

3. Der Hinterleger hat die nötigen und nützlichen Aufwendungen des Verwahrers zu ersetzen. Hat er dem Verwahrer durch sein bei dem Abschlusse oder bei der Abwicklung des Verwahrungsvertrages bekundetes schuldhaftes Vorgehen Schaden verursacht, so muß er diesen ersetzen.

War für die Verwahrung ein Entgelt ausbedungen, so sind hinsichtlich dessen Höhe, Fälligkeit usw. die Grundsätze des Werkvertrages anzuwenden[2].

4. Wird die Verwahrung unter der Bedingung vereinbart, daß der Verwahrer nur Sachen derselben Art, Zahl und Güte zurückzuerstatten hat, so kommt ein Darlehn, oder auch — wie bei der gerichtlichen Hinterlegung zwischen dem Gläubiger und der Hinterlegungsstelle[3]) ein entgeltlicher Arbeitsvertrag zustande, dessen Vorschriften dann die des Verwahrungsvertrages ganz[4]) überflüssig machen.

§ 20. Der Leibrentenvertrag.

1. Der Leibrentenvertrag ist eine Vereinbarung, durch die sich die eine Partei der anderen zu einer in regelmäßigen Zeitabschnitten wiederkehrenden Leistung an Geld oder den Zweck des Unterhaltes des Berechtigten fördernden Sachen und Verrichtungen verpflichtet[5].

Die geschäftsmäßigen Leibrentenvereinbarungen der Versicherungsgesellschaften weichen von dem privatrechtlichen Leibrentenvertrage weit ab, sollen daher hier außer Acht bleiben[6].

Der Tatbestand des Vertrages ist mit der Vereinbarung gegeben. Er bedarf keiner Form.

Es ist dem Inhalte des Vertrages zu entnehmen, ob er als entgeltlicher oder unentgeltlicher behandelt werden kann[7], doch hat die Praxis die Tendenz, die zwischen nahen Verwandten und Ehegatten, aber auch anderen vorgenommenen Leibrentenverträge, welche gegen Übertragung des Grundstückes des Berechtigten demselben eine Rente in Naturalien oder ein Ausgedinge verleihen, in dem durch die Nutzungen des übertragenen Grundstückes nicht gedeckten Teile den Gläubigern des Berechtigten gegenüber[8]) und wohl auch in dem Innenverhältnisse des Berechtigten zum Verpflichteten als Schenkung zu betrachten[9].

---

[1]) K. 2599/1904 (Márkus III, S. 274).

[2]) S. S. 220 Anmerkung 14.

[3]) K. 220/1907 (Staud, S. 578) nennt ihn zwar einen Verwahrungsvertrag, betrachtet ihn aber doch nur als entgeltlichen Verwahrungsvertrag.

[4]) Anders EUG. 1113, welcher hinsichtlich der Zeit und des Ortes der Rückgabe die Vorschriften des Verwahrungsvertrages gelten lassen will. Hierzu ist aber eine besondere Quellenstelle nötig.

[5]) Arg. Grill II 904, F. 1031.

[6]) Sie fallen unter das HG. §§ 498ff.

[7]) Überlassung des Vermögens gegen Unterhalt und Arbeit des Verpflichteten gilt unter Fremden als entgeltlicher Vertrag, der wegen Undank nicht entkräftet werden kann, Grill Dt. II 908, F. 1038, 1039.

[8]) Arg. die soeben angeführten Fälle, die für den nicht durch Entgelt gedeckten Teil der Übertragung die entgegengesetzte Auffassung enthalten wie für den durch sie gedeckten. Die Vermutung der unentgeltlichen Übertragung s. in dem Familienrechte, s. Bd. I, S. 193, P. 1.

[9]) Arg. a maiore.

3. Pflicht des Schuldners ist es, das in dem Vertrage Enthaltene zu leisten[1]). Sind Zweifel über die Beschaffenheit, Art, Güte und die sonstigen Tilgungseinzelheiten vorhanden, so muß auf die Rechtssätze des Unterhaltes als ergänzende Rechtsquelle zurückgegriffen werden[2]).

Im Zweifel muß angenommen werden, daß der Schuldner die nicht in Geld oder in vertretbaren Sachen bestehenden Leistungen persönlich zu erfüllen hat[3]). Bei dem Ausgedingevertrage ist dies so scharf ausgeprägt, daß ein Ausziehen des Verpflichteten zu der Aufhebung des ganzen Vertrages führen kann[4]).

Zu demselben Resultat führt auch der grobe Undank des durch den unentgeltlichen Rentenvertrag bereicherten Rentenschuldners[5]).

Bezüglich der Anhäufung der einzelnen Raten gilt das diesbezüglich bei dem Unterhalte Gesagte[6]). Dasselbe muß meines Erachtens auch betreffs der Ausschließung der Aufrechnung gesagt werden. Mit einem Worte, der durch die Übertragung eines Vermögensteiles, oder Gutes des Rentenberechtigten gestützte Rentenvertrag gilt zu Lasten des Verpflichteten als gemischte Schenkung, die aber auch durch die Vorschriften des Unterhaltes beeinflußt wird, weil sie einen Unterhaltsanspruch zum Gegenstande hat. Diese Natur des Vertrages bewirkt es, daß Naturalleistungen dort, wo es das unerquickliche Verhältnis der Parteien oder die Weigerung des Rentenverpflichteten begründen, in entsprechende Geldleistungen umgewandelt werden können[7]).

War der besprochene Rentenvertrag zugunsten mehrerer Berechtigter eingegangen, so beendigt der Tod des einen nur die ihm zukommenden teilbaren Leistungen, während die unteilbaren den übrigen Berechtigten zugute kommen[8]).

---

[1]) Fraglich ist, ob K. den veränderten Verhältnissen entsprechend die nachträgliche Erhöhung des vertraglich bestimmten Ausgedinges zuurteilen würde. Daraus, daß eine derartige Klage bei einer vertraglich festgelegten Unterhaltssumme (einer Gattin [vgl. jedoch die hiervon abweichende Entscheidung Mji. Dt. XV 168, F. 111], K. 1918, P. III 181, Mji. Dt. XIII 4, F. 3) abgewiesen wurde, ja daß K. sogar in der 24 REE. (Mji. Dt. XIV 65, F. 55) den Schadensersatz der Renten aus Betriebsunfällen auf dieser Grundlage mit etwas formalistischer Begründung ausgeschlossen hat, scheint dies nicht sehr wahrscheinlich. Dennoch wäre es m. E. sehr begründet.

[2]) Arg. Grill Dt. 904, F. 1031, 1032, 1033, 1036, 1047 usw., die auch die übrigen Grundsätze des Unterhaltsanspruches als anwendbar erscheinen lassen.

[3]) Daher Annahme der Unmöglichkeit der Leistung, wenn der Verpflichtete den gemeinsamen Haushalt verließ und die Betreuung der Berechtigten durch die Verlegung seiner Wohnung in eine andere Ortschaft verhinderte, Grill Dt. II 908, F. 1040.

[4]) Z. B. wegen Auswanderung des Verpflichteten nach Amerika, K. 1918, P. 1724, Mji. Dt. XII 269, F. 196.

[5]) Arg. Gr. Dt. II 2. 907, F. 1038 (zwar ein Siebenbürger Fall, doch gilt eadem ratione der Grundsatz auch für das Gebiet der JKK.), 1039 usw.

[6]) Ausschluß des Anspruches wegen der unbegründeten Verzögerung, Grill Dt. II 2, 911, F. 1047.

[7]) Arg. Grill Dt. II 2, 904, F. 1032, S. 906, F. 1035.

[8]) So betreffs der Benutzung der Wohnung, des Bodens, des Kellers, Stalles, der Kammer, des Ackerfeldes und Gartens als diesbezüglich unteilbarer Leistungen, Grill Dt. II 2, 910, F. 1043, betreffs der Geldrente als teilbarer daselbst S. 911, F. 1045. (Daselbst auch ein Fall entgegengesetzter Auffassung, der aber nicht verallgemeinert werden kann.)

4. Die aus dem Rentenvertrage entstammenden Pflichten sind passiv vererblich[1]).

Die Beendigungsgründe dieses Vertrages sind je nach seinem Inhalte nach denen der entgeltlichen, bald nach denen der unentgeltlichen Verträge zu beurteilen. Der Tod des Rentenberechtigten ist jedoch immer Aufhebungsgrund.

§ 21. Spiel- und Wettverträge.

1. Der Spiel- und Wettvertrag ist eine Vereinbarung der Parteien, die ohne rechtlich gebilligten Zweck[2]) einander Leistungen unter entgegengesetzten Bedingungen versprechen[3]).

Die ungarische Praxis hält diese beiden Verträge sehr wenig auseinander.

2. Der Kürze halber soll in dem Folgenden nur von dem Spielvertrag die Rede sein, wobei von selbst sich versteht, daß die Grundsätze des letzteren auch auf den Wettvertrag angewandt werden[4]).

Das Recht erkennt den Spielvertrag nur zögernd und nicht ohne Widersprüche an. Mancher Spielvertrag wird an gewissen Orten und zu gewissen Zeiten mittelbar erlaubt[5]), andere wieder an gewissen Orten ebenso mittelbar verboten[6]). Noch andere endlich als gerichtlich nicht oder doch wenigstens nicht auf gewöhnlichem Wege erzwingbar betrachtet[7]).

Als allgemeine Vorschrift gilt, daß aus dem Spielvertrag, wo das Gesetz keine direkte oder mittelbare Ausnahmen gestattet, keine vollgültige Verpflichtung entstammt[8]). Das unverbotene Spiel kann gerichtlich auch nicht auf dem Umwege anderer Geschäfte zu gerichtlich erzwingbaren Forderungen[9]) führen. Über die Abgrenzung dieser Umwandlungsmöglichkeiten aber schwankt noch die Praxis[10]).

---

[1]) Das. 906, F. 1035.

[2]) Dies gilt sowohl für das Spiel als auch für die Wette.

[3]) Grill Dt. II 2, 549, F. 218. Bei dem Spiel entscheidet über das Wohin der Zuwendung der Zufall, bei der Wette die Wahrheit einer Behauptung eines Vertragsschließenden.

[4]) Die ungarische Praxis beschäftigt sich sozusagen nur mit den Spielverträgen, da ernste Wetten vor dem Gerichte sozusagen nie geltend gemacht werden.

[5]) Etwa das Wetten bei behördlich zugelassenen Rennen, Arg. GA. XXIX: 1894, § 1.

[6]) Die reinen Glücksspiele an öffentlichen Orten, wie Kaffeehäusern, Restaurants usw., GA. XL: 1879, § 88.

[7]) Kartenspielschulden, Börsendifferenzen, Grill Dt. II 566, F. 230, das. S. 549, F. 218 usw. Es liegt aber immerhin ein gewaltiger Widerspruch darin, die Börsendifferenzen in dem gewöhnlichen gerichtlichen Verfahren als nicht erzwingbar aufzufassen, andererseits aber den Parteien die Möglichkeit zu verschaffen, die Börsengewohnheiten auszubedingen und dann die denselben zwar entsprechenden, aber nach der gerichtlichen Praxis noch immer durchaus unerzwingbaren Rechtsgeschäfte auf dem Wege des Börsenschiedsgerichts aburteilen und dann durch die staatlichen Gerichte auf dem Wege der Zwangsvollstreckung doch noch geltend machen zu lassen. In der einen oder der anderen Richtung müßte hier Einheitlichkeit geschaffen werden.

[8]) Ausgenommen ist z. B. die Klassenlotterie, GA. VII: 1897 usw.

[9]) Anerkennung, Abrechnung, Vergleich usw., Arg. Grill Dt. II 560, F. 222 bis 226. Dasselbe gilt für die bewußte Übernahme und Tilgung einer verbotenen (K. 1921, P. III 1999, Mj. Dt. XV 2, F. 2) oder auch einer unverbotenen, doch gerichtlich nicht eintreibbaren Spielschuld.

[10]) Als nicht geltend zu machen erklärte die Praxis den auf die Spielschuld lautenden Wechsel, Grill Dt. II 568, F. 234, nicht so erkannte sie betreffs der zu

Von der gerichtlichen Erzwingbarkeit abgesehen, ist jedoch der unverbotene Spielvertrag ein gültiger Verpflichtungsgrund, er begründet daher eine Naturalobligation, die, wenn einmal erfüllt, nicht zurückgefordert werden kann[1]).

Die Praxis will aber diese Gültigkeit nicht auch auf die Bestellung der dinglichen Sicherungen ausdehnen, weshalb sie die Rückgabepflicht des zur Sicherung des Börsenspieles bestellten Faustpfandes anordnet[2]).

§ 22. Die Bürgschaft.

1. Der Bürgschaftsvertrag ist eine Vereinbarung, durch welche die eine Partei, der Bürge, sich der anderen Partei, dem Gläubiger eines Dritten, verpflichtet, für die Schuld des letzteren einzustehen[3]).

Diese Verpflichtung ist entweder eine unbedingte, so daß der Bürge die gleichen Verpflichtungen wie der Schuldner übernimmt, in welchem Falle die Bürgschaft eine Gesamtverpflichtung des Schuldners und des Bürgen begründet, oder aber eine bedingte, für den Fall, daß der Hauptschuldner nicht fähig ist, zu leisten (sogenannte gewöhnliche Bürgschaft)[4]). In dem privatrechtlichen Verkehr[5]) ist im Zweifel die letztere anzunehmen[6]).

Der Bürgschaftsvertrag erfordert keine Form[7]) und ist mit der Vereinbarung gegeben.

2. Der Bürge ist verpflichtet — und zwar der Gesamtbürge unter denselben Bedingungen wie der Hauptschuldner, der gewöhnliche Bürge hingegen erst dann, wenn der Hauptschuldner geklagt und erfolglos einer Zwangsvollstreckung unterworfen wurde[8]) — die Hauptschuld samt allen ihren nötigen Akzessorien[9]) innerhalb des Rahmens seiner eingegangenen Verpflichtung zu tilgen. Hierbei kann er dem Gläubiger alle Einreden und Gegenrechte entgegenhalten, die ihm seiner eigenen Rechtslage[10]) gemäß zustehen, ferner auch jene, die dem Hauptschuldner zustanden[11]). In diesem Zusammenhang wird es wichtig, daß selbst der Gesamtbürge auch nur ein Nebenschuldner ist, daß daher seine Verpflichtung mit der Ungültigkeit oder der sonstigen Aufhebung der Hauptschuld gegenstandslos wird[12]).

---

dem Zwecke des gemeinschaftlich zu errichtenden Wettbüros zustande gekommenen Gesellschaftsvertrages, Mj. Dt. I 351, F. 224.

[1]) Grill Dt. II 569, F. 236.

[2]) Daselbst, wo die zur Sicherung als Pfand hingegebenen Aktien dem Eigentümer zurückgegeben wurden.

[3]) Vgl. EUG., §§ 965ff.

[4]) Grill Dt. II 717, F. 600.

[5]) Vgl. den in der letzten Anmerkung angeführten Fall, der diese Eigenschaft als privatrechtliche Eigentümlichkeit der Bürgschaft besonders betont.

[6]) Anders im Handelsrechte, vgl. HG. § 268.

[7]) Eine entgegengesetzte Vorschrift fehlt.

[8]) Grill Dt. II 2, 717, F. 600.

[9]) Das. 725, F. 616. Nicht aber auch die Spesen des gegen den Hauptschuldner geführten Prozesses, wowie der Zwangsvollstreckung.

[10]) Ebenso doch mit überflüssiger Betonung der Gesamtbürgschaft, K. 1921, P. V 4565, Ü. L. Mj. Dt. I 23, F. 27, ferner Grill Dt. 11. 2, S. 721, F. 607.

[11]) Das. 719, F. 605, 606.

[12]) Etwa auf dem Wege der Anfechtung. Rücktrittsrecht des Hauptschuldners wegen Nichterfüllung des mit der Bürgschaft verstärkten Handelskaufes usw.

Befriedigt der Bürge den Gläubiger, so geht die demselben zustehende Forderung samt deren Sicherheiten auf den Bürgen über[1]), der gegen den Hauptschuldner gewöhnlich und gegen seine Mitbürgen dem Inhalte des sie eventuell verbindenden Rechtsverhältnisses gemäß vorgehen kann[2]).

3. Der Gläubiger hat bei der Eintreibung der Hauptschuld dem gewöhnlichen Bürgen gegenüber mit verkehrsüblicher Sorgfalt vorzugehen. Verstößt er gegen diese Anforderungen[3]) und wird die Forderung dem Hauptschuldner gegenüber hierdurch uneintreibbar, so erlöscht die Pflicht des Bürgen. Dies gilt sowohl bezüglich der verspäteten, als auch der sonst irgendwie nachlässigen Eintreibung der Forderung[4]). Besonders ist als solche Nachlässigkeit auch der Umstand anzusehen, daß der Gläubiger sich unnötigerweise der dinglichen oder sonstigen Sicherungen begab, die ihm gegenüber dem Hauptschuldner zustanden.

§ 23. Der Vergleich.

1. Der Vergleich ist ein zweiseitiger Vertrag, durch den die Parteien ein ungewisses Rechtsverhältnis mittels gegenseitiger Rechtsminderungen regeln[5]).

Er bedarf keiner Form, wurde er jedoch vor Gericht vorgenommen und so mit der Form einer öffentlichen Urkunde versehen, so erlangt er durch gerichtliche Genehmigung Vollstreckbarkeit[6]).

Außerhalb des Gerichtes gelten für das Zustandekommen des Vergleiches die allgemeinen Vorschriften der Verträge und des Näheren der schuldrechtlichen Verträge[7]). Der gerichtliche Vertrag kommt aber nicht auf dem Wege eines verbindlichen Antrages und einer ebensolchen Annahme, sondern mittels zweier gleichlautender und dem Gerichte gegenüber abzugebender, von diesem zu genehmigender Erklärungen zustande[8]).

2. Die Tatbestandsfehler des Vergleiches beurteilen sich durchaus nach den allgemeinen Grundsätzen der Verträge[9]).

4. Die Wirkung des Vergleiches ist im Zweifel keine Novation[10]), sondern eine endgültige, rechtsmindernde Festlegung des ursprünglich

---

[1]) Cessio legis. Das. 733, F. 612.

[2]) Arg. das. 724. Das. F. 613, 614.

[3]) S. daselbst Fälle 617—623, S. 725ff.

[4]) Meistens Verspätung und Verzug des Gläubigers dem Hauptschuldner gegenüber, aber auch dann, wenn der Gläubiger sich überflüssigerweise der Sicherheiten begab usw.

[5]) Vgl. EUG. §§ 1444, 1445.

[6]) PG. § 423, GA. LX: 1881, § 1, EPG. § 31.

[7]) Demgemäß Antrag und Annahme.

[8]) PG. § 423 schweigt von dem Antrage und der Annahme des Prozeßvergleiches. Diese können aber auch nicht nach den schuldrechtlichen Schablonen behandelt werden, weil sie kraft ihrer Vornahme vor Gericht und ihrer Wirkung auf den Prozeß einen öffentlich rechtlichen Inhalt erlangen, daher die erwähnten Vorschriften auf sie nicht mehr passen.

[9]) Grill Dt. II 2, 1090, F. 1275. Hierbei gilt der Vergleich gewöhnlich als einheitliches Rechtsgeschäft, Mj. Dt. XII 279, F. 202, K. 1918, P. VII 3238. Ein Irrtum betreffs des Bestehens einer durch den Vergleich geordneten zweifelhaften Forderung genügt zur Anfechtung des Vergleiches nicht (daselbst).

[10]) Arg. Mj. Dt. VII 168, F. 115, K. 1912, P. 4496 (Schuldenerkenntnis) eadem ratione.

zwischen den Parteien vorliegenden Rechtsverhältnisses. Demzufolge bleiben die ursprünglich vorhandenen Sicherungen auch weiter aufrecht[1]). Auf diesen Grundsatz ist es auch zurückzuführen, daß der Vergleich in fraudem legis nicht auch solche Forderungen erzwingbar machen kann, deren gerichtliche Geltendmachung wegen eines verhindernden zwingenden Rechtssatzes bisher nicht erlaubt war[2]).

3. Handelt es sich um einen gerichtlich genehmigten Prozeßvergleich, so kann derselbe nur innerhalb des Rahmens und demnach auch nur wegen solcher Tatbestandsfehler angefochten werden, die auch einen Grund für die Anfechtung des Urteils bilden können[3]).

§ 24. Die Gesellschaft.

1. Die Gesellschaft ist ein Vertrag, durch den mehrere Personen sich gegenseitig verpflichten, behufs eines gemeinsamen Zweckes, jedoch ohne Gründung einer juristischen Person, ein rechtlich bedeutsames Zusammenwirken zu entfalten[4]).

Der Vertrag bedarf keiner Form[5]). Er ist mit der Vereinbarung nach den allgemeinen Grundsätzen der schuldrechtlichen Verträge gegeben und ist nach den Vorschriften über die zweiseitigen Verträge zu behandeln[6]).

2. Die Verpflichtung der Mitglieder geht auf ein dem Zwecke der Gesellschaft entsprechendes Zusammenwirken. Die diesem dienenden Handlungen und Unterlassungen sind dem Vertrage zu entnehmen[7]). Bei der Vornahme von Geschäften für die Gesellschaft haben die Mitglieder derselben jene Sorgfalt auszuüben die sie gewöhnlich in eigenen Angelegenheiten anzuwenden pflegen[8]).

Im Zweifel sind Arbeits- und Vermögensbeiträge der einzelnen Gesellschafter gleich[9]). Dementsprechend haben sie auch an dem Gewinn und dem Verlust der Gesellschaft gleichen Anteil[10]).

Dritten gegenüber gehen die Gesellschafter im Zweifel gemeinsam vor[11]). Dies gilt sowohl bezüglich der Vertretung der Gesellschaft, als auch

---

[1]) Arg. eadem ratione, wie bei dem Schuldanerkenntnis.

[2]) S. vorige Anmerkung.

[3]) Dieselben sind in den Punkten 1—11 PG, aufgezählt, § 563. Sie müssen als neue Beweise geltend gemacht werden. Das. letzter Absatz.

[4]) Vgl. EUG. § 1411ff., ferner K. 1918, P. V 327, Mj. Dt. XII 96, F. 78.

[5]) Folgt aus der allgemeinen Formfreiheit der schuldrechtlichen Verträge, sowie daraus, daß HG. § 62, welcher die Gelegenheitsvereinigung, die eine privatrechtliche Gesellschaft ist, aus dem Bereiche der Handelsgesellschaft ausschließt und zu ihrer Begründung keinerlei Form anordnet.

[6]) Arg. Mj. Dt. XI 148, F. 110, wo die Nichterfüllung des Vertrages nur dann nicht als Aufhebungsgrund der Gesellschaft gilt, wenn die versäumte Handlung von dem Erfüllenden auch mittels eines Dritten vorgenommen werden konnte.

[7]) Verabredungen usw.

[8]) Arg. eadem ratione HG. § 72.

[9]) Grill Dt. II 1083, F. 1267.

[10]) Daselbst. Arg. für die letzten bei dem HG. § 62.

[11]) Mj. Dt. XI 272, F. 189.

hinsichtlich ihrer Geschäftsführung nach innen[1]), wo gegebenenfalls aber auch Majoritätsbeschlüsse wirksam sein können[2]).

3. Die Wirkung des Gesellschaftsvertrages ist das Zustandekommen gemeinschaftlicher Vermögensrechte hinsichtlich der dem gemeinsamen Zwecke dienenden Sachen und Rechte, aber weder die Gründung einer juristischen Person, noch das Zustandekommen eines abgesonderten Sondervermögens, weshalb auch der Gläubiger der Gesellschafter den Anteil seines Schuldners an den gesellschaftlichen Sachen nach den allgemeinen Grundsätzen pfänden kann[3])

Aus den gesellschaftlichen Angelegenheiten werden die Gesellschafter, sei es auf Grund ihrer eigenen Handlungen, sei es auf Grund derer eines gemeinsamen Bevollmächtigten, im Zweifel als Gesamtschuldner verpflichtet, und, wenn der rechtsgeschäftliche Gegner das Dasein der Gesellschaft erkennen konnte, auch als Gesamtgläubiger berechtigt[4]).

4. Nach Erreichung des gesellschaftlichen Zweckes, oder bei Eintritt eines Aufhebungsgrundes hat der geschäftsführende Gesellschafter abzurechnen und das gesellschaftliche Vermögen aufzuteilen[5]). Im Zweifel kommen den Gesellschaftern gleiche Anteile zu[6]).

Die Aufhebungsgründe der Gesellschaft sind im ungarischen Gewohnheitsrechte nicht leicht aufzuzählen. Eine Aufhebung tritt ein, wenn der gesellschaftliche Zweck erreicht oder unmöglich wurde, sodann, wenn der Zweck wegen der unrechtmäßigen Übertragung einer persönlichen Handlung, die nicht durch einen anderen zu verrichten war[7]), ferner durch ein das Vertrauen erschütterndes Verhalten des Gesellschafters[8]), durch dessen Tod, Konkurs usw. gefährdet war[9]), oder wegen einer vollständigen Umwälzung der hierbei wichtigen Umstände vereitelt wurde[10]). Die übrigen Aufhebungsgründe der Gesellschaft sind wohl am besten nach den Vorschriften über die offene Handelsgesellschaft als Analogiebasis zu ermitteln.

III. Forderungen aus Rechtshandlungen i. e. S.

§ 25. Die Geschäftsführung ohne Auftrag.

Während die gerichtliche Praxis der Forderungsarten, die auf Rechtsgeschäften beruhen, ein in Anbetracht der gewohnheitsrechtlichen Natur

---

[1]) Arg. HG. § 62.

[2]) Wenn es sich um weniger wichtige Beschlüsse handelt, die eine Auflösung der Gesellschaft nicht genügend begründen würden, Arg. Mj. Dt. XI 145, F. 1091.

[3]) Arg. HG. § 95, a contrario.

[4]) Arg. HG. § 62, dessen Grundsatz auch für den Privatverkehr, wohin das Gesetz die Gelegenheitsvereinigung weist, gelten muß. Was die Gesamtgläubigerschaft anbelangt, genügt der Praxis ja schon ein gemeinsames Vorgehen mehrerer bei Begründung einer Forderung, um eine solche anzunehmen.

[5]) Arg. HG. § 62. Mji. Dt. XV 161, F. 107.

[6]) Daselbst.

[7]) Arg. Mj. Dt. XI 272, F. 189, das. XII 175, F. 131.

[8]) Mj. Dt. XII 96, F. 78, K. 1918, P. V 327, Mj. Dt. XII 175, F. 131 usw.

[9]) S. vorige Anmerkung. Mji. Dt. XV 161, F. 107.

[10]) Es genügt subjektive, den die Aufhebung verlangenden Gesellschafter betreffende Unmöglichkeit, Mj. Dt. XII 175, F. 131.

des ungarischen Privatrechts zwar nicht lückenloses, doch immerhin genug klares und plastisches Bild darbietet, kann man bei den auf anderen rechtlichen Handlungen basierenden Forderungsarten in einer pragmatischen Darstellung noch kaum von den ersten Strichen einer Skizze sprechen.

1. Die Geschäftsführung ohne Auftrag ist die ohne Vertretungsmacht vorgenommene Besorgung einer fremden Angelegenheit[1]).

2. Der Geschäftsführer ist verpflichtet, die Angelegenheit mit der verkehrsüblichen Sorgfalt[2]) und nach den für den Beauftragten geltenden Grundsätzen zu erledigen, dementsprechend daher auch den Geschäftsherrn über seine Mühewaltung und den Stand der Angelegenheit zu verständigen[3]).

Widerspricht dieser der Geschäftsführung, so muß der Geschäftsführer von der weiteren Besorgung der Angelegenheit Abstand nehmen[4]), es sei denn, daß es sich um eine Notstandshandlung handelt.

Das Vorgehen des Geschäftsführers bedarf der vollen Geschäftsfähigkeit[5]). Die Mühewaltung des Geschäftsführers ist gewöhnlich unentgeltlich[6]), und nur in Ausnahmefällen entgeltlich[7]).

3. Der Geschäftsherr hat sich zu der Benachrichtigung durch den Geschäftsführer zu äußern[8]); ob sein Schweigen eine Zustimmung oder eine Verweigerung der Genehmigung bedeutet, ist den Umständen des Falles zu entnehmen. Jedenfalls handelt es sich hierbei um keine Schuldnerpflicht, sondern um ein Gläubigerrecht des Geschäftsherrn[9]).

Stimmt er der Mühewaltung des Geschäftsführers zu[10]), so hat er damit das Geschäft von Anfang an als sein eigenes anerkannt und hat nach den Grundsätzen der Vertretung und des Auftrages die Folgen zu tragen[11]). Bis zur Verständigung durch den Geschäftsherrn kann aber dem

---

[1]) Vgl. EUG. § 1383ff.

[2]) Grill Dt. II 1076, F. 1254., Mj. Dt. XV 79, F. 53, K. 2949/1921, P. I. (Verwaltung des Vermögens eines Kriegsteilnehmers ohne Auftrag).

[3]) Arg. eadem ratione, wie bei dem Auftrag.

[4]) Handelt er doch auf die Gefahr des Geschäftsherrn.

[5]) Da es mit Verbindlichkeiten des Mühewalters verbunden sein kann.

[6]) Unentgeltliches Handeln ist in dem allgemeinen Privatrechte im Zweifel auch sonst anzunehmen.

[7]) Mj. Dt. IX 324, F. 308 läßt bei Kaufleuten, die als Geschäftsführer ohne Auftrag vorgehen, auf Grund des § 284 HG. Mühewaltungslohn zuerteilen.

[8]) Arg. Grill. Dt. II 1076, F. 1253.

[9]) Daher kann sie nicht entschuldigt werden, wenigstens in dem Sinne nicht, daß, wenn der Geschäftsführer einmal die Erklärung des Geschäftsherrn entgegengenommen hatte, er sich auf die Sache selbst in dem Falle eines Irrtums nicht mehr einlassen muß.

[10]) Hat der Geschäftsführer ein Rechtsgeschäft abgeschlossen, welches an eine Form gebunden ist, so muß die Genehmigung der Form ebenfalls entsprechen (z. B. bei Verkauf von Liegenschaften K. 1921, P. III 3997, Mj Dt. XV 81, F. 55). Eigentümlich ist, daß die Praxis bei der vor dem Abschluß des Geschäftes erteilten Vollmacht nicht so streng ist und auch die formlose Vollmacht eines formellen Geschäftes gelten läßt (z. B. bei Verkauf und Kauf von Grundstücken, K. 1921, P. V 3016, Mj. Dt. XV 33, F. 24). Sie schwankt demnach, da die beiden Fälle meines Erachtens nur einheitlich entschieden werden können.

[11]) Grill Dt. II 2, 1076, F. 1253.

Geschäftsführer unter Umständen[1]) das Recht zustehen, die Wirkungen der Geschäftsführung selbst zu entkräften[2]), nachher nicht mehr.

Schuldnerpflicht des Geschäftsherrn ist, Ersatz für die durch den Geschäftsführer gemachten Aufwendungen zu leisten; und zwar umfaßt derselbe bei einer uneingeschränkten Zustimmung die gesamten Kosten, Auslagen und sonstigen Aufwendungen. Hat der Geschäftsherr nicht alle Aufwendungen genehmigt, so müssen wohl die Grundsätze der Aufwendungen des gutgläubigen Besitzers entsprechend angewandt werden[3]).

War die Geschäftsführung unter solchen dem Geschäftsherrn vor der Genehmigung bekannten Umständen vorgenommen, die eine Entlohnung des Geschäftsführers begründen — was aber als Ausnahme zu betrachten ist — so hat der Geschäftsherr die Mühewaltung des Geschäftsführers zu entlohnen[4]). Das Maß der Entlohnung ist den Umständen des Falles zu entnehmen[5]).

4. Die Aufhebungstatsachen der Geschäftsführung ohne Auftrag sind dieselben wie die des Auftrages[6]).

§ 26. Einbringung von Sachen bei Gastwirten.

1. Der Gastwirt ist für den Verlust und die Beschädigung von Sachen verantwortlich, wenn dieselben in seinen Betrieb eingebracht wurden und nur eine gewöhnliche Aufbewahrungspflicht[7]) erfordern[8]).

Kaffeehäuser, Badeanstalten und ähnliche Anstalten waren vor Erbringung der 21. REE. der kgl. Kurie dieser Vorschrift nicht unterworfen, vielmehr war bei ihnen eine behufs der Verwahrung erfolgte besondere Übergabe an den Angestellten derselben, mit anderen Worten ein besonderer Verwahrungsvertrag erforderlich[9]) [10]). Die erwähnte REE. hat diesem Unterschiede ein Ende bereitet[11]).

---

[1]) Wenn er mit dem Dritten, der nach dem Inhalte der Geschäftsführung mit dem Geschäftsherrn ein Rechtsgeschäft abgeschlossen hätte, betreffs eines Rücktrittes einig wird. Vgl. a. a. O.

[2]) S. die vorige Anmerkung.

[3]) War er doch in dem Glauben, daß er die Genehmigung des Geschäftsherrn erhalten würde.

[4]) Berufsmäßige Tätigkeit eines Kaufmannes, HG. § 284, Mj. Dt. IX 324, F. 308, Advokat, Grill Dt. II 2, 1077, F. 1256 usw.

[5]) S. den in der vorigen Anmerkung angeführten Fall, wo die üblichen Baukosten zugesprochen wurden, mit deren Summe der Wert des bebauten Grundstückes gewachsen war.

[6]) Eadem ratione.

[7]) Jogt. Közl. Dt. Neue Folge Bd. 26, S. 273, F. 825, Mji. Dt. XV 150, F. 98 usw.

[8]) Grill Dt. II 2, 1134, F. 1334.

[9]) Daselbst, Fall 1333.

[10]) Die Übergabe des Gegenstandes muß nicht immer den Abschluß eines solchen bedeuten. So wurde Jogt Közl Dt., Neue Folge, Bd. XXVI, S. 114, F. 51 angenommen, daß es bloß bedeute, das übernommene Kleiderstück aufzuhängen (Kaffeehausfall).

[11]) Mj. Dt. XIII 81, F. 67. Die erwähnten Anstalten müssen zur Abwehr ihrer Verantwortlichkeit beweisen, daß der Verlust durch Handlung oder Unterlassung des Beschädigten, durch höhere Gewalt oder aber unabwendbare Handlung eines Dritten verursacht wurde.

2. Der Inhalt der Verpflichtung bestimmt sich nach den Grundsätzen des Schadensersatzes. Es kann nicht ausgeschlossen werden, die Gültigkeit einer entgegengesetzten Vereinbarung der Parteien anzuerkennen[1]), doch bleibt es den Umständen des Falles und der Einsicht des Gerichtes überlassen, zu bestimmen, ob die Aufnahme einer entgegengesetzten Bestimmung in die Hausordnung der Gasthäuser, auch wenn dieses mit den Zimmerpreisen zugleich bekanntgemacht wurde[2]), schon die genügende Annahme einer entgegengesetzten Vereinbarung bietet oder nicht.

IV. Forderungen aus verbotenen Handlungen.

1. Das Verüben einer verbotenen Handlung ist — wie bei ihrer Behandlung im allgemeinen Teile[3]) schon ausgeführt wurde — mit der allgemeinen Ausgleichsfolge verbunden, d. h. mit dem kraft Gesetzes entstehenden und an den Täter gerichteten Befehl, die tätsächlichen und rechtlichen Folgen der verbotenen Handlung zu beseitigen und den dem verletzten subjektiven Rechte oder Interesse entsprechenden rechtmäßigen früheren Zustand wieder herzustellen. Diese Ausgleichsfolge der verbotenen Handlungen läßt zugunsten des Verletzten und zu Ungunsten des Täters zahlreiche Herstellungsansprüche entstehen, auf die hier bloß hingewiesen werden kann.

Eine, doch nicht die einzige derartige Forderung ist der schon an anderer Stelle[4]) behandelte Schadensersatzanspruch. Ähnliche Forderungen sind aber diejenigen, die dem verletzten Schenker auf Kraftloserklärung der Schenkung zustehen, ferner die der Erben des vom dem Täter getöteten Verletzten auf Herausgabe der Erbschaft wegen Unwürdigkeit[5]).

2. Die neuere Gesetzgebung und Praxis haben den Gedanken der Ausgleichsnatur der Schadensersatzverpflichtung aus unerlaubten Handlungen weiter entwickelt und erst spärlich, dann immer bewußter und zahlreicher, besonders bei solchen verbotenen Handlungen, die die Grenze der Strafhandlungen überschritten haben, eine privatrechtliche Buße eingebürgert.

So entstehen zu Lasten des Täters Ersatzansprüche eines schwer oder gar nicht nachweisbaren Schadens: bei gewissen Waldübertretungen[6]), bei widerrechtlichen Verletzungen der weiblichen Ehre[7]) und bei anderen besonders betonten Verletzungen des Persönlichkeitsrechtes[8]).

All diesen gemeinsam ist eine infolge der gesetzlichen Vorschriften

---

[1]) Hierfür liegt gar kein Grund vor.

[2]) Verneinend Mji. Dt. XVII 25, F. 27.

[3]) Bd. I, S. 150.

[4]) S. Leistungslehre.

[5]) Grill Dt. III 28, F. 21.

[6]) GA. XXXIX, 1879, §§ 90 ff., wo neben dem Ersatz des eigentlichen Schadens mehrfach eine weitere Ersatzpflicht und Geldstrafe angewendet werden.

[7]) Bei Behaupten dessen, daß jemand mit der Verletzten längere Zeit hindurch geschlechtlich verkehrt habe, Mji. Dt. VII 69, F. 42, bei Notzucht, daselbst VI 331, F. 191, bei Verführung, daselbst XV 103, F. 70. K. 1921, P. III 3257 usw.

[8]) GA. XIV, 1914, § 39, Preßdelikte gegen die Ehre und gegen den guten Ruf des Verletzten, sowie andere, nicht auf dem Wege der Presse verübten Delikte, GA. XLI, 1914, § 28. Das Gericht hat die Höhe des nichtvermögensrechtlichen Schadens nach billigem Ermessen zu bestimmen. Jetzt auch bei betonten Fällen des unlauteren Wettbewerbs GA. V 1923, § 35 usw.

oder der Natur der Verletzung dem Verletzten günstige Berechnung des wirklichen oder des gesetzlich in der Form einer praesumtio juris und de jure angenommenen Vermögensschadens, die den Ersatz schon zur Nachteilsfolge der verbotenen Haudlung stempelt. Immerhin bleibt diese Nachteilsfolge noch innerhalb des Bereiches des Privatrechtes, wogegen die Aberkennung des Vermögens des Täters[1]), sowie der Verlust der ihm zukommenden Fideikommisse, Anwartschaften auf Fideikommisse[2]) bzw. staatlich begünstigte Liegenschaften[3]), in der Form einer Gesamtnachfolge des Staates, schon eine öffentlich-rechtliche Minderung der Rechtsfähigkeit desselben bildet[4]).

Ist in den Quellenstellen nichts anderes enthalten, so müssen auf die hier erwähnten privatrechtlichen Erweiterungen der Schadensersatzpflicht im Zweifel die allgemeinen Grundsätze des Schadensersatzes angewendet werden[5]).

V. Forderungen aus Ereignissen.

§ 1. Die Gemeinschaft.

1. Steht ein Vermögensrecht mehreren gemeinsam nach Bruchteilen zu, so entsteht eine Rechtsgemeinschaft[6]).

Begründungstatsachen der Gemeinschaft können jede Art der rechtsbewegenden Tatsachen sein. Rechtsgeschäfte, rechtlich erlaubte, verbotene Handlungen, ja selbst die allgemeinsten rechtlichen Tatsachen: Ereignisse[7]), weshalb dieselben auch hier zu behandeln sind.

2. Der Gemeinschaft entströmen die Ansprüche auf Ausübung und Änderung, sowie auf Aufhebung des gemeinschaftlichen Rechtes.

Kraft des Ausübungsrechtes haben die Rechtsgenossen die Pflicht, die Ausbeutung, Übertragung und Verwaltung des dem einzelnen Berechtigten gehörigen Anteiles, soweit diese selbständig möglich ist, dem Berechtigten zu gestatten, alle mit derselben zusammenhängenden Befugnisse, wenn sie selbständig ausgeübt werden können, nicht zu hindern.

Ist eine getrennte Ausübung und Verwaltung nicht möglich, so haben die Rechtsgenossen über die Art und den Inhalt der Ausübung nach Stimmen, entsprechend den Anteilen, zu entscheiden[8]) und können auch gerichtliche Hilfe in Anspruch nehmen[9]).

Die verwaltenden Berechtigten sind den übrigen Rechenschaft schuldig. Nutzungen und Besitz des Gegenstandes des Rechtes, wo dieser dem Inhalte des letzteren entspricht, kommen dem Berechtigten im Zweifel nach den Bruchteilen ihrer Berechtigung zu[10]).

---

[1]) GA. XVIII, 1915, § 2.

[2]) GA. XLIII, 1921, § 1.

[3]) Vgl. das bei den Heldengrundstücken hierüber Gesagte.

[4]) Ebenfalls in das Strafrecht fallen die vermögensrechtlichen Nachteile aus Preistreiberei.

[5]) Sonst wäre es schwer zu erklären, daß die Quellen diese Nachteilsfolgen beharrlich Schadensersatz nennen.

[6]) Grill Dt. II 1084, F. 1268.

[7]) Vermischung usw. siehe im Sachenrechte.

[8]) Arg. die diesbezüglich bei dem Miteigentum vorgebrachten Fälle. S. dort.

[9]) Mj. Dt. X 161, F. 103.

[10]) S. Miteigentum.

Handelt es sich um Verfügungen, die das ganze Recht oder dessen ganzen Gegenstand betreffen, so wird die Übereinstimmung aller Berechtigten erfordert[1]. Andernfalls ist jede Änderung zu unterlassen.

Die Beendigungsbefugnis verleiht dem Berechtigten die Möglichkeit, die Gemeinschaft auf entsprechende Weise zu beendigen. Die Beendigung erfolgt — wenn eine Einigung nicht zustande kommen konnte, — durch richterliches Urteil[2]. Grundsätzlich kann die Gemeinschaft jederzeit aufgehoben werden, doch spricht die Praxis dafür, die Ausübung dieser Befugnis nur in der dem Interesse aller Rechtsgenossen dienenden Zeit und Art zu gestatten[3].

Die Kosten der Aufhebung der Gemeinschaft tragen die Gemeinschafter im Zweifel gemeinsam[4].

Dritten gegenüber verfügt jeder Genosse über seinen Anteil frei[5].

§ 2. Vorlegung von Sachen.

Das gegenwärtige Recht Ungarns[6] kennt noch keine gerichtliche Praxis und verfügt auch noch nicht über eine bestimmte Quellenstelle, welche aus dem bloßen Besitze jeder Art von Sachen eine Verpflichtung zur Vorlegung ableitet. Dennoch kann man nicht leugnen, daß gewisse Arten von Sachen kraft der Wirkung ganz zufälliger Ereignisse der Vorlegungspflicht unterliegen.

Nach den Vorschriften des PG. muß nämlich sowohl der Zeuge[7] als auch der Dritte, welcher Besitzer von Sachen oder Urkunden ist, die als Beweis dienen können, ferner der Prozeßgegner die als Beweise dienenden Urkunden und die dem gerichtlichen Augenschein zu unterwerfenden anderen Sachen in dem Prozesse vorzeigen bzw. dem Gerichte zur Verfügung stellen.

Obzwar die erwähnten Vorschriften von prozeßrechtlicher Natur sind, kann man doch schwer leugnen, daß in ihnen auch der Kern einer privatrechtlichen Verpflichtung steckt, der schon daraus ersichtlich ist, daß der die Verpflichtung außer Acht Lassende außer prozeßrechtlichen[8] auch mit privatrechtlichen Nachteilsfolgen bedroht wird[9], aber auch den die Vorlegung selbst erlittenen Schaden unter Umständen erstattet erhält.

Über die umschriebenen Grenzen hinaus aber kann — bis sich die Praxis zur Anerkennung einer solchen nicht entschließt — die Vorlegungspflicht unseres Erachtens nicht angenommen werden.

---

[1] Arg. eadem ratione HG. § 78.

[2] Arg. das bei dem Miteigentum Gesagte. S. ebendort, die Praxis verweigert demnach die Aufhebung der Gemeinschaft dann, wenn das Grundstück mit einem Witwenrechte belastet war.

[3] [4] Arg. eadem ratione wie bei der Gesellschaft.

[5] Arg. Grill Dt. II 2, 1068, F. 1270.

[6] Anders EUG. §§ 1500—1502, welche die Verpflichtung grundsätzlich regeln.

[7] PG. § 308 betreffs der Urkunden.

[8] Vgl. PG. §§ 308, 325, 326, 327, 344.

[9] Vgl. PG. § 308, wo der Zeuge mit einer Schadensersatzklage indirekt bedroht wird. Das Gesetz spricht so, als wenn das Privatrecht eine derartige Ersatzpflicht anerkennen würde, demgemäß muß diese auch gelten.

§ 3. Ungerechtfertigte Bereicherung.

1. War eine Vermögensverschiebung zugunsten der einen und zu Lasten der anderen Partei eingetreten, die der rechtlichen Grundlage entbehrt, so tritt als Korrektur derselben die Verpflichtung des Bereicherten ein, das herauszugeben, was er ohne Grund erhalten hatte.

Was die Praxis als das Fehlen eines rechtlichen Grundes anerkennt, darüber lassen sich bloß ganz allgemeine Typen der Begründungstatsachen des Anspruches erwähnen, einheitliche Grundsätze sind über dieselben schwer aufzustellen.

2. Begründungstatsache ist einmal die irrtümlich in dem Glauben des Bestehens einer Schuld erfolgte Leistung, oder Surrogatleistung[1]).

Sodann die ursprüngliche oder die nachträgliche Ungültigkeit bereits erfüllter oder teilweise erfüllter Rechtsgeschäfte[2]). der Rücktritt von diesen[3]), der Eintritt einer auflösenden Bedingung[4]), der nachträgliche Wegfall der von dem Bereicherten geschuldeten Leistung[5]), oder einer Voraussetzung[6]), endlich die Unsittlichkeit der Zuwendung[7]).

3. Inhalt der der ungerechtfertigten Bereicherung entstammenden Verpflichtung ist die Rückerstattung dessen, was der Bereicherte erlangt hatte. Hierin sind auch die inzwischen gezogenen Nutzungen und anderer Zuwachs zu verstehen[8]).

War sowohl die Zuwendung als auch deren Annahme unsittlich, so versagte die frühere Praxis auch die Folgen der ungerechtfertigten Bereicherung[9]). Neuerdings aber ist sie geneigt, diese doch eintreten zu lassen[10]).

---

[1]) Grill Dt. II 2, 1097, F. 1288.

[2]) Vgl. das über diese Frage in der allgemeinen Lehre der Rechtsgeschäfte Gesagte. Die Rückgabe von Geld erfolgt nach dem Geldwerte der Hingabezeit K. 1922, P. IV 4262 (Keresk. Jog. Nr. 1 (1923 F. 9).

[3]) Vgl. HG. § 352 und das betreffs des Zurückbehaltungsrechtes Gesagte.

[4]) Eadem ratione Grill Dt. II 2, 1098, F. 1289.

[5]) Causa finita, manchmal kann dieser Zweck auch mit einer dinglichen Klage erreicht werden. So GO. § 155, wo für denselben Zweck die Löschungsklage zugelassen wird.

[6]) Etwa wegen Fehlens der Geschäftsfähigkeit, der Geschäftsunfähige oder beschränkt Geschäftsfähige haftet nach dem Grade seiner Bereicherung z. B. für die Summe, die er zu ungedeckten Verpflegungs-, Wohnungs- und Bekleidungsausgaben seiner selbst, oder seiner Gattin verbrauchte, K. 1919, P. IV 1426, Mji. Dt. XIII 90, F. 71.

[7]) Vgl. das über die Inhaltsschranken der Rechtsgeschäfte Gesagte.

[8]) So wurde in der Praxis nach der Aufhebung des Kaufes mit dem Pferde auch das inzwischen geworfene Füllen zugesprochen.

[9]) S. das hierüber bei den Geschäften Gesagte.

[10]) S. dort. Z. B. Rückforderung des Eigentums, des Besitzes einer zum Zwecke der Aufrechterhaltung eines außerehelichen geschlechtlichen Verhältnisses übereigneten Liegenschaft, K. 1921, P III 106, Mj. Dt. XIV 21, F. 25 (daselbst sogar Zuurteilung der Forderung auf Löschung der inzwischen auf die Liegenschaft ungerechtfertigt eingebuchten Lasten), oder Rückforderung der zu unerlaubter Erwirkung von Ausfuhrbewilligungen übermittelten Summen (allerdings nur dann, wenn das Versagen des gerichtlichen Schutzes der Rückforderung zu Unbilligkeiten führen würde), K. 1920, P. II 1919, Mj. Dt. XIV 26, F. 23, ähnlich (insoweit keine offenkundig skandalös unmoralischen Verträge vorliegen) K. 1922, P. IV 164, Mji. Dt. XV 184, F. 124 usw.

Die Rückerstattung ist nur dann zu bewirken, wenn die Bereicherung bei Einreichung der Klage noch anhielt[1]).

§ 4. Schadenseintritt.

1. Unter gewissen Bedingungen folgt aus dem zufälligen, oder wenigstens dem nicht auf einer verbotenen Handlung des Verpflichteten beruhenden Schadenseintritt zugleich auch die Verpflichtung, ihn zu ersetzen.

Diese Fälle sind:

1. Der Eintritt des Schadens innerhalb eines gefährlichen Betriebes, z. B. bei der Bahn[2]), den maschinell betriebenen Verkehrsunternehmungen[3]), jedem maschinell betriebenen objektiv gefährlichen Unternehmen[4]), oder bei einem Betriebe großen Umfanges[5]).

2. Der Zusammenhang des Schadens mit der Tätigkeit einer von dem Verpflichteten zur Erledigung seiner Angelegenheiten bestellten Person[6]) oder seine Verursachung durch ein dem Vermögenskreis des Verpflichteten angehöriges Tier[7]).

Der Inhalt der Schadensersatzverpflichtung ist in diesen Fällen grundsätzlich derselbe, wie in der Leistungslehre ausgeführt wurde[8]). Immerhin kann der Umfang der Ersatzverpflichtung[9]), sowie die Art und die Zeit ihrer Geltendmachung gesetzlich beschränkt sein, doch sind dies Ausnahmen, die für die im Gesetz nicht besonders geregelten Fragen[10]) die Anwendung der allgemeinen Grundsätze nicht ausschließen.

Einzelheiten gehören in den Bereich der betreffenden Sonderrechte[11]).

---

[1]) Nachher kann die Veräußerung schon wegen der Rechtshängigkeit nicht schaden.

[2]) GA. XVIII: 1874, jetzt auch schon Schiffsunternehmungen, Mj. Dt. XIII 25, F. 19, 112, F. 89 usw., und wohl auch Luftfahrtsunternehmungen; vgl mein Referat über Luftfahrtschaden, Protokoll der Budapester Luftrechtkonferenz, und VMER. 10270/1922, § 19 (haftbar ist der Betriebsberechtigte und der Lenker des Fahrzeuges). Der Praxis nach ist die auf Grund der Betriebsunfälle zugeurteilte Summe keine Unterhalts-, sondern eine Schadensforderung, sie kann demnach infolge der veränderten wirtschaftlichen Verhältnisse vorläufig noch nicht erhöht werden, 24. REE. Mj. Dt. XIV 65, F. 55.

[3]) Neueste Praxis K. 1917, P. 3696, dasselbe muß keinen größeren Umfang haben, es genügt z. B. der Liftbetrieb eines Zinshauses, K. 1921, P. IV 2172, Ü. L. Dt. I 8, F. 8.

[4]) Daselbst, GA. XIX: 1907 usw.

[5]) Vgl. 84. VE., Begründung.

[6]) 84. VE. der Kurie.

[7]) Ersatz des durch Bienen verursachten Schadens (Heilungskosten der durch diese verwundeten Pferde), K. 1916, Rp. P. II 3439, Mj. Dt. XI 9, F. 6, des auf dem Wege durch leicht erschreckbare Pferde verursachten Schadens, Mj. Dt. XIII 51, F. 42, des Wildschadens, wenn das Wild planmäßig gezüchtet wurde, Mj. Dt. XIII 65, F. 54, des durch verbotenes Grasen der Haustiere verursachten Schadens, § 112, GA. XII, 1894, K. 1916, Rp. VI 4688, Mj. Dt. XII 87, F. 71 usw.

[8]) S. dort.

[9]) Bei den Bahnbetriebsunfällen auf Todesfall und körperliche Schäden und nur für gewisse, in dem Gesetze aufgezählten Schäden.

[10]) Z. B. Konkurrenz von mehreren Begründungstatsachen, wobei die Frage praktisch wird, ob der größere Umfang des Anspruches aus unerlaubter Handlung wegen der spezialen Regelung des objektiven Schadensersatzes ausgeschlossen ist? (In meiner Praxis schon vorgekommener Fall, der aber bisher noch nicht rechtskräftig entschieden wurde.)

[11]) Bahnrecht, Arbeiterversicherungsrecht, Luftrecht usw.

3. Die Rückführbarkeit des Schadens auf eine rechtlich nicht verantwortungsfähige Handlung[1]) und der auffallende Unterschied zwischen der günstigen Vermögenslage desjenigen, der den Schaden verursachte und der ungünstigen des Beschädigten[2]).

In diesem Falle wird der Schadensersatz, von den allgemeinen Grundsätzen abweichend, dem billigen Ermessen des Gerichtes anheimgestellt[3]).

4. Der Zusammenhang des Schadens mit der Ausübung eines wegen seines Gegenstandes gefährlichen Rechtes: Eintritt des Schadens infolge der Aufbewahrung von gefährlichen Explosivstoffen[4]).

---

[1]) Grill Dt. II 1099, F. 1293, 1294.

[2]) Dieses Element wurde nun auch schon in der 84. VE. der Kurie betont.

[3]) Mj. Dt. VIII 202, F. 159, daselbst 268, F. 215.

[4]) Mj. Dt. XI 6, F. 4. Hierher gehört auch der Ersatz des durch Hauseinsturz verursachten Schadens, Mji. Dt. XV 173, F. 114 usw.

Sachregister.

(Die erste Zahl bedeutet die Seite, die zweite den mit Zahl bezeichneten Abschnitt des Textes. Stellen ohne römische Zahl sind in dem ersten, solche mit der römischen Zahl II hingegen im zweiten Bande enthalten.)

A.

Abarten des Eigentums . . II, 51
Ablösungsrechte des Eigentümers . . . . II, 33
Absicht des Geschäftsabschlusses 130 (2)
Absonderung der Vermögen der Ehegatten 193
Absolute Rechte 47 (4)
Actio de liberis ducendis . . 169
Adreßfähigkeit 116 (1)
Aftermiete . . . . II (201)
Aktiven (Gemeinerrungenschaft) 200 (5)
Alter 55 (4)
Analogie 35 (2)
— Basis 37 (3), 37 (4)
— Gesetzesanalogie 35 (2)
— Rechtsanalogie. 36 (3)
— Wichtigkeit 37 (3)
Änderung eines Kunstwerkes . . VII
Aneignung . . . . II, 37 (1)
Aneignungsrechte . II, 2; 47 (5)
Anerklärung 111 (2)
Anerkenntnis . . . . . . II, 166
Anerkennung 163 (14)
Anfangstermin 145 (2)
Anfechtbarkeit. . 133 (5), 138 (3)
Anfechtung . . 161 (1); II, 162 (2)
— Form . . . . II, 162 (2)
— Wirkung . . . . II, 162 (2)
Anfechtung der ehelichen Geburt 215 (2)
— Anfechtungsgegner 215 (2)
— Handlungsfähigkeit. . . . 215 (2)
— Persönliche Vornahme ? . . 216 (3)
— Rückwirkung 216 (4)
Anfechtung der Legitimation 216 (4)
Anfechtungserklärung . . 138 (3)
Anfechtungsgründe . . . 138 (3)
Anhäufung der Raten (Leibrentenvertrag . . . II, 222 (3)
Annahme. 123
— Form. 125 (3)
— Teile 124 (2)
— Wirkung 125 (4)
Annahme an Kindesstatt . . 227
Annahme an Kindesstatt, Adel des Angenommenen . 228 (4)
— Anfechtung der 229 (4)
— Aufhebungsvertrag der . . 229 (2)
— Beendigung 229 (2)
— Ehehindernis 229 (2)
— Einwilligungsberechtigte . 227 (1)
— Familienname des Angenommenen 228 (4)
— Form der 227 (1); 228 (1)
— Genehmigung 227 (1)
— Geschäftsfähigkeit 227 (1)
— Gesetzliche Erbfolge des Angenommenen 252 (3, 4, 5)
— Inhalt der 228 (2)
— Lage des Angenommenen . 228 (4)
— Mitwirkung Dritter . . . 228 (3)
— Persönliche Vornahme . . 227 (1)
— Pflichten d. leiblichen Eltern 229 (4)
— Unterhaltspflicht bei der . 229 (4)
— Väterliche Gewalt bei der 229 (4)
— Tatbestandsfehler 227 (1); 229 (1)
— Wirkung 228 (4)
Anspruch. . . . . . 157 (3); II, 4
— Aus dem Besitze . . II, 50 (5, 6)
— Aus dem Eigentum . . . . II, 48
— dinglicher 200 (4)
— Inhalt des . . . 157, (3); 200 (4)
— Klagbarkeit 157 (3)
— schuldrechtlicher 200 (4)
— Übertragbarkeit 157 (3)
Anstalten 84 (9)
Ansturm des österreichischen Rechts VI
Anteil . . . . II, 227 (4)
Antrag 123
— Form. 124 (3)
— Teile 124 (2)
— Wirkung 124 (3)
Anwachsungsrecht . . . 287 (3, 4)
Anwartschaften 47 (5), 145 (2); II (2) 293 (4)
Anweisung . . . . II 171
— Abstrakt ? . . . . . . II 173 (6)
— Annahme der . . . . . II 171 (2)
— Angewiesener . . . . II 172 (4, 6)
— Anweisender . . . . II 172 (4, 5)

Anweisung, Anweisungsempfänger . . . . II, 172 (4, 6)
— Aufhebung . . . . . II, 172 (3)
— Beendigung . . . . . II, 172 (3)
— Einseitiges Rechtsgeschäft? II, 171 (1)
— Einwendungen . . . . II, 173 (6)
— Erfüllung . . . . . . II, 172 (4)
— Ermächtigung des Angewiesenen . . . . II, 172 (4)
— Form . . . . II, 171 (1)
— Innenverhältnis der Beteiligten II, 172 (4)
— Schuldübernahme? . . II, 173 (7)
— Tatbestand . . . . . II, 171 (2)
— Vertrag? . . . . . . II, 171 (1)
— Vertrag zugunsten Dritter? II, 171 (2); II, 172 (4); II, 173 (6)
— Widerruf . . . . . . II, 171 (2)
— Wirkung . . . . . . II, 171 (2)
Anzeigepflicht (Irrtum) . . 133 (4)
Approbatae constitutiones . 22
Arbeiter 197 (1)
Argumentum a majore . . 34 (3)
— a minore 24 (3)
Art der Zuwendung von Todes wegen 285 (5)
Arten der Dienstbarkeiten II, 58 (2)
Articuli Novellares 22
Auflagen 302
Aufwendung des Besitzers II, 50 (7)
— des Mieters . . . . . II, 199 (3)
— des Pächters . . . . II, 205 (2)
Aufhebungsgeschäfte II, 161 (11); 162 (1)
Aufrechnung . . . . II, 161
— Aufhebung gegenüberstehender Forderungen II, 161 (1); II, 162 (3)
— Ausgeschlossene Forderungen II, 162 (4)
— Einreden . . . . . . II, 161 (1)
— Erklärung . . . . . . II, 161 (1)
— Prozessuale . . . . . II, 161 (2)
— Wirkung 162 (3)
Auftrag . . . . II, 217
— Auftraggeber . . . . II, 218 (3)
— Aufwendungen . . . . II, 218 (3)
— Auslagen . . . . . . II, 218 (3)
— Beauftragter . . . . II, 218 (2)
— Benachrichtigungspflicht II, 218 (1)
— Berufsmäß. Beauftragter II, 218 (1)
— einseitiger Vertrag . . II, 217 (1)
— Dienstvertrag? . . . II, 218 (1)
— Form . . . . II, 218 (1)
— Herausgabe d. Erlangten II, 218 (3)
— Kündigung bei dem . II, 219 (3)
— Schadenersatz . . . II, 219 (3)
— Stellvertretung bei . II, 218 (2)
— Tatbestand des . . . II, 218 (1)
— Tod der Parteien . . II, 219 (3)
— Vorschüsse . . . . . II, 218 (3)
Auftrag, Werkvertrag? II, 218 (1)
Ausbeutung d. Naturkräfte 101 (2)
Auseinandersetzung (Nachfolger von Todeswegen) 321 (6)
Ausgleichungspflicht (der Nachfolger von Todes wegen) . 319 (5)
Ausländer 39 (4)
Auslegung der Rechtsgeschäfte 146
— Arten 146 (1)
— Gegenstand 146 (2)
— maßgebender Zeitpunkt . 146 (1)
— Mittel 146 (1, 2)
— Zweck der 146 (2)
Auslegung der Rechtssätze . 33
— Arten 33 (2)
— Ergebnis 35 (4)
Auslobung . . . . II, 167
— Ausgelobte Handlung II, 169 (11)
— Bedingungen . . . . II, 170 (2)
— Bewerber . . . . . . II, 170 (2)
— Dritte Rechtserwerber . II, 169 (1)
— Einseitiges Rechtsgeschäft II, 169 (1)
— Entscheidung . . . . II, 170 (2)
— Entscheidungsorgan . II, 170 (2)
— Gläubiger . . . . . . II, 169 (1)
— Inhalt . . . . II, 169 (1)
— Form . . . . II, 169 (1)
— Mehrere Vollbringer . II, 170 (1)
— Öffentliche Bekanntmachung . . . . II, 169 (1)
— Preisausschreiben . . II, 170 (2)
— Recht des Vollbringers II, 170 (1)
— Schadenersatz? . . . II, 170 (2)
— Tatbestand . . . . . II, 169 (1)
— Tatbestandsfehler der Entscheidung . . . . . . II, 170 (2)
— Vollrecht des Auslobenden am Erfolge? . . . . II, 170 (3)
— Zuwendung . . . . . II, 169 (1)
— Unentgeltlichkeit? . . II, 169 (1)
— Widerruf . . . . . . II, 170 (1)
Ausnahmebeschränkungen (des Eigentums) . . . . . . II, 31
Ausschließungsrecht (des Eigentümers) . . . II, 29 (1)
Außerordentliches Kündigungsrecht
— Miete . . . . II, 201 (5)
— Pacht . . . . II, 203
Ausstellung von Wertpapieren . . . . II, 167
— Analogie? . . . . . II, 168 (3)
— Auslegung? . . . . . II, 168 (3)
— Einseitiges Rechtsgeschäft I, 167 (1)
— Form . . . . II, 167 (1)
— Indossamentspapiere . II, 168 (2)
— Inhaberpapiere . . . II, 168 (2)
— Inhalt . . . . II 167 (1)
— Kreationsakt II, 167 (1); II, 168 (2)

Ausstellung von Wertpapieren, Nichtigkeitserklärung . II, 167 (1)
— sachenrechtliche Folgen der Ausstellung . . . . . . II, 167 (1)
— schuldrechtliche Folgen der Ausstellung . . . . II, 167 (1)
— Sperre . . . . II, 167 (1)
— Rektapapiere . . . . II, 168 (2)
— Wertpapiere auf Unterlassungen? . . . . II, 167 (1)
Ausübung der Dienstbarkeiten . . . . II, 59 (4)
Ausübung der Rechte 159
Authentische Auslegung . . 33 (2)
— Entscheidungen der kgl. Kurie 16, 33 (2), 33
— Quellenkraft der 33
— Rückwirkung der 33

B.

Bauer (Gemeinerrungenschaft) 197 (1)
Beauftragter . . . . II, 218 (2)
Bedingung 142
— Auflösende 142 (1)
— Aufschiebende 142 (1)
— Ausfall der 144
— Bestimmung der 143
— Erfüllung 144
— Inhaltsfehler 143
— Schwebezeit 144
— Unmögliche 143
— Unsittliche 143
— Verbotene 143
— Wirkung der 143
Bedingungstatsachen . . 142 (1)
Bedingungsfeindliche Rechtsgeschäfte 143
Beeinflussung 62
Befriedigung des Pfandgläubigers . . . . II, 75 (3)
Befristung 145
Befristungsfeindliche Rechtsgeschäfte 145 (2)
Belastungsbeschränkungen (Eigentum) . . . . II, 33
Belastungsverbote (Eigentum) . . . . II, 32 (2)
Berechtigter 44 (1)
Berechnung des Pflichtteils 312 (5)
Berechnungszeit der Gemeinerrungenschaft 199 (3)
Bergwerksrecht . . . . . . II, 2
Berufsehre 65 (5)
Berufsmäß. Beauftragte II, 218 (1)
Berufsmäßige Verwahrer II, 220 (3)
Berufung zur gesetzlichen Erbfolge 250 (1)
Beschäftigung 64
Beschränkte Haftung des Erben 243 (2)
Beschränkte Handlungsfähigkeit 85 (2), 147 (2)
Beschwerter (Nachfolge von Todes wegen) 299 (6)
Besitz . . . . II, 2; II, 4
— Abgeleiteter . . . . . . II, 5 (2)
— Beschränkter . . . . . II, 5 (3)
— Besitzdiener . . . . . . II, 7 (3)
— Bewegungstatsachen . . . II, (8)
— Bösgläubiger . . . . . II, 7 (5)
— Eigenbesitz . . . . . . II, 7 (6)
— Eigentumsvermutung aus dem II, 11
— Entgeltlicher . . . . . II, 7 (8)
— Fremdbesitz . . . . . II, 7 (6)
— Fester . . . . II, 7 (7)
— Folgen des . . . . II, 10
— Gesamtnachfolge in . . II, 9 (6)
— Geteilter . . . . II, 5 (3)
— Gewahrsam . . . . . . II, 6 (3)
— Gewaltrecht . . . . . . II, 12 (2)
— Gutgläubiger . . . . . II, 7 (5)
— Legitimierende Folgen des . II, 10
— Lockerer . . . . II, 7 (8)
— Minder fester . . . . . II, 7 (7)
— Mitbesitz . . . . II, 5 (3)
— Mittelbarer . . . . . . II, 6 (3)
— Nachlaßbesitz 328 (10)
— Notwehrrecht aus dem II, 12 (1)
— Schutz des . . . . II, 12
— — Selbsthilferecht aus dem II, 12
— Summarische Repositionsklage II, 13
— Trennungsrecht aus dem II, 50 (8)
— Rechtmäßiger . . . . . II, 7 (4)
— Relatives Recht? . . . II, 4 (1)
— Unentgeltlicher . . . . II, 7 (8)
— Unmittelbarer . . . . . II, 6 (3)
— Unrechtmäßiger . . . . II, 7 (4)
— Ursprünglicher . . . . II, 5 (2)
— Übergang des II, 6 (3); II, 9 (5)
— Vermutungen aus dem . . . II, 11
— Vermutung des gültigen Erwerbs. . . . . II, 10 (1)
Besitzkonstitut . . . . II, 39 (2)
Besitz der gekauften Sache II, 184
Besitz der Pfandsache . II, 76 (5)
Bestandteile II, 180 (3); II, 73 (2), 91 (4)
Bestimmungsrechte . 163 (1), 164
Besteller . . . . II, 213 (2)
Beweglichkeit der Naturkräfte 100 (2)
— der Sachen 89 (2)
— der Geisteserzeugnisse . . 103 (2)
Beweis 160 (8)
Beweispflicht 160 (7)
Bewußtsein des Geschäftsabschlusses 130 (2)
Bezeichnungsrechte . 163 (1), 164
Bewegungstatsachen der Forderungen . . . . II, 150
— Änderungstatsachen . II, 151 (3)
— Aufhebungstatsachen . II, 151 (3)

Bewegungstatsachen der Forderungen, Begründungstatsachen . . . . II, 151 (3)
— Ereignisse . . . . . II, 150 (1)
— Handlungen . . . . . II, 150 (3)
Bigamie 190
Bildnertrieb des ungarischen Rechts VII
Böswilliges Verlassen . VII, 190
Boykott (gesellschaftlicher) . . . 164
Buchgeschäfte . . . II, 22; II, 43
— Auflassung . II, 22 (2); II, 28 (8)
— Anmerkungsantrag . II, 24 (1, 2)
— Buchvertrag . . II, 23 (4); II, 25
— Einseitige Ergreifungen II, 23 (3); II, 22 (2); II, 24
— Eintragungsantrag II, 24 (1); II, 25 (2)
— Form . . . . II, 22 (2)
— Inhalt . . . . II, 22 (2)
— Löschungen . . . . . II, 24 (1. 2)
— Vormerkungen . . . . . II, 24 (2)
Buchvertrag . . . . II, 25
— Dingliche Stufe . . . . II, 26 (5)
— Eintragung . . . . . . II, 25 (4)
— Fehler . . . . II, 28 (8)
— Form . . . . II, 27 (5)
— Irreguläre . . . . II, 27 (7)
— Kausa . . . II, 27 (5); II, 28 (6)
— Schuldrechtliche Stufe . II, 26 (2)
Bürge . . . . II, 224
Bürgschaft . . . . II, 224
— Befriedigung der Hauptschuld . . . . II, 225 (2)
— Form 224 (1)
— Gesamtbürgschaft . . II, 224 (1)
— Gewöhnliche . . . . II, 224 (1)
— Nebenschuld . . . . II, 224 (2)
— Sorgfalt des Gläubigers bei der . . . . II, 225 (3)
— Übergang der Forderung bei der Befriedigung . . . . II, 225 (2)

C.

Charakteristik des ung. Privatrechts V
Compilatae Constitutiones . 22
Corpus Juris Hungarici . . . 22

D.

Darlehn . . . . II, 195
— Auslegung . . . . . II, 196 (4)
— Entgeltlich? . . . . II, 195 (1)
— Hingabe bei dem . . II, 195 (1)
— Novation? . . . . . II, 196 (4)
— Realvertrag . . . . . II, 195 (1)
— Ristorno bei dem . . II, 196 (3)
— Rückgabefrist . . . . II, 196 (3)
— Stundung des . . . . II, 196 (3)
— Übernahme bei dem . II, 195 (2)
— Vorvertrag? . . . . . II, 195 (1)
Darlehn, Wucherdarlehn II, 195 (2)
Dasein des Nacherben . . 293 (3)
Daseinsfehler der Eheschließung 175 (1), 177 (3)
Declaratives Urteil . . . 162 (12)
Deckname (künstlerischer) . . . 164
Decretum Majus 3 (1)
Deutscher Einfluß V
Dezisionen 15
— Grundsätzliche Entscheidungen der kgl. Kurie 15
— Rechtseinheitsentscheidungen . 15
— Vollentscheidungen 15
Dienstbarkeit des Gebrauches II, 70
— Ausübung . . . . . . II, 71 (3)
— Beendigungstatsachen . II, 71 (2)
— Erwerbstatsachen . . . II, 71 (2)
— Pflichten des Berechtigten II, 71 (4)
— Rechte aus der . . . . II, 71 (4)
— Schutz der . . . . . II, 71 (4)
Dienstbarkeiten . . . . . . II, 58
— Arten . . . . II, 58 (2)
— Aufhebung eines dinglichen Anspruchs . . . . II, 58 (1)
— Ausübung . . . . . . II, 59 (4)
— Dienstbarkeitsberechtigter II, 58 (2)
— Gebrauch . . . . II, 70
— Grunddienstbarkeiten . . . II, 60
— Inhalt . . . . II, 58 (1. 3)
— Persönliche . . . . II, 64
— Stammrecht der . . . . II, 66 (7)
— Tun? . . . . II, 59 (6)
— Überlassungsanspruch . II, 58 (1)
— Unterlassungsanspruch . II, 58 (1)
— Übertragung der? . . . II, 59 (6)
Dienstbarkeitsberechtigter II, 58 (2)
Dienstberechtigter . . II, 209 (4) II, 211 (5)
— Pflichtverletzungen des . . 211 (6)
Dienstverpflichteter II, 211 (4. 5)
— Anweisungen des . . II, 211 (5)
— Sachkunde des . . . II, 211 (5)
Dienstvertrag . . . . . . II, 208
— Achtungspflicht bei . II, 210 (4)
— Entgelt . . . . II, 209 (4)
— Form des . . . . . . II, 209 (2)
— Fürsorge für den Dienstverpflichteten . . . . . II, 210 (4)
— Geldleistung bei . . . II, 210 (4)
— Gesetzliche Regelung . II, 208 (1)
— Gläubigerverzug bei . II, 210 (4)
— Kündigung 212 (8)
— Krankheit des Dienstverpflichteten . . . . II, 210 (4)
— Lohn . . . . II, 209 (4)
— Schutz 212 (9)
— Sorgfalt bei . . . . . II, 211 (4)
— Tarifvertrag . . . . . II, 209 (3)
— Tatbestand des . . . II, 209 (2)

Dienstvertrag,
— Tod der Parteien . . II, 212 (8)
— Verrichtung der Dienste durch Dritte? . . . . II, 212 (7)
— Zahlungsfristen . . . II, 209 (4)
Dinglicher Anspruch II, 2; II, 58 (1)
Dingliche Rechte . . . . . II, 2
— am Zubehör 95 (7)
Dingliches Rechtsverhältnis II, (2)
Dingliche Sondernachfolge 296 (3), 299 (6)
Dingliches Vermächtnis . 296 (3)
Draufgabe . . . . II, 125
— Abgeschätzte Schadenssumme? II, 126 (1)
— Anrechnung der . . . II, 127 (2)
— Bei Vertragsbruch . . II, 126 (3)
— Beweis des Rechtsgeschäftes II, 126 (1)
— des Gläubigers . . . II, 127 (5)
— Gerichtl. Ermäßigung? II, 126 (1)
— Kein Reugeld . . . . II, 126 (1)
— Teilleistung? . . . . II, 126 (2)
— Tatbestandsfehler der II, 126 (1)
— Zweifache Draufgabe. II, 126 (3)
Drohung 133 (5)

E.

Ehe 147
— Aufschiebende Ehehindernisse 175 (1, 8, 14), 182 (15)
— Anfechtung der 184 (5), 185 (5, 6)
— Anfechtungsgründe 179 (8, 9, 10), 180 (11, 12, 13), 183 (1)
— Beendigung 188
— Begründung 174 (1)
— Bigamie 190
— Daseinsfehler der 175 (1), 176 (2), 177 (3)
— Ehebruch 190
— Ehewidriges Verhalten . . 190, 191
— Entfernung des Ehegatten 193 (2)
— Entgelt der wirtschaftlichen Tätigkeit bei der 193 (2)
— Nichtigkeitsgründe . . . 177 (4, 5), 178 (6, 7), 183 (1)
— Nichtigkeitsklage 184 (3, 4), 185 (5)
— Persönliche Wirkungen der . . 186
— Scheidungsgründe 190
— Scheidung 191
— Trennung von Tisch und Bett 191
— Ungültigkeitsgründe 175 (1), 176 (2) 177 (4)
— Umwandlung der Trennung in Scheidung 191, 192
— Unsittlicher Lebenswandel . . 190
— Verleitung eines Kindes . . . 190
— Vermögensrechtliche Wirkungen der 192
— Verurteilung der Ehegatten. . 191
Ehegatten 166 (2)
Ehegatten, Gegenseitigkeit der Rechte der 186
— Gesetzliche Erbfolge der . 255 (8)
— Rechtsverhältnis der . . . 169 (3)
Ehegemäßes Verhalten . . 186 (1)
Ehegemäße Sorgfalt . . . 188 (4)
Eheliche Erbfolge . . . VIII, 258
— Heimfallsvermögen? . . . 259 (4)
— Inhalt 259 (4)
— Gesamtnachfolge . . 258 (2), 259(4)
— Scheidungsklage und 258
— Voraussetzungen . 258 (2), 259 (4)
— Unwürdigkeit 258 (2)
Eheliche Geburt 211 (3)
— Anfechtung der 215 (2)
Eheliches Güterrecht 193
— Absonderung der Vermögen . . 193
— Freies Frauengut 194
— Rechtsgeschäfte der Ehegatten 194
— Übergabe der Fraueneinkünfte 194
— Überlassung der Verwaltung des Frauengutes 194, 195
— Verfügungen über die Einkünfte des Frauengutes 194
— Verfügungen über das Frauengut 194
— Vermutung des Manneseigentums 193
— Vermutung des Manneserwerbes 193
— Vermutung der Unentgeltlichkeit 193
Eheliche Lebensgemeinschaft 186 (1), 187 (2, 3)
— Aufhebung der 187 (2)
— Inhalt der 187 (3)
Eheverträge 172 (4), 204
— Form 205 (2, 3)
— Freiheit der 206 (5)
— Inhalt 206 (6)
— Vermutung der Schädigung der Gläubiger 205 (4), 206 (5)
— Vermutung der Vortäuschung 205 (4)
Ehewidriges Verhalten . 190, 191
Ehre 65 (5)
Ehrenzeichen 164
Ehrloses Handeln 65 (5)
Eigenart des ungarischen Privatrechts V
Eigentum . . . . II, 29
— Abarten . . . . II, 51
— Ablösungsrechte bei . . . II, 33
— Ansprüche aus . . . . II, 48 (1)
— Ansprüche aus dem Besitze II, 50 (5. 6)
— Anspruch auf Nutzungen aus II, 49
— Ausnahmebeschränkungen des II, 31 (1)
— Ausschließungsrecht aus II, 29 (1)
— Belastungsbeschränkungen des II, 33
— Belastungsverbote . . II, 32 (2)
— Bodenreform des . . . . . II, 33
— Dingliche Erwerbstatsachen d. II, 37
— Enteignung des . . . . . II, 36
— Erdinnere . . . . II, 30

Eigentum, Erstattung der Aufwendungen . . . . . . II, 50 (7)
— Erwerb des . . . . II, 36
— Erwerbsverbote . . . . II, 32 (2)
— Familienheimstätten . . . . II, 33
— Fahrniseigentum II, 30; II, 31; II, 37
— Gebrauchsmacht . . . . II, 29 (1)
— Gegenstand des . . . . II, 30 (3)
— Gesetzliche Inhaltsbeschränkungen am . . . . II, 31 (1); II, 34
— Geteiltes Eigentum . . . II, 52
— Grenzen der Verfügungsmacht bei . . . . II, 32 (2)
— Grundeigentum II, 30 (4); II, 31 (5,6)
— Heldengrundstücke . . . . II, 55
— Inhalt des . . . . . . II, 29 (1)
— Konstitutives Urteil beim . II, 37
— Kriegsgrundstücke . . . . II, 33
— Miteigentum . . . . . . II, 51
— Negatorischer Anspruch aus II, 49
— Schadenersatz aus . . . II, 49 (3)
— Schutz des . . . . II, 48
— Staatliche Vorkaufsrechte bei II, 33
— Trennungsrecht aus . . II, 50 (3)
— Übereignungsbeschränkungen des . . . . II, 33
— Vollrecht? . . . . . . II, 30 (2)
— Verlust des . . . . . . II, 47
Eigentum d. Verkäufers II, 178 (3)
Eigentumsvermutung . . II, 11
— Bei Fahrnissen . . . . II, 11 (2)
— Bei Liegenschaften . . . . II, 11
Einbringung von Sachen II, 229
— Bei Gastwirten . . . . . II, 229
— Bei Kaffeehäusern . . II, 229 (1)
— Bei Restaurants . . . II, 229 (1)
— Schadenersatz aus . . II, 230 (2)
Einheitlichkeit
— der Geisteserzeugnisse . . 103 (2)
— der Naturkräfte 100 (2)
— der Sachen 91 (4)
Einheimisches Recht . . . 39 (4)
Einsetzung des Erben 285 (2), 287 (3, 4)
Einsetzung des Ersatzerben 290 (1), 289 (1)
Einsetzung des Nacherben . 290
Einsetzung des Vorerben 290 (1)
Einseitiges Rechtsgeschäft 110 (1), 112 (6), 128, II, 167.
— Anweisung? . . . . II, 171
— Arten 128 (1)
— Auslobung . . . . II, 168
— Ausstellung von Wertpapieren . . . . II, 167
— Entstehen des 128 (1)
— Schuldanerkenntnis . . . II, 166
— Schuldrechtliche . . . . . II, 167
— Widerrufbarkeit 129 (1)
Einwilligung 142 (2)
Einzelnachfolger 108 (3)
Einzug eines Bienenschwarmes . . . . II, 41 (2)
Eltern 210, 215
Empfängnis 51 (1)
Energien 99 (1)
Endgültige Nichtigkeit . 138 (1)
Entmündigung 58, 60
Endtermin 145 (2)
Entleiher . . . . II, 197 (4)
Enteignung . . . . II, 36
Entwurf (eines ungarischen BGB) 5 (1), 6 (3), 7
Erbanfall 245
— Ausschlagung des 249 (11)
— Haftungsbeschränkung bei 248 (9)
— Unmittelbarkeit 248 (9)
— Verzicht 249 (11)
— Wirkung 249 (11)
Erbbaurecht . . . II, 1; II, 54 (3)
Erbfolge 250
— gesetzliche 250
— der hl. ungarischen Krone . . 250
Erblasser 243 (3)
Erbrecht 242
— Beschränkte Haftung . . 243 (1)
— Besonderes Recht? . . . 242 (1)
— Erblasser 243 (3)
— Konstitutive Rechtsnachfolge 243 (2)
— Nachfolger von Todes wegen 243 (2), 244 (4), 249 (11)
— Nachlaß 243 (2)
Erbschaftsanspruch . . 329 (10)
Erbunfähigkeit 245 (6)
Erbunwürdigkeit 245 (7)
Erbvertrag 305
— Entkräftung 307 (8)
— Form 306 (3)
— Inhalt 305 (1)
— Persönlicher Abschluß . . 306 (5)
— Rechtslage des Bedachten . 305 (2)
— Rücktritt von 307 (8)
— Schenkungen von Todes wegen und 306 (6)
— Tatbestandsfehler des . . 307 (7)
Erdinnere . . . . II, 30 (4)
Ereignisse . . . . 107, 152; II, 231
Erfolg der Klage 158 (4)
Erfüllung (der Bedingung) . . . 144
Erfüllung (der Leistung) . II, 131
— Art der . . . . II, 135 (9)
— Bescheinigung der . . II, 136 (10)
— Bei fixen Forderungen II, 135 (8)
— Entgegennahme . . . II, 133 (4)
— Erfüllungsfristen . . . II, 135 (5)
— Erfüllungsort . . . . II, 135 (8)
— Mehrerer Leistungen . II, 135 (9)
— Geschäftsführung ohne Auftrag bei? . . . . II, 132 (3)
— Quittung . . . . . . II, 136 (10)
— Rechtsgeschäft? . . . II, 132 (1)
— Schuldnertätigkeit . . II, 132 (3)

Erfüllung, Vertreter bei II, 132 (3)
— Vornahme der . . . . II, 132 (2)
— Zeit der . II, 133 (5); II, 134 (6)
Erhaltungskosten . . II, 199 (3)
Erkennungspflicht (des Irrtums) 133 (4)
Erlaß . . . . II, 164 (5)
— Dingliche Wirkung . . II, 164 (5)
— Form . . . . II, 164 (5)
— Verzicht und . . . . II, 164 (5)
— Wirkung . . . . . . II, 164 (5)
Erlaß des Treulohnes . . 205 (3)
Erlaubte juristische Personen 67
Erlaubte Rechte 45 (3), 166 (6); II, 1
Erlaubte Verträge 126 (5)
Erlöschen d. Forderungen II, 76 (4)
Ernst der Willenserklärung 131
Ertragsfähigkeit der Geisteserzeugnisse 103 (2)
— der Naturkräfte 100 (2)
— der Sachen 97 (10)
— der Rechte 96 (11)
Erwerbsrecht der Frau . 188 (3)
Erwerbsverbote . . . . II, 32 (2)
Expropriationsrecht 112

F.

Fachzeitschriften 12
Fahrlässigkeit 148
Fahrnis 89 (3)
Fahrniseigentum . . . II, 30 (3)
— Aneignung . . . . . . II, 37 (1)
— Erwerbshandlungen . . . . II, 40
— Erwerbsereignisse . . . . . II, 41
— Erwerbsgeschäfte des . . . II, 37
— Herrenlose Tiere . . . II, 38 (1)
— Inhalt des 29 (4)
— Ersitzung des . . . . . II, 42 (6)
— Ersitzungszeit des . . . II, 43 (6)
— Schatzfund . . . . . . II, 40 (1)
— Trennung der Erzeugnisse II, 41 (3)
— Übereignungsvertrag des II, 38 (3)
— Verarbeitung . . . . . II, 41 (2)
— Verschmelzung . . . . II, 42 (5)
— Vereinigung . . . . . . II, 42 (4)
— Verlust . . . . II, 47
— Vermengung . . . . . II, 42 (5)
Fahrnispfandrecht . . II, 2; II, 73
— an Bestandteilen . . . II, 73 (2)
— Änderung der Forderung bei II, 72 (3)
— Änderungstatsachen des II, 75 (3)
— Anzeigepflicht bei . . . II, 78 (8)
— Ausfolgepflicht bei . . . II, 78 (7)
— Beendigungstatsachen des II, 76 (4)
— Befriedigung bei 75 (3); II, 77 (6)
— Begründungstatsachen des II, 74 (4)
— Besitz der Pfandsache bei II, 75 (5)
— Entstehen des gesetzlichen II, 75 (5)
— Entfernung der Pfandsache bei . . . . II, 76 (4)
— Erlöschen der Forderung bei II, 76 (4)
Fahrnispfandrecht, Fahrnispfandvertrag . . . . II, 74
— Gegenrechte bei . . . . II, 78 (8)
— Gegenstand des . . . . II, 73 (1)
— Gesetzliches Schuldverhältnis
— bei . . . . . . II, 76 (5); II, 77 (6)
— Gesicherte Forderung bei II, 73 (3)
— Gutgläubiger Pfanderwerb bei . . . . . II, 74 (4); II, 76 (4)
— Inhalt des . . . . . . II, 76 (5)
— Kollision des . . . . II, 79 (10)
— Konsolidation des . . . II, 76 (4)
— Nutzungsrecht bei . . . II, 77 (6)
— Ordnungsmäßiger Pfandvertrag . . . . II, 74 (4)
— Ordnungswidriger Pfandvertrag . . . . II, 74 (4)
— Pflichten des Pfandgläubigers bei . . . . II, 78 (7)
— Pflichten des Verpfänders II, 78 (8)
— Rechte des Pfandgläubigers bei . . . . II, 77 (6)
— Rechte des Verpfänders II, 78 (8)
— Sicherungspflicht bei . . II, 78 (7)
— Schutz des . . . . II, 78 (9)
— Übergang der gesicherten Forderung und . . . . . . II, 75 (3)
— Umfang des . . . . . II, 73 (2)
— Untergang der Pfandsache II, 76 (4)
— Verwahrungspflicht bei . II, 78 (7)
— Verkauf der Pfandsache II, 76 (4)
— Verzicht auf das . . . II, 76 (4)
Fälligkeit der Gemeinerrungenschaft 199 (3)
Fälligkeit des Pflichtteils 314 (6a)
Familie 167
— Engere 167 (2)
— Weitere 168
Familienfideikommisse II, 33, 53
Familienheimstätten . . . II, 33
Familienmitglied 168
— Folgepflicht des? 168
Familienoberhaupt . . . 167 (2)
Familiengemäßes Verhalten . 168
Familienrat 239
— Amtswaltung 240
— Aufhebung 240
— Beschlüsse des 239 (1)
— Bestätigung 239 (1)
— Mitglieder 239 (1)
— Präsident 239 (1)
— Voraussetzungen 239 (1)
— Wirkungskreis 240
Familienrechte . 44 (2), 166, 168
— absolute 169
— relative 169
Fehlerhafte Rechtsgeschäfte 138
Fiktion 30 (7)
Fiktiver Vermögensschaden II, 231
Fischereirecht . . . . II, 2

Fiume 5
Fonds 80
Forderungsarten . . . . . II, 165
Form der Rechtsgeschäfte . 118
— der Eheverträge 205 (3)
— des Kaufes . . . . II, 178
— der Miete . . . . . . II, 198 (3)
— der Verfügungen von Todes wegen 267
Frau 54, 55
Frauengut 194
— Verfügung über 194
— Überlassen der Verwaltung des 194, 195
Freie Rechte 45 (3)
Freie Rechtsgeschäfte . . 112 (6)
Freie Verträge 123
Fremdes Recht 39 (4)
— Anwendung 39 (4)
— Ausschließung 41 (5)
Fremde Stiftungen 81
Fristen 152 (2)
Früchte 96
— Natürliche 96 (10)
— Rechtliche 96 (10)
Fruchttragende Sache II, 204 (1)
Fütterungskosten . . II, 199 (3)

G.

Gattungskauf . . . . II, 179 (3)
Gattungsschuld . . . . . II, 109
— Begrenzte . . . . . . II, 110 (4)
— Bestimmung der Leistungssache . . . . II, 109 (1, 2)
— Gefahr bei 110 (2)
— Leistung der . . . . II, 109 (2)
— Rücktritt von . . . . II, 110 (3)
— Sachschuld? . . . . II, 109 (1)
— Unerschwinglichkeit bei II, 110 (3)
— Unmöglichkeit bei 110 (2)
— Verzug bei . . . . . II, 109 (2)
Gebrauch (Dienstbarkeit) . . II, 70
— Anzeigepflicht . . . . . II, 71 (4)
— Arten . . . . II, 71 (1)
— Aufwendungen . . . . II, 71 (4)
— Ausfolgepflicht . . . . II, 71 (4)
— Beendigungstatsachen . II, 71 (2)
— Duldung d. Verbesserungen II, 71 (4)
— Erhaltungspflicht . . . II, 71 (4)
— Inhalt des . . . . . II, 71 (4)
— Erwerbstatsachen des . II, 71 (2)
— Maß der Ausübung . . II, 71 (3)
— Pflichten des Dienstbarkeitsberechtigten . . . . . II, 71 (4)
— Schutz des . . . . . . II, 72 (5)
Gebrauchsmacht . . . . II, 29 (1)
Geburt 212 (3)
Gefahr bei Gläubigerverzug II, 144 (2)
— bei Kauf . . . . . . II, 186 (9)
— bei Leihe . . . . . . II, 197 (3)
— bei Miete . . . . . . II, 198 (3)
— bei Pacht . . . . . . II, 206 (5)
Gefahr bei Schuldnerverzug II, 144 (2)
— bei Werkvertrag . . . II, 215 (4)
Gefahrabwendungshandlung 156 (7)
Gefahrverschollenheit 51 (2), 52
Gegenrechte 160 (9)
— Arten 160 (9)
— Aufschiebende 160 (9, 10)
— Ausübung der 161 (10), 162 (11)
— Vernichtende 161 (11)
Gegenstände der Rechte . . 89
Gegenseitigkeit (bei Anwendung des Fremdrechtes) 41 (5)
Geistige Abnormität . . . 60 (7)
Geisteskrankheit . . 58 (5), 60 (7)
Geistesschwäche 60 (7)
Geisteserzeugnisse 103
— Immaterialrechte an . . . 103 (2)
— Rechtliche Eigenschaften der 103 (2)
— Rechtsobjekte? 103 (1)
— Vermögensrechte an . . . 104 (3)
Geldschuld . . . . II, 118
— Anwendung des ausländischen Rechts bei . . . . . II, 120 (2)
— Effektive . . . . . . II, 119 (2)
— Gattungsschuld . . . II, 110 (1)
— Goldschuld . . . . . II, 119 (2)
— Individuelle . . . . . II, 119 (2)
— in ausländischen Geldarten II, 119 (2)
— in natura . . . . . . II, 119 (2)
— in Rechnungswerten . II, 119 (2)
— Kronenschuld . . . . II, 119 (2)
— Kurswert . . . . . . II, 120 (2)
— Minderungsrecht des Geldschuldners . . . . . II, 119 (2)
— Recht auf Moratorium II, 119 (2)
— Recht auf Ratenzahlung II, 119 (2)
— Schwankungen des Marktwertes . . . . II, 120 (2)
— Tilgung . . . . II, 120 (2)
— Tilgungssumme 119 (2)
— Verpflichtungssumme . . . 119 (2)
Geltendmachen der Rechte . 156
Gemeindezuständigkeit . 38 (2)
Gemeinerrungenschaft . . . 197
— Aktiven der 200 (5)
— bei Arbeitern 197 (1)
— bei Bauern 197 (1)
— Berechnungszeit 119 (3)
— Dinglicher Anspruch? . . 200 (4)
— Fälligkeit 199 (3)
— Halber Mehrwert 200 (5)
— bei Hörigen? 197 (1)
— in Geld? 198 (2), 200 (4)
— Passiven 200 (4)
— Sonderlasten bei der . . . 201 (5)
— Sonderschulden bei der . 201 (5)
— Sondervermögen der Ehegatten 201 (5)
— Sicherung der 198 (2)
— Standeswechsel d. Mannes bei 198 (1)

Gemeinerrungenschaft,
— Schuldrechtl. Anspruch aus 200 (4)
— Schutz der Gläubiger bei 198 (2), 199
— Umfang der 200 (5)
— Unentgeltlichkeit der? 198 (2), 199
— Vermeintliche Ehegatten 203, 204
— Verlust der 199 (2)
— Schutz gegen Schenkungen 199 (2)
Gemeinsame Sachen 98
Gemeinschaft . . 316 (1); II, 231
— Anteile . . . . II, 231 (2)
— Ausübung . . . . . II, 231 (2)
— Beendigung . . . . . II, 232 (2)
— Besitz . . . . II, 231 (2)
— Endigungszeit . . . . II, 232 (2)
— Inhalt 231 (2)
— Kosten 231 (2)
— Rechtsgenossen . . . II, 231 (2)
— Rechenschaftsablegung II, 231 (2)
— Nutzungen . . . . . II, 231 (2)
— Verfügungen . . . . . . II, 232
— Verwaltung . . . . II, 232
Gemeinsame Testamente 303, 305
— Abweichung von. 304 (3)
— Einheitlichkeit? 303 (2)
— Inhalt 303 (1)
— Tatbestandsfehler 304 (4)
— Teilbarkeit 304 (3)
— Widerruf 305 (5)
Genehmigung 142
Gericht. 8, 175 (1)
Gerichtliche Hinterlegung II, 136
— Dokumente . . . . . II, 137 (1)
— Erfüllung? . . . . . II, 137 (1)
— Geeignete Gegenstände für . . . . II, 136 (1)
— Geld . . . . II, 136 (1)
— Gegenstände . . . . II, 137 (1)
— Gründe der . . . . . II, 136 (1)
— Kostbarkeiten . . . . II, 137 (1)
— Ort der . . . . . . II, 137 (2)
— per Post . . . . . . II, 138 (2)
— Schmuck . . . . . . II, 137 (1)
— Schuldbriefe . . . . . II, 137 (1)
— Unwiderrufbarkeit der . . II, 138
— Verjährung . . . . II, 138
— Wechsel . . . . . . II, 136 (1)
— Verzinsung bei . . . . . II, 138
— Wertpapiere . . . . II, 136 (1)
— Wirkung der II, 136 (1); 137 (3); II, 138
— Zustand des erlegten Gegenstandes . . . . II, 138
— Zuständiges Gericht für II, 137 (2)
Gerichtlicher Vergleich II, 225 (1) II, 226 (3)
Germanische Elemente V
Gesamtbürgschaft . . II, 224 (1)
Gesamtforderung . . II, 113 (1)
— Befriedigungshandlungen bei . . . . II, 113 (2)
Gesamtforderung,
— Bewegungstatsachen der II, 113 (2)
— Sicherungshandlungen bei der . . . . II, 113 (2)
— Wirkung der Bewegungstatsachen bei der . . . . II, 113 (2)
Gesamthypothek . . . . . II, 90
— Änderungstatsachen . . II, 91 (3)
— Beendigungstatsachen II, 92 (4)
— Begründungstatsachen II, 91 (2)
— Inhalt der . . . . . . II, 95 (5)
— Kollision bei . . . . . II, 93 (6)
— Schutz der . . . . . . II, 93 (6)
Gesamtnachfolge 108 (3), 247 (9)
Gesamtschuld II, 113 (1); II, 114 (2)
— Auseinandersetzung der Schuldner . . . . II, 115 (3)
— Befriedigung der. . . II, 115 (3)
— Bewegungstatsachen der II, 114 (3) II, 115 (3)
— Haftung bei. . . . . II, 114 (3)
— Rechtskreis des Gesamtgläubigers . . . . II, 114 (3)
— Tatbestandsfehler . . II, 115 (3)
Geschäftsfähigkeit. 115
— Beschränkte 117 (3)
— Beschränkungsarten . . . 59 (5)
— Formelle und materielle Beschränkungen 116 (2)
— Teil der Handlungsfähigkeit . 85
— Volle 118 (4)
Geschäftsfähigkeitssperre 59 (5)
Geschäftsführung . . II, 227 (2)
Geschäftsführung ohne Auftrag . . . . II, 227
— Aufhebungstatsachen II, 229 (4)
— Aufwendungen bei . . II, 229 (3)
— Entgeltlich? . . . . . . II, 228
— Entlohnung . . . . . II, 229 (3)
— Geschäftsführer . . . . . II, 228
— Sorgfalt . . . . II, 228 (2)
— Rücktritt . . . . . . II, 229 (3)
— Verständigungspflicht II, 228 (2, 3)
— Widerspruch des Geschäftsherrn . . . . II, 228 (2)
— Zustimmung des Geschäftsherrn II, 228 (3)
Geschäftsunfähigkeit . 116 (2)
Geschlecht 53 (3)
Gesellschaft . . . . II, 226
— Abrechnung . . . . . II, 227 (4)
— Anteile . . . . . . II, 227 (4)
— Aufhebung . . . . . II, 227 (4)
— Beiträge . . . . . . II, 226 (2)
— Form . . . . II, 226 (1)
— Geschäftsführung . . II, 227 (2)
— Juristische Person? . II, 227 (3)
— Mitglieder . . . . . II, 226 (1)
— Sorgfalt . . . . . . II, 226 (2)
— Vertretung . . . . . II, 226 (2)
— Wirkung . . . . . . II, 226 (3)

Gesetz 21
— Bezeichnung 22
— Erbringung 22
— Formelles 21
— Geltungszeit 22, 42 (1)
— Materielles 21
— Sammlung der 22
— Schranken des 23
— Sprache 22
Gesetzbuch des Hl. Stefan 3 (1)
Gesetzliches Alter 55 (4)
Gesetzliche Erbfolge 250
— Berufung zur 250 (1)
— Reihenfolge der 250 (1)
— Übersicht der 250
— Voraussetzungen der . . . 250 (1)
Gesetzliche Erbfolge der Abkömmlinge 251
— An Kindesstatt Angenommene 252 (3, 4, 5)
— Gesetzliche 251 (2)
— Legitimierte 253 (6)
— Uneheliche 253 (7)
Gesetzliche Erbfolge der Ehegatten 258
Gesetzliche Erbfolge der Hl. ungarischen Krone 264
Gesetzliche Erbfolge der Seitenverwandten . . 254, 255 (3, 4, 5)
— Gesamtnachfolge? 254 (1)
— Nachfolge im Heimfallsgut und Heimfallswert 255 (5)
Gesetzliche Erbfolge der Vorfahren 254 (4), 255 (4)
— Eltern 255 (2)
— Großeltern 255 (3)
— Gesamtnachfolge? 254 (1)
— Heimfall 255 (5), 256 (5)
— Heimfallsgut und Heimfallswert 255 (5)
— Redintegration 256 (6)
— Vergütung des Heimfallwertes 257
Gesetzliches Pfandrecht II, 75 (5), II, 199 (4)
— Aftermiete bei . . . . II, 200 (4)
— Akzessorien . . . . . II, 200 (4)
— Befriedigungsrecht . . II, 200 (4)
— Umfang des . . . . II, 200 (4)
— Übergang des . . . . II, 200 (4)
— Zurückbehaltungsrecht II, 200 (4)
Gestaltungsrechte 106, 139 (3), 140 (1)
Gesundheit 59 (6)
Gesetzliche Schuldverhältnisse der Ehegatten 195
— Gemeinerrungenschaft 197
— Gesetzlicher Treulohn 201
— Unterhaltungsanspruch 195
— Vermeintliche Ehegatten . . . 203
Gesetzlicher Treulohn 201
— Entstehen 201 (1), 202 (1)
— Erbrechtliche Ansprüche und 202 (2)
Gesetzlicher Treulohn,
— Erlaß des 203 (5)
— Fälligkeit 202 (4)
— Geldschuld? 202 (2)
— Höhe 201 (1)
— Konkurs des Mannes und 202 (4)
— Leistung des 201 (1)
— Pfändbarkeit? 203 (5)
— Übertragbarkeit 203 (5)
— Unverjährbarkeit 203 (6)
— Zurückbehaltungsrecht aus dem 203 (6)
Gesetzliche (und natürliche) Vormundschaft 235 (2)
Geteiltes Eigentum . . . II, 52
— Änderung . . . . II, 54 (4)
— Aufhebung . . . . . . II, 54 (4)
— Inhalt . . . . II, 55 (4)
— Familienfideikommisse . II, 53 (2)
— Obereigentum . . . . . II, 54 (4)
— Unteilbare Familienheimstätten . . . . II, 53 (2)
— Untereigentum . . . . II, 53 (3)
Gewährleistung . . . . . II, 184
— Ausübung der Gewährleistungsrechte . . . . II, 185 (5)
— Arglistiges Verschweigen der Mängel . . . . II, 182 (6)
— Besitz der gekauften Sache II 184
— Brauchbarkeit . . . . II, 182 (6)
— Fahrlässiges Nichtkennen der Mängel . . . . II, 182 (6)
— für Gesundheit . . . II, 182 (6)
— Kenntnis der Mängel II, 182 (6)
— Lasten der verkauften Liegenschaften . . . . . . II, 184 (7)
— Öffentliche Lasten . . II, 184 (7)
— Sachfehler . . . . . II, 182 (6)
— Minderungsrecht . . . II, 184 (8)
— Rechtsfehler II, 182 (6), II, 183 (7)
— Schadenersatz . . . . II, 185 (5)
— Wandlungsrecht . . . II, 185 (8)
— Tatbestandsfehler . . II, 185 (8)
— Zeit . . . . II, 186 (6)
Gewährleistung für Haustiere . . . . . II, 182; II, 183
— Erleichterungen der Gewährfrist . . . . II, 183
— Forderung eines fehlerlosen Tieres . . . . II, 183
— Gewährfrist . . . . II, 183
— Hauptmängel . . II, 182; II, 183
— Krankheiten . . . . . . II, 182
— Schadenersatz . . . . . . II, 183
— Verendung des Tieres . . II, 183
— Verjährungsfrist . . . . . II, 183
— Vermutung der Hauptmängel II, 183
— Wandlungsrecht . . . . . II, 183
Gewährleistung (Miete) II, 189 (3)
— (Pacht) . . . . II, 205 (3)
Gewahrsam . . . . II, 6 (3)

Gewohnheitsrecht 12 (1)
— Rechtsfolgen 13 (1)
— Tatbestand 13 (1)
— Umfang 13
— Wirkungskraft 14
Grabinschriften . . VII, 164, 165
Grenzen der Rechtsausübung 153
Grenzen des rechtlichen Handelns 153 (1)
Grenzen der Rechtsfähigkeit 59 (6)
Grenzgebiete des Privatrechts 2 (1)
Grenzgebiet, das 5 (3)
Grober Undank 194 (4)
Gläubigerverzug . . . . . II, 143
— Anbieten der Leistung II, 143 (1)
— Aufhebung des . . . II, 145 (3)
— Belastungsfolgen des . II, 145 (3)
— Entschuldbarkeit? . . II, 143 (1)
— Entlastungsfolgen des II, 144 (2)
— Ersatz der Kosten . . II, 145 (3)
— Gefahrübergang . . . . . II, 142
— Hinterlegung bei . . II, 144 (2)
— Nutzungen bei . . . II, 144 (2)
— Umkreis des . . . . II, 143 (1)
— Veräußerung bei . . II, 144 (2)
— Vereitlung der Annahme der Leistung . . . . . . II, 143 (1)
— Verminderung der Sorgfalt bei . . . . II, 144 (2)
— Voraussetzungen des . II, 143 (1)
— Zinsen bei . . . . . II, 144 (2)
Grundbuch . . . . II, 17
— Anspruch auf Beseitigung der Zwangsvollstreckung im II, 20 (4)
— Antrag . . . . II, 18 (2)
— Behörden . . II, 17 (1); II, 18 (2)
— Berichtigungsanspruch . II, 19 (2)
— Blätter (A. B. C.) . . . II, 17 (1)
— Einlagen . . . . II, 17 (1)
— Form des . . . . II, 17 (1)
— Gutgläubiger Rechterwerb im . . . . II, 19 (3)
— Konsolidation? . . . . II, 19 (4)
— Löschungsanspruch . . II, 20 (3)
— Öffentlicher Glaube des . . II, 18
— Protokolle . . . . . . II, 17 (1)
— Rang der Buchrechte . . II, 21
— Richtigkeitsfiktion . . . II, 18 (3)
— Richtigkeitsvermutung . II, 18 (3)
— Schutz des Materiellberechtigten . . . . II, 19 (3)
Grundbucheintragungen II, 18 (2)
— Anmerkungen . . . . . II, 18 (2)
— Einbuchungen . . . . . II, 18 (2)
— Vormerkungen . . . . . II, 8 (2)
— Löschungen . . . . . . II, 18 (2)
Grundbuchordnung 20
Grunddienstbarkeiten . . II, 60
— Änderungstatsachen der. II, 62 (5)
— Aussichtsrecht . . . . . II, 61 (2)
Grunddienstbarkeiten,
— Ausübung der . . . . . II, 63 (7)
— Balkenrecht . . . . . . II, 60 (2)
— Befreiung von nachbarrechtlichen Verpflichtungen . . . . II, 61 (2)
— Beschränkungen des dienenden Grundstücks. . . . II, 60 (1)
— Beendigungstatsachen . II, 62 (6)
— Brunnenrecht . . . . . II, 61 (2)
— Dauernde . . . . II, 60 (1)
— Dienendes Grundstück bei II, 60 (1)
— Erwerbstatsachen . . . II, 61 (4)
— Fensterrecht . . . . . II, 60 (2)
— Fußsteigrecht . . . . . II, 61 (2)
— Herrschendes Grundstück II, 60 (1)
— Lichtrecht . . . . . . II, 61 (2)
— Nachbarbaubelastung . I, 60 (2)
— Negative . . II, 60 (1); II, 61 (2)
— Positive . . . . II, 60 (1)
— Schonungsprinzip bei . II, 63 (7)
— Teilung des herrschenden Grundstücks . . . . II, 63 (7)
— Teilung des dienenden Grundstücks . . . . II, 64 (7)
— Viehtreiberecht . . . . II, 61 (2)
— Wegerecht . . . . . . II, 61 (2)
— Zeitweilige . . . . . . II, 60 (1)
Grundeigentum . . . . . II, 30
— Abtrieb . . . . II, 46 (1)
— Änderungen der Wasserfläche . . . . II, 46 (2)
— Anschwemmung . . . . II, 46 (2)
— Ausnahmebeschränkungen II, 34 (2)
— Aussäen des Samens . . . . II, 45
— Buchgeschäfte des . . . II, 43 (1)
— Duldungspflichten bei . II, 34 (5); II, 35 (5)
— Einbauen . . . . II, 45
— Einpflanzen . . . . II, 45
— Einseitige Erwerbsgeschäfte II, 44 (2)
— Einsturzgefahr . . . . II, 35 (5)
— Entstehung einer Insel . II, 46 (2)
— Ersitzung . . . . II, 47 (3)
— Erwerbsereignisse . . . . . II, 46
— Erwerbsgeschäfte . . . II, 43 (1)
— Erwerbsgeschäfte an nicht gebuchten Liegenschaften II, 45 (4)
— Erwerbsverträge . . . . II, 44 (2)
— Grenzbestimmungsrechte II, 36 (10)
— Koexistenzbeschränkungen II, 35 (6)
— Immissionsrechte . . . II, 35 (7)
— Mitwirkungspflichten . . II, 34 (2), II, 35 (2)
— Nachbarrechte . . . . II, 36 (9)
— Notwegerecht . . . . . II, 34 (3)
— Staatliche Zuwendung . II, 47 (4)
— Überbaurecht . . . . . II, 34 (4)
— Überlassungspflichten . II, 34 (2); II, 35 (5)
— Verhinderungsrechte . . II, 36 (8)
— Verlust . . . . II, 47

Grundlose Bereicherung . 174 (6) 174 (8); II, 233
Gutgläubiger Sacherwerb II, 39 (5); II, 45 (2); II, 74 (4); II, 76 (4)

H.

Haftung des Erben 248 (10), 322 (2), 323 (3, 4)
— des Vermächtnisnehmers 324 (5, 6)
— des Schuldners . . . II, 103 (6)
Handlungen, Juristische . 107 (2)
— Dingliche . . . . II, 2
— Rechtsgeschäfte 108
— Rechtshandlungen i. e. S. . . 150
— Verbotene . . . . . . 150; II, 230
Handlungsfähigkeit 84
— Elemente 85
— Grenzen 85
— Nichtvermögensrechtliche . . . 87
— Stufen 85 (2)
— Verantwortungsfähigkeit . . . 147
— Vermögensrechtliche 87
Handlungsunfähigkeit 86
Hauptinhalt der Verfügungen von Todes wegen 285
Hauptmängel . . . II, 182; II, 183
Hauptrecht 160 (11)
Hauptsache 94 (7)
Heimfall 255, 256
Heimfallsgut u. Heimfallswert 255
Heldengrundstücke . . . . II, 55
— Änderung . . . . II, 57 (3)
— Belehnung . . . . . . II, 55 (2)
— Beendigung . . . . . . II, 57 (4)
— Belastungsverbote . . . II, 56 (2)
— Nachfolge v. Todes wegen an II, 56 (2)
— Pflichten des Belehnten II, 56 (2)
— Obereigentum an . . . II, 56 (2)
— Schutz . . . . II, 58
— Untereigentum an . . . II, 56 (2)
— Übertragungsverbote . . II, 56 (2)
Hermaphroditen 53 (3)
Herrenlose Tiere . . . . II, 38 (1)
Hingabe der Sache . . . II, 195 (1)
Hinterleger . . . . . II, 221 (3)
Hinterlegung s. Gerichtliche Hinterlegung.
Höhe des Treulohnes . . 201 (1)
Hypothek . . . . . II, 2; II, 81
— Arten . . . . II, 81 (1)
— Buchrechtshypothek . . II, 81 (1)
— Einzelhypothek . . . . II, 82 (1)
— Gesamthypothek II, 82 (1); II, 90
— Grundstückshypothek . II, 81 (1)
— Sicherungshypothek II, 82; II, 89
— Verkehrshypothek . . . . . II, 82
— Zahl der Pfandgegenstände II, 82 (1)

I.

Immaterialrechte . 44 (2), 113 (1)
Inhaltsfehler (der Rechtsgeschäfte) 135, 143
Inhaltsschranken der Rechtsgeschäfte) 135 (1), 137 (1)
Inhaltsbeschränkungen (Eigentum) . . . . II, 31
Inländisches Recht . . . 39 (4)
Innominate Rechte 137 (2), II, 2 (2)
Innominate Rechtsgeschäfte 137 (2); II, 2 (2)
Instandhaltung . . . II, 199 (3)
Instandsetzung . . . II, 199 (3)
Irrtum 132 (4)
— Anzeigepflicht bei 133 (4)
— Auf die Gegenpartei zurückführbarer 133 (4)
— Erkennbarkeit 132 (4)
— Erkennungspflicht bei? . . 133 (4)
— Nachteiligkeit des 133 (4)
— Rechtsfolgeirrtum 132 (4)
— Tatbestandsirrtum 132 (4)
— Voraussetzungsirrtum . . 132 (4)
— Wirkung des 133 (4)

J.

Jagdrecht . . . . II, 2
Judexkurialkonferenz . . VII, 19
— Anwendungsgebiet der 6 (3), 38 (5)
— Geschichte der 19.,
— ÖBGB und die 6 (3), 20
— Quellenkraft der 19
Juristische Person 49, 67
— Ausländische 70 (2)
— Dauer der 72 (3)
— Erlaubte und freie 67 (1)
— Organisation 72 (4)
— Persönlichkeitsrechte der . 165 (4)
— Privilegien der 69 (2)
— Rechtsfähigkeit der 49 (1), 67, 68 (2)
— Übersicht der? 68 (1)
— Verantwortlichkeit der . . . 70 (2)
Juristische Tatsachen 107
Juristenverein 12

K.

Kauf . . . . II, 178
— An Bestandteilen . . II, 180 (3)
— Auf Probe . . . . . II, 188 (13)
— Eigentum des Verkäufers II, 179 (3)
— Form . . . . II, 178 (2)
— Gattungskauf . . . . II, 179 (3)
— Gegenstand . . . . . II, 179 (3)
— Gewährleistung II, 182, 183, 184
— Gefahr . . . . II, 186 (9)
— Käuferspflichten . . . II, 187 (10)
— künftiger Sachen . . II, 179 (3)
— Pacht und . . . . . II, 208 (7)
— Tausch und . . . . II, 191
— Tatbestand . . . . . II, 178 (2)
— Ratengeschäft . . . . II, 188 (12)
— Rechtsübergang . . . II, 178 (2)
— Übergabe der gekauften Sache . . . . II, 186 (9)

Kauf, Verkäuferspflichten II, 180 (4)
— Vorbehalt des Eigentums II, 190 (17)
Käufer . . . . II, 187
— Übernahme des gekauften Gegenstandes . . . . II, 187 (11)
— Zahlungspflicht . . . II, 187 (10)
Kaution . . . . II, 130
— Beweis des Schadens. . . II, 131
— bei Teilleistungen . . . . II, 131
— Inanspruchnahme der . . II, 131
— Nutzungen der . . . . . II, 131
— Rückerstattung . . . . . II, 130
— Versilberung . . . . . . II, 131
— Vor der Leistung? . . . II, 130
— Schwebezustand der . . . II, 131
— Zugunsten Dritter . . . . II, 130
Kind 55 (4)
Kirchengemeinde. . 63 (2), 83 (8)
Klagbarkeit 158 (4), 161 (11); II, 103 (5)
Klage 158 (4)
— Erfolg 158 (4)
— Zweck 158 (4)
Klageerhebung 159 (5)
Klagezustellung 159 (6)
Klaglose Rechte 158 (4)
Kodifikation 6 (3)
Kodifikatorische Klausel (der Gesetze) 35
Kollisionsnormen 38, 43
Kollonichsches Konkordat . 23
Konfusion . . . . II, 160
— Aufhebung des Schuldverhältnisses . . . . II, 160 (2)
— Grundlage . . . . . II, 150 (1)
— im Konkurs . . . . II, 161 (2)
— Rechtsgeschäft . . . II, 161 (2)
— Wirkung . . . . . . II, 160 (1)
Konsolidation . . . . . II, 76 (4)
Konstitutive Rechtsnachfolge 243 (2)
Konstitutives Urteil 162 (12); II, 37
Konvaleszenz (Rechtsgeschäfte) 138 (1)
Körperliche Gebrechen . . 81 (8)
Körperschaften 82 (8)
— Basis 82
— Gründung der 83
— Rechtsfähigkeit 83, 84
— Satzung 84
Krankheit 61 (8)
Kreditschädigung 69
Kriegsgrundstücke. . . . . II, 33
Kriegsteilnehmer 52
Kriegsverschollenheit 51 (2), 53 (2)
Kritik der Rechtssätze . . . 31
— Grenzen 31 (2)
— Gesetztes Recht 31 (1)
— Ungesetztes Recht 31 (1)
Kroatien 3 (2), 6, 23
Kulturgarantie VII

Kündigung . . . . II, 159
— Äußerung des Gegners II, 160 (2)
— Erhebung einer Klage? II, 159 (1)
— Form . . . . II, 159 (1)
— Gegen mehrere . . . II, 159 (1)
— Mehrerer . . . . . . II, 159 (1)
— Ursache der . . . . II, 160 (1)
— Verhinderung der Annahme II, 160 (1)
— Wirkung 160 (1, 2)
Kündigungsrecht . . II, 199 (3)

L.

Landesgewohnheiten. . . . 15 (1)
Landwirtschaftliche Einrichtungen . . . . . . II, 207 (7)
Lebensalter 55
Lebensvermutung 53 (2)
Legitimation durch Ehe . 214 (3)
Legitimation durch königliche Gnade 214 (3)
— Anfang der Wirkung . . . 215 (4)
— Anfechtung der 216 (4)
Leihe . . . . II, 196
— Beendigung . . . . . II, 197 (5)
— Benötigung der geliehenen Sache. 197 (5)
— Benutzung . . . . II, 197 (3, 4)
— Entleiher . . . . . . II, 197 (4)
— Form . . . . II, 196 (1)
— Gefahr bei . . . . . II, 197 (3)
— Gegenstand . . . . . II, 197 (3)
— Sorgfalt . . . . . . II, 197 (3)
— Tod des Entleihers . II, 197 (5)
— Überlassung der Sache an Dritte? . . . . II, 197 (5)
— Verleiher . . . . . . II, 197 (4)
Leibrentenvertrag . . . . II, 221
— Anhäufung der Raten II, 222 (3)
— An Liegenschaften . . II, 221 (2)
— Ausziehen der Verpflichteten . . . . II, 222 (3)
— Entgeltlichkeit? . . . II, 221 (2)
— Ehegatten und . . . II, 221 (2)
— Erfüllung des . . . . II, 222 (3)
— Form . . . . II, 221 (2)
— Grober Undank bei . II, 222 (3)
— Persönliche Leistung . II, 222 (3)
— Schenkung II, 221 (2); II, 222 (3)
— Tatbestand . . . . . II, 221 (2)
— Tod des Berechtigten bei II, 222 (3); II, 223 (4)
— Vererblichkeit . . . . II, 223 (4)
Leistung . . . . II, 104
— Bedeutung . . . . . II, 107 (4)
— Bestimmbarkeit . . . II, 107 (5)
— Eigenschaften . . . . . . II, 104
— Erfordernisse . . . . . . II, 104
— Ertragsfähigkeit der . II, 108 (7)
— Gattungssachleistung II, 109 (1)
— Geben . . . . II, 104 (1)

Leistung, Inhaltsschranken . . . . II, 105 (2)
— In Krisenzeiten . . . II, 106 (3)
— Teilbarkeit . . . . . II, 108 (6)
— Tun . . . . II, 104 (1)
— Unmöglichkeit. . . . II, 106 (3)
— Unsittlichkeit . . . . II, 106 (3)
— Unterlassung . . . . II, 104 (1)
— Verbrauchbarkeit . . II, 108 (7)
— Vertretbarkeit . . . . II, 108 (7)
Leistung an Erfüllungsstatt II, 139
— Alte Leistung bei . . . . II, 139
— Änderung der Tilgung . . II, 139
— Erfüllung . . . . II, 140
— Gewährleistung bei . . . II, 139
— Neue Leistung. . . . . . II, 139
— Tatbestandsfehler . . . . II, 139
— Prolongationswechsel? . . II, 140
— Unwirksamkeit . . . . . II, 139
— Vertrag . . . . II, 139
— Wirkung . . . . II, 139
Literatur des ungarischen Privatrechts 9
Luftraum . . . . II, 30 (4)
Luftrecht . . . . . 90 (3); II, 30

M.

Makler . . . . II, 216
Maklerlohn II, 216 (2); II, 217 (4)
Maklervertrag . . . . . II, 215
— Auftraggeber bei 216 (4)
— Auslagen . . . . . . II, 217 (4)
— Ehemaklerlohn? . . . II, 216 (3)
— Form des II
— Kosten . . . . II, 217 (4)
— Gegenstand . . . . . II, 216 (4)
— Gelegenheit des Abschlusses II, 216 (3)
— Rücktritt . . . . . . II, 217 (4)
— Sorgfalt . . . . . . II, 216 (3)
— Tatbestand . . . . . II, 216 (2)
— Unterbrechung der Verhandlungen . . . . II, 216 (3)
— Vermittlung des Abschlusses II, 216 (3)
— Verständigung des Auftraggebers . . . . II, 216 (3)
Mängel . . . . II, 213 (3)
Mangel an Ernst 131
Materialien 33 (1)
Materielles Grundbuchsrecht II, 17
Materiell-konstitutives Urteil 162 (12)
Materielle Rechtskraft . 162 (13)
Menschen als Rechtsobjekte 101
Miete. . . . . II, 197
— Aftermiete . . . . . II, 201 (5)
— Anforderungen bei . . II, 198 (2)
— Aufwendungen bei . . . II, 199
Miete, Außerordentliches Kündigungsrecht . . . . . II, 201 (5)
— Beschädigung II, 202 (7); II, 201 (5)
— Benutzung . . . . . II, 201 (5)
— Beseitigung des Fehlers II, 198 (3)
— Duldungspflichten des Mieters . . . . II, 202 (5)
— Erhaltungskosten . . II, 199 (3)
— Ermäßigung d. Mietzinses II, 198 (3)
— Form der . . . . . . II, 198 (3)
— Fütterungskosten . . II, 199 (3)
— Gefahr . . . . II, 202 (7)
— Gesetzliches Pfandrecht II, 199 (4)
— Gewährleistung bei . II, 198 (3)
— Instandhaltung . . . II, 199 (3)
— Instandsetzung . . . II, 199 (3)
— Kündigung . . . . . II, 203 (8)
— Leistung des Mieters . II, 200 (5)
— Mieter . . . . II, 200 (5)
— Notmiete 198 (2)
— Privatrechtliche II, 198 (2); II, 199 (3)
— Sorgfalt . . . . . . II, 201 (5)
— Rückerstattung der Sache II, 202 (5)
— Tatbestand . . . . . II, 198 (2)
— Überlassung des Gebrauches II, 198 (3)
— Unteilbarkeit der Miete? II, 203 (8)
— Vorausleistung bei . . II, 201 (5), II, 200 (5)
— Vermieter II, 198 (3); II, 199 (3)
— Vertragsmäßige Benutzung bei . . . . II, 199 (3)
— Wohnungsmiete . . . II, 198 (2)
— Verwaltungsrechtliche Miete? II, 198 (2)
— Verkauf der Mietsache II, 204 (9)
— Zins . . . . II, 201 (5)
Minderung II, 182; II, 183; II, 184 (8)
Mineralien 1
Minderjährige 56 (4)
Minderjährigkeit. 55 (4)
— Beendigung der Verlängerung 57 (7)
— Verlängerung 57 (5)
Miteigentum . . . . II, 51
— Änderung . . . . II, 51 (3)
— Beendigung . . . . . . II, 51 (3)
— Besitz . . . . II, 52 (4)
— Entstehung . . . . . . II, 51 (3)
— Nutzungen . . . . . . II, 52 (4)
— Rechtsgemeinschaft . . II, 51 (1)
— Verhältnis zu Dritten . II, 52 (4)
— Verhältnis zu Miteigentümern . . . . II, 52 (4)
Mitgift 207
— Familienrechtl. Eigenschaft 209 (5)
— Form 208 (1)
— Dauer 208 (3)
— Gegenstand 208 (2)
— Gläubiger und 209 (3)
— Rückgabe 209 (5)
— Umfang der 208 (3)

Mitgift, Verfügung über . . 209 (3)
— Verfügung von Todes wegen u. 209 (5)
— Vorrang der 209 (5)
— Zurückbehaltungsrecht bei 210 (5)
Mitglied . . . . II, 226 (2)
Mitvormundschaft 237

N.

Nachfolge von Todes wegen. 316
— Auseinandersetzung . . . 321 (6)
— Ausgleichungspflicht . . . 319 (5)
— Besitz der Erbschaft . . . 328 (10)
— Besitz der Nachlaßgegenstände 328 (10)
— Erbschaftsanspruch . . . 329 (11)
— Gemeinschaft der Nachfolger 316, 317 (3)
— Gläubiger des Nachfolgers 331 (13)
— Haftung bei 322 (2)
— Haftung der Gesamtnachfolger 323 (3. 4)
— Haftung der Sondernachfolger 325 (6)
— Nachforschungspflicht der Nachfolger 435 (6)
— Nachlaßverwalter 327 (9)
— Nutzungen u. Früchte bei . 318 (4)
— Offenbarungspflicht bei 320
— Rechtslage der Gläubiger 325 (6)
— Rechtslage der Nachfolger von Todes wegen untereinander 316 (1)
— Rechtslage der Schuldner 326 (7)
— Sicherung 318 (4)
— Testamentsvollstrecker . . 326 (8)
— Veräußerung des Nachfolgerechts 329 (12)
Nachfolger von Todes wegen 243, 247 (9)
Nachforschungspflicht . . 325 (6)
Nachlaß 243 (3)
Nachlaßverwalter 327 (9)
Namensrecht 164 (1)
— der Frau 187 (1)
Nationalversammlung 21
Naturalobligation . . . . II, 224
Naturkräfte 99
— Rechtliche Eigenschaften . 100 (2)
— Verkehrsfähigkeit 99 (1)
— Wirtschaftliche Ausbeutung 101 (2)
Nebeninhalt der Verfügungen von Todes wegen . . 286 (3, 4)
Negatorischer Anspruch II, 49 (4)
Nichtigkeit 135 (1), 138
Nichtigkeitsgründe . . . 138 (1)
Nießbrauch an Rechten . . II, 69
Nießbrauch an Sachen . . II, 64
— Änderungstatsachen . . II, 65 (3)
— Ausfolgepflicht bei . . . II, 68 (7)
— Begründungstatsachen . II, 65 (2)
— Beendigungstatsachen . II, 66 (4)
— Bestandteile . . . . . II, 64 (1)
Nießbrauch an Sachen,
— Dingliches Rechtsverhältnis bei . . . . II, 66 (5)
— Duldungspflichten bei . II, 68 (7)
— Erhaltungspflicht bei . . II, 68 (7)
— Ersatzpflicht bei . . . . II, 69 (7)
— Gesetzliches Schuldverhältnis bei . . . . II, 65 (1)
— Kollision . . . . II, 69 (9)
— Muttersachen bei . . . II, 64 (1)
— Pflichten des Nießbrauchers II, 68 (7)
— Rechte des Nießbrauchers II, 67 (6)
— Schutz . . . . II, 69 (8)
— Sicherungspflicht bei . . II, 68 (7)
— Umfang . . . . II, 64 (1)
— Verständigungspflicht bei II, 68 (7)
— Zubehöre bei 64 (1)
Nießbrauch an Sachgesamtheiten 93 (6)
Nießbrauch an Vermögen II, 69
Nonnen 65 (4)
Notstand 154 (4)
Notwehr 155 (6)
— Folgen 156 (6)
— Voraussetzungen 156 (6)
Nutzungen 96 (10), 318 (4); II, 67 (2)
Notlage . . . . II, 194 (4)
Notmiete . . . . II, 198 (2)
Novation . . . . II, 164 (6)
— Abschluß des Kontokorrents und . . . . II, 165 (6)
— Anerkennung und . . II, 165 (6)
— Form . . . . II, 165 (6)
— Gerichtlicher Vergleich u. II, 165 (6)
— Kausa? . . . . . . II, 164 (6)
— Nichtigkeit des früheren Vertrages und . . . . . II, 164 (6)
— Wechselprolongation und II, 165 (6)

O.

ÖBGB . . . . IX; 5, 6 (3); 38 (1)
Offenbarungspflicht 320
Öffentliche Gewässer 1
Öffentliches Recht und Eigentum . . . . II, 37
Öffentliches und Privatrecht . 1
Ordensgeistliche . . 50 (3), 63 (2)
Ordensgelübde . . . 50 (4), 65 (4)

P.

Pacht . . . . II, 204
— Aufwendungen . . . II, 205 (3)
— Ausbeutung II, 205 (3); II, 206
— Brauchbarer Zustand der Pachtsache . . . . II, 205 (3)
— Fruchttragende Sache bei II, 204 (2)
— Gebrauch bei . . . . II, 204 (1)
— Gebrauchsfähigkeit . . II, 205 (3)
— Genuß bei . . . . . II, 204 (1)
— Gesetzliches Pfandrecht bei II, 206 (4)
— Gewährleistung bei . II, 205 (2)

Pacht, Erhaltung der Pachtsache . . . . II, 205 (3)
— Kauf und . . . . . II, 208 (7)
— Krisenzeiten und . . II, 206 (5)
— Modifizierung . . . . II, 206 (5)
— Pächter . . . . . . II, 206 (5)
— Pachtermäßigung . . II, 206 (5)
— Pachtzeit . . . . . . II, 206 (5)
— Partiarische . . . . . II, 207 (5)
— Rückgabe der Pachtsache II, 208 (7)
— Rückgabe der landwirtschaftlichen Einrichtungen . II, 207 (7)
— Tatbestand . . . . . II, 204 (2)
Pächter . . . . II, 206 (5)
Partiarische Rechtsgeschäfte II, 207 (5)
Person 45 (2)
Persönliche Dienstbarkeiten II, 64
Persönlichkeitsrecht VII; 44 (2), 102, 163; II, 230 (2)
— Ausstrahlungen 164 (2)
— Dauer 165 (5)
— Hindernisse 165 (5)
— Inhalt 163 (1)
— Juristische Personen und 165 (4)
— Privatrechtlicher Schutz VII, 165 (3); II, 230 (2)
— Verletzung . . . . . II, 230 (2)
— Verzicht auf das 166 (6)
Pfändbarkeit. . . . . 230; II, 125
Pfandgläubiger . . . . II, 77 (6)
Pfandrecht. . . . . II, 72
— Arten . . . . II, 72 (1)
— Abhängigkeit . . . . . II, 72 (2)
— Dinglicher Schuldner bei II, 72 (2)
— Fahrnispfandrecht . . . . II, 73
— Hypothek . . . . II, 81
— Pfandrecht an Rechten . . II, 79
— Forderung bei . . . . . II, 72 (2)
— Wirkung . . . . II, 72 (2)
— Zahl der Objekte . . . II, 72 (1)
Pfandrecht an Rechten . . II, 79
— Arten . . . . II, 79 (1)
— Änderungstatsachen . . II, 80 (3)
— Beendigungstatsachen . II, 80 (3)
— Befriedigung aus . . . II, 81 (5)
— Begründungstatsachen . II, 79 (2)
— Inhalt . . . . II, 80 (4)
— Pflichten des Pfandgläubigers . . . . II, 81 (5)
— Rechte des Pfandgläubigers . . . . II, 81 (5)
— Schutz des . . . . . . II, 81 (6)
Pfandrecht an Sachgesamtheiten 93 (6)
Pflegschaft. 240
— Dauer 241 (3)
— Fälle 240 (1)
— Inhalt . . . . . 240 (2), 241(3)
— Vorrecht zur 241 (3)
Pflichtteil 308
Pflichtteil, Anfechtung der Schenkungen und 315 (8)
— Berechtigter des 308 (1)
— Berechnung 312 (5)
— Fälligkeit 314 (6a)
— Freiheit von Lasten des . 314 (6)
— Haftung bei. 311
— in Geld 310 (3)
— in natura 310 (3)
— Negative Voraussetzungen d. 309 (1)
— Positive Voraussetzungen des . . . . II, 309 (1)
— Sicherungssperre 315 (7)
— Sondernachfolge von Todes wegen 310 (3)
— Schutz des 315 (7)
— Unentgeltliche Verfügungen und 315 (7)
— Verpflichteter 311 (4)
Planum Tabulare 15
Positive Forderungsverletzung II, 119
— Arbeitsvertrag und . II, 149 (1)
— Gesellschaftsvertrag und II, 149 (1)
— Handelskauf und . . II, 149 (1)
— Konkurrenzverbot und II, 149 (1)
— Schadenersatz . . . . II, 149 (1)
— Rücktritt und . . . . II, 149 (1)
— Verbotene Handlung und . 150 (2)
Preisausschreiben . . . . II, 170
Private Auslegung 34
— Arten 34 (3)
— Technik 34 (3)
Privatrecht 3 (1)
Privatrechtliche Buße II, 230 (2)
Privilegien 25
— Bedeutung 26
— Juristische Personen und . . 69 (2)
— Objektive 29 (6)
— Quellenkraft der 25, 26
— Schranken der 26
Proletarierdiktatur 8 (4)

Q.

Quadripartitum 17
Quellenlehre . . . . VII, 12

R.

Rangunterschiede 63 (4)
Reale Handlungen . . . . . II, 4
Reallasten . . . . II, 93
— Änderungstatsachen . . II, 93 (4)
— Anmerkung der . . . . II, 98 (5)
— Ausscheiden aus dem Grundbuch . . . . II, 96 (3)
— Beendigung der juristischen Persönlichkeit d. Berechtigten II, 96 (4)
— Beendigungstatsachen . II, 95 (4)
— Begründungstatsachen . II, 94 (2)
— Belastetes Grundstück . II, 93 (1)
— Berechtigter . . . . . II, 93 (1)

Reallasten, Dinglicher Schuldner . . . . II, 98 (3)
— Einzelne Leistungen bei II, 97 (4)
— Einbuchung der Beendigung II, 96 (4); II, 97 (8)
— Erlöschen des Rechts . II, 96 (3)
— Gesamtrecht bei der . . II, 96 (5)
— Gesetzliche Pfandrechte bei II, 94 (2)
— Kollision . . . . II, 97 (9)
— Nicht gebuchte Grundstücke und . . . . II, 97 (10)
— Persönliche . . . . . . II, 93 (1)
— Persönliche Schuld . . . II, 96 (5)
— Pflichten aus . . . . . II, 97 (8)
— Privilegierte . . . . . . II, 94 (2)
— Rechtliche Natur der . II, 96 (5)
— Rechte aus . . . . . . II, 97 (8)
— Restgründe . . . . . . II, 94 (2)
— Richtigkeitsfiktion bei . II, 97 (8)
— Richtigkeitsvermutung bei II, 97 (8)
— Rodungsablösungen . . II, 94 (2)
— Schutz . . . . II, 97 (8)
— Schuldrechtliche Ansprüche aus . . . . II, 97 (8)
— Schutz . . . . II, 97 (8)
— Subjektiv dingliche . . II, 93 (1)
— Teilung . . . . II, 95 (3)
— Tod des Berechtigten . II, 95 (4)
— Unterbleiben der Leistungen . . . . II, 96 (3)
— Untergang d. Grundstückes II, 96 (3)
— Urbariallasten . . . . . II, 94 (2)
— Weinzehentgründe . . . II, 94 (2)
Reallast der Rentengrundschuld . . . . II, 97
— Ablösungsberechtigte . . II 99 (2)
— Ablösungsrecht . . . . II, 99 (2)
— Ablösungsrecht des Grundeigentümers . . . . II, 99 (2)
— Ablösungsrecht des Staates II, 99 (2)
— Ablösungssumme . . . II, 99 (2)
— Anmerkung der . . . . II, 98 (2)
— Aufwendungen . . . II, 100 (8)
— Ausübung des Rücknahmerechts . . . . II, 100 (8)
— Beendigung . . . . . . II, 99 (6)
— Belastung des beschränkten Grundstücks . . . . . II, 98 (5)
— Dinglicher Schuldner bei II, 98 (3)
— Form des Begründungsvertrages . . . . II, 98 (2)
— Begründungsvertrag . . II, 97 (2)
— Persönlicher Schuldner aus II, 98 (4)
— Rücknahmerecht des Rentenberechtigten . . . . II, 100 (8)
— Übereignung des beschränkten Grundstücks . . . . . II, 98 (5)
— Verkehrsfähigkeit des beschränkten Grundstücks . . . . II, 98 (5)
— Verpachtung des beschränkten Grundstücks . . . . . II, 98 (5)
Rechte 44
Rechtsausübung 155
Rechtsbewegende Tatsachen 107 (2)
Rechtserwerb 108 (3)
— Abgeleiteter 108 (3)
— Ursprünglicher 108 (3)
Rechtsfähigkeit 48
— Arten 48 (1)
— Dauer 48 (1)
— Grenzen 59 (6)
— Juristische Personen . 49 (1), 67
— Körperschaften . . 82 (8), 84 (8)
— Menschen 49
— Staatsangehörigkeit und . 50 (4)
— Stiftung 77 (7)
— Verein 73 (5)
— Zwingende Rechtsnormen der 50 (3)
Rechtsfolgen 2 (1)
— Absicht der 130 (2)
— Vorstellung der 130 (2)
Rechtsgeschäfte 108
— Abstrakte 114 (7)
— Arten 110
— Auslegung der 146
— Bedingte 142
— Bedingungsfeindliche 143
— Befristete 145 (2)
— Beschränkungen der 142
— Besitzgeschäfte . . . . II, 3 (4)
— Dingliche . . . . II, 3 (2)
— Einseitige 110 (1), 128
— Empfangsbedürftige . . . 111 (2)
— Endgültige 114 (8)
— Entgeltliche 114 (7)
— Erfordernisse der 115
— Erlaubte 112 (6)
— Fiduziarische 114 (8)
— Formlose 111 (3), 118
— Förmliche 111 (3), 118
— Freie 112 (6)
— Inhaltsfehler 135
— Kausale 114
— Mitwirken Dritter bei 140
— Nicht ernste 131
— Nicht empfangsbedürftige 111 (2)
— Rechtsmehrende 113 (7)
— Rechtsmindernde 113 (7)
— Scheingeschäfte 131
— Übergreifende 113 (8)
— Umdeutung bei 147 (2)
— Unentgeltliche 114 (7)
— Ungültige 138
— Unmögliche 135 (1)
— Unsittliche 136 (1)
— Unwirksame 138
— Unter Lebenden 115 (9)
— Verbotene 136 (1)
— Verträge 110 (1)
— Verstärkte 138 (1)
— Vertretung bei 140

Rechtsgeschäfte von Todes wegen 115 (9)
Rechtshandlungen im engeren Sinne 150, 154 (5, 6, 7)
— Arten 151 (2)
— Fehler 152 (2)
— Folgen der 151 (2)
— Forderungen aus . . . . II, 227
— Tatbestand der 151 (2)
— Voraussetzungen der . . . 151 (2)
Rechtskraft 162 (12)
Rechtsnießbrauch . . . . II, 69
Rechtsquellen VII, 12 (1), 20 (5), 8 (4)
Rechtsschöpfungen VII, 20 (5), 8 (4)
Rechtssätze 26
— Arten 26
— Allgemeine 26 (2)
— Auslegung 29 (6), 32
— Billige 31 (8)
— Ermächtigende 28 (4)
— Fiktionen 30 (7)
— Geltungsgebiet 38
— Geltungszeit 42
— Gemeinrechtliche 27 (3)
— Generelle 27 (2)
— Individuelle 27 (2)
— Kritik der 31
— Ordnungsmäßige . . 28 (4), 29 (6)
— Ordnungswidrige 29 (6)
— Partikulare 27 (3)
— Privatrechtliche 2
— Rückwirkung der 42 (2)
— Sonderrechtliche 27 (2)
— Strenge 31 (8)
— Weiterbildung der 35
— Zwingende 28 (4)
Rechtsschutz 156
Relative Rechte 47 (4)
Rechtsverhältnis, dingliches II, 4
— der Ehegatten 169 (3)
— Gegenstand weiterer Rechte . 106
— Übertragbarkeit 107
Religion 62 (2), 63 (1)
Redintegration 256 (6)
Reugeld . . . . II, 128
— Endgültiger Vertrag und II, 129 (1)
— Erfüllung der Leistung und II, 129 (1)
— Rücktrittsrecht und . II, 129 (1)
— Vorvertrag und . . . II, 129 (1)
— Übergabe des . . . . II, 129 (1)
Ristornogebühr II, 129; II, 196 (3)
— Reugeld und . . II, 129, 130 (2)
— Ungültigkeit . . . . II, 130 (2)
— Zinsenschranken und II, 130 (2)
Rückberufung der Ehegatten II, 190 (5)
Rückgabe . II, 195 (2); II, 197 (4)
Rücktritt 161 (11), 174 (7), 174 (8); II, 162 (3)
— Dritterwerber und . . II, 163 (3)
— Voraussetzungen des . II, 163 (3)
Rücktritt, Wirkung . II, 163 (3)
— Zweck . . . . II, 163 (3)

S.

Sachen 89
— Bewegliche und unbewegliche . . . . 89 (3); II, 29
— Einheitliche und zusammengefügte 91 (4)
— Ertragsfähige 96 (10)
— Hauptsache und Zubehör . 94 (7)
— Früchte 96 (10)
— Koordination der 93 (6)
— Nutzungen der 95 (9)
— Rechtliche Eigenschaften der 89 (2)
— Sachgesamtheit 93 (6)
— Subordination der 94 (7)
— Teilbare 93 (5)
— Verbrauchbare 95 (8)
— Verkehrsfähige und unfähige 97 (11)
— Vertretbare . . 95 (9); II, 197 (2)
— Wirtschaftlicher Zweck der 93 (6)
Sachenrechte II, 2, 44 (2), 105 (2)
Sachgesamtheit 93 (6)
— Nießbrauch an 93 (6)
— Zugehörigkeitsvermutung bei . 93
Sachherrschaft . . . . . II, 1, 44
Sachverständiger 64 (3)
Schadenseintritt . . . . . II, 234
— Ausübung eines gefährlichen Rechts . . . . II, 235 (4)
— Gefährliche Betriebe . II, 234 (1)
— Tätigkeit eines Stellvertreters . . . . II, 234 (2)
— Unverantwortliche Handlungen . . . . II, 235 (3)
Schadenersatz II, 120; II, 230; II, 234
— Aus Eigentum . . . . . II, 49 (3)
— Außerordentlicher . . II, 122 (4)
— Begrenzung . . . . . II, 121 (3)
— Begründung . . . . . II, 121 (2)
— Entgangener Gewinn II, 123 (7)
— Fahrlässigkeit . . . . II, 121 (3)
— Gesetzliche Zession bei II, 123 (8)
— In Geld . . . . . . II, 123 (7)
— Inhalt des . . . . . II, 121 (3)
— Nichtvermögensschaden? II, 122 (4)
— Mehrere Schadensursachen II, 122 (5)
— Naturalleistung . . . II, 123 (7)
— Rechtsübergang auf den Befriediger . . . . II, 123 (8)
— Sachschaden . . . . II, 122 (4)
— Verhalten d. Beschädigten II, 122 (6)
— Verkehrsübliche Sorgfalt bei . . . . II, 123 (7)
— Vermögensschaden . . II, 123 (7)
— Vernichtung von Rechtsgütern . . . . II, 122 (4)
— Vertretbarer Sachschaden II, 123 (8)
— Umfang . . . . . . II, 121 (3)
— Vermögensnachteil . II, 121 (3, 4)

Schadenersatz, Vorsatz II, 121 (3)
— Wegen Rücktritt vom Verlöbnis? 173 (5)
Schatzfund . . . . . . II, 40 (1)
Scheidung 189
Scheidungsgründe 189, 190
— Fakultative 190 (5)
— Zwingende 190 (5)
Scheidungsurteil 189 (4)
Scheingeschäfte 131
Schenker . . . . II, 193 (4)
Schenkung . . . . II, 192
— Antrag . . . . II, 192 (1)
— Form . . . . II, 192 (1)
— Gegenstand . . . . . II, 192 (1)
— Gemischte . . . . . II, 192 (2)
— Notlage des Schenkers II, 194 (4)
— Pflichten des Schenkers II, 193 (3)
— Rechtsmängel bei . . II, 193 (3)
— Sachmängel . . . . . II, 193 (3)
— Sorgfalt des Schenkers II, 193 (3)
— Umstoßung der . . . II, 193 (4)
— Gläubiger des Schenkers II, 194 (4)
— Undank bei . . . . . II, 194 (4)
— Unter Auflage . . . II, 193 (2)
— Unter Lebenden . . . . . II, 192
— Von Todes wegen . . II, 193 (2)
Schenkung unter Auflage II, 193 (2), 302
Schenkung von Todes wegen II, 193 (2), 306 (3)
Schikaneverbot 153 (2)
Schlüsselgewalt 187 (3)
Schuldanerkenntnis . . . II, 166
— Abstrakt? . . . . . II, 166 (3)
— Einwendungen gegen II, 166 (2)
— Form . . . . II, 166 (1)
— Gegenrechte bei . . . II, 166 (2)
— Neue Forderung? . . II, 166 (2)
— Novation? . . . . . II, 166 (2)
— Tatbestand . . . . . II, 166 (1)
— Vertrag? II, 166 (3); II, 167 (3)
Schuldnerverzug . . . . . II, 140
— Anbietung der Gegenleistung II, 142 (4)
— Anbietung der Leistung II, 143 (5)
— Aufhebung des . . . II, 143 (5)
— Dauer des . . . . . II, 143 (5)
— Entschuldbarkeit . . II, 141 (1)
— Erhöhung der Verantwortlichkeit bei . . . . II, 141 (3)
— Fahrlässigkeit . . . . II, 141 (1)
— Folgen des . . . . . II, 141 (2)
— Interessenlosigkeit der Leistung und . . II, 142 (3); II, 149 (6)
— Kalendermäßig bestimmte Leistung und . . . . II, 140 (1)
— Mahnung . . . . . . II, 140 (1)
— Mögliche Leistung und II, 141 (3)
— Rücktritt bei . . . . II, 142 (4)
— Schadenersatz bei . . II, 141 (3)
Schuldnerverzug, Unmöglichkeit der Leistung bei II, 142 (3)
— Voraussetzungen des . II, 140 (1)
— Vorsatz bei . . . . . II, 141 (1)
— Zweiseitige Verträge und II, 142 (4)
— Verständigung der Nichtannahme . . . . . . II, 149 (6)
— Zufall bei . . . . . . II, 141 (3)
Schuldrecht . . . . II, 101
Schuldrechte . . 44 (2); II, 101
— Beschränkte Haftung bei II, 103 (6)
— Bewegungstatsachen . II, 102 (2)
— Erzwingbarkeit . . II, 103 (4, 5)
— Gegenstand der . . . II, 102 (3)
— Innominate . . . . . II, 102 (2)
— Naturobligationen . . II, 103 (5)
— Übersicht . . . . II, 103
— Zweck . . . . II, 101 (2)
Schuldübernahme . . . . II, 154
— Befreiung des alten Schuldners . . . . II, 155 (3)
— Form . . . . II, 155 (2)
— Gesetzliche? . . . . II, 156 (4)
— Kausal? . . . . . . II, 155 (1)
— Sondervermögen und . II, 156 (4)
— Tatbestandsfehler der II, 155 (3)
— Vertrag zugunsten Dritter? II, 155 (1)
— Wirkung der . . . . II, 155 (3)
Schuldrechtliche Sondernachfolge 297 (9), 299 (5)
Schutznorm . 44 (1), 163, 156 (1)
— Aktiver Adressat 44 (1)
— Inhalt 44 (2)
— Passiver Adressat 44 (1)
— Positiver Kern 46 (4)
— Negativer Kern 46 (4)
— Objekt 44 (2)
— Regelungsart 45 (3)
Schutzrechte 163 (1)
Schwägerschaft 212 (5)
— Gerade Linie 212 (5)
— Grade 212 (5)
— Folgen der 212 (5)
— Seitenlinien 212 (5)
Schwebezeit 144
Sekundäre Rechte 44 (2)
Selbstbestimmung 127 (6), 129 (1)
Selbsthilfe 154 (5)
Selbstkontrahieren . . . 141 (1)
Sicherung 198 (2), 200 (4); II, 123
Sicherungen der Leistung II, 123
Sicherungsmaßregel . . . 318 (4)
Sicherungssperre 315 (8)
Sicherungshypothek . . . II, 89
— Änderung . . . . . . II, 89 (3)
— Beendigung . . . . . II, 89 (1, 3)
— Begründung . . . . . II, 89 (1, 3)
— Herabminderung der . . II, 90 (6)
— Höchstbetrag II, 89 (2); II, 90 (6)
— Inhalt . . II, 89 (1); II, 90 (6)
— Kollision . . . . II, 90 (6)

Sicherungshypothek,
— Maximalhypothek . . . II, 90 (5)
— Negative Feststellungsklage II, 90 (6)
— Schutz . . . . II, 90 (6)
— Umfang . . . . II, 90 (6)
— Umwandlung in eine Verkehrshypothek . . . . II, 90 (4)
Siebenbürgen 5 (3), 22
Sonderlasten 201 (5)
Sonderschulden 201 (5)
Sondervermögen 201 (5); II, 156 (4)
Sorgfalt II, 201 (5); II, 197 (3); II, 213 (2); II, 219 (3)
Spiel und Wette . . . . . II, 223
— Anerkennung des . . II, 223 (2)
— Dingliche Sicherungen bei II, 224 (2)
— Erzwingbarkeit? . . . II, 223 (2)
— Naturalobligation . . II, 224 (2)
Staatlicher Rechtsschutz 157 (2)
Stammrecht . . . . . . II, 60 (7)
Standesunterschiede . . . 63 (3)
Standeswechsel 198 (1)
Ständisches Recht XI, 5 (2), 63 (3)
Staatsangehörigkeit 39 (4), 50 (5), 62 (2)
Statuten 24
Steinkohle 00
Stellvertretung 140
Stiftung 77 (7)
— Annahme 79
— Änderungsrecht 79
— Auflösung 79
— Konkurs 81
— Liquidation 81
— Organisation 80
— Rechtslage des Begünstigten . 81
— Vertretung 81
— Verwaltung 80
— Zweckbestimmung 78, 79
Subjektive Rechte 44
— Abzweigungen 105
— Änderung 107 (3)
— Ausübung 153
— Bewegungstatsachen 107
— Erbrechte 242 (1)
— Erlaubte und freie 45 (3), 106, 109
— Familienrechte 170 (3)
— Feststellungsklage der . . 157 (2)
— Gegenstände weiterer Rechte . 105
— Geltendmachen 156
— Gestaltungsrechte 106
— Klagbarkeit der 158 (4)
— Konstitutive Übertragung der 106
— Rechtsgeschäfte und . . . 112 (5)
— Sachenrechte . . . . . II, 2 (3)
— Schuldrechte . . . . . . II, 101
— Persönlichkeitsrecht 163
— Übergang 107
— Übertragbarkeit der 105
— Voraussetzungen 48
— Wesen 107
Substitutio fideicommissaria 289 (1)
Substitutio pupillaris 291
Summarische Reposition II, 13
— Besitzentziehung . . . II, 14 (6)
— Besitzstörung . . . . II, 14 (7)
— Erfordernisse . . . II, 13 (1, 2, 3)
— Fälle . . . . II, 14 (6)
— Grenzberichtigung und II, 15 (9)
— Inhalt . . . . II, 14 (4)
— Ordentliche Besitzklage und II, 15
— Verbotene Eigenmacht II, 13; II, 15

T.

Tarifvertrag . . . . . II, 209 (3)
Taubstummheit . . . 58 (5), 60 (7)
Tausch . . . . II, 91
Täuschung 133 (5)
Teilbarkeit der Geisteserzeugnisse 103 (2)
— der Sachen 93 (6)
— der Leistung . . . . II, 108 (6)
— der Naturkräfte 100 (2)
Temser Banat 5 (3)
Testament 265
— Anfechtungsrecht 287 (3), 287 (4)
— Anwartschaft des Nacherben 293 (4), 295 (5, 6)
— Art der Zuwendung . . . 285 (2)
— Auflagen 302
— Bestimmung des Gesamtnachfolgers 286 (1, 2)
— Dasein des Nacherben . . 293 (3)
— Einsetzung des Ersatzerben 289 (1)
— Einsetzung des Nacherben . . 290
— Einsetzung des Vorerben . 210 (1)
— Erbeinsetzung . . 285 (2), 287 (4)
— Erbvertrag 305
— Ersatzvermächtnisse . . . 301 (1)
— Form 267
— Gemeinsame Testamente . . . 303
— Hauptinhalt des 285 (2)
— Nachvermächtnisse 301 (1)
— Nebeninhalt 286 (3, 4)
— Rechtslage des Vorerben . 294 (4)
— Person des Nacherben . . 292 (2)
— Substitutio fideicommissaria 289 (1)
— Substitutio pupillaris 291
— Umfang der Erbeinsetzung 287 (3)
— Vereitlung der Nacherbfolge 295 (7)
— Vermächtnisse 295
Testamentsvollstrecker . 326 (8)
Tod 51 (1), 243 (2)
— Beweis 51 (1)
— der Ehegatten 188 (1)
— Wahrscheinlichkeit 51 (2)
Todeserklärung 51 (2)
— Deklarative Wirkung 53 (2)
— Gleichzeitig Verschwundene 53 (2)
— Konstitutive Wirkung 51 (2), 53 (2)
— Voraussetzungen 51 (2)

Todeserklärung, Zeitpunkt des vermuteten Todes . . . 52 (2)
Tote Hand 69 (2)
Trennung der Erzeugnisse II, 41 (3)
Trennungsrecht des Besitzers II, 50 (8)
Trennung von Tisch und Bett 191
Tripartitum 3 (1), 16
— Geltung 4
— Geschichte 17
— Literarische Bedeutung . . 9 (1)
— Quellenkraft 17, 18
Trunksucht 60 (7)

U.

Übereignungsvertrag . II, 38 (3)
— Besitzkonstitut . . . . II, 39 (4)
— Dinglicher Teil . . . . II, 38 (2)
— Gutgläubiger Sacherwerb und . . . . II, 39 (5)
— Nichtberechtigter . . . II, 39 (5)
— Ordnungsmäßiger . . . II, 38 (3)
— Ordnungswidriger . . II, 39 (4, 5)
— Übergabe . . . . II, 39 (3)
— Übernahme . . . . . II, 39 (3)
Übergabe . II, 186 (9); II, 39 (4); II, 187 (11); II, 214 (2); II, 214 (3)
— Auslagen der . . . . II, 186 (9)
— Gefahr der . . . . . II, 186 (9)
— Kosten der . . . . . II, 186 (9)
— Ort . . . . II, 186 (9)
— Sorgfalt bei . . . . . II, 186 (9)
Umkehrschluß 34 (3)
Umstoßung d. Schenkung II, 193 (4)
Uneheliches Kind 225
— Erbfolge 253 (7)
— Empfängniszeit 225 (1)
— Rang 225 (1)
— Stellung in der mütterlichen Familie 225 (1), 226 (2)
— Unmoralischer Lebenswandel der Mutter 225 (1)
— Unterhaltungspflicht zugunsten des 226 (2), 227 (2)
— Vertretung des 225 (1)
— Verwaltung des Vermögens 225 (1)
Umwandlung der Trennung in Scheidung 191, 192
Unbefugte Beeinflussung X, 133 (5) 134 (8)
Undank des Beschenkten II, 194 (4)
Ungarisches Privatrecht
— Begriff 3 (2)
— Festland 38 (3)
— Geltungsgebiet 38
— Geltungszeit 42
— Handelsschiffe 39 (3)
— Kriegsschiffe 39 (3)
— Meer? 39 (3)
— Luftschicht . . 39 (3); II, 30 (1)
— Staatsschiffe 39 (3)
Ungültigkeit 136, 138
Ungerechtfertigte Bereicherung . . . . II, 233
— Irrtümliche Leistung . . . 233 (1)
— Rückerstattung . . . II, 233 (3)
— Ungültigkeit der Rechtsgeschäfte und . . . . II, 233 (2)
— Rücktritt von Rechtsgeschäften . . . . II, 233 (2)
— Unsittlichkeit der Leistung II, 233 (2, 3)
— Vermögensverschiebung bei der . . . . II, 233 (1)
Unlauterer Wettbewerb . II, 230
Unmittelbarkeit des Erbanfalls 248 (9)
Unmöglichkeit der Leistung II, 145
— Befreiung von der Leistung durch? . . . . II, 146 (1)
— Ersatzpflicht bei . . . II, 145 (2)
— Nachträgliche . . . . II, 145 (2)
— Negatives Interesse und II, 147 (3)
— Nichtrechtsgeschäfte und II, 146 (2)
— Objektive . . . . . . II, 146 (3)
— Positives Interesse und II, 147 (3)
— Rechtliche . . . . . II, 147 (4)
— Rechtsgeschäfte und . II, 145 (11)
— Sittliche . . . . . . II, 147 (4)
— Subjektive . . . . . II, 146 (3)
— Unverschuldete . . . II, 146 (1)
— Ursprüngliche . . . . II, 145 (2)
— Verschuldete . . . . II, 145 (1)
— Verständigungspflicht bei II, 147 (3)
— Wirtschaftliche II, 147 (4), 148 (5)
Unmöglichkeit der Rechtsgeschäfte 135 (1), 143
Unsittlicher Lebenswandel . 190
Unsittliche Rechtsgeschäfte 136 (1), 143
Unterbringung in eine Heilanstalt 58 (5)
Unterhalt der Ehegatten . . 195
— Änderung des 196
— der Frau 196
— Endigung 197
— Erfordernisse 195 (2), 196
— Erwerbsunfähigkeit des Berechtigten 196
— In Geld 196
— In natura 196
— Maßstab 196
— Rückforderung? 196
— Scheidung und 197
— Sicherung 196
— Standesgemäßer 196
— Verfall des 196
— Vorläufiger und endgültiger . 196
Unterhalt der vermeintlichen Ehegatten 203, 204
Unterhalt der Verwandten . . 216
— Aufrechnung 219 (3)

Unterhalt der Verwandten,
— Beendigung 219 (4)
— Dauer 217 (1)
— Enkel 217 (1)
— Großeltern 217 (1)
— In Geld 218 (3)
— In natura 218 (3)
— Kinder 217 (1)
— Mutter 217 (1)
— Mütterliche Verwandte . . 217 (1)
— Reihenfolge bei 217 (1)
— Standesgemäßer 218 (2)
— Unterlassen der Forderung 218 (3)
— Vater 217 (1)
— Väterliche Verwandte . . . 217 (1)
— Vermögenslosigkeit des Berechtigten 218 (2)
— Verpflichtete 217 (1)
— Versorgungsunfähigkeit des Berechtigten . . . 217 (1), 218 (2)
— Verzugszinsen 218 (3)
Unterlassungsirrtum . . . 133 (4)
Unternehmer . . . . II, 213 (2)
Unverjährbarkeit 203 (6); II, 157 (2)
Unwirksamkeit 139 (4)
Urkunde 120
Urteil 162 (12)
— Deklaratives 162 (12)
— Konstitutives 162 (12)
— Materiell konstitutives . . 162 (12)

V.

Vater 212, 219
Vaterlandsverrat 2
Väterliche Gewalt 219
— Arbeitskraft des Kindes . 221 (3)
— Ausübung der 219
— Begründungstatsachen 219
— Berufswahl 221 (4)
— Disziplinarrecht 220 (2)
— Herabminderung 222 (9)
— Erziehung des Kindes . . 221 (4)
— Inhalt 219
— Mißbrauch 219, 222 (10)
— Ruhen der 221 (8)
— Scheidung der Eltern und 220 (1)
— Verlust 222 (10)
— Vertretungsmacht 221
Veräußerungsverbote . II, 32 (2)
Verarbeitung . . . . . II, 41 (2)
Verantwortungsfähigkeit . 70, 85
Verbotene Handlung 147
— Aberkennung des Vermögens II, 231
— Anstifter 148 (2)
— Arten 149 (3)
— Ausgleichsfolgen 149 (3), 150 (3); II, 230 (1)
— Ausschließungsgründe . . 149 (2)
— Einheitlichkeit der . . . 148 (2)
— Fiktiver Vermögensschaden II, 231
— Gehilfe bei 148 (2)
Verbotene Handlung,
— Geschütztes Interesse . . 148 (2)
— Nachteilsfolgen . 149 (3), 150 (3)
— Privatrechtliche Buße bei II, 230 (2)
— Schadenersatz aus . . . . II, 230
— Schuld 148 (1)
— Straffolgen 149 (3), 150 (3
— Täter 148 (2)
— Teilnehmer 148 (2)
— Verantwortungsfähigkeit . 147 (1)
— Verletzter 148 (2)
— Verletzung des Persönlichkeitsrechtes . . . . II, 230 (2)
— Verlust der Fideikommisse bei II, 231
— Verletzung der weiblichen Ehre . . . . II, 230 (2)
— Voraussetzungen 147 (2)
Verbotene Rechtsgeschäfte 136 (1), 143
Verbrauchbarkeit der Geisteserzeugnisse 103 (2)
— der Naturkräfte 100 (2)
— der Sachen 95 (8)
Verein 73
— Auflösung 76
— Genehmigung 73 (5)
— Gründungsvertrag 73 (5)
— Konfusion 77 (6)
— Konkurs 77 (6)
— Mitglieder 74
— Organe 74
— Rechtsquellen 75
— Rechtsfähigkeit 73 (5), 76
— Register 74 (6)
— Suspendierung 76
— Vereinssatzung 74
— Wohnsitz 74
Vereinigung . . . . . . II, 41 (3)
Verfügung 115 (1)
— Unwirksamkeit der 139 (4), 166 (6)
Verfügungsmacht . . . II, 32 (2)
Verfügung von Todes wegen . 265
— Änderungen 274
— Anfechtbarkeit 279 (2)
— Anfechtung 280 (3, 4)
— Anfechtungsberechtigte . . 280 (3)
— Auslegung 282, 283 (2, 3), 284 (4, 5, 6, 7)
— Ausschließungsgründe bei 266 (5)
— Außerordentliche 267 (2), 269 (4, 5), 270 (6), 272 (8)
— Bedingungen bei 281 (1, 2), 282 (3)
— Einseitige und zweiseitige 265 (1)
— Form 267
— Formfehler 278 (1)
— Geltendmachen der Tatbestandsfehler 279 (3)
— Geschäftsfähigkeit . . . 265 (4, 5)
— Hinterlegte 272 (9)
— Inhalt 285
— Inhaltsfehler 279 (1)

Verfügung von Todes wegen
— Kodizill. 277 (5)
— Mündliche 267 (2), 271 (7), 274 (11)
— Öffentliche 272 (9), 274 (10), 274 (11)
— Öffentliche Urkunden . . 273 (10)
— Ordentliche . . . 267 (2), 271 (7)
— Private . . 267 (2), 271 (7), 269 (4)
— Schriftliche . . 267 (2, 3), 269 (4)
— Tatbestandsfehler . . 278, 279 (3)
— Teilbarkeit der Tatbestandsfehler 278 (1), 281 (2)
— Testamente 265
— Unwirksamkeit 279 (2)
— Verzicht auf Anfechtung der 280 (4)
— Widerruf 274 (1), 275, 276
— Willensfehler 278 (1)
— Willensbeschränkungen 281
Vergleich . . . . 163 (11); II, 225
— Form 225 (1)
— Gerichtlicher . 225 (1); II, 226 (3)
— In fraudem legis . . II, 226 (4)
— Novation? . . . . . II, 225 (4)
— Sicherungen . . . . . II, 226 (4)
— Tatbestandsfehler . . II, 225 (2)
— Wirkung . . . . . . II, 225 (4)
— Zustandekommen . . II, 225 (1)
Verheimlichte Rechtsgeschäfte 131
Verjährung . . . . 161 (11); eI, 156
— Anrechnung bei . . . II, 157 (1)
— Einforderbarkeit . . . II, 157 (1)
— Gegen den Staat . . II, 157 (1)
— Gegen die katholische Kirche . . . . II, 157 (1)
— Geltendmachen . . . II, 157 (2)
— Hemmung . 161 (11); II, 157 (2)
— Ungestörte Verjährungsfrist . . . . II, 157 (2)
— Unterbrechung 161 (11); II, 157 (2)
— Voraussetzungen . . . II, 157 (1) II, 159 (3); 161 (11)
— Wirkung . . 161 (11); II, 159 (4)
Verkauf s. Kauf.
Verkäufer (s. auch Kauf) II, 180 (4)
— Gewährleistungspflicht . . 181 (6)
— Pflichten . . . . . . II, 180 (4)
— Übertragungspflicht . II, 180 (4) II, 181 (5)
Verkehrshypothek . . . . . II, 82
— Änderung . . . . II, 85 (7)
— Änderungsereignisse . . II, 86 (7)
— Änderungshandlungen . II, 85 (7)
— Änderungsgeschäfte . II, 85 (11)
— Annahme der Befriedigung II, 88 (11)
— Anmerkung der . . . II, 87 (10)
— Ausstellung der Quittung II, 88 (11)
— Befriedigung . . . . . II, 87 (8)
— Befriedigungsrecht des Grundeigentümers . . . . . II, 88 (12)
— Beendigungsereignisse . II, 86 (8)
— Beendigungsgeschäfte . II, 86 (8)
Verkehrshypothek,
— Begründung . . . . . . II, 83 (4)
— Begründungshandlungen II, 85 (5)
— Begründungsereignisse . II, 85 (6)
— Bruchteile . . . . . . II, 83 (3)
— Bestandteile und . . . II, 83 (3)
— Ergänzungsrecht bei . . II, 87 (10)
— Befriedigungsklassen . . . . II, 88
— Gegenrechte d. Eigentümers II, 88 (11)
— Gegenrechte des Schuldners II, 88
— Gesicherte Geldforderung II, 82 (1)
— Gesichertes Kapital bei II, 82 (1)
— Gesicherte Zinsen . . . II, 82 (1)
— Hypothekarvertrag . . . II, 83 (4)
— Hypothekarvertrag (ordnungswidriger) . . . . II, 84 (4)
— Inhalt . . . . II, 87 (9)
— Kollision . . . . . . II, 89 (13)
— Konsolidation . . . . . II, 87 (8)
— Ordnungsmäßiger Buchvertrag . . . . II, 83 (4)
— Ordnungswidriger Buchvertrag . . . . II, 84 (4)
— Parzellen . . . . II, 83 (3)
— Pflichten d. Pfandgläubigers II, 88 (11)
— Prozeßkosten bei . . . II, 82 (1)
— Rangvertrag bei . . . . II, 82 (2)
— Rechte des Gläubigers II, 87 (10)
— Schutz . . . . II, 89 (13)
— Sicherungsrechte . . II, 87 (10)
— Umfang . . . . II, 83 (3)
— Verkehrsfähigkeit 97 (11), 99 (1)
— Vormerkung der . . . . II, 85 (4)
Verlängerung der Minderjährigkeit 57 (5)
Verleiher . . . . II, 197 (3)
Verleitung des Kindes 190
Verlöbnis 171
— Erklärung des 172 (3)
— Rücktritt von . 173 (5, 6), 174 (7)
— Tatbestandsfehler 174 (7)
— Voraussetzungen 172 (2)
— Wirkungen 172 (4)
Vermächtnis 295
— Bedachte 295 (1)
— Beschwerte 299 (6)
— Dingliches 296 (3)
— Dingliche Sondernachfolge bei 296 (3), 299 (6)
— Gegenstand 297 (5)
— Schuldrechtliche Sondernachfolge 297 (4), 299 (5)
— Rechtslage des Bedachten 300 (7)
— Vermächtnisnehmer . . . 296 (2)
Vermengung . . . . . . II, 42 (5)
Vermieter . II, 198 (3); II, 199 (3)
Vermischung . . . . II, 42 (5)
Vermögen 45 (2), 67; II, 69; II, 156 (4)
Vermögensnießbrauch . . . II, 69
— Bestellung des . . . . . II, 70 (3)
— Gläubiger des Bestellers II, 70 (3)

Vermögensnießbrauch,
— Haftung bei . . . . . . II, 70 (3)
— Konstitutive Rechtsnachfolge? II, 70 (1)
— Sondervermögen . . . . II, 70 (1)
— Schuldrechtliche Folgen . . II, 70
— Schuldzinsen bei . . . II, 70 (2)
— Sorgfalt . . . . II, 70 (2)
Vermögensrechte 45 (2), 101 (2); II, 101
Vermögensrechtliche Wirkungen der Ehe 192
Vermutung 30 (7)
— des Eigentums des Mannes . . 193
— des Erwerbes des Mannes . . . 193
— der geschlechtlichen Beiwohnung 213
— des Todes 51 (2)
— der Schädigung der Gläubiger 205 (4), 206 (5)
— der Vortäuschung 205 (4)
— der Unentgeltlichkeit der Rechtsgeschäfte 193
— der Zeugung 213
Verordnung 23
— Bezeichnung 23
— Königliche 23
— Kriegsverordnungen 24
— Ministerielle 23
— Quellenkraft 23
— Veröffentlichung 23
Verpächter . . . . . II, 204 (2, 3)
Verschollenheit 51 (2)
— Dauer 52 (2)
— Einfache 51 (2)
— Gefahrverschollenheit . . 51 (2)
— Zeitpunkt d. vermuteten Todes 52 (2)
Verschmelzung . . . . . II, 42 (5)
Verschwender 60 (7)
Verschwendungssucht . . . 60 (7)
Verstärkungstatsache . . 138 (1)
Vertrag 110, 123
— Annahme 124 (4)
— Antrag 124 (2, 3)
— Arten 110 (1), 123
— Freie und erlaubte 112 (6)
— Struktur 124 (2)
— Entstehung der erlaubten . . 126
— Entstehung der freien 125
Vertraglicher Treulohn . 206 (7)
— Bestellung 206 (7)
— Bestellung durch Dritte . 207 (7)
— Gesetzlicher und 207 (7)
— Höhe des 207 (7)
Vertragsstrafe . . . . . . II, 127
— Abhängigkeit von dem Hauptvertrage . . . . . . II, 127 (1)
— Durchschnittliche Schadenssumme . . . . II, 128 (8)
— Ermäßigung . . . . II, 128 (2)
— Fälligkeit . . . . . II, 127 (2)
— Kein Reugeld . . . . II, 128 (2)
Vertragsstrafe, Leistung II, 128 (2)
— Naturobligationen und II, 128 (2)
— Nebenvertrag . . . . II, 127 (1)
— Tatbestandsfehler des Hauptvertrages . . . . . . II, 128 (2)
Verträge zugunsten Dritter II, 175
— Annahme des Dritten II, 177 (8)
— Bezeichnung des Dritten II, 176 (5)
— Dritter . II, 175 (2); II, 176 (5)
— Einwendungen . . . . II, 177 (8)
— Form . . . . II, 175 (3)
— Gegenrechte bei . . . II, 177 (8)
— Inhalt . . . . II, 176 (4)
— Recht des Dritten . II, 176 (6, 7); II, 177 (8)
— Tatbestand . . . . . II, 175 (2)
— Verpflichteter . . . . II, 175 (2)
— Versprechungsempfänger II, 175 (2); II, 177 (8)
— Verständigung . . . . II, 175 (2)
— Zuwendung . . . . . II, 177 (8)
Vertragsurkunde 120
Vertretbarkeit der Geisteserzeugnisse 103 (2)
— der Leistung . . . . II, 108 (7)
— der Naturkräfte 100 (2)
— der Sachen 59 (9)
Vertreter . . . 140, 221; II, 226 (2)
Vertretung 140
— Ausübung 140 (1)
— Aushelfende 141 (2)
— Ausschließliche 141 (2)
— Befugte 140 (1)
— Entziehung der 142 (3)
— Rechtsgeschäftliche . . . 142 (3)
— Rücktritt von 142 (3)
— Umfang 141 (1)
— Wirkung 141 (1)
Vertretungsmacht 221 (6)
— Inhalt 221 (6)
— Umfang 221 (6)
Verunglimpfung VII
Verurteilung 190 (3)
Verwahrer . . . . . . II, 219 (3)
Verwahrungsvertrag . . . II, 219
— Aufwendungen . . . II, 221 (3)
— Ausfolgepflicht . . . II, 220 (3)
— Berufsmäßige Verwahrung II, 220 (3)
— Beschädigung der Sache II, 220 (3)
— Bewahrung der Sache II, 219 (3); II, 220 (3)
— Form . . . . II, 219 (2)
— Gerichtliche Hinterlegung II, 220 (3)
— Grobe Fahrlässigkeit . II, 219 (3)
— Hingabe der Sache . II, 219 (1)
— Hinterleger . . . . . II, 221 (3)
— Höhe des Entgelts . II, 221 (3)
— Schadenersatz . . . . II, 220 (3)
— Sorgfalt . . . . . . II, 219 (3)
— Stellvertretung . . . II, 220 (3)
— Unentgeltlich? . . . II, 220 (3)

Verwahrungsvertrag,
— Verständigung des Hinterlegers . . . . . . II, 220 (3)
— Vertretbare Sachen und II, 221 (4)
— Verwahrer . . . . . II, 219 (3)
— Vorvertrag? . . . . II, 219 (1)
Verwaltung des Kindesvermögens 221 (7), 223
— Ausschließung 224 (2)
— Beendigung 224 (2)
— Dauer 224 (2)
— Einkünfte 223 (1)
— Grundstock des Vermögens 223 (1)
— Inhalt 223 (1)
— Kindesschulden 223 (1)
— Rechenschaftsablegung . . 223 (1)
— Sicherungen und Kontrolle 224 (3)
— Überschuß 223 (1)
Verwaltungsrechtliche Miete II, 198 (2)
Verwandtschaft 167 (1), 170, 210, 211
— Abkömmlinge . . 169 (3), 210 (1)
— Begründungstatsachen 211 (2), 212
— Eheliche 211 (3)
— Folgen 211 (3)
— Gerader Linie 211 (1)
— Halbblütige 211 (3)
— Mütterliche 211 (2)
— Seitenverwandtschaft . . . 211 (1)
— Uneheliche 211 (3)
— Väterliche 211 (2)
— Vernichtungstatsachen 215
— Vorfahren . . . 169 (3), 210 (1)
— Vollblütige 211 (1)
Verweisungsvorschriften . . 41 (4)
Verzicht . . . . . II, 163, 166 (6)
— Relative Unwirksamkeit des . . . . II, 163 (3)
— Zuwendung . . . . . II, 163 (3)
Volljährigkeit . . . 55 (4), 57 (5)
Vollmacht 142
Vollrecht . . . . II, 30 (2)
Vorerbe 294 (4)
Vorfahr 210 (1)
Vorgetäuschte Rechtsgeschäfte 131
Vorkauf . . . II, 33; II, 189 (15)
Vorläufige Nichtigkeit . . 138 (1)
Vorläufiger Unterhalt . . 195 (2)
Vorlegung von Sachen . . II, 232
— Schadenersatz . . . . . . II, 232
— Urkunden . . . . II, 232
Vormund s. Vormundschaft.
Vormundschaft 230
— Ablehnungsgründe 232 (1)
— Ablieferung der Wertgegenstände 235 (3)
— Ausschließungsgründe . . 230 (2)
— Behörden 237 (1)
— Behördliche Aufsicht . . . 237 (1)
— Belohnung des Vormunds 236 (3)
Vormundschaft,
— Benützung des Mündelvermögens 236 (3)
— Bestellte 231 (4), 232 (1)
— Einsetzung des Vormundes 232 (1)
— Erziehung des Mündels . . 233 (3)
— Familienrechtliche Natur der 231 (4)
— Führung 231 (4), 232
— Fürsorge 233
— Gesetzliche 231 (3)
— Gesetzliche und natürliche 230 (1), 235 (3)
— Inhalt 233 (3)
— Inventar 235 (3)
— Mitvormundschaft 237
— Rechenschaft des Vormundes 236 (3)
— Sorgfalt bei 236 (3)
— Überantwortung des Mündelvermögens 236 (3)
— Unzulässigkeitsgründe der 230 (2)
— Vermögensverwaltung . . 235 (3)
— Vertretung des Mündels . 234 (5)
— Verwaltungsplan 235 (3)
— Vormundschaftsbehördliche Genehmigungen 234 (5)
— Vorrecht zur 231 (3)
Vormundschaftsbehörde . . . 237
— Anhörung des Mündels und der Verwandten 238 (5)
— Aufklärung der 238 (1)
— Entgegennahme der Rechenschaftsablegung 237 (2)
— Erlaß der Rechenschaftsablegung 237 (3)
— Kontrolle des Vormundes 237 (2)
— Prüfung der Rechenschaftsablegung 238 (3)
— Schlußrechenschaft 238 (4)
— Stellvertretende Tätigkeit 237 (2)
— Zeit der Rechenschaftsablegung 238 (3, 4)
Vorverträge . . . II, 173; II, 195
— Entstehen . . . . . . II, 174 (3)
— Form . . . . II, 173 (1)
— Inhalt . . . . II, 173 (2)
— Interessenverlust . . . II, 175 (4)
— Nichtschuldrechtliche? II, 174 (3)
— Positive Verletzungen der II, 175 (4)
— Sicherungen . . . . . II, 174 (4)
— Unmöglichkeit . . . . II, 175 (4)
— Verzug . . . . II, 175 (4)
— Verweigerung des endgültigen Vertrages . . . . . . II, 175 (5)
— Widerruf . . . . . . II, 174 (5)
— Wirkung . . . . . . II, 174 (5)

W.

Wahlschuld . . . . II, 111
— Begründungstatsachen II, 111 (1)
— Inhalt . . . . II, 111 (1)
— Tatbestandsfehler d. Wahl II, 112 (2)

Wahlschuld, Umfang. II, 111 (1)
— Wahl . . . . II, 112 (2)
— Wahlberechtigte . . . II, 111 (2)
— Wahlerklärung . . . II, 111 (2)
— Wirkung der Wahl . II, 112 (3)
Wandlung . . . . . . II, 183 (8)
Wegfall der Leistung . . II, 140
— Gläubigerverzug . . . . . II, 143
— Schuldnerverzug . . . . . II, 140
— Unmöglichkeit . . . . . II, 145
— Ursachen . . . . II, 140
Wegtaufen 63 (2)
Weibliche Ehre . . . . . II, 231
Werböczy . . . . VII, 16
Werkvertrag . . . . II, 212
— Anordnungen . . . . II, 213 (2)
— Ausbesserungen . . . II, 213 (2)
— Besteller II, 213 (2); II, 214 (3)
— Erfolg . . . . II, 213 (2)
— Fachgewandtheit . . II, 213 (2)
— Form . . . . II, 213 (1)
— Gefahr . . . . II, 215 (4)
— Haftung . . . . . . II, 213 (2)
— Kalkulation . . . . . II, 214 (2)
— Kaution . . . . . . II, 214 (3)
— Lohn . . . . II, 214 (3)
— Mängel . . . . II, 213 (2)
— Mehrkosten . . . . . II, 214 (2)
— Minderung . . . . . II, 213 (2)
— Rücktritt . II, 213 (2); II, 214 (3)
— Schadenersatz . . . . II, 213 (2)
— Sicherung . . . . . . II, 215 (5)
— Sorgfalt . . . . . . II, 214 (2)
— Tatbestand . . . . . II, 213 (1)
— Übergabe . . . . . . II, 214 (2)
— Übernahme . . . . . II, 214 (2)
— Unternehmer . . . . II, 213 (2)
— Vergütung . . . . . II, 214 (3)
— Zurückbehaltungsrecht II, 214 (3)
Wertpapiere II, 167; s. auch Ausstellung von Wertpapieren.
Wettverträge. . . . . . . II, 223
Widerrechtliche Drohung 133 (5), 134 (6)
Widerruf (Verfügungen von Todes wegen) 274
— Ausdrücklicher 275
— Förmlicher 275
— Formloser 275
— Mittelbarer 276
— der Erbverträge 277 (3)
— der Testamente 276 (2)
— Widerruf des Widerrufs . 277 (4)
Widerrufsgeschäfte 276
Widerrufshandlungen 276
Widerstand. 157 (1)
Wiederkauf. 190 (16)
Wille, beeinflußter 132 (4)
— des Bevorzugten . 2 (2), 133 (5)
— Irrtümlicher 132 (4)
— Fehlerhafter 132 (4)
Wille, Mißbrauch des . . . 134 (8)
Willenserklärung. 108
— Absicht 130 (2)
— Abweichung zwischen Wille und 130
— Arten 111 (3)
— Empfangsbedürftige . . . 111 (2)
— Fehlerhafte 110 (5), 115
— Förmliche 111 (3)
— Gemischte 111 (2)
— Inhalt 111 (4), 115
— Kreative (schaffende) . . 110 (3)
— Reine 109 (4)
— Richtung 111 (2)
— Struktur 110 (1)
— Ursprung der 115
— Verwirklichende 110 (3)
— Vollendung 115, 123
— Vorstellung 130 (2)
— Zahl 110 (1)
Willensfehler 130
Witwenerbfolge 263 (12)
— Einzelnachfolge 263 (12)
— Inhalt 263 (12)
— Umfang 264 (12)
— Unwürdigkeit 263 (12)
— Voraussetzungen 263 (12)
Witwenrecht 259 (5)
— Änderung 260 (7)
— Beendigung 261 (8)
— Beschränkung 260 (7)
— Einzelnachfolge 259 (5)
— Erweiterung 260 (7)
— Heimfallvermögen 260 (5)
— Inhalt 259 (5), 261 (9)
— Nießbrauch ? 259 (5), 261 (9), 262 (10)
— Umfang 260 (5), 261 (9)
— Unentgeltliche Verfügungen und 262 (11)
— Unwürdigkeit 260 (6)
— Voraussetzung 260 (6)
Wohnungsmiete . . . II, 198 (2)
Wucherdarlehn . . . II, 195 (2)
Wuchergeschäfte 136 (1); II, 195 (2)

Z.

Zedent s. Zession.
Zeit 152, 161 (11); II, 42 (6); II, 47 (3)
Zeitablauf s. Zeit.
Zeitliche Kollisionsnormen 43 (2)
Zeitrechnung. 152 (2)
Zession. . . . . II, 151
— Benachrichtigung des Schuldners . . . . II, 153 (5)
— Bevollmächtigung ? . II, 154 (7)
— Bucheintragung der . II, 153 (5)
— Einwendungen . . . II, 154 (7)
— Entgelt . . . . II, 151 (1)
— Form 153 (3)
— Gegenrechte d. Schuldners II, 153 (7)
— Gegenstand . . . . . II, 152 (4)
— Gesetzliche . . . . . II, 154 (9)

Zession, Rechte . . . . . II, 154
— Tatbestand . . . . . II, 152 (2)
— Tatbestandsfehler . . II, 151 (1); II, 152 (2)
— Voraussetzungen . . . II, 151 (1)
— Zedent . . . . . . II, 153 (5, 6)
— Zessionar . . . . . II, 153 (5, 6)
Zessionar s. Zession.
Zeugen 121 (3), 266 (5)
Zeugung 212 (2)
Zeugungszeit 213
Zinsen s. Zinsschuld.
Zinsschuld, Abzug . . II, 118 (4)
— Änderung . . . . . . II, 118 (5)
— Annahme des Kapitals II, 118 (6)
— Aufhebung der . . . II, 118 (5)
— Aufrechnung gegen . II, 118 (4)
— Begründung . . . . . II, 116 (2)
— Eintragung . . . . . II, 117 (3)
— Eintreibung . . . . . II, 117 (3)
— Form des Begründungsvertrages . . . . II, 116 (2)
— Höhe . . . II, 116 (2); II, 117 (4)
— Kapital . . . . II, 116 (1)
— Prozeßzinsen . . . . II, 117 (3)
— Rückzahlung . . . . . . II, 117
— Schutz . . . . II, 118 (6)
— Verjährung . . . . . II, 118 (5)
Zinsschuld,
— Verzugszinsen . . . . II, 117 (3)
— Vormerkung . . . . . II, 117 (4)
— Wucher . . . . . . II, 117 (4)
— Zinsfuß . II, 116 (2); II, 117 (4)
Zivilgerichte 2 (2), 8 (3)
Zölibatsgelübde . . 50 (4), 230 (2)
Zubehör 94 (7), 100 (2)
Zurückbehaltungsrecht . 203 (6), 262 (10); II, 124; II, 200 (4)
— Auslagen . . . . II, 124
— Bestand . . . . II, 125
— Entstehen . . . . II, 125
— Gegenrecht . . . . II, 125
— Gegenstand . . . . II, 125
— Kosten . . . . II, 124
— Übertragbarkeit . . . . . II, 125
— Umfang . . . . II, 125
— Verwendungen . . . . . . II, 124
— Verzug . . . . II, 125
— Voraussetzungen . . . . . II, 124
— Zweiseitige Verträge und . II, 124
Zuwendung 113 (7), 114 (7, 8), 115 (9)
Zwang 134 (7)
Zweck (wirtschaftlicher) . . 93 (6); 94 (7), 95 (8); II, 180 (4)
Zweckvermögen 67; s. auch juristische Person.

Weimar. — Druck von R. Wagner Sohn.

MIX
Papier | Fördert
gute Waldnutzung
FSC® C083411

Kolibri 360 GmbH
Ferdinand-Jühlke-Straße 7
99095 Erfurt, Deutschland
produktsicherheit@kolibri360.de